U0676780

# 编辑委员会

顾　问：张时义　林钢捷　郑海忠　林晓韩
　　　　陈少平　杨燕斌　蔡桂君
主　任：杨镇松
副主任：刘惠光　张壮友　陈阳生　黄增权
　　　　高淑音　陈少林
委　员：王宋斌　卢泽华　罗汉斌　黄楚雄
主　编：陈阳生
副主编：王宋斌　卢泽华　陈楚滨
编　辑：张芳龙　罗汉斌　杨宏波　杜元兰
　　　　杜可风　温新发　陈华南　张晓嘉

庆祝中华人民共和国成立70周年

# 红色普宁史略

政协普宁市委员会
普宁市老区建设促进会　编

暨南大学出版社
JINAN UNIVERSITY PRESS

中国·广州

图书在版编目（CIP）数据

红色普宁史略/政协普宁市委员会，普宁市老区建设促进会编．—广州：暨南
大学出版社，2019.9
ISBN 978 - 7 - 5668 - 2721 - 0

Ⅰ．①红…　Ⅱ．①政…②普…　Ⅲ．①革命史—普宁　Ⅳ．①K296.54

中国版本图书馆 CIP 数据核字（2019）第 194563 号

**红色普宁史略**
HONGSE PUNING SHILUE

编　者：政协普宁市委员会　普宁市老区建设促进会

出 版 人：徐义雄
策　　划：徐义雄
责任编辑：冯　琳　詹建林　亢东昌
责任校对：何　力
责任印制：汤慧君　周一丹

出版发行：暨南大学出版社（510630）
电　　话：总编室（8620）85221601
　　　　　营销部（8620）85225284　85228291　85228292（邮购）
传　　真：（8620）85221583（办公室）　85223774（营销部）
网　　址：http://www.jnupress.com
排　　版：广州市天河星辰文化发展部照排中心
印　　刷：广州市快美印务有限公司
开　　本：787mm×1092mm　1/16
印　　张：23.75
彩　　插：20
字　　数：432 千
版　　次：2019 年 9 月第 1 版
印　　次：2019 年 9 月第 1 次
定　　价：90.00 元

（暨大版图书如有印装质量问题，请与出版社总编室联系调换）

发扬革命精神
建设四化大业

一九八八年
七月上吉

1988年全国人大常委会副委员长习仲勋为普宁老区题词：
"发扬革命精神　建设四化大业"

八一南昌起义南下部队指挥部军事决策会议旧址

聂荣臻

1984年聂荣臻元帅为普宁红色旧址题词："八一南昌起义南下部队指挥部军事决策会议旧址"

1965年全国人大常委会副委员长郭沫若题诗

1987年全国政协副主席杨成武题词："继承先烈志　迈步新长征"

全心全意为老区人民服务，促进老区各项建设事业的发展。

蔡诚
二〇〇八·四·四

2008年全国人大常委会原委员、国家司法部原部长蔡诚题词："全心全意为老区人民服务，促进老区各项建设事业的发展"

一定要把老区建设好

罗天 一九八九年 四月

1989年广东省人大常委会主任、广东省老促会理事长罗天题词:"一定要把老区建设好"

发扬老区艰苦奋斗
光荣传统，为振兴普宁
经济作努力。

王宋大

二〇〇八年三月

2008年全国人大常委会原委员兼华侨委员会副主任王宋大题词："发扬老区艰苦奋斗光荣传统，为振兴普宁经济作努力"

1997年广东省老促会副理事长李雪光题词："发扬苏维埃精神　建设美好新农村"

普宁"八一"纪念馆

普宁红宫

流沙革命烈士纪念碑

普宁县临时人民政府成立旧址（大坝镇九江村陈氏祖祠）

普宁县苏维埃政府办公旧址（大南山什石洋村辉祖祠）

刻于1931年的大南山石刻标语（位于下架山镇碗仔村山路旁）

潮汕人民抗日游击队成立旧址（南径镇白暮洋村杨氏祖祠）

杨石魂故居

方方纪念馆

庄世平博物馆

普宁市党政办公大楼

新时代广场

厦深高铁普宁站

普宁广场夜景

兰岛之夜

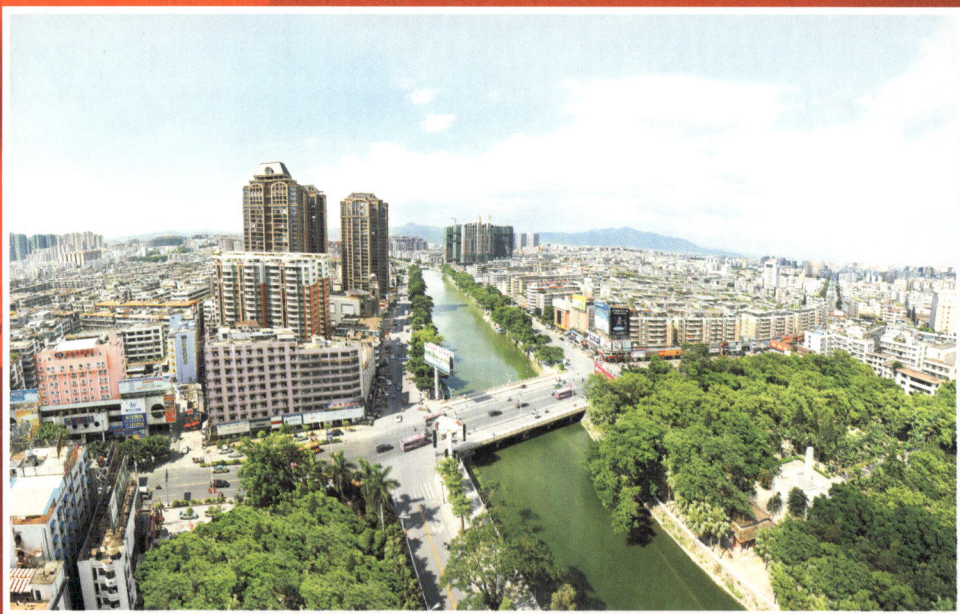

流沙河畔风光

# 序言

　　普宁是一块"红色土地"，是广东省七个重点老区县之一，属土地革命战争时期海陆丰革命根据地地域范围。早在建党初期，彭湃、杨石魂等革命先驱，就已在普宁组织发动群众，领导农民运动；1926年1月，普宁建立了第一个党支部；"八一"南昌起义军南下广东途经普宁时，普宁党组织在万分危急的关头，掩护周恩来等众多领导人脱离险境，安全转移，为中国革命立下了卓越功勋，作出了重大贡献；普宁人民在党的领导下，同国民党反动派和日本侵略军进行了艰苦卓绝的斗争；无数革命先烈舍生忘死、前仆后继，用热血和生命换来人民的翻身解放，在普宁大地上树起座座丰碑。

　　红色普宁，又是改革开放的热土。四十年来，在普宁党政的正确领导下，普宁人民以宽阔开放的胸襟，敢为人先的胆魄，开拓创新的勇气，敢闯敢干，艰苦创业，克服重重困难，战胜种种挫折，创造了一个个经济社会发展的奇迹。普宁发生了翻天覆地的变化，老区面貌日新月异，社会事业蓬勃发展，人民群众安居乐业，成为闻名遐迩的商贾名城。

　　光荣的革命历史、优良的革命传统，已融入普宁大地，深深植根于老区群众心中，成为普宁宝贵的精神财富，值得我们代代传承，永远珍藏。

　　为深入贯彻习近平总书记关于"发扬红色资源优势，深入进行党史、军史、老区革命史优良传统教育，把红色基因代代传下去"的重要指示和中共中央办公厅、国务院办公厅"积极支持老区精神挖掘整理工作，扶持创作一批反映老区优良传统，展现老区精神风貌的优秀文艺作品和文化产品"的要求，认真落实普宁市委十三届四次全会关于"大力传承红色基因，发挥海陆丰革命老区优势，推进一系列红色遗址的保护修缮工作，引导广大干部群众从普宁在革命时期的光辉历程中不断汲取奋进力量"的部署，根据2018年8月17日普宁市政协党组（扩大）会议决定，普宁市政协、普宁市老促会决定联合编辑出版《普宁文史》第23辑，定名为"红色普宁史略"。该书旨在发掘、保护、传承和利用好红色普宁宝贵的革命历史文化遗产，对广大人民群众特别是青少年进行爱国主义教育和革命传统教育，同时也作为政协文史工作"存史、资政、团结、育人"的一项重要内容。在普宁市委、普宁市政府的重视和支持下，普宁市政协、普宁市老促会成立了编委会和专门工作机构，并组织有关部门人员开展史料的征集编纂工作。

《红色普宁史略》一书主要反映普宁老区在党和政府的领导下，几十年艰苦奋斗、发展壮大的历史，讴歌老区人民在战争年代为夺取革命胜利作出的巨大牺牲和丰功伟绩，总结老区建设发展的经验，展示老区建设的伟大成就。该书的出版对于发扬革命传统，传承红色基因，弘扬老区精神，不忘初心，牢记使命，与时俱进，砥砺前行，推动老区振兴发展，具有重要的现实意义。

本书的编纂工作，坚持以习近平总书记关于革命老区的系列重要讲话精神为指导，坚持以党史、军史、中国革命史为依据，坚持以革命老区和老区人民的奋斗史为重点，坚持以党的十八大以来革命老区取得的巨大成就和发展变化为亮点，坚持历史的真实性、事件的准确性与内容的可读性相统一，力求史料翔实，图文并茂，通俗易懂，为宣传老区、了解老区、建设老区提供有价值的学习和研究史料，为老区脱贫攻坚、全面建成小康社会提供强大精神动力。

抚今追昔，我们对未来充满信心。具有光荣革命传统的普宁人民，将高举习近平新时代中国特色社会主义思想伟大旗帜，深入学习贯彻党的十九大、习近平总书记对广东重要讲话和重要指示批示精神，同心同德，开拓创新，奋力走正道、出实绩、谋振兴，打造区域次中心，建设"商贾名城、美好普宁"，在改革开放再出发的新征程中，描绘革命老区新蓝图，书写红色普宁新篇章！

编委会
2019 年 8 月

# 红色普宁史略

## 目 录

# 第一章

# 行政区划和革命老区概况

# 第一节 基本情况

## 一、地理位置

普宁市位于广东省东南部、潮汕平原西缘，东毗汕头市潮南区，南邻惠来县，西南连陆丰市、陆河县，西北接揭西县，东北接榕城区。在东经 115°43′10″～116°21′02″，北纬 23°05′40″～23°31′48″。北回归线从市境北部通过，属亚热带季风气候。厦深高速铁路、汕湛高速公路、普惠高速公路、揭普高速公路、国道 324 线、省道 236 线、省道 238 线经过市区。市区约距广州市 400 公里、深圳市 300 公里、汕头市金平区 60 公里、揭阳市榕城区 40 公里。

## 二、政区沿革

普宁于明嘉靖四十二年（1563）置县，初始县衙暂寄于潮阳贵屿民宅；明万历十四年（1586）县治迁于洪阳；1949 年 7 月 1 日，普宁县人民政府成立，定县城于流沙；1993 年 4 月 6 日，撤县设市，由广东省直辖、揭阳市代管。

## 三、行政区划

截至 2018 年，全市设 17 个镇、7 个街道办事处、1 个乡、3 个国营农场；有 518 个行政村、50 个社区。

区域面积 1 620.05 平方公里，折 243.01 万亩，其中：耕地 49.63 万亩，占 20.42%；山地 100.40 万亩（指林业用地，不含侨场），占 41.32%。

## 四、人口状况

2018 年末，全市户籍人口 246.25 万，其中城镇人口 110.38 万；市区常住人口 57.39 万。

## 五、党建情况

全市设地方党委 1 个，机关党工委 2 个，市直机关党委 15 个，事业单位党委 1 个，街道党工委 7 个，乡镇党委 18 个，农村党委 12 个，国企党委 7 个，学校党委 4 个，"两新"党委 1 个，党（总）支部 2 254 个，党员 60 849 名，占总人口 2.47%（不含金融系统和口岸单位）。

## 六、投资环境

交通。厦深高速铁路穿境而过，并在市区南部设普宁站，距深圳、厦门两个特区仅两小时车程，每日有 98 个班次在普宁站停靠，日均旅客出入量 30 000 人次。市区距揭阳潮汕机场约 40 公里。全市拥有深汕、潮惠、揭惠、汕湛 4 条过境高速公路，其中汕湛高速正在建设中，辖区内计划建成高速公路出入口 10 个。全市公路总里程 2 484.87 公里，其中高速公路 78.33 公里，国道 88.718 公里，省道 57.4 公里，县道 75.39 公里，乡镇村道 1 668.89 公里，形成以市区为中心，高速公路、国道、省道为主轴，县道为基干，水泥公路延伸到各乡镇村庄的交通网络。

能源。截至 2018 年，全市有变电站 500 千伏 1 座、220 千伏 4 座、110 千伏 16 座，主变总容量 339.15 万千伏安；并网小水电 131 宗，总装机容量 55 350 千瓦，年发电量 8 560.327 万千瓦时；电网覆盖率达 100%。

通信。截至 2018 年，全市有电信、移动、联通 3 家电讯公司，全市固定电话 20.4 万门，移动通信用户 190.8 万户，具有功能较齐全的现代化通信网络。邮政局 28 个，快递企业 36 户，基本实现快递物流全区域覆盖。

供水。市内有榕江、练江、龙江三大河流，还有 327 宗蓄水工程，有效总库容 2.26 亿立方米。市大中型水厂 4 座，总制水能力日产 34 万吨，供应市区及下架山、军埠、占陇等镇。

市政。市区规划建成区 65.76 平方公里，绿化覆盖面积 1 977.8 公顷，公共绿地面积 1 860.8 公顷，公园 21 座，面积 353.4 公顷。建成庄世平博物馆、普宁广场、东埔环岛"铁山兰"城雕、普宁大道等一批标志性城市景观。

服务。普宁享有相当于地级市的经济管理权限和山区、老区、侨乡等优惠政策。行政服务日趋优良，设立市政务服务中心，金融服务功能齐全，配套有海关、出入境检验检疫等进出口检验机构，形成了洽谈、审批、引进、商务、报送、生产、运输、管理、结汇、核销一条龙服务体系。市委、市政府还制定了《关于推进科技"四众"促进"双创"的实施意见》《普宁市高新技术企业培育发展实施方案（2017—2020 年）》和《普宁市加快创新驱动发展若干政策》等一系列鼓励发展和创新的政策措施。

# 第二节　革命老区情况

普宁市是广东省重点老区县（市）之一。老区分布广，全市现辖 28 个乡镇（场、街道），均是老区。老区村庄 874 个（自然村），占全市村庄数的 83%。老区人口（1995 年统计）1 249 240 人，占全市总人口 82.7%。全市老区耕地面积39.03万亩，山地面积 100.40 万亩。

普宁人民勤劳勇敢，富有革命精神。五四运动后，民众日益觉醒。大革命时期，在周恩来、彭湃、杨石魂等老一辈革命家的指导下，1925 年 5 月，建立以方方为书记的共青团普宁支部。1926 年 1 月，中共普宁支部在塔脚南山顶上成立，领导全县人民开展轰轰烈烈的反帝反封建斗争。农工运动迅猛发展，全县农民协会（以下简称农会）会员超过 10 万人，农军超过 1 万人。1926 年 11 月，成立中共普宁县部委，下辖 8 个区委和 25 个党支部，党员有 350 多人。1927 年，为反抗国民党右派叛变革命的大屠杀，中共普宁县部委领导了声势浩大的"四二三"武装暴动，并在大坝成立普宁县临时人民政府，这是全国首个共产党领导的红色县级政权。

土地革命战争时期，普宁党组织和人民于 1927 年 9 月重建革命武装，举行"九二八"秋收起义，迎接"八一"南昌起义军进入潮汕，并于 10 月掩护党中央和"八一"南昌起义军20多位领导人安全撤离战区，为中国革命作出重大贡献。随后，中共普宁县委领导全县人民举行年关暴动，成立普宁县苏维埃政府，开辟大南山革命根据地。1930年秋，中共东江特委、东江军委、东江苏维埃政府等领导机关移驻大南山苏区，大南山革命根据地成为东江革命根据地的重要组成部分和指挥中心。彭湃、徐向前、李富春、邓发、方方、古大存等领导人在普宁大地上留下了革命足迹，创造了光辉业绩。中国工农红军第十一军第四十七团及后续部队等革命武装在大南山坚持了8年艰苦卓绝、英勇顽强的斗争。普宁人民与共产党和革命队伍同甘苦共患难，不怕流血牺牲，为建立和巩固革命政权作出重大贡献。

抗日战争时期，普宁党组织领导全县人民成立了普宁青年抗敌同志会（以下简称普青抗）、妇女抗日救国会、教师抗日救国会、少年工作队等抗日救亡团体，掀起了群众性的抗日救亡运动高潮，成绩卓著，被称为"潮汕抗日救亡运动的摇篮"。抗日战争后期，党领导的潮汕人民抗日游击队在普宁南径白暮洋村成立，1945年6月改称广东人民抗日游击队韩江纵队（以下简称韩江纵队）。1945年7月24日成立普宁县流沙区抗日民主政府，创建了以流沙为中心的大南山抗日游击根据地，这是潮汕地区唯一一块抗日游击根据地。党领导的抗日武装团结广大爱国民众英勇杀敌，经历大小战斗32次，歼敌800余人，直至取得抗战胜利。

解放战争时期，普宁党组织为反对独裁统治，领导人民开展抗"征粮、征兵、征税"斗争，成立了潮汕人民抗征队第三大队，建立了大南山和南阳山两块革命根据地，成为潮汕党组织的重要战略支点和转动点，同时组建十多支武工队深入敌后，放手发动群众，开展游击战争，在战斗中壮大革命武装力量。1949年2月成立了中国人民解放军闽粤赣边纵队第二支队第九团，英勇杀敌，直至1949年10月12日取得普宁全境解放。

中华人民共和国成立后，普宁市根据党中央、国务院的部署和上级布置，结合本市实际情况，在全市范围内开展评划革命老区的工作。最早于1957年评划土地革命战争时期的红色根据地、红色游击区，抗日战争时期的抗日根据地、抗日游击区。1989年至1990年，对原来漏评划的革命老区进行补评。1992年至1993年，又开展评划解放战争时期的游击根据地。经广东省人民政府批准，全市共评定土地革命战争时期红色根据地村庄134个，红色游击区村庄160个，抗日根据地村庄12个，抗日游击区村庄14个，解放战争时期游击根据地村庄554个，合计全市老区村庄达874个，占全市村庄数的83%。

改革开放以来,普宁人民在党和政府的重视支持下,在各有关部门的扶持帮助下,把发扬革命传统同弘扬时代精神结合起来,把发扬自力更生、艰苦奋斗的革命精神和坚持解放思想、改革开放的时代精神交融起来,以邓小平理论、"三个代表"重要思想为指导,树立和落实科学发展观,推动了老区经济社会的全面发展,老区群众的生活水平不断提高,精神文明建设不断加强,革命老区的面貌发生了显著的变化。

党的十八大以来,普宁市委、市政府带领普宁老区人民,紧密地团结在以习近平同志为核心的党中央周围,深入学习贯彻党的十八大、十九大精神,以习近平新时代中国特色社会主义思想为指导,牢牢把握新时代社会主要矛盾,自觉践行新发展理念,按照广东省委和揭阳市委的工作部署,坚持稳中求进工作总基调,围绕"商贾名城、美好普宁"的定位,以提高发展质量和效益为中心,全力推进城市发展和产业建设,突出抓重点、补短板、强弱项,统筹推进稳增长、促改革、调结构、惠民生、防风险各项工作,打造区域次中心,全面加快普宁振兴发展。2018 年,普宁市实现地区生产总值 702.86 亿元,规模以上工业增加值 149.39 亿元,固定资产投资 268.4 亿元,社会消费品零售总额 375.84 亿元,一般公共预算收入 23.65 亿元,税收收入 16.5 亿元。

普宁产业发展态势良好。规模以上企业经过技术改革后,产业建设进一步加强,2017 年位列全国工业百强县第 82 位。医药、纺织服装两大支柱产业在压力挑战下积极转型升级。医药产业呈现健康、快速增长态势。纺织服装产业在环保压力下,继续成为揭阳市首个千亿产业集群,市场聚集能力强大,连续三年成功举办普宁梅花旅游文化节。电子商务迅猛发展,2018 年全年成交额 463.69 亿元,全市拥有 64 个淘宝村,成为广东省最大的淘宝村集群。

老区城市品质档次有效提升,成为省县级文明城市提名城市。老区社会事业全面发展,新建了一批中小学校校舍,高考、中考再创佳绩。"文化惠民"工程扎实推进,建成 4 个乡镇(街道)文体广场示范点和 24 个村省级综合性文化服务中心示范点,"八一"纪念馆被命名为"全国爱国主义教育示范基地"。全市爱国主义教育基地达 23 个。精准扶贫、精准脱贫工作扎实推进,精准扶贫对象全市实现政策性保障兜底。18 个省定贫困村创建示范工作全面铺开,2018 年脱贫人口达 5 621 户 10 990 人。老区各项工作取得新进展,老区人民生活水平显著提高,老区面貌发生翻天覆地的变化。

# 第二章

## 普宁党组织的建立和大革命时期

普宁是一块充满革命精神的热土，普宁人民有着光荣的革命传统。从大革命时期起至中华人民共和国成立，普宁党组织的活动和革命斗争从未间断。早在 1926 年 1 月，普宁就建立了第一个中共党支部，是广东省建立党组织较早的地区之一。从此，普宁人民在中国共产党的领导下，同国民党反动派和日本侵略军进行了不屈不挠的斗争，前仆后继，英勇顽强，终于取得新民主主义革命的胜利。普宁党组织和普宁人民付出了巨大的代价，先后牺牲的革命烈士达 880 人，其中共产党员 208 人。历任的 30 位县委书记中，就有 15 位为革命献出了宝贵的生命。这充分证明，普宁人民革命的胜利的确来之不易。

# 第一节　普宁党组织建立的历史背景和革命基础

普宁党组织的建立绝非偶然，而是普宁近代社会政治经济发展的必然结果。

## 一、普宁党组织建立的阶级基础

普宁位于广东省东南部，受帝国主义列强的侵略和掠夺较早，从 20 世纪初期起，普宁就沦为半殖民地半封建社会。普宁人民历来深受洪阳城内以方耀及其子方十三家族为首的封建官僚地主阶级的残酷压迫和剥削，在帝国主义和封建主义的双重压迫下，广大劳苦农民日益贫困以致大批破产。县内的各级政权都被以方十三家族为首的贪官污吏、土豪劣绅所把持。"山中最恶是虎狼，世上最恶方十三，横行霸道无天理，四代罪恶数不完"，"普城四门三门方，平民一字不得到公堂"就是当时社会的真实写照。全县大部分的可耕地集中在地主和豪绅手上，农民无力抗灾，经常歉收；军阀连年混战，政局动荡，苛捐杂税多如牛毛；烟馆赌馆林立，盗贼四起；广大工农劳苦大众饱受欺凌盘剥，饥寒交迫，处于水深火热之中。在内忧外患的交相煎迫下，工农群众和知识分子不满现实的情绪与日俱增。

## 二、普宁党组织建立的思想基础

普宁毗邻港澳，华侨众多，是近代较早接触西方各种社会思潮的县份。俄国十月革命的胜利，为马克思主义在普宁的传播开辟了道路。五四运动前后，新文化、新思潮通过各种渠道在普宁广为传播，促进了普宁人民思想的觉醒。在此期间，普宁的进步青年学生杨石魂、方临川、方达史、方方、伍治之等人就认真学习和传播马克思主义。他们组织进步社团洪阳集益社和新学生社，出版刊物，创办平民学校和农村夜校，向工农群众宣传马克思主义，促进了马列主义与普宁工农运动的结合。

## 三、普宁党组织建立的组织基础

从 1923 年起，在彭湃领导的海陆丰农民运动的影响下，同年 12 月普宁县农民协会开始筹办。1924 年国共两党合作实现，统一战线建立，同年 9 月正式建立普宁县农民协会。1925 年在周恩来参与领导的两次东征取得胜利的推动下，在彭湃派出的以陈魁亚为队长的海丰农运宣传队的直接帮助下，普宁县的工农运动蓬勃兴起。1925 年 5 月建立了普宁县第一个共青团支部，团员 5 人，方方任书记。全县农会员超过 1 万人。

由于马克思主义在普宁的传播，一批优秀青年在农民运动和两次东征的一系列革命斗争中涌现。他们参加了党组织，一批优秀共青团员也陆续转为中共党员。这时，普宁建立党组织的条件已经成熟。1926 年 1 月上旬，洪阳塔脚的南山顶上召开会议，中国共产党普宁县第一个支部（有 20 多名党员）成立。会议选出 6 名支部委员，陈魁亚任书记，并部署党的工作任务。普宁县第一个党支部的诞生，是普宁人民政治生活中的一个重大事件。从此，普宁人民在中国共产党的领导下，开展了波澜壮阔的革命斗争。

# 第二节 大革命时期的革命斗争

大革命时期，在周恩来、彭湃、杨石魂等老一辈革命家的指导下，1925年5月建立了以方方为书记的共青团普宁支部。1926年1月，中共普宁支部在塔脚南山顶上成立，领导全县人民开展了轰轰烈烈的反帝反封建斗争。农工运动迅猛发展，全县有农会员10多万人，农军1万多人。1926年11月，中共普宁县部委成立，下辖8个区委和25个党支部，党员350多人。1927年，为反抗国民党右派叛变革命的大屠杀，中共普宁县部委领导了声势浩大的"四二三"武装暴动，并在大坝成立普宁县临时人民政府，这是全国首个共产党领导的红色县级政权。大革命时期主要开展了四项斗争：

## 一、组织十万农民围攻普宁县城

1926年1月11日至15日，为反抗以方十三为首的地主阶级的挑衅，以八乡农会员入城卖菜遭辱骂、殴打事件为导火线，在党的领导下，爆发了有十万农民参加的围攻普宁县城的斗争。在彭湃的指导下，农民运用正确的策略和方法，经过团结一致的斗争，迫使城内地主答应惩治打人凶手、赔偿医药费和农民损失款项等条件，签订了协约，围城斗争最终取得了胜利。2月6日，彭湃代表广东省农会到普宁慰问农民，受到七千多名农会员及五百名农军的夹道欢迎。在这场斗争中，普宁党组织吸收了五十名在围城战斗中表现勇敢的农会积极分子加入党组织，壮大了党的力量。同时，在塔脚建设农民自由集市，建街道，设商店、银行，兴办学校，把塔脚建成全县农民运动的活动中心。当时有农会员作诗歌颂道："塔脚自由市，交通真便利。货物如轮转，童叟不相欺。普城臭奸商，终日如坐禅。货物生蛛网，结得不见天。青苔满街路，行走戄戄颠。输服不输服，玩火自遭殃！"这场斗争播誉全国，蜚声海外。毛泽东同志主办的第六届农民运动讲习所，把《普宁农民反抗地主斗争始末记》列为教材。

## 二、领导驱逐贪官县长熊矩的斗争

熊矩是湖南人，1926年3月任普宁县长后，与地主互相勾结，对抗农会，贪赃枉法，生活腐化，甚至侵吞普宁人民捐献支援北伐军的草鞋款，是普宁开展革命斗争的一大障碍。9月19日，党组织领导全县45 000多名农民及各界人士，在大坝葫芦地村旗北虎广场召开"驱熊大会"，彻底清算这个贪官县长的十大罪行，并选派代表赴省、市控告熊矩。熊矩慑于群众声威，畏罪潜逃。省政府也下令撤他的职，"驱熊"斗争取得胜利。

## 三、发动农民开展"二五"减租斗争

1926年全县晚造因虫害歉收。县党组织根据上级指示和农民的迫切要求，决定带领全县农民开展"二五"减租运动。经过全县农会员团结一致的斗争，"二五"减租取得了胜利。农会员得到了增加粮食、改善生活的实惠。广大农民更加踊跃参加农会。当时全县人口30多万，参加农会的有10多万人，组织农民自卫军1万多人，成立了以何石为大队长的普宁农军基干大队（200多人）。全县农村出现了"一切权力归农会"的喜人政治局面。当时有农民作诗道："叹思起，当初时，塔脚农会有架势，大家团结擎红旗。打倒贪官共豪劣，乜事由俺来主意。抗租抗债又抗税，称心快意过日子。地主虽然心唔愿，农会有势欲怎呢？"普宁党组织在斗争中发展壮大，至1926年11月，全县已建立党支部25个，党员350多人。中共汕头地委批准成立中共普宁部委，部委书记为陈魁亚。

## 四、举行"四二三"武装暴动

1927年，蒋介石在上海发动"四一二"反革命政变。潮汕地区的国民党右派也发动"四一五"反革命政变，疯狂围捕和屠杀共产党员和工农革命群众。中共普宁部委根据广东区委的指示，带领全县人民奋起抗击。在李芳岐（李运昌）、林苏、杨石魂、陈魁亚、何石等7人组成的军委会指挥下，于4月23日在塔脚举行了声势浩大的武装暴动，组织了4 000多名农军围攻普宁县城，给城内反动地主武装以沉重的打击。同时，在大坝九江村陈氏祖祠成立普宁县临时人民政府，由国民党左派李志前任县长，这是中国共产党领导下成立的全国第一个红色革命政权。县政府成立后，即发出"讨蒋宣言"，通电全国，并制定、公布了"减租减息、废除苛捐杂税"等施政纲领。4月26日，汕头警备司令何辑五派一个营分三路增援普城敌人。其中广太一路敌军连长尤振国带117人，被县农军大队和八乡民众围歼于平径山，开创了大革命时期农军以低劣武器全歼装备精良的国民党正规军一个连的辉煌战绩，这在全国农民运动史上也是首例。从贵屿、棉湖而来的两路敌军也被农军击溃败退。后因敌人不断增派援兵，敌我力量悬殊，县农会驻地塔脚于5月5日失陷，八乡革命乡村也遭受敌军多次烧杀摧残。5月13日，参加普宁"四二三"暴动的农军和主要领导人撤往陆丰县新田区，与海陆丰农军汇合，组成惠潮梅农工救党军，农军在北上的转战中遭到失败。

# 第三章

# 土地革命战争时期

土地革命战争时期，普宁党组织和人民于1927年9月重建革命武装，举行"九二八"秋收起义，迎接"八一"南昌起义军进入潮汕，并于10月掩护党中央和"八一"南昌起义军20多位领导人安全撤离战区，为中国革命作出重大贡献。随后，中共普宁县委领导全县人民举行年关暴动，成立普宁县苏维埃政府，开辟大南山革命根据地。1930年秋，中共东江特委、东江军委、东江苏维埃政府等领导机关移驻大南山苏区，大南山革命根据地成为东江革命根据地的重要组成部分和指挥中心。彭湃、徐向前、李富春、邓发、方方、古大存等领导人在普宁的大地上留下了革命的足迹，创造了光辉的业绩。中国工农红军第十一军第四十七团及后续部队等革命武装在大南山坚持了8年艰苦卓绝、英勇顽强的斗争。普宁人民与共产党和革命队伍同甘苦共患难，不怕流血牺牲，不怕烧杀抢掠，为建立和巩固革命政权作出重大贡献和牺牲。

# 第一节　策应南昌起义军进抵普宁的斗争

## 一、召开三都会议和扫清障碍

1927年8月1日，根据中共中央的决定，在以周恩来为书记的中共前敌委员会和贺龙、叶挺、朱德、刘伯承等的领导下，党所掌握和影响的国民革命军第二方面军第二十军、第十一军二十四师、第四军二十五师和第三军军官教导团及南昌市公安局部分警察共2万余人，在南昌举行武装起义。经过4个多小时的激烈战斗，全歼守敌3 000余人，占领了南昌。这次起义打响了武装反抗国民党反动派的第一枪，开始了中国共产党独立领导革命武装斗争和创建人民革命军队的新时期。

南昌起义胜利的消息传来后，普宁党组织的同志和广大农民群众受到极大鼓舞。8月下旬，中共东江特委委员杨石魂来到普宁，在三都书院召开干部会议，参加会议的有坚持隐蔽在普宁活动的县、区党组织和农会领导骨干共20多人。会议根据张清典（张中耕）从香港带回来的中共广东省委指示精神，部署重建农民武装，恢复农会，打击反动势力，扫清障碍，举行秋收起义，迎接"八一"南昌起义军的到来。会后，杨石魂在流沙平湖村设立办事处，并奔走于普宁、揭阳两县之间，开展联系和准备迎接起义军的工作。

三都会议后，普宁党组织领导人方家悟、农军大队长何石（何玉山）等人，根据会议部署，调集各区农民武装300多人，驻扎于流沙白塔秦祠，并频繁地开展攻敌警察署、肃杀区、乡反动派的活动，全县的农民武装斗争又迅猛地开展起来。

8月31日，普宁农民武装在党的领导下，会同潮阳农民武装攻下潮阳县城，歼敌一部，释放被囚在监狱中的革命群众。后因汕头警备司令何辑五派兵反扑而主动撤离。此仗虽未获全胜，但鼓舞了两县农民的革命斗志，扩大了农民武装的影响。9月2日，方家悟、何石和卢世光率农军100多人攻陷大坝区署和警署，击毙录事方思周和警官3人，区长林巧春仓皇逃命。同时，横溪区（五区）区员潘伟公（县长陈逸川之妻舅）乘轿往县城洪阳，行至大坝铁山洋时，被农军击毙。此举吓得流沙区区长庄彩成弃职潜逃。9月3日，何石又带领农军短枪队20多人，在地下党组织的配合下，到多年山抓捕十八乡乡长陈厚爵，并押至水供塘枪决。9月，原四区党组织领导人杨振世在四、七区各村恢复农会，重新组织各村农军队伍，经过充分的动员、准备，在县农军的密切配合下，一举攻下贵屿区署。根据群众的要求，惩办了几名罪大恶极的土豪劣绅，镇压了反共头子陈再余，没收其财产，同时收缴了当地地主武装的枪支。这些出击行动沉重地打击了敌人的反动气焰。

## 二、举行秋收起义和攻克普宁县城

1927年9月23日和24日，南昌起义军先后占领潮州和汕头，并建立汕头市革命委员会，史称"潮汕七日红"。

当起义军进驻汕头时，普宁党组织领导人方家悟和何石等人即乘此大好形势，指挥县农军进驻大坝、塔脚等地，并调集各乡农民武装，准备举行武装起义和围攻县城。为了保证起义和攻城的胜利，杨石魂亲自到揭阳县与起义军联系，请求派兵支援，起义军叶挺部应求派一个营300多人到普宁助战。

9月28日开始举行武装起义，普宁各区、乡农军1 000多人，在起义军一个营的援助下，发起了围攻县城洪阳的战斗。城内方十三的地主武装一个大队 400 多人，依靠城墙工事和炮楼负隅顽抗，起义军有 7 名战士在攻城战斗中英勇牺牲。由于参战的起义军纪律严、枪法准、战斗力强，城内地主武装遭到沉重打击，被击毙 20 多人。在起义军和农军的攻击下，敌不支而竖白旗投降，县城被攻克。当天下午 4 时，城内地主方面派员与起义军和农军讲和。最后，缴敌枪 100 多支，筹纳白银 13 500 元及部分黄金，战斗结束。

起义军和农军进城后，当即破开监狱，释放了无辜被押群众。29 日，起义军奉命调回揭阳，参加迎击敌军的战斗，县农军也凯旋流沙白塔秦祠。普宁农军在起义军援助下，取得了秋收起义和攻克县城的胜利，沉重地打击了国民党和地主武装的反动气焰，推动了全县农民运动和武装斗争的恢复与发展，使全县农民在经历了一系列的严重挫折后，在黑暗中看到了高高举起的火炬，感觉到武装斗争的威力。

## 三、流沙会议的召开及其作用

9 月 30 日，起义军主力于汾水战役失利后，各部分别撤离揭阳、潮州、汕头等地，从揭阳炮台渡榕江，经潮阳关埠、贵屿，向普宁流沙方向转移。普宁党组织领导人方家悟和何石、黄光成、张清典等人，根据上级指示，在流沙白塔秦祠、流沙教堂、珍珠娘宫等处设立接待点，并布置沿途各村农会做好接待工作。

10 月 2 日至 3 日，起义军陆续抵达流沙。普宁沿途各村农会闻讯立即行动，发动农户煮茶做饭，挑到大路边供应起义军。部队买卖公平，待人和蔼，纪律严明，给群众留下很好的印象，与反动军队到处烧杀抢掠和奸淫妇女形成鲜明的对照，广大群众称赞说："贺叶军有纪律，爱人民，这才是我们自己的队伍。"

鉴于起义军在军事上处于极端险恶的情势，10 月 3 日中午，前敌委员会书记周恩来抱病在流沙教堂西侧厅主持召开了南下部队指挥部军事决策会议。同时，在平湖村黄光成读书楼召开会议，具体部署护送领导同志撤离战区工作。

参加流沙会议的人员有：周恩来、李立三、恽代英、彭湃、谭平山、张国焘、贺龙、叶挺、刘伯承、聂荣臻、郭沫若、吴玉章、林伯渠、张曙时、徐特立、廖乾五、贺昌、杨石魂等。

会议传达了中央"八七"会议的精神，从政治上和军事上总结了南昌起义失败的经验教训，作出了一系列重大决策：取消国民党的旗号，上山挂红旗，把武装人员撤往海陆丰，使武装斗争与土地革命结合起来，准备作长期斗争；领导人员撤离战区转香港、上海另行分配工作等。会议在军事方面研究了部队撤退的路线和行动计划，并对护送领导同志撤离战区的工作作了具体部署。

流沙会议是起义军在军事上处于险恶的情况下召开的。这次会议初步总结了南昌起义军失败的经验教训，并作出了适合当时情况的决策，保留了一批革命领导干部和部分武装力量，为以后全局的斗争、为东江地区各县苏维埃政权及大南山革命根据地的建立，创造了有利的条件。流沙会议后，南昌起义的革命火种撒遍全国，燃起了农村革命武装斗争的熊熊烈火，正如郭沫若为普宁"八一"纪念馆所题诗句："当时烽炬传千里，从此风雷遍九陔。"

## 四、莲花山战斗

10月3日，流沙会议开至当天下午4时许，突然接到敌军前来截击的情报。会议立即结束，各领导干部分头从流沙出发，向海陆丰方向撤退。先头部队贺龙的二十军第一、第二师越过云落，跟进的领导机关和后卫部队叶挺的第二十四师，行至离流沙3.5公里的池尾钟潭村后莲花山时，遭到由果陇村庄大泉地主民团所带引的敌东路军陈济棠部第十一师、徐景棠部第十三师的截击，起义军领导机关和后卫部队被压在一个四面皆山的盆地里。周恩来正发着高烧，在这危急关头，仍坚持与叶挺一起指挥部队作战，令二十四师各团迅速向前展开，抢占正面和两侧制高点，掩护首脑机关突围。双方激战至黄昏。由于天黑，起义军与地方党组织失去联系，加上后卫部队与先头部队失去联络，队伍出现混乱。按聂荣臻的话说，二十四师撤下来的部队和革委会领导机关的人混在一起，一个建制完整的部队也找不到，想调挺机关枪都没有办法，有了枪管又找不到枪架。结果，后卫部队除部分冲出敌截击线外，大部分走散了。

10月下旬，撤至海陆丰的起义军二十四师和十一军余部1 000多人会合当地的农民武装，改编为工农革命军第二师（后称为红二师）第四团，团长董朗，党代表颜昌颐。工农革命军第二师是东江地区中国共产党领导的第一支正规部队，它的成立，大大增强了东江地区的革命武装力量。

## 五、掩护起义军主要领导人安全转移

流沙会议后至 10 月中旬，普宁党组织按原来部署，派党员和农会干部当向导，护送党中央和起义军领导同志安全撤离战区。

周恩来带着重病指挥部队反击敌军截击，进行了大量复杂、细致的组织工作，处理有关善后事宜。随后与叶挺和聂荣臻一起，在中共东江特委委员杨石魂、普宁县妇女会领导人杨德秀的帮助下，转移到离流沙 4 公里的马栅村黄伟卿家，接着由杨石魂护送，经惠来转移至陆丰县金厢。区委书记黄秀文找来医生为周恩来治病。10 月下旬，杨石魂护送周恩来等 3 位领导人安全转移到香港。贺龙、林伯渠、刘伯承、恽代英、李立三、张国焘和谭平山在县党组织负责人之一黄昌业的护送下，顺利到达陆丰县甲子港。郭沫若等 4 人于战斗中与队伍失散后，由普宁县劳动童子团团长黄寿山带引到咸寮村农会主席陈开仪家掩蔽。陈开仪及其儿子为郭沫若等人站岗放哨，送茶送饭。几天后，陈开仪和方家悟、黄寿山等人护送郭沫若等人到惠来神泉。这些领导人到达海边港口后，在陆丰、惠来等县党组织协助下，分别乘船出海，安全抵达香港，各自踏上了新的革命征途。这二三十位领导人都是中国革命的领袖人物，在万分危急的关头，得到普宁党组织派员掩护照顾，均安全脱险，这是普宁党组织的一大历史功绩。后来在聂荣臻和郭沫若所写的回忆录中，都高度赞扬了普宁党组织和干部的出色工作。

## 六、救护和掩蔽起义军伤病员

流沙会议后，普宁党组织在护送起义军主要领导人安全转移的同时，由何石负责处理起义军在莲花山战斗中的流散人员和收集失落的武器，做好各方面的善后工作。对那些在战斗中牺牲的起义军战士，普宁党组织筹资买棺木，组织农会员对其进行掩埋。对被冲散的革命士兵，则进行联络掩护，并帮助他们乔装打扮，或帮助他们到海陆丰寻找工农革命军，或资助其回家。对伤病员则组织及时救护和掩蔽，把他们安排到革命基础好的洪阳八乡一带和大南山革命乡村里进行治疗。其中有的伤愈后，参加了普宁的武装斗争，成为普宁地方工农武装的骨干力量。如留法学生、贺龙部队炮兵连连长邓宝珍，在战斗中受伤后，留在洪阳的宝镜院村治疗。伤愈后，于 1927 年 12 月任普宁工农革命军第六团队参谋长,之后又到大南山三坑任军事训练班的教官。他带领农民武装开展年关暴动,1928年4月6日,在团队配合工农革命军第二师攻打陇头反动据点的战斗中,身先士卒,冲锋在前,后不幸中弹,英勇牺牲。他对地方武装的建设和斗争作出了重要的贡献。又如贺龙部的共产党员、绘图师贺志中负伤后,在大南山红军医院就医,恢复健康后留在医院工作,成为医院的领导骨干和精通业务的军医。他在大南山根据地坚持艰苦卓绝的反"围剿"斗争。有一次,红军医院的伤病员隐藏在山中石洞里,被敌人围困了五六天,医护人员和伤病员断了粮,只能喝泉水充饥。在这样艰难危急的日子里,贺军医仍很乐观,谈笑如常,鼓励战友坚持革命斗争。1935年6月中旬,他在鸡心山被俘,押往惠城,在狱中坚贞不屈,慷慨就义。两位起义军干部、共产党员的光辉形象,深深地印刻在潮普惠三县革命干部和人民的心中,成为鼓舞人民坚持斗争的强大精神力量。

# 第二节 举行年关暴动和建立普宁县苏维埃政府

## 一、中共普宁县委的成立

1927年8月20日,中共广东省委根据中央"八七"会议"坚决纠正以陈独秀为代表的右倾投降主义,确定实行土地革命和武装反抗国民党反动派的总方针,并把发动农民举行秋收起义作为当前党的主要任务"的精神,制订了广东各县、市的暴动计划。10月下旬,中共东江特委贯彻省委的指示,领导工农革命军第二师与海陆丰两县的农民武装,举行武装起义,攻占了海陆丰县城。11月8日,中共中央委员彭湃由香港返回海陆丰主持东江特委的工作。13日及18日,海丰、陆丰两县先后召开工农兵代表大会,选举产生两县苏维埃政府。海陆丰苏维埃政权的建立,为人民群众指明了革命斗争的方向,给东江各地与普宁人民以巨大的鼓舞。

普宁党组织的领导人方家悟,在护送郭沫若等领导人安全抵港后,千方百计与广东省委取得联系。他和杨石魂、方方等人参加了省委组织的学习,认真总结了前段革命斗争的经验教训。10月末，按照省委决定，他回县继续领导普宁人民的革命斗争。11月初，方家悟召集县和各区革命骨干20多人，在大坝渔庄湖村秦君平家开会，分析了当时全县的形势，决定成立全县党的临时领导机构，并划片分工，负责领导各区工作。以方家悟、卢世光和秦君平等人为主负责一、六、八、九区，以何石、张清典和黄光成等人为主负责二、四、五区，着手在各区乡恢复农会活动和重建农军队伍。

11月中旬，中共东江特委书记彭湃派陈魁亚带领彭奕、陈宇任、陈颂、林景光、黄茂祥等一批原农运宣传队的同志从海丰来到普宁工作，建立中共普宁县委员会，由陈魁亚任县委书记，组织部部长为彭奕，宣传部部长为张清典，秘书为方家悟，委员有何石、吴棣伍、翁时光等，县委会设址于洪阳的宝镜院村。各区还设立党的特派员。同时在工农武装队伍和工农群众中发展新党员，建立健全党的各级组织机构。全县九个区，除第七区（贵屿区）外，都建立了区委会。经过党员骨干深入细致的工作，全县的党组织有了较快的发展。县农会也恢复活动，重建机构，办公地点仍在塔脚。在中共普宁县委的领导下，各级农会开展了抗租、抗税、抗债和镇压反革命分子的斗争。

## 二、广东工农革命军东路军第六团队的成立

1927年10月15日，中共中央南方局、中共广东省委在香港召开联席会议，会上省委书记张太雷作了《"八一"事件之经过、失败原因及其出路》的报告。会议通过了《最近工作纲领》，纲领指出：广东土地革命运动仍是高涨，暴动的计划应继续实现，现在的暴动不应停止，而应努力扩大。同时决定：国民革命军之名义立即废除，以后军队及全省工农讨逆军一律改称工农革命军，一律废除青天白日旗，改用红旗，以斧、镰为标志，扩大土地革命与建立工农兵政权的宣传等十项行动计划。

由于有陈济棠部分反动军队的助战，普宁县的封建地主阶级于"八一"起义军起义失败后对农会猖狂进攻。从10月19日到11月1日，城内方姓地主集团对附城八乡等革命乡村发动了三次进攻，疯狂进行烧杀抢掠。之后随着革命力量逐步恢复、壮大，城内封建地主首脑方廷肌（方八）于广太召集了一、八区豪绅、地主开秘密会议，他们又采取软化的办法，抬出地方主义、宗族主义的招牌，欺骗农民与其和好，并挑拨农民不要再受"海丰仔"的领导，企图分裂、破坏党和农会的领导，破坏革命队伍的团结，以达到不战而

胜的可鄙目的。

县委为了粉碎敌人的破坏阴谋，扫除恢复农会和进行抗租、抗税、抗债斗争的障碍，于11月28日由何石带领县工农武装队伍到八乡处决了一批参与此次活动的反动士绅、反革命分子：宝镜院的张日升、厚田的蔡协兴（蔡阿升）、林惠山的高蓬来、雨堂的黄乐永等。在此前后，还镇压了一批在"四一二"反革命政变以后猖狂摧残革命的敌对分子。12月初，在县、区武装队伍的协助下，各区乡农会发起查封地主阶级高利盘剥的工具——当铺，以及破大地主的谷仓、分其粮食的行动，发动农民持单据无条件赎回被典当的物资，帮助农民解决生活和生产上的困难，激发了群众斗争的情绪。

反动县长丁拱北为维护地主阶级的利益，勾结国民党军阀对农会进行反扑。12月7日，军阀余汉谋部第十一师第二营彭林生领200余人，在叛徒刘麟甫的带引下，从揭阳经官芒径到普宁围攻驻宝镜院的普宁县委领导机关。8日，驻流沙白塔秦祠农军大队闻讯，大队长何石即带领几百名农军出发增援，行至大坝后，接宝镜院县委领导已安全脱险的消息，遂决定取道四岭头回师流沙。当农军路过鸡笼山、四岭头时，遭到果陇庄大泉地主武装的袭击，他们猖狂地向农军开枪射击。农军派人前去联系说明情况，劝说他们不要进攻，但他们仍不听劝阻，继续开枪，农军被迫反击。在大坝区党组织的配合下，双方激战至下午4时，后庄大泉地主因武装不支败退，农军乘胜追击至果陇大寨娘宫边，后挥师回流沙。"一打果陇"获胜。

事后，县武装大队为了不多树敌，暂时向大南山一带转移。在海陆丰起义及广州起义的影响下，普宁县委根据省委、东江特委的指示，决定紧接秋收斗争之后，在全县进行大规模的年关斗争，广泛发动群众开展土地革命，建立苏维埃政权。为此，按照省委关于各地工农武装一律改称工农革命军的指示，于12月中旬，以大南山武装队为基础，会集各区农民武装共300多人，在流沙白塔秦祠成立了广东工农革命军东路军第六团队，团长为何石，参谋长为邓宝珍。各区、乡同时建立了常备或不脱产的赤卫队，革命武装日益壮大。12月28日，县农会领导机构移驻于流沙。县委指示各区委、支部及各区乡农会为实行武装暴动、夺取政权做好各项准备工作。

1928年1月3日，为拔除果陇这个反动据点，县委决定以东路军第六团队为主，会合一、二、九区赤卫队，各乡"尖串队"共5 000多人，除了屯兵陂乌，准备伏击城内援敌外，大部兵力分南、北、西三路围攻果陇。农民赤卫队于3日上午6时开始攻击，经过一个小时鏖战，农军攻陷了果陇周围的 5 个小乡村，直逼果陇大寨。战斗至 10 时许，风雨大作，天气严寒，各乡"尖串队"大多因全身湿冷而离开战场，致使主力孤军深入，被敌围击，南路总指挥何开云（县委委员、第一连连长）及北路总指挥周犹虎均在激战中阵亡。此战虽毙敌 10 人以上，但农军也死 10 人、伤数人、失枪数支。革命乡村马厝宅被敌烧毁房屋 10 间。"二打果陇"失利。

## 三、掀起年关武装暴动的高潮

"年关"是指春节前这段时间，地主豪绅催租逼债，准备欢度春节，而贫苦农民却在高租、重债、重压下难度年关。

1927 年 12 月下旬，中共东江特委根据省委指示，通令各县举行年关暴动。普宁县委根据上级指示和本县情况，制订了年关暴动计划，决定从 12 月 30 日至 1928 年 1 月 2 日，一连 4 天为农民暴动日，举行全县总暴动。县委对武装暴动提出三条策略原则：①先肃清统治力量薄弱乡村的反动势力，对封建统治力量较大的乡、村（如果陇乡及县城等），群众有要求则进攻，否则置之；②对于有训练、善于作战的反动军队，避免与之正面作战，只向其骚扰或袭击，但少数敌兵下乡捕人摧残群众时，应尽力抵抗回击；③暴动必须绝对群众化，积极发动群众参与斗争。同时，要求各区在暴动中必须做到：镇压反动恶霸分子；没收反动分子财产；领导农民烧田契、租簿、债券及掘田塍，为分配土地做好准备工作。

从 12 月 30 日起，在县委的领导下，全县人民掀起了年关暴动的第一个高潮。为了实行土地革命、夺取政权，成千上万的农民群众，在县工农革命军第六团队和区乡赤卫队的配合下，提筐挑箩，组成了雄赳赳的革命队伍，像汹涌澎湃的潮水一样冲进官僚、地主的门第，处决了一批反动地主分子，没收了他们压榨农民血汗而掠夺的财物，焚毁了迫使贫穷农民卖身和绝命的田契、租簿、债券。革命的风暴席卷了全县。

这次总暴动，据第二、五、八、九区的不完全统计，3 天中参加的群众有 2 万多人，镇压反动地主、恶霸分子 200 多人，没收其财物数千担。各乡农民自行暴动直接分去的浮财，则不计其数。

1928 年 1 月 31 日，红四师第十一团 300 多人，在师长叶镛和参谋长徐向前的率领下进抵普宁赤水村，协助普宁开展年关暴动。当天晚上，叶镛、徐向前等出席了普宁县委召开的紧急会议。会上，县委书记陈魁亚介绍了普宁当时的斗争情况，普宁反动势力除县城外，大都集中在果陇、桥柱、埔塘、和尚寮和陇头等处，以果陇为甚。会议决定先攻打果陇地主武装。

2月1日清晨，红四师第十一团和由何石、许光镐率领的县第六团队从流沙出发，经华市、新寮、乌石、泥沟，包围了果陇乡。另一路由十一团一部及农军袭击横溪，以牵制陇头、埔塘等民团援果陇之敌；二、九两区农民赤卫队则集结在鸡笼山、乌墩洋等处，以为声援。上午8时发起"三打果陇"的战斗，经过3天的激战，击毙了敌军指挥庄启照，击退了洋夏、溪南、安仁等乡前来增援的地主武装，使果陇守敌孤立无援，技穷弹尽，据点被破。反动头子庄大泉等人混入群众中，从鸡笼山方向逃往埔塘"土山皇帝"陈益斋处避难。至3日中午，残敌突围逃命，果陇这个反动据点为红军和工农革命军攻克，捕获了50多个反动分子，"三打果陇"获胜。下午2时许，红军和工农革命军在万众欢腾、英歌鼓乐夹道欢迎声中，班师回赤水村。与此同时，攻打横溪的红四师十一团一部及农军也攻入村内，缴枪200余支。

在攻打果陇的战斗中，红四师第十一团伤亡20多人。但在回赤水村后，陈魁亚和普宁县委为了缴枪，又决定派遣部队再去进攻和尚寮地主武装。部队不顾疲劳，于2月5日深夜奔袭和尚寮，6日在各区参战民众数千人配合下，攻陷和尚寮据点。2月5日夜，庄大泉带领地主武装百余人，乘红军攻打和尚寮之机，赶到赤水村劫营，将被俘的反动分子救走。

2月8日，彭湃带领红四师第十二团一部200多人到赤水村，严肃批评了陈魁亚和普宁县委在军事指挥上的失误，并派人改组了普宁县委，陈魁亚调任潮普惠三县暴动委员会常委，县委书记由彭奕接任。

工农革命军攻下果陇后，军阀陈铭枢第十一军新编第十一师先后调七十六团（颜鼎臣）、七十七团（向卓然）两个团到普宁进行反扑，驻于桥柱、埔塘、陇头等地。在2月6日至4月6日的两个月中，工农革命军在红军的配合下，又连续攻打了横溪、陇头、桥柱、埔塘等反动据点，消灭敌军和地主武装400多人，但红军第四师十一团及地方工农武装损失也很大，伤亡300多人。广东工农革命军东路军第六团队参谋长邓宝珍于4月6日在攻打陇头的战斗中壮烈牺牲。

## 四、普宁县苏维埃政府的成立及其斗争

1928年1月27日，《中共广东省委关于潮梅暴动工作计划》指出："在

暴动已经扩大，农民已占有广大乡村的地方，如普宁、潮阳等应即刻成立乡区苏维埃政府和县苏维埃政府，极严厉地肃清占领区域内的一切豪绅地主……实行土地革命……"普宁县委根据这一精神，在取得年关暴动胜利的基础上，于2月上旬在大南山陂沟村召开普宁县党团联席会议，决定成立县苏维埃政府，实行土地革命和发展党团组织。

在东江特委书记彭湃的指导下，经过筹备，2月13日在陂沟村振声学校召开了有300多名代表参加的普宁县第一次工农兵代表大会，选举产生普宁县苏维埃政府执行委员会，主席陈开仪，执行委员有陈开仪、傅尚刚、黄阿兴、张文忠、陈大兴、田清舜、谭玉泉等。县苏维埃政府下设军事、教育、财政等委员会和秘书处、庶务处、侦探部等，开展各方面工作，设址于什石洋村辉祖祠。为了加强党的领导，在县苏维埃政府中设立中共特别支部，以吴棣伍为书记，周克光、黄光成为支部委员。还建立了一支100多人的武装队伍——普宁县模范赤卫队，负责保卫县苏维埃政府和指导各区乡赤卫队开展武装活动。

普宁县苏维埃政府成立后，领导各区乡建立苏维埃政府，全县有7个区成立了区苏维埃政府。县委和县苏维埃政府继续发动农民收回当铺典物，收集地主的田契、债券，掘田塍、分田地，实行土地革命，在全县范围内对反动的官僚、豪绅地主进行惩罚及没收其财产。

4月7日后，国民党第七军第六师黄旭初率3 000多人由里湖、棉湖及惠来盐岭进驻普宁二区四十股、湖心洋、钟潭等乡村，国民党第五军徐景棠（粤东路绥靖处长）率上千敌军驻扎二区流沙、新坛一带，对潮普惠苏区进行"围剿"。红二、红四师和普宁革命武装先后在潮阳及惠来盐岭等地与敌军战斗，遭到严重损伤。因敌我力量悬殊，普宁党政军领导机关不得不依次由石头墟、陂沟、什石洋撤到灰寨、益岭，然后又退入三坑、锡坑、樟树坪等山区与敌周旋。平原的革命乡村又遭敌军多次"围剿"烧杀。5月，杨振世率四、七区赤卫队撤至潮普揭边的徐厝寮、宫山一带的山区坚持斗争，9月20日在突围战斗中因弹尽被捕，10月在潮阳沙陇遭敌杀害。至1928年8月，由于敌军搜山、放火、杀害群众，革命处境日趋艰难，县苏维埃政府被迫中止了活动。

## 五、农民武装队伍坚持艰难的斗争

当农民运动发展到土地革命和夺取政权时，便导致阶级斗争的激化。普宁的地主阶级当权派，为了维护其反动统治，于 1927 年底至 1928 年先后组建了保安队、治安队等反动武装，以对抗革命武装、洗劫赤色乡村。国民党广东当局也先后调集一万多人的军队，镇压潮普惠三县人民的革命斗争，仅普宁就驻有军阀徐景棠部的曾友仁、洪世扬两个团的兵力，还有李绍金的县警卫大队、各区联团总局指挥的乡民团和县自治会等。在这些反动机构、反动武装的高压下，白色恐怖笼罩了普宁的每个乡村。在敌强我弱的严峻形势下，普宁县的平原革命据点先后丧失，县委领导机关及武装队伍不得不逐步向山区转移。由于敌人的连续"围剿"，1928 年 4 月至 10 月，普宁县委书记彭奕、县委委员兼共青团县委书记翁时光、二区区委书记陈宇任、县妇运领导人杨德秀等一批党的领导干部先后牺牲，农会干部被捉杀的也很多，革命乡村房屋多次被焚烧，群众斗争情绪逐步低落，逃往南洋者日众，平原乡村党的工作转为秘密状态。9 月底，驻大南山羊公坑的东江特委机关遭敌围攻，彭湃突围脱险。

这时，普宁县委根据东江特委"要改变以前斗争方式，应分散到乡村中间开展群众工作"的指示精神，分析了斗争形势，决定由何石等带领部分武装留在大南山区打游击，继任县委书记方家悟和县委委员杨少岳等下平原，潜伏到六区棉湖（现属揭西县）六乡仔一带活动。方家悟虽身患疟疾，身体十分瘦弱，仍日夜操劳。在他的努力工作下，终于组成了一支 11 人的短枪队，并且坚持隐蔽斗争。11 月，方家悟因抱病操劳，缺食乏医，不幸在大坝上村殉职。他临终的最后一刻，还念念不忘党的事业，鼓励杨少岳等同志要"坚持下去，为未竟事业而不屈斗争"。方家悟病逝后，普宁县委书记由杨少岳接任。

普宁党组织和农民武装认真贯彻省委的指示，在严酷的斗争中度过了1928 年的冬天和 1929 年的春天。党组织耐心而艰苦地接近群众、宣传教育群众，领导了各种形式的斗争，一点一滴地扩大党的影响，积蓄力量，逐步把革命工作恢复和发展起来。

# 第三节　大南山革命根据地的建立及斗争

## 一、大南山的概况与苏区的开辟

### （一）大南山的地理条件及社会状况

大南山地处潮阳、普宁、惠来三县交界，是莲花山系南阳山的延续，西东走向，地形椭圆，东西长50多公里，南北宽30多公里，面积约1 500平方公里。西北高峻，连接南阳山，沟通大北山。东南丘陵起伏，濒临南海，境内峰峦重叠，山势险峻，主峰望天石海拔900多米，周围密林山洞，星罗棋布，岩洞深幽，有可容数百人之"老虎祠堂"，也有洞口瀑布如帘、洞内石头如马牙一样尖利的马牙槽石洞。山路蜿蜒，崎岖难行。这些山、峰、林、洞，利于隐蔽，易守难攻。境内有林招、迭石、潘岱、大溪坝、林樟、三坑等百余乡村，共5万多人口。三县地界交错，人民交往频繁，关系密切，利于坚持长期斗争。

由于大南山地势险峻，岩洞密布，是坚持武装斗争的天然掩蔽体，又濒临南海，接近香港，便于接受设在香港的中共南方局和广东省委的领导；大南山群众基础好，大革命时期曾经建立党的组织和农民协会，有一批产生于农民运动的骨干力量；周围各乡村有足够给养的经济力，便于部队筹款筹粮，是实行工农武装割据和建立革命根据地的理想之地。因此，从1928年至1935年，中共东江特委曾先后两度设立于这里的村落，领导着整个粤东地区轰轰烈烈的革命斗争。

### （二）党对大南山苏区的开辟

早在1927年"四一二"政变后的革命低潮期间，普宁党组织及农军领导人何石，就曾带领一支10多人的农民武装队伍，活动在大南山的头寮、二寮、伯公坳等地。1927年底至1928年初，普宁农民武装暴动发展到土地革命和夺取政权阶段，地主阶级先后组织了保安队、治安队等反动武装与革命武装相对抗，洗劫赤色乡村，还配合国民党反动军队向革命据点进攻。在敌强我弱的严峻局势下，普宁县平原革命据点先后丧失，党的领导机关及武装队伍为保存力量，不得不向山区转移。在革命实践中，普宁县委逐步认识到建设山区革命根据地的重要性，深感革命队伍应该有所依托，因此决定成立后方委员会，由何石主任带领一批干部进驻三坑村，着手大南山西部的开辟工作。

后方委员会在何石的领导下，经过艰苦扎实的工作，建立了修械厂、医疗所及犯人拘留所等，有步骤地进行着工农武装队伍的后勤建设。同时，在一些乡村建立和健全了农会，组织赤卫队和"尖串队"，发动群众进行抗租、抗债、抗税的斗争，并注意在斗争中发现和培养骨干，吸收党员，建立党的组织，还举办了军事训练班，由黄埔军校毕业生何源达和原"八一"南昌起义军干部邓宝珍任教官，轮训各乡村赤卫队骨干，为大南山根据地的创建准备了条件。与此同时，惠来县党的领导人方风巢和潮阳县党的领导人林国英、陈开芹等，也先后带领革命武装进入大南山区活动，共同开辟潮普惠（即大南山）苏区。从此揭开了大南山历史新的一页，持续8年的斗争，谱写出了可歌可泣的革命斗争史篇。

### （三）红军第四十七团的建立

1929年7月，普宁县委书记杨少岳他调，由张家骥接任。9月，张家骥调东江特委工作，县委书记由方方继任，组织部部长为李崇三，宣传部部长为彭承泽，常委有傅尚刚、何石等。县委领导机关的健全和领导力量的增强，更好地推动了全县革命斗争的深入发展。

继夏收抗租斗争后又开展了秋收斗争。在斗争中，党的各级组织逐步得到较大的恢复和发展。至1929年7月，全县建立了9个区委会和50个党支部，党员达520人。共青团普宁县委下辖2个团区委会和20多个团支部，团员200多人。

随着东江革命斗争形势的迅速发展，中共东江特委为了进一步贯彻党的六大和省委二次扩大会议精神，于1929年6月18日至7月初，在丰顺县黄礤召开了东江第二次党的代表大会。普宁县党、团负责人参加了大会。大会根据东江革命力量在严重的白色恐怖下刚开始复兴、反动势力仍超过革命力量的形势，确定了党在目前的总路线是："扩大党的政治宣传，加紧日常斗争的鼓动与指导，争取广大的群众。"会上确定了必须大力发展党的组织，提高党员的政治水平和工作能力，实行正确的宣传工作路线。大会在军事上提出要在发动群众开展日常斗争中，不断进行赤卫队和红军的组织工作，同时还要做好国民党军队中的士兵工作，并确定了"争取广大群众，准备武装暴动"是党目前的中心任务。

东江党代表大会决议的贯彻，不但促进了普宁与潮阳、惠来三县群众斗争与党组织的发展，而且使革命武装队伍逐步壮大。

1929年7月中旬，在夏收抗租斗争取得节节胜利、大南山根据地建设向前推进、赤色区域有了恢复和发展的基础上，潮普惠三县原来的工农革命军3个团队和部分县区常备赤卫队联合，在大南山林者世村集中编队后，于大南山的林招正式成立了中国工农红军第六军第十六师第四十七团（军部、师部未成立，以下简称红军第四十七团）。团长为何石，政委为陈开芹。全团130多人，编成3个战斗连，团设党委，由政委任书记，实行党的集体领导，议定重大决策。团党委直接受四县联席会议领导，由东江军委统一指挥。该团在对敌斗争中不断壮大力量，至1930年5月，已发展至300多人，扩编为2个营7个连，进入了全盛时期。

在红军第四十七团成立的同时，普宁县原建立的常备武装驳壳队从20多人发展至51人，全员配驳壳枪，称为驳壳连。7月中旬改称游击队第三大队，大队长陈锡怡，属普宁县委直接领导下的地方武装。各区也都建立了区联队。

### （四）红军第四十七团及其与地方武装的斗争

革命武装建立后，县大队及在大南山周围的区联队（如二区、云落区等），都以大南山为据点，积极配合红军第四十七团开展活动，扫除大南山边缘的反动据点，歼击地主反动武装，在斗争中扩充了自己的力量，进一步巩固了大南山区的革命阵地。

红军第四十七团为了拔除大南山边缘什石洋村的民团据点，在赤卫队员侦察掌握了敌军的兵力配置和战斗力情况后，乘着黑夜，团长何石把队伍开到村边，切断敌人的电话联络，亲自带尖兵穿上预先备好的木屐，扮成过往乡民，直逼敌哨兵，径取敌营，首战取得了俘获该据点全部团丁、缴枪30多支的战绩。

1929年10月，何石率四十七团100多人前往池尾的塘塔埔村，准备拔除设于仙师庙的民团据点。但到目的地时已是早上6点多了。这时，民团正吹哨子集合出操，村里准备收割水稻的农民也陆续下地，此时动手对红军和群众都十分不利。怎么办？何石根据情况，灵活地改变了原来的计划，果断地决定部队暂时隐蔽在蔗园里，等到傍晚再伺机行动。凭着革命毅力和铁的纪律的约束，部队忍住饥饿，不露声色地在蔗园里坚持隐蔽近 10 个小时。至下午 4 时，当敌人集合开饭无暇他顾的时候，何石一声令下，战士们个个勇猛地向敌据点冲击，把民团 40 多人全部缴了械，取得了又一辉煌的胜利。

11 月 26 日，红军第四十六团与第四十七团在古大存的指挥下，准备从五华进入兴宁，打通赣南苏区。部队北上至五华郭田村时，获悉坪上驻敌黄伯敬民团及张九华警卫队 400 多人连日进攻苏区，抢割晚稻，强行收租。为了保护群众利益，严惩敌人，红军第四十六团、第四十七团联合向坪上驻敌发起进攻。在战斗中，由于敌人凭借坚固工事和炮楼负隅顽抗，红军第四十七团团长何石在战斗中不幸中弹，壮烈牺牲，连长许炳、吴峰也在战斗中阵亡。此后，由于敌人集结重兵对东江地区的红军进行疯狂反扑，红军打通赣南苏区的计划未能实现。

### （五）土地革命运动的初步开展和大南山苏区的形成

1929 年秋收，普宁县因受旱灾歉收影响，农村经济破产比夏收时更甚，而反动统治者的苛捐杂税却有增无减，加上军阀混战不止，如 8 月冯、阎联合对蒋之战，9 月张发奎在长江宣布反蒋独立，10 月两广军阀之战等，这些情况有利于普宁党组织和红军队伍秋收斗争的开展。

正当普宁各地深入贯彻东江党代会精神、迎接新的革命高潮到来的时候，中共中央政治局候补委员兼中央农委书记、原中共东江特委书记彭湃和杨殷、颜昌颐、邢士贞等人，在上海由于叛徒出卖而被捕，于 1929 年 8 月 30 日在上海龙华被杀害。噩耗传到东江地区和普宁后，广大共产党员和革命群众怀着极其悲痛的心情，以各种形式表达对这 4 位无产阶级革命领袖的深切怀念。彭湃是中国共产党早期主要领导人之一，是著名的农民运动领袖，是东江革命根据地的主要创建者。东江特委为纪念彭湃等烈士，发出通告，动员广大群众起来反对国民党的白色恐怖，决定将东江特委军校改名为彭杨军校。东江革命军民化悲痛为力量，踏着烈士的血迹，英勇地向国民党反动派发起进攻，推动东江革命斗争继续向前发展。

1929 年 10 月 9 日，中共普宁县委组织各区开展"双十"节纪念活动。全县 7 个区近 1 000 名干部、群众参加了纪念大会。会上报告了彭湃、杨殷等 4 位烈士牺牲的经过，号召群众起来反对国民党的白色恐怖，进行土地革命斗争，建立苏维埃政权。普宁县委、各区委还印发了《纪念彭杨宣言》，会前会后散发、张贴了数千张传单、标语，产生了很大的影响，震慑了敌人，鼓舞了群众。县委还积极宣传、组织群众开展革命斗争，在做好山区工作的同时，派干部下平原，进一步恢复党团组织。在有革命武装活动的地区，发动群众抗租，其他地区则开展逃租、减租，反对苛捐杂税，反对治安保甲，反对警卫队等活动，使群众革命斗争由山区发展到平原。

这时，原先群众基础较好的六区六乡（月窟寨、杜香寮、上村等）、九区的三乡（大员、夏地、坑尾）以及附城八乡等乡村，群众一经发动，很快就和党组织及革命队伍融合在一起。白天敌军进乡村，革命队伍进田野；敌回据点，革命队伍回村继续工作。晚间，农村便成为革命队伍的天下。在党的领导下，历受国民党反动派和普城地主豪绅深重迫害的附城八乡农民，更为坚决地与国民党反动派和地主豪绅展开斗争，站在平原革命斗争的最前列。

四区除麒麟墟及其附近村庄外，其余乡村也都发动起来，投入党领导的各种斗争中。区委和区联队都住在南陂村的蒋厝寨，区委书记陈阿楷（即楷舟，后在洪阳牺牲）是领导当地群众对敌斗争的坚强干部。有一次他在战斗中腿部受伤、秘密转移至靠近大尖山的庵庙治疗时，仍继续领导群众坚持斗争，保留了牵制麒麟、普城敌人的斗争阵地，为以后建立北山特区（又称潮普揭边区）创造了条件。

1929年10月中旬，潮普惠揭四县在大南山成立西南四县联席会议机构（代名施联辉），四县各派一领导人参加，以东江特委代表为主席，协调四县的斗争和加强对大南山革命根据地的统一领导。

西南四县联席会议机构（施联辉）成立后，积极加强政权建设，在红四军进军东江及11月14日东江革命委员会成立的声势影响下，各县各自建立县级政权组织。11月中旬，普宁在大南山锡坑村召开全县农民代表大会，出席会议代表有100多人，选举产生普宁县革命委员会，主席为李崇三，副主席为何石，并设址于锡坑村。秋收后，锡坑村成立分田委员会，响亮地提出"实现党的土地纲领""没收地主的土地归农民分配"和"建立苏维埃政权"的口号，着手进行土地分配工作。

1930年3月1日，敌警卫队及民团200多人进犯大南山锡坑村，当他们进抵灰寨山时，被县游击队第三大队、流沙区联队共60多人的队伍阻击，各乡赤卫队100多人配合围攻，毙伤敌10多人，敌狼狈溃退，被革命武装一直追赶到平头岭外去。此后，普宁武装队伍积极开展抗击反动民团、收缴枪械、扩大人民武装的活动，并在斗争中总结了避大就小、避强就弱、平原与山区互相策应的游击战术，扩大了赤色区域。武装斗争的胜利，使敌人不敢轻易入侵大南山根据地，局势较为稳定。

这期间，红军第四十九团与第四十七团联合作战，多次粉碎了敌人对大南山的"围剿"。特别是1930年4月28日，在大南山林招的排金山战斗中，抗击敌军毛维寿旅的戴戟团及地方警卫队2000多人的进攻，取得毙敌100多人、俘敌23人的战绩，威震敌胆。此后，革命武装逐渐由内线转到外线作战，在军事上逐渐取得主动地位。

5月上旬，八乡山滩下村召开了东江第一次工农兵代表大会，出席大会的有东江19个县、市的代表和全省各地区的代表共300多人。会议选举产生了东江苏维埃政府，陈魁亚为委员长，古大存、陈耀潮为副委员长。此时，东江红军已发展到5个团和1个教导队，但由于团以上没有成立师部、军部，各红军团队又分散在西北、西南和东南各个苏区，很难集中统一指挥，影响了红军战斗力的发挥。鉴于此，在东江第一次工农兵代表会议上正式宣布成立红十一军，古大存为军长，颜汉章为政治委员（后为吴炳泰），全军约3000人。同时将东江划分为5个军区，以指挥各军区范围的地方武装。大南山成立第三军区，蔡端为司令，李良清为政委，指挥潮普惠揭四县的武装斗争。

8月，中共东江特委、军委从八乡山移驻大南山。10月，根据广东省委的决定，东江、海陆惠紫两特委合并为新的东江特委。至此，大南山苏区基本形成。直到1935年夏，长达5年的时间里，这里一直是东江地区党、政、军领导机关所在地。它既是潮普惠三县土地革命战争的领导中心，又是整个东江革命根据地的指挥中心，在东江地区党的革命史上占有显要地位。

## 二、深入进行土地革命，开展苏区全面建设

### （一）中共闽粤赣边区第一次代表大会的召开

1930年夏，正当东江革命运动复兴，大南山根据地基本形成，形势十分喜人的时候，广东省委和东江特委贯彻执行党中央以李立三为代表的"左"倾冒险主义路线，先后召开了党的代表会议，进行地方暴动的总动员。潮普惠三县也分别召开了代表大会，制订了地方暴动工作计划。此后，部队盲目攻城，强攻硬打，以致损兵折将。4月25日，红军第四十七团攻打惠来县隆江镇，此战不仅没能攻克目标地，还牺牲了团长李斌及117名战士，革命力量再次受到严重损失。

5月，方方调任汕头市委书记，普宁县委书记由何丹成（海丰人，黄埔军校学生）接任。7月，普宁县委在九区夏地村召开全县党团联席会议，继续布置武装暴动、夺取全县政权的工作。夏收后，红军第四十七团第一营协同各乡赤卫队击败了到大南山收租的普宁警卫队，毙伤敌人57人，俘敌8人，缴枪10多支。9月22日，红军100多人配合地方武装攻打棉湖镇。这一战虽攻克棉湖，击毙了援敌普宁县保安中队长方昌伦，但由于普惠两县反动武装的反扑，红军不得不主动撤退。10月10日，普宁县委又集结一、四区的区联队及赤卫队100余人攻打普城，由于力量薄弱，不但攻城不成，反而被敌包围追赶。

1930年夏至10月间，由于执行了李立三"左"倾冒险主义路线，红军部队虽打了一些胜仗，但也遭受了重大的损失，东江地区和普宁县革命形势的发展受到阻碍。

为了纠正李立三"左"倾冒险主义的错误，11月1日，中共中央派邓发（化名一秋、广铭）和广东省委常委、组织部部长李富春（大盛）到东江特委所在地大南山大溪坝村余氏祖祠，主持召开了中共闽粤赣边区第一次代表大会。参加会议的有东江各县的代表78人（因交通关系，闽西、赣南代表未到会）。方方担任大会秘书长。

这次会议的主要内容有三方面：第一，传达中共六届三中全会关于纠正李立三"左"倾冒险主义的决议，停止冒险主义的错误行动。再次强调了"暴动是艺术"的问题，并联系实际批判了东江地区从1930年夏到10月在"左"倾冒险主义指导下强攻城镇、损兵折将的错误，改"集中攻坚"为游击战争。第二，确定了今后发展的战略方向，在"三不管"的边界地区建立革命根据地，然后逐步向外发展，以实现把闽粤赣三省边界的根据地连成一片，与中央苏区接壤的战略意图。第三，为了保证实现上述的战略意图，在组织上决定取消东江行动委员会，成立中共闽粤赣边特别委员会，选举邓发为特委书记，选任方方为职工运动委员会书记。东江地区成立西南分委（辖潮阳、普宁、揭阳、海丰、陆丰、紫金等县）和西北分委（辖兴梅七县等），由颜汉章、刘琴西分别担任书记。并根据东江的实际，组建了7个边界县委（其中包括潮普惠、陆惠县委）和1个边界工委（潮澄澳）。

中共闽粤赣边区第一次代表大会对于迅速纠正以李立三为代表的"左"倾冒险主义错误，巩固和发展东江革命根据地具有重大的意义。

1930年11月后，根据中共闽粤赣边区第一次代表大会的决议，把红军第十一军改编为第六军第二师（第六军军部实际未建立，后改独立师），师长彭桂，政委黄强，下辖两个团，第一团由原第四十九团改编，团长、政委分别由彭桂、黄强兼任；第二团由原第四十七团和第四十六团合并改编，团长陈伯虎（后为古宜权、卢笃茂），政委陈开芹（后为方光庆），后来又扩建一个独立营，总人数约1 000。此外还有东江军委直接领导的政治保卫队和军校学生军200多人。

各边界县委和县苏维埃政府成立后，积极开展各项工作，运用游击战术打击敌人，在巩固苏维埃政权的基础上向外拓展，使东江革命斗争又有新的发展。

11月23日，驻流沙警卫队中队长庞柱，在革命形势的影响和党的政策的感召下，击毙大队长李绍金，率队上大南山向红军投诚，并改编为工农红军第六军第二师第一团第五连，庞柱任连长。这对敌人是一个沉重的打击。

### （二）中共潮普惠县委与苏维埃政府的成立

1930年11月，根据中共闽粤赣边区第一次党代会的决定，将潮、普、惠三县党组织合并，成立中共潮普惠县委，统一和加强了三县党的领导，书记陈醒光，属中共闽粤赣边区特委西南分委领导。因国民党不断发动对中央苏区和闽西苏区的"围剿"，东江西南、西北两分委与中共闽粤赣边区特委的交通联系被隔断，不便于领导，经过酝酿并报中央批准，于1931年5月中旬撤销两个分委，恢复东江特委，并重归广东省委领导。

潮普惠县委成立后，从党的组织建设、革命政权和革命武装等方面进一步加强了根据地的建设。首先是努力加强党的组织建设，县委把原潮、普、惠每县各划分为3个区，分别为：潮阳的潮城、玉峡、贵屿；普宁的普城、大坝、流沙；惠来的惠城、靖海、葵潭，并在9个区中建立了区委。1931年春设南山特区，后增设小北山特区和云落区，各区分别设立区委。同时，在工农中大力发展党的组织。到1931年5月，潮普惠县委辖有260个党支部，党员有1 400多人，其中南山特区有党员700多人，党的队伍空前壮大，这是根据地得以巩固、发展和长期坚持反"围剿"斗争的决定性力量。

在组织发展的同时，也注意加强党的思想建设。东江特委在南山开办了党校，县委也多次举办党员训练班，并要求各区委、支部健全党支部生活，加强党员教育，这对提高党员干部的政治水平和工作能力、发挥共产党员在斗争中的骨干和模范作用，起到了重要作用。

加强了苏维埃政权建设工作后，苏区进一步扩大。1930年11月，在县委领导下，在大南山的大溪坝村召开了潮普惠县第一次工农兵代表大会。大会传达贯彻了中共闽粤赣边区第一次代表大会会议精神，成立潮普惠县苏维埃政府（以下简称县苏），选举产生委员 17 人，其中常委 5 人，主席方光庆，副主席刘大刚。县苏所属机构有：财政部、军务部、土地部、劳动部、文化教育部、法庭、秘书处，负责苏区各项行政工作。接着，所属的 9 个区有 7 个区也先后召开工农兵代表会议，成立了区苏维埃政府；其中，大坝、靖海区苏维埃（以下简称区苏）政府，则由县苏直接任命。各区苏委员 7 人，常委 3 人。至 1931 年 5 月，所属各区有 560 个乡成立了乡政府，大部分在平原的赤色乡村中；其中真正建立乡苏维埃政府的有 190 个，且大部分在南山特区，隶属南山特区苏维埃政府管辖，主席林花仔。为便于领导，南山特区下设五路（潘岱路、河达路、林招路、麻湖路、锡云路），各路党的组织设特支，行政设办事处。这时，潮普惠苏区已扩大到包括整个南山特区和流沙、玉峡、惠城部分建立苏维埃政府的乡村。范围东至靖海外围，西达云落，南到惠城、隆江、葵潭的外围，北抵龙船岭，包括整个大南山区和其边缘所有乡村的广大区域，拥有 5 万多人口。

### （三）土地革命的深入开展

土地革命是中国共产党发动和领导农民推翻豪绅地主在乡村中的统治，摧毁封建剥削制度，解除受压迫剥削的痛苦，翻身做主人的伟大革命。潮普惠县委和县苏成立后，在东江特委的直接领导下，立即把土地革命作为巩固发展革命根据地的首要任务，发动群众，开展分配土地的斗争。

潮普惠苏区的土地分配，是从 1929 年秋收后开始进行的。由于当时党中央的土地政策多变，因而分配土地的过程出现了较多曲折。从 1929 年冬到 1932 年初的土地革命实践，大体经历了四个阶段：第一阶段是分田试点；第二阶段是全面铺开；第三阶段是合理调整耕地；第四阶段是重新分田。1931 年上半年，分田的区域共涉及 60 多个乡。大南山根据地正式建立苏维埃的 190 多个乡、5 万多人口的区域，都实行了分田。

### （四）大南山苏区在全面建设中得到巩固和发展

1930 年 11 月潮普惠县委和县苏成立后，在巩固苏维埃政权和发动群众深入进行土地革命斗争的基础上，在大南山根据地内开展了服务于革命战争的全面建设。

一是抓好干部队伍的培训。1929 年东江革命复兴后，急需大批党政军干部。这时，对党的干部培训，就成为加强根据地建设、巩固苏维埃政权和加强红军的一项重要工作，东江特委和潮普惠县委都十分重视这项工作。

建立彭杨军校。1930 年秋，东江特委为适应迅速扩大红军的需要，在大南山开办了"红军第六军第六师军事政治学校"（后为纪念彭湃和杨殷二烈士，更名为彭杨军校第四分校，校长为东江特委委员朱炎，教官是从苏联学习回国的董良史等），加紧训练各级军事、政治人才。1931 年底开办三期，培养了 250 多名军政人员和赤卫队骨干。军校还开设赤卫队和少先队干训班，通过培训，使他们成为赤卫队和少先队的骨干，有效地配合游击队和主力部队打击敌人。

二是采取措施搞好经济建设。

三是建立各种军事设施，实施后方勤务保障。

四是广泛开展政治宣传教育和文化活动。为了宣传、发动群众，1930 年秋，县委组织了白话剧队，后改名为"赤花剧社"，剧社主任由东江特委宣传部部长刘育民担任，全盛时工作人员约有 60 人，剧目有《平江潮》《二七惨案》《广州暴动》等 30 多个，经常到苏区各地演出。白天则分散到演出点附近村庄宣传，通过演出和宣传活动，教育了群众，鼓舞了军民的革命斗志。红二团也招收了 10 多名女战士，组成随军宣传队，积极宣传群众，鼓舞士气。还在迭石、摇鼓金和锡坑等处设印刷局（组），出版多层次的革命刊物，其中有东江特委的《东江红旗》《政治通讯》《苏维埃三日刊》，潮普惠县委的《潮普惠红旗》、团县委的《红五月》和《革命画报》，县少年先锋队的《西南少年先锋报》《红操场》等报刊，把革命思想普及到党内外各个年龄层的干部和群众中。

为了扩大革命影响，县苏维埃政府还组织贫农石匠翁千等人在大南山各重要隘口的巨石上镌刻了"拥护中国共产党""列宁主义万岁""巩固苏维埃政权"等醒目的标语。这些石刻标语，经苏区人民用生命保存下来的有 57 条，其中在普宁境内汤坑径有 10 条。

## （五）错误的反"AB 团"斗争及其严重危害

从 1931 年 5 月至 1932 年 3 月，在广东省委和东江特委的直接领导下，大南山革命根据地的党、政、军、民中开展了一场以反"AB 团"为主要内容的肃反运动。本来，在尖锐复杂的革命斗争中进行内部肃反，清除混进来的敌对分子，是巩固根据地和保证革命斗争胜利发展的必要措施。但是在王明"左"倾错误路线的指导下，依靠刑讯逼供的恐怖手段，不仅混淆敌我，甚至以我为敌，随便捕人杀人，使必要的肃反斗争完全走向反面，革命力量遭受重大损失，革命事业受到严重危害。

大南山苏区的肃反运动开始后，领导肃反运动的干部带着"AB团"在东江各苏区完全存在的固有框框，从个别逃跑的红军士兵和同志间通信的片言只语中想象出"AB团"，即行逮捕，刑讯逼供。在潮属高柜村设法院，在尖峰、虎白坟、潘岱、迭石等地设监狱。反"AB团"首先在红军队伍中开展行动，红二团官兵集中在普属下溪斜村学习检查。8月，逮捕了潮普惠县少先队部负责人李炎，用刑后供出团县委罗恒辉，罗又供出团委代理书记黄心园，逼出"所有共青团干部都参加了'AB团'"的口供，进而逮捕红军医院党支部书记邢铁夫，严刑逼出"红军准备暴动""暴动的指挥部在医院，住院干部颜汉章、陈振生等都是他们的领袖"，以及所谓"他们的社会民主党纲领"等口供，逮捕了百余人。至1932年春，从"AB团"到"社会民主党"到"托陈派"等，肃反抓人像滚雪球似的越滚越大，捕杀浪潮遍及大南山各地。下自区、乡干部，上到东江特委、军委及各级党、团、政、军负责人，就连红十一军军长古大存也被拘禁审讯，险遭不测。被杀害的有：东江特委常委、组织部部长颜汉章，东江特委常委、红十一军政委吴炳泰，东江特委委员黄汉强，东江特委巡视员林锦梅，共青团东江特委代理书记黄心园，团东江特委书记陈振生，红军第二团团长陈伯虎，共青团县委书记高继成，团县委常委罗恒辉，军校教官董良史，流沙区苏维埃政府负责人马达进等不下500人。其中红二团及常备赤卫队共300余人，被杀者110多人。

1932年春，中共中央发觉了东江肃反这种严刑逼供、大捕大杀的错误，并提出批评，东江特委才在3月上旬发出通知，纠正肃反中的错误做法。但这时，革命队伍已元气大损，影响了以后的斗争。这场错误的肃反运动给大南山革命根据地造成了严重的危害：极大地削弱了各级党的领导力量，伤害了大批优秀的领导干部；严重削弱了红军力量，自毁革命根据地的"长城"；严重损害了党的威信，降低了党的凝聚力和吸引力。这种自我摧残的错误做法，严重损耗了苏区的元气。这是大南山苏区未能获得更大发展，并成为尔后的反"围剿"斗争中遭受挫折和失败的最主要的主观原因。

## 三、大南山苏区开展反"围剿"的艰苦斗争

### （一）粉碎国民党"围剿"大南山苏区的计划

1932年1月，国民党军队师长张瑞贵在潮阳的两英墟召开了潮普惠三县

县长联席会议，讨论和决定进攻大南山苏区的计划。3月12日，张瑞贵以独立二师3个团（后又增加一个独立团）为主力，联合地方警卫队共4000多人向大南山苏区进行疯狂"围剿"，狂妄宣称"限期二个月内彻底肃清"。在敌人大规模的进攻下，东江特委、潮普惠县委领导大南山苏区的红军和人民与敌人进行了英勇顽强的斗争。

敌人"围剿"开始时，在军事上采取"集中包剿，分区搜索"的办法。张瑞贵率兵分三路从潮阳、普宁、惠来三县"围剿"大南山。他们先集中兵力包围搜索东南部，一周后除留部分兵力在东南外，大部分兵力调到西北部搜索。为歼灭来犯之敌，红军集中了一定兵力迎击一路敌军，但由于力量所限，在林樟和五福田的战斗中未获全胜。随后军委决定分散红军扰敌，采用截敌运输、埋伏突袭、打了就走的战术打击敌人，伺机集中力量击其一路（或一部），歼敌有生力量。同时指示散布在平原各地的游击队也一起行动，配合红军牵制敌人。这期间，潮普惠第三大队袭击了大坝；红四连袭击了下湖墟；红二团袭击了乌石，毁敌汽车数辆。各乡的赤卫队也积极配合，有的毁敌炮楼，有的拔除敌通讯点、剪断电线，打得敌人惶惶不可终日。在一个月的反"围剿"斗争中，红军在山区截敌运输2次，数次埋伏袭击敌人，毙敌10多人，俘2人，缴枪5支，枪弹700发。在平原袭击敌人4次，毙敌5人，缴枪11支，毁敌汽车数辆。这期间红军和大南山群众无多大的损失。

敌人对苏区包围搜索了近半个月后，不但没有很快"肃清"大南山共产党员，反而遭到红军、游击队和赤卫队的袭击，受到一定损伤。3月25日又在潮阳的两英墟召开"潮普惠三县绥靖会议"，决定在加紧军事"围剿"的同时，实行政治迫害、经济封锁、移民和"三光"的政策，企图消灭东江的中心革命根据地。

从4月3日至中旬，敌人对大南山苏区采取了更加残酷毒辣的烧杀政策，大南山被烧的有30余个乡，群众被捕四五百人，被杀百余人，被强迫驱逐至平原地区的占80%，春耕也被阻碍。大南山周围各乡豪绅地主组织联团，强迫群众筑炮楼，妄图封锁、困死红军。在对敌战斗中，红军方面遭受一些损失。特委秘书长林育民牺牲，《红旗画报》负责人刘世夫妇被杀。东江特委、军委藏在山上的文件通通散失，被服厂、粮库也有部分损失。

针对敌人的毒辣政策，东江特委和潮普惠县委组织红军、常备赤卫队积极开展游击战，加紧骚扰活动，给敌人以一定杀伤。同时动员被赶到平原的苏区群众回大南山春耕，组织群众反抗成立联团、筑炮楼，打击豪绅地主的破坏活动。由于大南山军民坚持反"围剿"斗争，敌军 4 000 余人粮食供给成大问题，从城市运粮又遭红军截击，因此不得不变更策略，于 4 月 15 日后把部队退到大南山周围驻扎，一面封锁，一面不时到苏区搜索。

敌变我也变，红军又采取相机集中兵力、择弱而歼的战术，并于 4 月 19 日取得了击溃敌独立团的重大胜利。这一天，张瑞贵命独立团（团长陈腾雄，又名陈东中，绰号陈叮冬）进攻大南山西部的锡云路。红军得到这一情报后，即周密部署力量，严阵以待。敌除留一个营作预备队外，其余两个营分由云落和流沙两路向红军进犯。红二团团长古宜权采取诱敌深入、集中优势兵力歼敌一路的战术，沉着指挥部队应战，令云落区联队和当地赤卫队牵制来敌，让流沙区联队和锡坑赤卫队在顶浦村埋伏，打击从流沙来犯之敌。敌自以为武器精良，毫无顾忌地向大南山腹地锡坑村进犯。驻守在锡坑村的红二团第三连和游击队第三大队与敌人接触后，主动向锡坑村后撤退，敌尾随追击，第三连退至锡坑村后山头据守，牵制敌人。

驻在白马仔村的红军第二、第四连和彭杨军校学生军等，听到锡坑村方向传来枪声后，即会同当地的赤卫队抢占了海拔 700 多米的牛牯尖山峰。敌团长看到牛牯尖山峰被占，急命军队把牛牯尖山团团围住，并集中迫击炮和轻重机枪向山峰轰射，在密集炮火掩护下发起多次冲锋，妄图夺占制高点。红军居高临下，击败敌军连续七八次冲锋，使敌锐气下落，陷于进退两难境地。古团长抓住有利战机，向敌发起反攻。他先集中 20 多个号手吹起冲锋号，使敌心惊胆战，阵脚大乱，同时带领团部及特务连，协同其他部队乘势勇猛出击，杀得敌人丧魂落魄，狼狈逃窜，丢枪逃命，横尸遍野。经 6 小时激战，歼敌副团长以下官兵近百人，击溃百余人，缴获迫击炮 1 门，机关枪 6 挺，步枪 100 多支，弹药及其他军用物资大批。"牛牯尖打陈叮冬"，这一胜利，极大地增强了大南山军民打破敌人"围剿"的信心和勇气。

张瑞贵部在"围剿"大南山的 5 个月里，不但未能实现消灭大南山苏区红军的妄想，相反自己伤亡和逃跑 1 000 多人，损失枪支 800 支（挺）以上。在反"围剿"斗争中，红军和工农武装得到了发展，增加了百余人。常备赤卫队、游击队、区联队等得到扩大，提高了战斗力，积累了经验，已可单独与敌作战。党组织也经受了考验，在反"围剿"斗争中得到巩固和发展，仅 6 月份就发展了 80 名党员。

**（二）反"围剿"斗争的严峻形势**

广东军阀受到中央红军的痛击后，按蒋介石发动的第四次"围剿"计划，决定集中兵力在短期内肃清大南山苏区红军。1932 年 8 月以后，张瑞贵以两个团的兵力向大南山发起新的进攻，以营为单位天天游击搜索，见人就开枪，见屋就焚烧，驱赶苏区人民下平原，禁止他们回苏区；随后又以一个团的兵力在大南山"驻剿"，另一个团在苏区周围采取"按乡搜索"的办法，"进剿"平原赤乡；还以小分队于夜间伏击苏区交通人员、抢夺粮食、包围乡村、屠杀下到平原的苏区人民，并诱以"自新"，尤其利用叛徒为其带路，向红军进攻和破坏，给大南山苏区造成极大的灾难和损失。

在国民党军队残酷的进攻面前，潮普惠县委领导苏区军民进行了英勇顽强的战斗，作出了巨大的牺牲，牵制了广东军阀的第三军和张瑞贵等 3 个正规师的兵力，在一定程度上配合和援助了中央苏区，为第四次反"围剿"斗争作出了贡献。

至 1933 年 1 月，在党的组织方面，潮普惠县各区区委受破坏，全县 700 多党员只存 100 多人，其中南山特区 500 多党员仅存 8 个支部 72 人；共青团的基层组织也减少了三分之二，5 个区有 3 个区委解散；红军方面，战斗死伤时常有，而缺少补充，严冬天气衣服不足，缺药少粮，生病者甚多，300 多人的红二团只存 120 人，常备赤卫队损失三分之二以上，近 200 人的一、三大队仅存 40 余人，区游击队、乡赤卫队人数亦大大减少；群众方面，5 万多人口的大南山苏区仅存 700 多人，死约 1 万人，大多数被赶到非苏区，不少人沦为乞丐。

1933 年 10 月，红军经过多次作战和外线游击，部队又发展到 400 多人，经中共中央批准，在樟树坪村成立了东江游击总队，由中央派来的周友初任总指挥，古大存任政委，卢笃茂任参谋长。游击总队下辖三个大队：第一大队队长古士，所部由卢笃茂带领到揭阳一带开展游击活动；第二大队队长卢秋桂，所部转移到潮澄澳的桑浦山和凤凰山一带活动；第三大队队长张木葵，所部在大南山周围与敌周旋。

1934 年初，周友初奉调回中央，古大存调任东江政治保卫局局长，卢笃茂率队伍在大南山及普、揭一带开展游击斗争，但终因敌我力量过于悬殊，难以扭转危局。

1934 年 6 月，为解大南山之围，卢笃茂率红军队伍 190 多人转战揭丰华边山区。11 日，与数倍于己的敌人潘彪部和地方反动武装激战于揭阳、五华交界的胡头、罗庚坝一带山区。12 日晨，敌 1 500 多人将红军包围在一个狭小地带，红军依托山间密林与敌血战整天，敌死伤惨重，红军亦伤亡过半，卢笃茂在战斗中负伤。在这紧急关头，他当机立断，命令部队从小道突围，自己留下断后。最终部队突围成功，而卢笃茂忍痛爬到山坡下一个破旧的木炭窑里隐蔽下来，后被农民陈香发现并接到家里治疗。但由于流氓告密，敌人前来搜捕，卢笃茂落入虎口。他在狱中坚贞不屈，于 1935 年 2 月 3 日在广州黄花岗被杀害。

1934 年 12 月，东江特委将突围出来的部队和地方武装整理后，于大南山松树坳村成立东江游击队总指挥部，张木葵任总指挥，下设 3 个中队，近百人枪。一中队队长吕金和，二中队队长卢秋桂，三中队队长翟信。12 月 31 日，张木葵带领第一、三中队于下架山碗仔村附近的鲈鳗洞伏击张瑞贵部由潘岱押运粮食路过的一个连。鲈鳗洞伏击战毙伤敌 40 多人、俘 30 多人，缴获机枪 1 挺、连珠驳壳 4 支及长短枪、弹药、粮食、银圆一批。1935 年春，第一、三中队转移到里湖、河婆一带游击；第二中队在队长卢秋桂率领下转移到潮澄饶的凤凰山一带开展斗争。大南山形势日益艰难。

## 四、反"围剿"斗争的失利与苏区的丧失

1934 年 10 月，中央主力红军长征后，参加"围剿"中央红军的广东军阀陈济棠部陆续返驻广东，并调集重兵，加紧对东江革命根据地的"围剿"，形势异常险恶。1935 年 4 月，广东军阀以第三军第九师师长邓龙光来接替张瑞贵部，设师部行营于流沙，并以 4 个团的兵力，联合地方反动武装 14 个中队，一面布防于葵潭、流沙、司马浦、两英一线，连营 70 里，遍布岗哨，加上惠来城方面的设防，把大南山区紧紧包围；一面又将主力分驻于林招、龟山弯、双溪、大峯、河田等地，进行搜索屠杀。这时，红军游击队已转移到外线作战，在山上坚持斗争的仅存机关部分武装人员 100 多位同志。鉴于形势险恶，在古大存的主持下，东江特委于大南山西部普属大溜山石洞召开了最后一次会议，讨论了党的活动转入秘密工作的问题，并推举李崇三为东江特委书记。会议决定除留下部分骨干带领群众在山上坚持隐蔽斗争外，武装人员冲出重围，分散活动。

在隐蔽斗争中，许多共产党员、红军游击队员凭着对党和革命事业的坚强信念与忠诚，自觉坚持斗争，直到流尽最后一滴血。东江特委委员谢振逢和郑振芬夫妇，因谢振逢在战斗中腿部受伤，而郑振芬下肢瘫痪，不能走路，夫妇俩隐藏在梅仔坜的一个山洞里，坚持与敌人、疾病和生活上的困难作斗

争，最后在敌人的搜捕中双双殉难。6月，移驻普宁池尾黄竹坑附近石洞的东江特委机关遭敌破坏，特委书记李崇三被捕叛变。至此，东江特委停止活动。此后在以李崇三为首的叛徒带领下，潮普惠县工委、县苏、军务部等机关和游击小组先后被破坏。这时留在山上坚持隐蔽斗争的，只剩下西南医院的10多位医护人员，他们在共产党员贺志中的带领下，迁回于大南山西部的岩洞间。6月中旬在鸡心山遭敌袭击，贺志中被捕，后解往惠城，慷慨就义。县工委的印刷所，几经敌人破获，原有的同志牺牲了，别的同志又把它办起来，一直坚持到8月底。更有许多无名英雄战斗到生命的最后一刻，表现了共产党员的铮铮铁骨、大义凛然。

由古大存率领的特委政治保卫队陈华、王顺等17名红军战士，从大南山突围后转移到丰顺，后挺进到大埔山区一带坚持艰苦卓绝的隐蔽斗争，秘密开展群众工作。东江游击队总指挥张木葵把队伍转移到揭阳五房山一带活动，部队在五房山西10余里地方受敌邓龙光部教导团及两个营的包围，张木葵及第一中队队长吕金和等38人在激烈的战斗中牺牲，彭沃、翟信、陈石甫等20余人冲出重围后，转移到靠近香港的长洲岛隐蔽待命。至此，潮普惠大南山革命根据地的武装斗争暂告停顿。

# 第四节　普宁抗日文化运动的兴起与党组织的重建

## 一、普宁抗日文化运动的兴起

随着全国抗日救亡运动向纵深发展，在北平读书的方泽豪和由共青团江苏省委派到普宁开展工作的周志铭（又名周勤兴、张克，后名陈勉之）等革命青年先后来到普宁。由中共南方临时工作委员会（以下简称中共南临委）委派回潮汕恢复、重建党组织的李平于1936年10月抵达汕头。大南山革命根据地被破坏后分散隐蔽的马士纯、张重仁、张珂敏等开始在普宁公开露面。他们以中小学校和农村为阵地，进行抗日救亡的宣传活动，开展"拉丁化"

"新诗歌""新文艺"和各种"读书会"等民主进步活动。之后还建立共青团支部和抗日义勇军等秘密组织,积极传播革命先进思想,推动普宁抗日救亡运动的开展。

1934年初,一大批革命知识分子在普宁革命处于最困难的时期,坚持艰苦的工作和斗争,以教书为掩护,先后在兴文中学、梅峰公学、泥沟群众小学等一批中小学校扎下了根,建立起抗日救亡运动的宣传活动基地。这批革命的青年知识分子,包括许宜陶、马士纯、黄声、邱秉经、余天选、周志铭、方泽豪、余永端、张珂敏、张重仁、郑敦、张华云、杨璞轩、卢逢生、陈焕新等,他们在普宁各中小学任教后,改革了原有学校的结构体制和教学内容,寓爱国主义思想、抗日救国教育于文化教育之中,把树立爱国思想、提高民族觉悟与文化知识水平结合在一起,把中小学校的抗日宣传工作搞得有声有色,并取得了显著效果。

1936年上半年,为了推动全县抗日救亡工作的开展,马士纯在兴文中学发出组织"普宁教育界抗敌联合会"的倡议,立即得到全县教育界师生的广泛支持和响应。经过一段时间的积极筹备,暑假时,普宁教育界抗敌联合会在五区西社花柳园召开成立大会,来自全县中小学校的师生代表共1 000多人参加了会议。马士纯任教育界抗敌联合会负责人。教育界抗敌联合会的成立,有力推动了全县教育战线抗日救亡运动的深入开展。接着,全县中小学校掀起了抗日援绥的热潮。

为了适应抗战形势的发展需要,各中小学在抓好文化基础教育的同时,逐步增加抗战教育的内容,公民课改教马列主义政治理论,每周周会由教师讲述国际国内政治时事,音乐教师教唱抗日革命歌曲,文体课外活动则排练以抗日救亡为主要内容的文艺节目。进步书刊、报纸也带进学校,在学生中秘密传阅。在共产主义和爱国主义思想的教育下,广大师生对抗日救国思想的认识大大加深,进一步激发起抗日救国的革命热情。兴文中学和定厝寮小学在进步教师的领导下,奋起组织抗日援绥运动,动员170多个学生,成立了14支宣传队,深入农村,运用演讲、唱歌、演剧等多种形式,向农民宣传抗日救国道理,发动群众募捐废铜废铁,支援前线。学校革命师生还节衣缩食,自愿为抗日事业捐献钱物。

普宁各中小学校通过广大革命教师的辛勤工作,既搞好文化教育,取得学生、家长和社会的普遍信任拥护,又把抗日救亡各项宣传活动办得如火如荼。

## 二、华南人民抗日救国义勇军在普宁的成立

1936 年春，在"一二·九"学生运动影响下，上海的爱国青年学生为了建立一个比较严密的组织作为抗日救亡运动的骨干队伍，由共青团江苏省委学委书记胡玉华（后名金乃华）与失去组织关系的共青团员李平等十余人发起，参照东北义勇军和华北抗日民族先锋队的组织形式，在上海正式成立"中华人民抗日救国义勇军"组织（以下简称义勇军）。

义勇军以抗日救国、收复失地、废除一切不平等条约、争取中华民族的完全独立解放为宗旨，任务是：进行抗日宣传，启发人民群众的民族觉悟和爱国热情，要求国民党政府停止内战，团结抗日；打倒一切汉奸和亲日派，抵制日货，没收一切汉奸、亲日派的财产作为抗日经费等。这是一个在共产党领导下，以抗日救国的青年学生和中小学教师为基础的秘密的革命群众组织。

1937 年初，义勇军成员余永端、何史到普宁县定厝寮真武小学任教后，与该校的小学教师、救国会的骨干取得联系，并吸收了杨璞轩、张陶、杨德谦、黄寄南、陈于通、陈舜山、庄明序等人参加义勇军，建立了定厝寮义勇军小组，小组长杨璞轩。1936 年 10 月下旬后，在普宁参加义勇军的还有兴文中学的马士纯、邱秉经、黄声、余天选；群众小学的方泽豪、张重仁、张珂敏、郑敦；华溪小学的王绍基，桥柱小学的林英杰、何世汉（何竺）、张希非等。

普宁这批中小学教师和爱国知识青年参加义勇军后，在共产党的领导下，首先接受了党的马列主义理论、组织纪律和统一战线教育；参加义勇军的集会、学习和同志间的联系；以学校为阵地，传播马列主义理论，宣传共产党的抗日救亡政策和主张，通过各种形式把广大青年团结在自己的周围，积极开展抗日宣传活动，教育、帮助更多的人投入抗日救亡斗争中。

义勇军的成员大多数是教师，他们利用在学校的合法地位，以教师职业作掩护，既抓好文化基础教育，积极推广拉丁化新文字运动，又抓抗日宣传工作。师生们白天上课教学，晚间下乡宣传、办夜校。利用夜校这个阵地传播革命思想，广泛动员和组织农民群众投入抗日救亡斗争中。

普宁义勇军队伍的抗日救国宣传活动，既提高了群众的文化水平和思想觉悟，振作了民族精神，又动摇了国民党反动派的统治基础，因而被他们视

为眼中钉、肉中刺，千方百计加以迫害。1937年春，郑敦、徐思逊和王绍基3位教师，就因敢于宣传鼓动学生抗日救国而被当作"政治犯"拘捕入狱（至"七七事变"后释放）。这是抗日战争前夕国民党反动派镇压普宁人民抗日救亡运动的一起政治事件。

1937年的"七七事变"，揭开了全国抗日战争的序幕。为适应形势发展的需要，中共南临委指示华南人民抗日救国义勇军转化为公开合法的抗日救亡组织。

## 三、党团组织的重建

### （一）共青团支部的成立

1935年冬，参加过土地革命战争的共青团员张重仁从上海回家乡泥沟，于1936年春和张青山、张珂敏、张鸣昌、何书锦等人接办群众学校。2月，张重仁再往上海大学向党组织领导人张仲修、徐剑吾汇报家乡办学情况，要求党组织派人回来帮助开展工作。徐剑吾介绍周志铭找张重仁了解情况，几天后约定在上海兆丰公园开会。参加会议的有周志铭、方泽豪和张重仁3人，由共青团上海法南区委书记邱抟云（普宁县梅塘溪桥村人）主持，会议决定成立共青团普宁临时支部，派回普宁泥沟群众学校开展工作，并决定周志铭任团支部书记，方泽豪负责宣传，张重仁负责组织，同时还约定了回普宁后与上海团组织联系的办法。这是土地革命战争后期潮汕地区重新建立的第一个共青团支部。

共青团临时支部的三位同志从上海回到群众学校后，即在文化教育中向学生灌输爱国主义思想，宣传抗日救国的思想，教唱抗日歌曲，学习潮州话拉丁文，办得很活跃。周志铭还负责到汕头、兴文、梅峰各校做联络工作。1936年下半年，群众学校又增设了一个专修班，由校长方泽豪负责，目的是培养青年骨干，使之成为革命斗争的新生力量。学生有泥沟村的，也有来自乌石、光南、涂洋、溪桥等村的青年共20多人。为了团结更多的教师一道开展革命文化教育，群众学校还和本乡的德育、锲金两个学校联合起来，统一行动。至1937年春，在教师和专修班学生中先后吸收了张珂敏、张瑞芝、张声籍、张珂友、方佑上等加入共青团，使共青团的组织得到发展。

坚持在兴文中学任教的共产党员马士纯，土地革命战争时期曾两次被捕入狱，但他坚贞不屈。第二次出狱后，虽然找不到党组织，组织关系中断，但他继续从事革命斗争和进步教育事业，在兴文中学教师队伍中发挥了政治核心的作用。1936年上半年，他与群众学校的周志铭等取得联系后，经过培养教育考察，先后介绍了邱秉经、余天选等老师参加共青团组织，并成立兴文中学共青团支部。

群众学校和兴文中学两个共青团支部的成立，为此后中共普宁党组织的建立打下了坚实的基础。

## （二）中共普宁特别支部的成立

1936年10月，李平奉中共南临委的指示从香港回潮汕开展重建党组织工作。同年底，李平在汕头介绍曾应之、陈初明、陈维勤三人加入中国共产党，经中共南临委批准后于1937年1月2日成立中共汕头支部，李平任书记。这是土地革命战争后期在潮汕地区重新建立的第一个党支部。与此同时，李平从汕头来普宁泥沟群众学校与周志铭、方泽豪联系，并在学校住了六七天，听取了普宁的抗日宣传情况汇报，先吸收周志铭、方泽豪为中共党员，并布置发展党员的工作。不久，方泽豪又吸收了张珂敏、张重仁加入党组织，并成立了党小组。

1937年1月，中共潮汕工作委员会（以下简称潮汕工委）成立，李平为书记。3月下旬，潮汕工委派陈初明来普宁开展党组织的恢复和建设工作。他到普宁后，以梅峰公学教员的公开身份，秘密开展党的工作。

梅峰公学于1936年春复办后，林英杰、卢根、陈绿漪等一批进步教师，形成一股革命的进步力量，领导全体师生开展抗日救亡活动，积极传播革命先进思想，促进学校师生走上革命化的道路。1936年暑假，邱秉经带领兴文中学一批革命教师，到梅峰配合在校的进步教师开办暑期补习班，招收一批青年到校学习，传播了革命思想，培养了一批进步学生骨干。西安事变后，经爱国民主人士李志前提议，决定由邱秉经以梅峰公学校董身份赴上海，与陶行知创办的生活教育社联系，要求派人支援。生活教育社对此予以大力支持，委派朱泽甫、林云侠（他们都是未找到组织关系的中共党员）来梅峰分别担任校长、教导主任。他们给梅峰带来了具有进步爱国思想的教育理论与实践，实行民主的爱国主义教育和革命的启蒙教育；他们提倡生活大众化，说话通俗化，师生民主化，促使学校充满活跃的民主气氛；他们着眼于教育为革命斗争服务，组织师生走出校门，积极开展抗日救国宣传活动，大大鼓舞了全校师生和校外群众的爱国热情。

陈初明到普宁后，对梅峰公学的工作情况、群众基础非常满意，认为重建党组织已经具备相当良好的条件。他根据潮汕工委的指示，一方面支持朱泽甫、林云侠在梅峰公学开展革命教育，团结全校革命师生，致力把梅峰公学办成名副其实的革命学校，并恢复了朱、林两人的党籍，同时在学校中积极开展党的组织建设。他每晚除了认真备课之外，还秘密找进步教师谈话，对党员发展对象进行党的知识教育，在朱泽甫和林云侠的帮助下，于1937年初先后吸收了何大道（何史）、曾昭宽（曾鸣）、杨克亚等教师入党。另外，他还利用假日秘密联系隐蔽在普宁各地的地下党员、共青团员。1937年3月，他与马士纯建立了联系，并为马士纯恢复了党籍。同时，吸收了定厝寮真武小学校长余永端入党。6月，经潮汕工委介绍，他与泥沟群众学校方泽豪的党小组接上组织关系。经过陈初明的努力工作，普宁党组织迅速地恢复和发展起来。马士纯恢复党籍后，积极在兴文中学发展党的组织。1937年上半年，他先把共青团员邱秉经、余天选吸收为中共党员，后又介绍了王琴、洪藏、李坚、杨少任等人入党。下半年成立兴文中学教工党支部，支部书记王琴。

1937年7月，中共普宁特别支部于梅峰公学成立，书记为陈初明，马士纯负责组织，方泽豪负责宣传，共有党员18人（其中预备党员9人）。中共普宁特别支部的重新建立，标志着普宁党组织在经历了十年艰苦曲折的土地革命战争后，进入了一个新的历史时期。

# 第四章

# 抗日战争全面爆发时期

抗日战争是100多年来中国人民反对帝国主义侵略第一次取得完全胜利的民族解放战争。普宁县人民因抗日战争的胜利,而在精神上受到极大的鼓舞,增强了民族自信心。全面抗战的斗争实践,也使全县人民深刻地认识到,中国共产党及其领导的人民武装力量,是团结抗战的中流砥柱,是取得抗日战争胜利的决定性力量。

# 第一节　党组织的发展壮大和抗日救亡运动的蓬勃发展

## 一、党组织的发展壮大和抗日民族统一战线工作的开展

### (一) 中共普宁县工委的成立

抗日战争全面爆发前,普宁县在建立中共普宁特别支部的基础上,党组织有了一定的发展。"七七事变"后,为了适应形势发展的需要,更有力地领导全县的抗日救亡运动,1937年8月,经中共韩江工委的批准,把中共普宁特别支部组建为中共普宁县工作委员会(以下简称普宁县工委)。普宁县工委成立会议在埔塘兴文中学训育主任邱秉经的住处召开,参加会议的党员有陈初明、马士纯、方泽豪、邱秉经、郑敦、余永端、洪藏、李坚等10多人。会议由特支书记陈初明主持。他在会上讲了全国抗战的形势和党组织的工作任务,布置党员在学校中培养进步师生参加党组织。同时成立了普宁县工委领导机构,书记陈初明,组织部部长马士纯,宣传部部长方泽豪,统战部部长邱秉经。普宁县工委机关先后设于梅峰公学、赵厝寮敬爱学校。此时,普宁县工委下辖普宁县属的4个党支部,18名党员。这些党员主要分布在兴文中学、梅峰公学、泥沟群众小学、赵厝寮敬爱学校、定厝寮学校等。普宁县工委从建立起至1937年10月属中共韩江工委领导,1937年11月至年底属中共韩江工委潮汕分委领导,1938年1月后属中共潮汕中心县委领导。

1938年1月,普宁县工委在领导抗日救亡运动中,以学校为阵地发展师生党员,以农村夜校、识字班、读书会为主要途径发展农民党员和开展工作,

使党组织逐步发展壮大。普宁县工委先后建立了二区、三区、五区3个区委会，同时辖惠来县属的惠来党支部（4月成立惠来党总支）及1938年9月成立的南山党支部。

1938年4月，普宁县工委书记陈初明调至潮汕中心县委工作，书记由马士纯继任，组织部部长罗天，宣传部部长方泽豪，统战部部长邱秉经。同年6月，因马士纯、邱秉经等一批党员干部往揭阳县石牛埔创办南侨公学（后改称南侨中学），普宁县工委书记由罗天接任，组织部部长郑淳，宣传部部长马士纯。这时，全县的党组织已发展到20多个支部，100多名党员。普宁县党组织领导机构的建立和健全，党员队伍的不断壮大，使全县人民有了坚强的领导核心，从而推动抗日救亡群众运动的蓬勃发展。

### （二）抗日民族统一战线工作的开展

1937年9月初，闽西南军政委员会常委兼组织部部长方方，到延安向党中央汇报工作回来时途经汕头，在听取了潮汕工作情况的汇报后明确指出：统战工作不仅要争取驻军，还要注意把党、政和各阶层一切愿意抗日的人士团结起来，组成广泛的抗日民族统一战线。普宁党组织根据方方的指示，认真分析了普宁的主客观条件，根据具体情况，普宁党组织确定统一战线工作不以国民党的县党政领导为重点，而是以开展地方中下层统战工作为主，以农村为工作重点，以农民和中小学校师生为主要工作对象，同时团结各阶层人民和赞同抗日的开明士绅，形成抗日的基本力量，推动上层抗日工作，推动全县抗日救亡运动的发展。

中共普宁县工委积极开展上层统战工作，争取国民党当局合作抗日。1937年10月，国民党普宁县政府组织"普宁县民众抗敌御侮后援会"。由于打着抗日的旗号，普宁县工委表示支持，派员打进去工作，在该组织内部宣传《抗日救国十大纲领》，争取一致抗日，并对国民党当局利用它取代各抗日进步团体的企图进行斗争。在争取普青抗立案的斗争中，党组织通过统战工作，取得了国民党第八区游击司令部陈卓凡、县抗敌后援会陈伟勋、第八区战时工作团吴华胥、派任普青抗指导员庄世祉等国民党当局党政军人员和爱国民主人士的支持。经过一年多的斗争，1939年1月3日，普青抗在乌石普宁简易师范学校召开成立大会，陈卓凡、陈伟勋、庄世祉、吴华胥等参加大会并作讲话，表示支持。此外，普宁县工委还重视做好地方武装实力派翁照垣的统战工作。翁照垣与陈卓凡等建立起"广东省第八区民众抗日自卫团统率委员会"，翁任主任委员，中共普宁党组织也派了一些同志参与工作。

1937年冬至1938年春，翁照垣先后在揭阳梅岗和普宁三都举办自卫团军事干部训练班，培训军事骨干。党组织通过统战工作，派出詹泽平、李扬辛、张声籍、黄捷大、丘文、郑道图等一批党员和进步青年到训练班参加培训，培养党的军事干部，并争取掌握其地方"抗日自卫团"武装。1938年4月至9月，翁照垣、陈卓凡、王鼎新等又在洪阳举办"广东省第八区民众抗日自卫团统率委员会妇女干部训练所"（以下简称妇干所），招收学员103人。中共潮汕中心县委决定由各县派出一批女党员参加该所的训练。普宁县工委组织部部长罗天，指示她们在该所成立秘密党支部，陈莉任书记，蔡瑜任组织委员，王孟泽任宣传委员，由罗天直接领导。党支部又在训练班中先后吸收了方茵明等10多位女学员入党。经过女党员秘密细致的思想教育工作，扩大了党的政治影响。妇干所训练结束后，蔡瑜等人留在普宁开展党的妇抗会工作，其他女学员回到各地训练女壮丁，使更多的妇女走上了抗日救国的道路。

抗战初期，政治上比较开明、热心教育事业的王仁宇任普宁县县长。他见县教育局局长方思茂办学无能，便绕过教育局，直接在全县7个行政区委任了7个教育委员为其办事。张华云、曾纪炽、许宜陶等人分别被委任为二区、三区、五区的教育委员。王仁宇采纳张华云《整理二区教育的意见书》一文的意见，在全县整顿私塾，办起了一大批正式小学。党组织便趁此大好时机，派遣党员，以教书为掩护，占领农村学校阵地。1939年"六二一"汕头沦陷后，一大批党员教师和知识青年撤退到普宁，便以这些学校为基地，广泛深入开展抗日救亡工作，并取得了显著的成效。

全面抗战爆发以前，一大批在北平、上海、广州等城市或海外就学、任教的爱国知识分子先后回乡，陆续到县内各校任教，如兴文中学校长许宜陶、教导主任黄声，先后任梅峰公学校长的曾纪炽、许雄定、姚华尊，流沙中学校长马化龙、教务主任卢逢生等。兴文中学校长许宜陶，系厦门集美中学、上海大夏大学毕业生，曾在泰国办崇实学校，在华侨中享有盛誉，回国后经同学介绍受聘于兴文中学，担任校长一职。在该校教师、中共普宁县工委负责人马士纯的引导教育帮助下，许宜陶走上了抗日救国的道路，被称为"党外的布尔什维克"，积极带领师生参加抗日救亡运动，使兴文中学成为一所远近闻名的革命学校。

争取和团结乡村学校的校董、乡绅，是开展抗日统一战线工作、占领农村学校阵地的必要手段。统一战线工作的深入开展，使普宁党组织有效地占领了农村学校阵地，平原地区百分之七八十的中小学校为共产党所掌握，学校成为党在农村中的活动据点。由于学校地位特殊,既能联系上层,又能联系广大师生及周围乡村的群众,既可掩护党的组织,又可使党扎根于群众之中。因此,抗日统一战线得到发展壮大,有效地动员了人民群众参加抗日救亡运动。当时,党的许多主要领导干部都住在学校,全县党的许多决策都是在学校研究作出的,学校成为党的领导机构住地和交通联络站。1937年冬,陈初明、郑淳在梅峰公学的革命师生中吸收了一批优秀青年入党,建立了梅峰第一个党支部。然后又把这些同志派到下属14个分校中去发展党的组织,并注意在夜校和识字班中培养青年农民和妇女,引导其参加党组织,为革命知识分子走与工农群众相结合的道路创造了良好的组织形式。

### (三) 党组织加强对华侨工作的领导

普宁县是著名的侨乡,当时旅居海外的侨胞人数有70多万。广大侨胞具有爱国爱乡的热情。抗战爆发后,普宁县党组织十分重视做好华侨工作,争取广大爱国华侨支援家乡的抗日救亡运动,使广大华侨在抗战中作出了重大的贡献。

普宁党组织根据上级的指示,先后采取了多种措施,进一步加强对华侨工作的领导。

一是向海外华侨抗日团体寄送《抗敌导报》《青报》,开展广泛宣传,组织撰写文章在港澳和南洋华侨报刊上发表,并派专人到南洋各地宣传新四军的抗日战绩和潮汕地区特别是普宁县抗日救亡运动情况,号召广大侨胞从人力、物力、财力等方面支援国内的抗日救亡运动。

二是组织归国华侨,特别是返乡抗战的华侨青年成立抗日团体。如1938年初,普宁县工委获悉在流沙开办诊所的医生江晓初等归侨有抗日热情和要求,便派罗天与他们联系,组织建立普宁县华侨抗日宣传队,经费由华侨负责,队伍由归侨青年和县青抗会派人组成。经动员联系,普宁县成立了一支15人的华侨抗日宣传队,江晓初任队长,实际工作由青抗会会员陈郁、林气乾、林华3人负责,成员有郭克等。他们在各地创办夜校,组织儿童队,印发宣传资料,出版墙报,宣传工作取得了显著效果。

三是动员归侨青年参军参战。抗战爆发后,旅居泰国等地的普宁籍华侨青年,纷纷回国参加抗战。他们回国后,立即参加了党领导的青抗会,积极参加各种抗日救亡宣传活动。1938年1月,党组织动员知识分子和归侨青年参加新四军。赤水村的归侨青年陈惠、陈新(陈一星)两兄弟,满怀救国热情,舍弃优裕的家庭生活,牺牲自己的爱情,毅然回国参加抗战。归侨青年赖石昂、陈国龙、吴秀远、黄刚华、陈海涛、刘大官等响应党组织号召，先后参加了新四军和抗日游击队，他们在抗日斗争中浴血奋战，其中吴秀远、陈国龙、陈海涛等为国捐躯。

四是号召广大侨属、侨眷为抗日救亡运动作贡献。许多侨眷响应党的号召，有钱出钱，有力出力，捐献各种物资，积极支援抗日前线和党组织的各项斗争，涌现了许多动人的爱国爱乡事例。如泥沟村侨属张青山，思想进步，是非分明，他把父亲汇来盖房子用的款项支持党组织办合利书店和印刷厂，还拿出家中衣柜作书店的书架。在党组织转入隐蔽时期，他又拿出侨汇几百元作撤退转移的路费。山湖村归侨青年陈长明拿出家中侨汇 800 多元交党组织使用。1940 年，出身泥沟华侨殷户的党员张伯恭，对革命无私奉献，他拿出国币 3 000 元买办布匹，支援党组织，同时拿出大量资金，支持县委在石头墟办合兴泰粮店和在溪南开盛发商行，名义上是做生意，实际是县委机关的情报交通站，为掩护地下党活动发挥了很大作用。

## 二、抗日救亡运动的蓬勃发展

### （一）普青抗的成立

普宁县青年抗敌同志会，是抗日战争全面爆发后，中共普宁党组织直接领导下成立的抗日青年组织。普青抗的成立，是当时党组织为适应抗战形势，以党员为核心发动爱国青年组织起来的。当时普宁县党组织还没有公开，处于秘密状态，在这种情况下，要实现党中央的救国主张，需要一个公开合法的适当组织。普青抗就承担了这个重大的历史任务，既是中国共产党领导的最基本的群众性抗日团体，又是同国民党普宁当局建立统战关系、开展统战工作的主要组织形式。

在普宁县党组织的领导下，成立了一批抗日救亡群众团体，计有生活团2 个，读书会 9 个，歌唱团 4 个，防奸拒浪团 4 个，共有 6 900 多人参加。1937 年 9 月，汕头青年救亡同志会五五师随军工作队来到普宁，在普宁县工委的领导和工作队的帮助下，在这些救亡团体的基础上，筹建公开合法统一的青年救亡同志会（以下简称青救会）组织。10 月初，普宁青救会筹备处在流沙成立。11 月 14 日，在普宁县工委的直接领导下，县内各地青年救亡工作者代表 200 多人，于流沙教堂集中开会，会议由普宁县工委宣传部部长方泽豪主持，正式成立普宁青年救亡同志会（简称普青救）。县设干事会，常务干事有王致远（王森泉）、方泽豪、罗天、郑敦、郭常平、许宜习、许衡（均是中共党员）等，下辖5个区理事会，区以下设若干中队、小队。普青救的领导机关是县干事会，直接受中共普宁县工委领导，干事会建有党组，由王致远负责，作为领导核心。各区理事会则由各区委的青委领导，保证了整个青救会的领导权牢牢地掌握在党组织手中。

为了维护抗日民族统一战线和有利于开展群众性的抗日救亡运动，继1938年1月15日岭东青救会改称"岭东通讯处"后，普青救也改名为"普宁县青年抗敌同志会"。1939年1月3日，普青抗在乌石普宁简易师范学校礼堂召开成立大会，来自全县各区的数百名青抗会会员满怀激情参加了这次盛会。会议选举王致远、方泽豪、郭常平、林英杰、郑敦为正干事，卢根、张世乾为候补干事，组成新的县干事会。此后，普青抗以公开合法的身份开展工作，有力地推动了全县抗日救亡运动的迅猛发展。普青抗组织也得到发展壮大，上半年登记入册的会员有1 000多人，是潮汕地区青抗会中人数最多的一个。

总之，青抗会是贯彻执行党的全面抗战路线和方针政策，掩护党进行公开合法活动的组织形式，是党领导各阶层群众开展抗日救亡运动的中坚力量。青抗会的活动轰轰烈烈，体现了时代的精神，在抗日救亡运动中发挥了巨大的作用。

### （二）《普青》《青报》的创刊

1938年9月1日，普青抗根据普宁县工委的指示，在十分困难的情况下，大胆创办了党直接领导的机关报《普青》油印版，每月逢1日、15日出版。不久，党组织设立了天和印刷厂，《普青》便由油印版改为铅印版，由天和印刷厂负责印刷。

1939年6月，日军先后占领汕头、潮州、澄海，地下党组织为适应战争形势，把领导机构由中共潮普惠南分委改为中共潮普惠揭中心县委。中心县委为加紧抗战动员，决定出版机关报《青报》。7月1日，《青报》以普青抗主办的小报形式创刊，3日刊4开，每月逢1、4、7日出版。当时汕头的几家公私报纸因日军入侵都停办了。汕头地区的地方报只有每3日1期的《青报》在发行，因而受到潮汕人民大众的关注和欢迎，每次印数为四五千份，畅销于潮普惠揭地区，对推动潮汕前线的抗战产生了巨大影响。

《青报》设有副刊《少工园地》，以普青抗少工总队名义编辑出版。它原刊载于《青报》的第4版，每月出3期，至11月14日止共刊登了12期，被列为第一辑。1939 年 11 月 24 日，应广大读者的要求，《少工园地》与《青报》"分家"，单独另页出版了第二辑。它重新设计了报头版面，每月出 3 次，逢 4 日出版。新出版的《少工园地》仍保留了第一辑出版时间和每月期数，但版面比原来扩大了 4 倍，内容更加丰富，其栏目计有"十日时事讲话""少年生活讲话""少年工厂（科技知识)""寓言故事""乡土历史""小故事""童谣"等，文章短小精悍，生动活泼，既通俗又有地方特色，充分体现了政治性、知识性、趣味性的统一，深受广大少年儿童的喜爱。《少工园地》由天和印刷厂印刷，合利书店第二辑发行 5 000 份。

### （三）合利书店与天和印刷厂的创办

1938 年 6 月间，为适应抗战宣传工作的需要，满足党员、革命群众对革命书刊、报纸的需求，推动抗日救亡运动的发展，普宁县工委在流沙创办了合利书店。12 月中共潮普惠南分委又在流沙秘密创办了天和印刷厂，大量翻印党的文件、革命书籍，印刷进步报刊和抗战教材。

早在 1938 年 5 月间，普宁县工委就调郑寿松任交通员和书店发行员。开始创办书店时资金不足，普宁县工委领导人罗天、郑淳和郑寿松 3 位同志便凑出 175 元，由郑寿松往汕头等地购进《新华日报》《抗敌导报》《群众》《解放》《大众哲学》及鲁迅作品等革命书籍，在流沙墟上设摊售卖，并到兴文、梅峰等学校销售。6 月末，普宁县工委在流沙健强路租下一间 15 平方米的简陋小铺作书店门市，从此，合利书店正式开业。开始没有书架，便利用铺窗的外摆陈设充当书架。7 月又增调党员方佑善到书店工作。至 10 月间，为扩大书店规模，普宁县工委又派三区书记张重仁为合利书店负责人。书店也搬到胜利街一座由普宁县工委租的二层楼营业，楼下作书店门市，楼上是党的领导机关办公的地方。

1938 年 10 月，广州、武汉相继沦陷以后，中共潮普惠南分委考虑到汕头有沦陷的可能，估计会影响书刊的正常来源和运送渠道，决定自办印刷厂。党组织通过汕头地下党的关系，购得旧六度印刷机、圆镜机各一台，铅字粒及其他印刷工具一批。10 月中旬，天和印刷厂正式开业。当时中共潮普惠南分委领导机关也设在书店楼上。这里既是革命书刊发行站，又是党领导潮普惠南人民开展抗日救国斗争的中心。

合利书店和天和印刷厂是地下党推动抗日救亡运动，印发报刊、书籍，宣传群众的两个互相联系、紧密结合的单位。张重仁是总负责人，并主抓书店工作，印刷厂主要由洪日善负责。印刷厂印刷的党内文件有《党支部工作纲要》等,翻印的革命书籍有《论持久战》《论革命战士的修养》等几十种,还印了许多抗战教材和歌谣。这些书刊都由合利书店负责发行。方方很关心合利书店的工作,有一次他来书店了解书刊发行及印刷情况之后,便提议由合利书店和香港中国图书出版公司的许涤新联系。此后,许涤新便经常将他们印刷的刊物及翻印延安出版的刊物《解放》《群众》等寄给书店,每种有二三十份作为内部发行。书店还经常发行《新华日报》《抗敌导报》《前驱》等党内报刊。

1939 年 6 月 21 日汕头沦陷后,为了预防日军对潮汕腹地进行侵略破坏,党组织指示把天和印刷厂转移到大南山陂沟村。7 月 1 日以后,印刷厂和书店又承担了《青报》的印刷发行工作。由于汕头沦陷后买不到小学教材,中共潮普惠揭中心县委指示印刷厂和书店发行自编的战时教材、抗日歌谣,供日校和夜校的学生学习。印刷厂在陂沟坚持到 1939 年底才搬回流沙。合利书店、天和印刷厂为在普宁县以至潮梅地区传播革命理论,繁荣抗战文化,普及抗战教育,扩大党的影响,推动抗日救亡运动,创造建党条件,作出了重要贡献。

## 三、大南山抗日游击据点的开辟

普宁县党组织在中共潮普惠揭中心县委的直接领导下,根据岐山会议关于把工作重点从城镇转向农村和山区,发动群众建立抗日游击支点,准备开展抗日游击战争的指示,十分重视大南山游击据点的开辟,先后派出几批共产党员和革命骨干,深入大南山区,着手开辟抗日游击据点。

在普宁县属的陂沟、三坑、锡坑等一带村庄,原是土地革命战争时期中共东江特委和红军活动的根据地,曾建立过潮普惠县苏维埃政权。彭湃、古大存、方方等领导人曾在此领导土地革命战争,群众对革命队伍有着深厚的感情,盼望党能够重新领导他们开展革命斗争。抗战爆发后,罗天、陈焕新都在这里进行宣传发动群众工作,有一定群众基础。1938 年上半年,根据上级党组织指示,陂沟村党支部负责开辟大南山的三坑、锡坑等老苏区作新的革命据点,准备开展游击战争。

1938 年,普宁党组织为了加强大南山游击据点的开辟工作,公开打着普宁华侨抗日工作队的旗帜进入大南山。这支由党员林气乾、陈郁、林华带领的 15 人工作队,沿着大南山边缘乡村,进入大南山的什石洋一带,宣传发动群众,巩固青抗会等救亡团体,恢复和发展党组织。

1938 年下半年，普宁县工委书记罗天指派曾鸣、黄淑瑶、郭征尘、林气乾等人以普青抗工作队的名义深入大南山开展工作。罗天要求他们进山后要摸清国民党在这地方的活动情况和土地革命战争后期武器散落情况，恢复和发展党的组织，发动群众，准备迎击日军的进犯。他们从峡山出发，先到两英、古厝寮、坪溪、林招、雷岭一带村庄，再转到惠来靖海，后到锡坑等地，与惠来党组织派来的同志组成一支工作队，宣传发动群众，恢复党的组织和扩大青抗会，在两英的古厝寮小学建立了党支部，由曾鸣任支部书记，着手开辟武装斗争基地。

1939 年 2 月，中共潮普惠南分委主办的"青年学术讲座"结束后，以普青抗名义，组织一支 27 人的流动工作队，由王致远、郑敦、周光惠等带领，深入到大南山边缘的灰寨、涂坑等 30 多个乡村开展抗日救亡宣传活动和募捐，加深了民众的抗敌情绪和国家民族观念，并在一些乡村建立了青抗会和姐妹会等组织，发动群众做好备战工作。

1940 年春，普宁党组织派张陶到大南山区五峰山下的长岭村，以当私塾先生为名，与派在牛角湾工作的陈育三、陈子诚联系，在望天石周围乡村中发展党的组织。通过一系列工作，革命老根据地大南山区出现了新的局面。1939 年底，党员队伍发展到 90 多人，建立了中共大南山特区工作委员会，书记曾鸣，组织委员丘光，宣传委员黄淑瑶。大南山人民群众情绪振奋，同仇敌忾，随时准备抗击日本侵略军。

# 第二节　党组织转入隐蔽斗争

## 一、荫蔽精干，蓄力待机方针的初步贯彻

### （一）党员干部的转移

1940 年春，第一次全国性反共高潮虽然被打退了，但是在国民党统治区内，政治形势仍然恶劣。国民党普宁当局施行狠毒的政策，在强迫解散青抗

会等群众团体后，大量建立三青团，强迫青年和学生参加，企图采取"以组织对抗组织"的办法堵塞中共党组织的发展道路。同时，实行新县制，加强对管（政权）、教（教育）、养（经济）、卫（武装）各个部门团体的掌握和控制，与中共党组织争夺一切活动阵地。

5月4日，中共中央指示："在国民党统治区域的方针，则和战争区域、敌后区域不同，在那里，是荫蔽精干，长期埋伏，积蓄力量，以待时机，反对急性和暴露。其与顽固派斗争的策略，是在有理、有利、有节的原则下，利用国民党一切可以利用的法律、命令和社会习惯所许可的范围，稳扎稳打地进行斗争和积蓄力量。"党中央的"五四指示"，像明灯一样照亮了每个党员的心，为地方党组织指明了斗争的方向。中共潮普惠县委根据这一指示，重新布置了新的斗争。

为了保护党的组织和党员干部的安全，以适应地下隐蔽斗争的需要，县委在领导青抗会反解散斗争后，立即撤退已暴露的党员和干部，如通知王致远和《青报》主编陈洁到梅塘和涂洋村隐蔽，总结青抗会斗争材料，住两三星期后，派他们往梅县闽西南党校学习。党组织又调庄明瑞到中共揭阳县委青年部工作，具体指导南侨的反解散斗争。党员干部全部安全转入地下，中共潮普惠县委领导机关也从流沙转移到池尾的山湖村，县委书记罗天和妇女部部长方东平以兄妹相称，隐蔽在山湖村一座叫作"鸣和居"的华侨房屋，继续领导全县的斗争。其他县委领导也分别以各种社会职业作掩护，避过敌人的关注，维护组织的安全，坚持秘密工作。1940年11月，根据中共中央、南方局的指示，中共闽西南潮梅特委在梅县召开了执委会议，成立了由方方任书记、张文彬任副书记的中共南方工作委员会（以下简称南委），机关设在大埔县。12月，中共潮梅党组织代表会议在揭阳县水流埔召开，姚铎、何渡、林美南、罗天、李平、方朗、马士纯、陈勉之等近20位领导人参加会议，时间6天。会议传达了闽西南潮梅特委执委会议精神，成立了中共潮梅特别临时委员会（1941年改称中共潮梅特别委员会，以下简称中共潮梅特委），书记姚锋，副书记李平（7月，姚铎调南委任职，李平继任书记，副书记林美南），组织部部长何浚，宣传部部长林美南，妇女部部长方朗，委员马士纯、陈勉之、罗天等，讨论并部署了在潮梅地区全面贯彻中共中央关于国统区党组织执行"十六字"方针、进一步巩固党组织、做好武装斗争的准备等工作。根据形势的变化，中共潮梅特委决定，撤销中共潮普惠县委，新成立中共揭普惠边工委和中共普宁县委，直属中共潮梅特委领导，中共揭普惠边工委由罗天任书记，李日任组织部部长，陈绍贡任宣传部部长，机关设于三区的竹林村，下辖普宁的三区、云落、南阳山和揭普边界地区的党组织。中共普宁县委由杜修田任书记，罗彦任组织部部长，吴健民任宣传部部长，陈维勤任青年部部长，先后由陈舜华、陈德惠任妇女部部长。机关设于大南山的什石洋村，下辖普宁县除三区和云落外其余地区的党组织。

中共揭普惠边工委下辖普属三区区委，区委书记官绍祉，组织委员方声坚，宣传委员黄求孝，青年委员郑苏民，妇女委员陈少虹。1941年2月，撤销中共揭普惠边工委后，原辖三区党组织划归普宁县委领导。

中共普宁县委下辖普属二区、三区、五区、东北区、里和特区等区委会。二区区委书记先后是李凯、黄光武，组织委员杜同文，宣传委员黄光武（兼），妇女委员杜若。五区区委书记王家明，组织委员陈欣白，宣传委员吴士光，妇女委员先后是陈淑贤、陈惜香。东北区委主要辖普宁四区、七区的党组织，书记郑流阳，组织委员张启丽，宣传委员郑文韩。1941年2月，中共揭普惠边区工委撤销后，为了继续抓好揭普惠边区的开辟工作，成立中共里和特区委员会，辖和安、里湖四社及南阳山区的党组织，书记张珂敏，组织委员陈淑贤，宣传委员陈国熙，委员林廷朝、黄骏、许艺生。

## （二）特派员制的实行

1941年9月，鉴于政治形势日益恶化，国民党顽固派对抗日进步力量的压迫日甚一日。中共南方工作委员会根据中共中央南方局的指示，进一步贯彻"荫蔽精干，蓄力待机"方针，为适应长期斗争的需要，向属下各地党组织发出了改变党的领导体制的指示。据此，潮梅各级党组织均由集体领导的党委负责制改为个人负责的特派员制，实行单线联系，不开会议。中共潮梅特派员林美南，副特派员李平。中共潮梅特委委员罗天则作为特委特派员之一，分工负责管理潮普惠南揭丰等县党组织。中共普宁县特派员先后是杜修田、吴南生，副特派员陈维勤、陈德惠。下辖普宁二区特派员张希非、杨英伟、张陶、陈勃；五区特派员王家明、吴澄民；一、六、九区特派员林史、陈少虹，副特派员杨璞轩；东北区特派员（活动范围是四、七区）郑流阳、陈德祉。与此同时，为了加强边区建设，增设中共普惠陆边区特派员林川，副特派员黄求孝，其主要活动点为船埔的樟树仔村，下辖普宁三区特派员林史、陈少虹、官绍祉；里和特区特派员詹泽平，副特派员许艺生；南阳山区特派员詹泽平、张陶。后因中共南方工作委员会遭受国民党顽固派严重破坏，党组织暂停活动，特派员制沿用至1942年10月止。

## 二、开展抢米与生产自救等相结合的斗争

### （一）开展救荒斗争

1940 年初，普宁和潮汕各县一样，出现了严重的春荒。究其原因，一是日军的侵略及对潮汕沿海的封锁，阻断了粮食进口和侨汇来路；二是国统区当局不但不关心民生疾苦，组织群众生产自救，反而纵容包庇地主奸商囤积居奇，肆意提高物价，不少贪官污吏和军队甚至公开参与走私粮食，大发国难财，造成粮价飞涨。广大群众挣扎在饥饿死亡线上，饿死人的现象时有发生，里湖甚至出现了卖人场，专卖妇女和小孩。因此，全县各地群众为求生存，陆续自发掀起抢米风潮。

1940 年 1 月，中共闽西南潮梅特委指示："要了解对民主、民生的要求，仍是为着抗战，要了解打击顽固分子，就是打击日寇汉奸；要了解这一斗争，党如果不去领导便会失掉群众，群众的斗争得不到党的领导，不是失败便是走上没有组织、没有前途的骚动，抗战前途、社会治安都将受到极大影响。"普宁党组织根据这一指示，迅速派出得力骨干，组织、引导群众将斗争矛头对准运米资敌的奸商和囤积居奇、哄抬米价的地主劣商，并注意做到有理、有利、有节，作合法斗争。1 月至 5 月间，在各地党组织领导下，抢米浪潮席卷里湖、流沙、白马、晖晗等全县主要镇，参加的群众多则数百人，少则几十人。这场斗争狠狠地打击了地主、奸商、市侩，迫使粮价回落，使部分群众有粮度荒，为农民群众争得一点生机。

除了抢米这一全县性斗争之外，普宁各地党组织还带领群众进行生产自救、修筑水利、开展"二五"减租斗争和鸡笼山采矿斗争，帮助群众解决生活困难，度过春荒，从而加深了与群众的血肉联系，有效地推动抗日反顽斗争向纵深发展。

### （二）南阳山游击据点的开辟

从 1940 年起，普宁党组织在由公开向荫蔽转变的过程中，根据上级指示，注重边界山区和游击据点的开辟，陆续抽调力量，加快南阳山游击据点的开辟工作，为开展抗日游击战争创造条件。

南阳山区又称普惠揭陆边区，这里扼制着潮汕与惠阳地区的交通，联结着大南山与大北山，具有十分重要的战略地位。1940 年 1 月，曾任中共潮普惠南分委统战部部长的马士纯和中共潮普惠揭中心县委组织部部长罗天，先

后深入原是苏区的樟树仔、火烧寮一带乡村访贫问苦，进行调查研究，为在该地重建党组织作准备。

1940年2月，中共潮普惠揭中心县委抽调了一批有武装斗争经验的干部，由吴英、马毅友等人组成一个秘密的武装工作小组进入南阳山区活动。7月，该小组与黄玉屏带领的由敌后转移过来的汕青游击队的武装小组会合，组成一支14人的抗日武装工作小队，以樟树仔村为立足点，开辟南阳山抗日游击基地。这支武装工作小队由中共潮梅特委和潮普惠县委双重领导。

8月，南阳山武装小队在罗天的指导下，与潮阳党组织领导人吴扬等人配合，出击潮阳之敌据点大坑乡，夺取了该乡恶霸把持的炮楼，缴获机关枪2挺，长短枪7支，子弹一批。同年冬，武装小队又一次出击平原之后，分成2个小组返回基地。陈子诚、张仲林（张荣森）两人在梅林老墟吃饭时被当地警察逮捕，他们在狱中坚守秘密，后经组织设法营救出狱。另一组黄玉屏、刘镇坤两人在梅林尖石坳与惠来县警察局便衣队遭遇，当即打了起来，黄玉屏突围脱险，刘镇坤当场牺牲。武装小队遭此严重挫折，党组织立即通知他们撤离南阳山区。

12月，经中共潮梅特委决定，为了加强对南阳山区工作的领导，建立了中共揭普惠边区工委，由罗天任书记，机关设于里湖竹林村。1941年2月，边区工委撤销，重新成立以张珂敏为书记的中共里和特区委，继续开展边区工作。3月，林川代表党委决定派詹泽平以特派员身份到南阳山区接替吴英坚持党的工作。詹泽平进入南阳山区后，依靠党员群众的掩护，逐步开展建党工作。经过一段时间努力，恢复和发展了党员15人，建立了党支部，下设樟树仔、深水、火烧寮3个党小组。

1942年3月，因詹泽平身份暴露，另派张陶接替。同年8月，张陶因工作需要调离。南阳山区党组织坚持斗争两年多，至1942年10月才暂停活动。南阳山游击基地的开辟具有十分重要的意义，它为抗战后期的武装斗争打下了重要的基础，成为游击战争的重要基地。

### （三）"南委事件"与党组织暂停活动

1942年5月底至6月，中共南方工作委员会因叛徒出卖遭到严重破坏。5月26日，南委组织部部长郭潜被捕叛变，郭潜引国民党特务先后逮捕了粤北省委书记李大林、八路军驻香港办事处主任廖承志、南委副书记张文彬、宣传部部长涂振农等。接着南委的交通站站长也被捕。南委书记方方及其他负责同志根据急剧恶化的形势和中共中央南方局书记周恩来的指示，及时采取了疏散措施，才幸免于难。

当郭潜带领特务包围、搜查大埔县高陂镇的南委交通站时，原中共潮梅特委委员陈勉之因公务刚好到达高陂，目击了当时的情况，即赶回揭阳县向潮梅副特派员李平汇报。李平估计南委可能遭到破坏，认为形势十分严重，当机立断采取三项措施：一是马上切断与南委的一切交通联系，撤退潮梅党组织与南委交通站有过关系的人员，以防止受到牵连破坏；二是把情况火速通知在梅县的潮梅特派员林美南；三是立即派陈勉之到重庆向周恩来汇报，并向设在桂林的南委联络站负责人徐扬等通报情况。

陈勉之到达重庆汇报后，周恩来指示：南委、中共潮梅特委应继续坚决执行"荫蔽精干，长期埋伏，积蓄力量，以待时机"的方针，切以安全为第一，防止事件的继续扩大；南委所辖组织暂停活动，上下级和党员之间不发生组织关系，不发指示，不开会，不收党费，何时恢复组织活动等待中央指示决定；坚决撤退转移已暴露的党员干部，分批撤退到重庆转延安学习，有条件的可自己转移地区；党员执行勤学、勤业、勤交友的"三勤"任务，以后恢复活动按此审查，不强调斗争；方方在有安全保障的条件下，应坚决撤退到重庆。9月上旬，陈勉之回到揭阳，先后向林美南、李平并通过林美南向方方传达了周恩来的指示精神。方方根据上级指示精神，结合实际进行具体部署：①明确撤退不是"卷土而走"，要留根子；②明确撤退并非溃退，要有组织、有准备进行，先撤退已暴露的干部，后撤退外地机要人员；③虽然停止工作，组织分散，但对下属要做好具体安排。11月，方方离开梅县赴揭阳隐蔽。1943年4月21日，方方在揭阳县起程，由吴南生护送至丰顺县汤坑镇后，由王华生陪送，于5月安全抵达重庆中共中央南方局机关。

国民党顽固派制造的第二次反共高潮和"南委事件"的发生，使普宁党组织处于抗日战争时期最为困难和恶劣的政治环境之中。1942年9月，普宁党组织接到上级的指示之后，立即逐级传达，同时着手清理文件，安排党员隐蔽和转移。当时，一部分领导干部如李平、罗天等，奉命撤往中共中央南方局，张希非、陈勃等党员撤往江西，部分有色彩党员干部撤往福建、广西等地，还有部分党员经组织批准撤往南洋。中共潮梅特派员林美南决定潮普惠党组织工作由林川负责。林川在泥沟村住了2个月，部署党员干部有组织撤退。他按照以下三个条件，挑选部分党员干部隐蔽下来：一是灰色，能站住脚；二是政治立场坚定；三是有独立工作能力。林川还指定了各区党组织联络员：二区张珂敏、张希非，三区詹泽平、林廷朝，四区郑流阳，五区杨英伟，一区、八区林史，潮普南边区郑希、罗彦。留在普宁和邻县坚守岗位的党员，通过各种社会关系，利用教书、种田、经商等合法职业隐蔽起来，做到"干一行像一行"，并约好联络暗号。其中绝大部分党员隐蔽在普宁和邻县的乡村学校，通过办日校、夜校和识字班等形式，团结和教育一大批农民和青年学生，广交朋友，打牢群众基础。有的学校后来还成为党组织新的活动据点。不论是撤往外地或原地隐蔽的干部和党员，均实行"三化"（合法化、社会化、职业化），执行"三勤"任务，长期隐蔽，蓄力待机。

# 第三节　夺取抗日战争的最后胜利

## 一、人民抗日游击队的建立、发展与斗争

### （一）潮汕人民抗日游击队的成立

1945 年 3 月 9 日，中国共产党领导的潮汕人民抗日游击队，于普宁县的白暮洋村宣告成立。在游击队成立大会上，原中共潮梅特派员林美南作了动员报告。他回顾潮汕地区党组织和人民群众自抗战以来所走过的艰难曲折的历程，分析了当时国内外的反法西斯战争形势，指出成立潮汕人民抗日游击队的重大意义，鼓励全体指战员英勇杀敌，收复失地，把敌人赶出潮汕。林美南还代表党组织宣布：林美南任游击队党代表，王武任队长，曾广任政委，林川任政治处主任，谢育才任军事顾问，张珂敏任军需处主任。游击队下设 2 个中队和 1 个短枪班：第一中队由汪硕任中队长，陈彬任指导员；第二中队由杜石任中队长，李凯任指导员。会上，大家唱歌欢呼，庆祝抗日游击队的成立。附近群众也前往参加，还送了两头大肥猪，以示祝贺。在游击队成立的第二天晚上，便召开了大队、中队干部会议，研究了建立根据地等问题。会议决定以山深林密、横跨潮普惠三县、有光荣革命斗争历史的大南山为根据地。11 日晚，除留下突击队在平原活动外，游击队冒着寒风细雨转移到大南山的锡坑，在大窝村设立司令部、后方办事处和党务工作委员会，开展抗

日武装斗争。

3月13日，游击队公开发表《潮汕人民抗日游击队成立宣言》（以下简称《宣言》）。《宣言》阐明了游击队的宗旨、任务和方针，指出："我们要驱逐敌人，收复家乡，最主要是依靠潮汕人民的民主团结，组织武装和坚决斗争。"《宣言》郑重宣布："只有日寇和真正的汉奸、民族叛徒是我们的死敌。一切抗日党派，抗日武装部队，抗日人民团体，以及一切不愿做奴隶的人们，不论过去对我们如何，今天都是我们的战友。我们不仅和日军汉奸作战，维持社会治安、保护公正绅商利益，也是我们的责任。我们愿意和一切抗日力量互助合作，共同奋斗，直至最后胜利！"这一宣言的发布，给乡土沦亡的潮汕人民带来了希望，在社会各界引起了很大反响。

游击队开进大南山后，重视组织机构的建立健全和部队体制的配套完善。初期，设有司令部，配备军事、政治、后勤干部。不久，各种附属机构和直属单位也相应建立起来。随着武装斗争的开展，游击队在白水设立后方医院，在黄竹坑设立临时后方医院，总负责人何史，主治医师陈建生。另在泥沟村和涂洋村分设两个伤兵急救站，泥沟伤兵急救站设在玉湖村承先堂和张达平家，负责人张达平，主治医师洪文鹏；涂洋伤兵急救站设在文祖公厅，主治医师方声权。战斗打响后，伤员得以随时抬送到两处急救站救治。后来的西陇、里湖战斗，伤兵较多，都在这两个站及时抢救，危重伤兵经初步处理后再护送至后方医院。

此外，游击队还建立了枪械修理所和地雷班，负责人林衡。枪械修理所不仅能修理枪支，还与地雷班一起研制了地雷，在几次伏击战中，大摆地雷阵，发挥了巨大威力，给敌人以重大杀伤。游击队和普宁党组织十分重视搞好军事情报工作，充分发挥群众的耳目作用，在各地建立了秘密情报交通站，选择一批思想觉悟高、沉着老练、作风扎实的共产党员和革命群众担任情报交通员，建立了严密的联络制度，搜集敌方情报，迅速传递给游击队。秘密情报交通站分布较广，点多线长，在普宁县内设立两个总站，分别在赵厝寮小学和东埔小学。东线在陇头、华林、西社、横溪、和尚寮，西线在涂洋、溪南、棉湖等村建立分站。各分站下面又设立若干情报点，获取情报后，即迅速向所在的总站报告，总站再直接向司令部汇报。司令部还直接掌握1个交通情报站，设在泥沟村张青山家，代号"青山站"。这个情报站既汇集、传递重要情报，又接待、掩护韩江纵队过往领导同志，有时相关人员会在这里临时碰头，作出一些突击性行动的决定。平时，各交通情报站为了准确地掌握敌情，利用各种办法积极开展活动，搜集情报。如赵厝寮村的贫苦妇女阿鸹婶，党培养她担任情报员，她伪装求乞，到流沙墟去了解"四大天王"之首陈君秀、土匪头子李巧来、国民党流沙侦缉队长等人的活动情况，出色地完成党组织交给她的任务。

### （二）游击队对日伪军的战斗

潮汕人民抗日游击队在大南山站稳脚跟后，根据队伍指战员多数没有作战经验，但士气高涨，熟悉地形、民情等实际，作出了组织小型队伍开展机动灵活的游击战的正确决策。3月下旬，第一中队调60多人枪组成第一突击队，在参谋杜平、指导员李凯的带领下，赴普宁南部地区和潮阳北部地区活动；第二中队调50多人枪组成第二突击队，在王武、谢育才带领下，赴普宁北部地区活动。

两支突击队积极寻找战机，机动灵活打击小股日、伪军，以求积小胜为大胜。3月底，王武带领第二突击队20多人，到普宁四山乡公所，采取政治攻势，不发一枪一弹，收缴了普宁县政府弃土逃亡时寄藏在该所内的长枪22支，子弹8箱，桐油150多罐。4月15日，第一突击队在流沙的晖晗桥边设伏，击毙罪大恶极的流沙日伪维持会会长、汉奸许泽新；数日后，在白马墟捕杀勒收屠宰税的汉奸4人。同月，在马栅村袭击勒征杉木的小股日军，并在四区德安大廖村活捉日军炮兵界正则。4月下旬，第二突击队在洪阳至麒麟公路之间的陈洞径设伏，伏击日军运输队，迫其丢下行装仓皇而逃，突击队缴获军马数匹和一批物资凯旋。5月7日，两支突击队于同一天分别袭击麒麟伪警察所和南径伪第四区署自卫班，俘所长余乃武等官兵30多人，缴枪20多支。此外，突击队还打击了冒充潮汕人民抗日游击队拦劫财物、残害群众的国民党反动武装，先后缴获长短枪40余支、弹药和物资一批。如4月2日，第二突击队在梅塘的高埔村围攻国民党特务官浩经带领的国民党别动队粤东行动组，缴获短枪9支，并在藏宝堂村挖出其所藏黄色炸药、手榴弹一批，为普宁人民除了一害。游击队一系列的胜利战斗，特别是陈洞径一仗，震慑了敌人，鼓舞了群众，迫使驻扎在南径、麒麟等地的日军龟缩回普宁县城。自此，游击队威名大震。人民群众说：抗日的是共产党，逃跑的是国民党；英勇善战的是抗日游击队，腐败无能的是国民党军队。

1945年5月14日，为了瓦解敌人，潮汕人民抗日游击队发布了《告伪府伪军人员书》，指出日本强盗的命运是彻底失败，严正警告一切伪政权人员的唯一出路是停止作恶，悔过自新，将功补罪，举行反正，驱逐敌寇。除此之外，都是死路。在日本侵略者临近灭顶之灾的形势下，这一宣言书极大地动摇了伪军和伪政权人员，使其收敛劣行。与此同时，游击队还发布了《为准备反攻驱逐日寇告潮汕同胞书》，号召潮汕同胞立即组织起来、武装起来，"配合游击队肃奸杀敌，保卫家乡，解放自己"。普宁县各地人民群众纷纷响应党组织和游击队的号召，积极参军参战，有些村庄的人成群结队地入伍。如二区的赵厝寮、泥沟、西陇、山湖、定厝寮等村，三区的涂洋、藏宝堂等村，就各有30～60名青年报名参加游击队，使游击队的力量迅速发展壮大。至5月下旬，潮汕人民抗日游击队已发展到500多人，于是在普宁二区郭厝寮进行扩编，将第一中队改为第一大队，大队长王武、政委曾广，副大队长汪硕；第二中队改为第二大队，大队长杜平，政委林川。同时，将警卫班扩编为警卫连。潮汕人民抗日游击队成为潮汕地区一面人民抗战的旗帜。

### （三）韩江纵队第二支队在普宁成立

1945年5月，在德意法西斯面临彻底覆灭和中国抗日战争接近胜利的前夜，中国共产党在延安召开了第七次全国代表大会。大会系统总结中国革命的基本经验，为彻底打败日本侵略者、建设新中国作准备。中共广东省临委根据党的"七大"确定的政治路线和中共中央对广东抗日武装斗争的重要电示精神，决定将潮汕人民抗日游击队扩编为广东人民抗日游击队韩江纵队，并对全省抗日武装斗争作了新的部署，以推动广东人民抗日游击战争更迅速发展。在这一形势下，中共潮汕党组织主要负责人林美南，于6月初在大南山抗日游击根据地内的普宁县陂沟村召开了潮汕各地党组织主要负责人和游击队主要领导人参加的会议。会议首先用一天时间研究党组织的工作问题，参加者有林美南、周礼平、曾广、林川等。会上，各地党组织负责人汇报了各地区审查党员、恢复党组织活动的情况，研究、部署了在新形势下加快发展党组织的工作。然后，会议用两天时间研究军事问题，参加者扩大到王武、谢育才、方东平、杜民锋、陈权、张珂敏、汪硕、许杰、李凯、陈扬等。林美南在会上传达了中共广东省临委关于将潮汕人民抗日游击队扩编为韩江纵队的指示。据此，会议决定在韩江纵队之下组建三个支队：潮普惠方面的队伍整编为韩江纵队第二支队，以周礼平、许杰为主的潮澄饶敌后突击队在潮揭丰边的小北山区组建第一支队，在适当时机由曾广、汪硕率领独立大队赴揭阳的大北山组建第三支队，使之形成"品"字形的布局，以逐步实现原定的西联东江纵队、北接兴梅的韩江纵队、东靠闽西南的王涛支队的战略部署。会后，迅速展开了各项准备工作。

潮汕人民抗日游击队潮普惠方面的队伍扩编后，战斗力得以加强，接连在大坝、乌石等战斗中打了几次胜仗，俘虏了部分敌兵，同时又有大批农村进步青年参军。至6月下旬，全队发展到780多人枪。6月底，韩江纵队暨第二支队成立大会在流沙墟举行。参加大会的有党和部队领导人林美南、谢育才、林川、曾广、李凯、杜民锋、吴坚、方东平、张珂敏、陈扬，游击队指战员和当地各界代表等，共数百人。会上，林美南宣布韩江纵队成立，并公开宣布接受中国共产党的领导。林美南任韩江纵队党代表（后改任司令员兼政委），谢育才任军事顾问。潮普惠南地区的游击队整编为韩江纵队第二支队，支队队长兼政委林川，副支队队长兼参谋长杜平，政治处主任吴坚、方东平（后），军需处主任张珂敏，参谋处主任陈扬。林美南号召全体指战员在中国共产党的领导下，紧密团结，英勇作战，打败侵略者，夺取抗战最后胜利。成立大会在群情振奋的气氛中胜利结束。

韩江纵队第二支队下辖4个大队和1个独立中队、1个教导队。新组建第一大队（代号"普部"），大队队长陈国龙，政委林西园，全大队140多人枪。大队下设2个中队：第一中队队长张声籍，指导员陈勃；第二中队队长黄刚华，指导员黄一清。第二大队不变（代号"遍部"），大队队长许继，政委张伯哲，副大队队长陈振华，全队140人枪。大队下设2个中队：第三中队队长曾松，指导员陈欣丰；第四中队队长李扬辛，指导员方书智。原警卫连扩编为第三大队（代号"发部"），大队队长郑剑夫，政委池声清，教导员倪宏毅，全队140人枪。大队下设2个中队：第五中队队长黄欣睦，指导员庄修明；第六中队队长李哲生，副指导员陈思国。原第一大队改称独立大队，在未开赴大北山前由韩江纵队第二支队兼管，大队长汪硕，政委曾广。此外，还建立了一个独立第九中队，队长郑伯英，指导员郑觉，全队140人枪，由韩江纵队第二支队直接指挥，教导队长黄天金，指导员黄光武。韩江纵队第二支队成立后，队伍继续发展壮大。7月16日，国民党揭阳县"河山部"两个中队在揭阳县棉湖起义，加入韩江纵队第二支队战斗序列，被编为第四大队（代号"勇部"），大队队长高风，政委吴坚，副大队队长陈雁、古绍祥，大队下设3个中队和1个短枪队。至此，韩江纵队第二支队拥有1 000余人枪，成为韩江纵队的主力部队，战斗在潮普惠平原和山区，英勇地打击日伪军，并同国民党顽固派消极抗日、积极反共的行径进行了针锋相对的斗争，取得了重大的胜利。

## 二、普宁县流沙区抗日民主政府的成立

普宁县是韩江纵队第二支队的主要活动区域，潮汕党组织的大批主要领导骨干集中在韩江纵队第二支队，加上普宁县的加强领导，确保了第二支队的政治、军事、经济等方面工作沿着正确方向发展，迅速打开了普宁县抗日战争的新局面。全县各地在基层党组织的领导下，群众的抗日情绪空前高涨，农会、民兵、妇女、儿童等组织在各乡村逐步建立起来，参军支前、筹粮款支援游击队等活动十分活跃。因此，成立区、乡抗日民主政权的条件已经成熟。

1945 年 6 月，林美南、林川等研究决定，成立行政督导队，组建抗日民主政权，加快抗日游击根据地的建设。会后，韩江纵队司令部调集政治工作干部和其他知识分子干部共 30 多人，在大南山陂沟小学成立了行政督导队，由方东平任队长，陈德智（陈伟）任副队长。下设秘书、政权、宣教、征集等组，分别由王琴、卢根、刘斌、林西园任组长。行政督导队的主要队员有林戈、萧野、刘佩芳、杨影、张良、吴伙、陈锡爵、吴唐生、庄洛川、卢煤、黄骏、林野、杨渊等。行政督导队成立后，迅速以流沙为中心，展开建政的宣传、发动和筹备工作。行政督导队根据党中央关于抗日民主政权中，实行共产党员、非党左派进步分子、中间派各占三分之一的"三三制"政权制度的指示，协同地方党组织，物色人选，酝酿政府领导成员名单，研究政府机构的编制和草拟施政纲领等，并在流沙周围 40 多个村中成立了民主政权。7 月 24 日，流沙地区的各乡村民主政府、农会、青年、妇女和各界民主人士、韩江纵队的代表共 100 多人，在流沙教堂举行代表大会。大会宣布成立普宁县流沙区抗日民主政府，选举泥沟乡爱国民主人士张珂健为区长，共产党员刘斌为副区长。会后，流沙区民主政府设址于平湖村黄氏祖祠办公，并举行第一次会议，成立政府工作机构，下设 4 科：秘书科、民政科、财政科、宣传科，另由韩江纵队第二支队成立一支保卫区政府的中队（30 多人）。区政府成立后，即研究施政具体措施和发布政府布告。

3 天后，在流沙区抗日民主政府和行政督导队的帮助下，马泗乡、六八乡两个乡抗日民主政府宣告成立，分别选举蔡汉龙、李秀畅担任乡长。弥乌、南泗、十赤、秀郭、德安等几个乡也已物色好人选，积极筹备成立抗日民主政权。

流沙区和各乡抗日民主政权的成立，在社会上引起了强烈反响，也引起了国民党顽固派的极大恐慌。8月5日，顽军调集了1000多人分三路向流沙进攻。区民主政府被迫撤出流沙，迁往大南山。其他各区、乡的建政工作也被迫暂停，并因形势的逐步恶化，改为建立"白皮红心"的两面政权。

普宁县流沙区抗日民主政府是潮汕党组织在抗日战争时期建立、领导的第一个抗日民主政权，其成立标志着以大南山北麓为中心，北起普宁县流沙一带，南至惠来县河田一带，东起大南山的林招一带，西至惠来县（现属普宁市）云落一带，方圆约1000平方公里，拥有数十万人口的潮普惠南抗日游击根据地的形成，这也是潮汕党组织及其领导的韩江纵队所建立的第一块抗日游击根据地。此后，因遭到国民党顽固派调集重兵疯狂进攻，在敌强我弱的形势下，潮普惠南抗日游击根据地未能得到进一步的巩固而日益缩小。

## 三、反击国民党顽固派的军事进攻

### （一）多年山阻击战

韩江纵队第二支队在反顽自卫战斗中节节胜利，给国民党顽固派以沉重打击。7月24日，流沙区抗日民主政府成立，更使顽固派惊恐万状。梁锡权、周英耀等反动头子以每月补助210万元的代价，从外地雇请由海盗惯匪改编的国民党第七战区挺进队第一纵队600多人，由司令林之梁率领，配机枪50多挺、迫击炮数门前来普宁"助剿"。

8月4日，国民党广东省第五区保安司令部前方指挥所，命令普宁兵团等，分两路向驻流沙的民主政府和韩江纵队第二支队发动进攻。为配合行动，敌挺进队第一纵队派兵在涂洋、乌石、狮腰山、高明、钟潭至流沙一线搜索。韩江纵队司令部接到情报后，迅速研究对策，决定利用有利地形，痛击顽军，即调第二支队第三大队到赤水一线警戒，第二大队的第三、第四中队到前沿阵地伏击。第二大队受命后，马上投入战斗准备；第三中队在多年山占领面向顽军来路的一个前沿制高点；第四中队埋伏在其左侧的牛屎练山，监视里湖方面的顽军动静。

8月5日下午2时许，阴雨绵绵。两路顽军先后与严阵以待的第三、第四中队遭遇，遭到游击队的猛烈截击，顽军被打得人仰马翻，其大队长被当场击毙。但顽军凭着人多势众，装备精良，调整部署后即抢占山头，发起进攻。战斗打响后，虽然情况非常危急艰难，但指战员们毫不畏惧，死守阵地，战斗一直坚持到黄昏。陈欣丰、张珂华、方溜、陈克平、汪瑞枝、吴雄、杨进明、叶兴阳等18位指战员为完成阻击任务，掩护主力部队、司令部和民主政府人员安全转移，付出了自己的生命。夜幕降临，顽军不敢恋战撤走，游击队也撤出战斗。

在多年山阻击战中，韩江纵队第二支队指战员英勇奋战，又一次粉碎了国民党顽固派精心策划的大规模军事进攻。18位烈士英勇奋战、壮烈牺牲的大无畏革命精神，激励着广大指战员更加勇猛地战斗！

### （二）抗日战争的胜利

1945年7月26日，中、美、英三国发表《波茨坦公告》，促令日本无条件投降。8月8日，苏联政府宣布对日作战。14日，日本政府照会美、英、苏、中四国政府，宣告接受《波茨坦公告》。15日，日本天皇裕仁以广播《终战诏书》形式宣布无条件投降。9月2日，日本天皇和政府代表以及日本大本营的代表在投降书上签字。中国抗日战争胜利结束，第二次世界大战也胜利结束。

9月13日，日军南支那派遣军司令田中久一在广州中山纪念堂签署了投降书。广东地区的抗日战争胜利结束。

9月28日，日军南支那派遣军司令田中久一的代表富田直亮在汕头市签署了投降书。潮汕地区的日军4 800余人同时缴械投降，并被送入磐石集中营；伪军也全部缴械投降。至此，潮汕地区的抗日战争胜利结束，全国人民热烈庆祝抗日战争的胜利。

抗日战争的胜利，是全国各族人民经过艰苦卓绝的斗争、付出了极大的代价取得的。在普宁县，人民群众被日军杀死和因侵略战争造成大饥荒而饿死、病死者，就超过了10万人，在对日伪顽军战斗中牺牲的烈士多达76人。

总之，普宁人民为了抗日战争的胜利作出了巨大贡献和牺牲，以自己的血肉之躯筑起了新的长城，为中华之崛起发出了强有力的呐喊。

# 第五章

## 解放战争时期

解放战争时期，普宁党组织为反对独裁统治，领导人民开展抗"征粮、征兵、征税"斗争，成立了潮汕人民抗征队第三大队，建立了大南山和南阳山两个革命根据地，成为潮汕党组织的重要战略支点和转动点，同时组建十多支武工队深入敌后，放手发动群众，开展游击战争，在战斗中壮大革命武装力量。1949年2月成立了中国人民解放军闽粤赣边纵队第二支队第九团，英勇杀敌，直至1949年10月12日取得普宁全境解放。

# 第一节　积蓄力量，准备开展新时期的斗争

## 一、抗日武装力量的自卫反击战

抗日战争胜利后，普宁人民热切期望能有一个和平的环境，以便休养生息，建设自己的家园。但是抗日战争胜利后的形势表明，人民要实现良好的愿望，还需要进行艰苦的斗争。

内战的火焰，早于抗战末期就在普宁地区点燃。1945年春，潮汕的共产党组织恢复了组织活动，成立了中共潮普惠县委员会，同时成立了潮汕人民抗日游击队（7月改称为"广东人民抗日游击队韩江纵队"），打击日伪，保卫家乡。在日军侵占普宁之时，抛弃全县领土和数十万人民逃上五峰山的国民党普宁县政府，在日军撤离普宁之后，急忙跑下山来抢夺人民的胜利果实，戈指人民抗日武装，悍然挑起内战。8月5日，多年山一战之后，他们调动了其驻在普宁的挺进队，配合县保安团、县自卫队等共一千多人的武装，继续进攻大南山游击区，寻找游击队主力，企图以优势兵力歼灭抗日游击队。在这种情况下，韩江纵队第二支队决定用战斗来保卫人民的胜利果实，采取灵活机动的战略战术，多次挫败国民党反动军队的进攻，改变不利局面。9月初，韩江纵队第二支队调动3个大队转战潮阳的棉城，出击两英，西征惠来的靖海，并袭击惠来县城，分散敌人的进攻目标，然后回师大南山。9月20日，韩江纵队第二支队根据情报在大南山区跳坑布下地雷阵，准备伏击从

盐岭回流沙的顽军挺进队。3 天后，23 日上午 9 时，驻大南山河田乡林樟村挺进队第一大队一百多人在开往灯心湖石门楼，路经跳坑时，果然中了埋伏，数颗地雷炸响，当场炸死炸伤顽军几十名。但是顽军凭借优良装备，抢占高地展开反击。随后双方转入阵地枪战，相持不下，直至下午才各自撤退。这次伏击战，共毙伤顽军 76 人。因游击队一连埋伏 3 天，战士十分疲劳，未能全歼顽军，自身也伤亡 28 人。此仗使韩江纵队第二支队跳出了顽军围追的圈子，初步扭转了被动局势。

## 二、在严酷的斗争环境中整顿基层党组织

1945 年 10 月，国民党军队 186 师以"绥靖剿匪"为名义，继续"围剿"韩江纵队第二支队。另一方面，县长周英耀勾结地方封建势力，开展"清乡"活动。以流沙"四大天王"之首陈君秀为主任的县自新委员会，疯狂迫害抗日游击队员和革命群众。"白色恐怖"遍及县内全境。

在险恶的形势下，有部分党员思想动荡，个别人动摇逃跑，还发生过几宗盗卖队伍枪支的事件（党组织一经发现，便及时追回或责令赔款）。这虽是个别情况，但给党组织的工作带来了困难，并且在政治思想上造成不良影响。面对这种形势，中共普宁县委自成立之日起，就以整顿党组织为中心，把组织撤退转移与坚持隐蔽斗争结合起来，自上而下，妥善安排。

在此形势下，1946 年 2 月，经中共潮汕特委决定，在石桥头村逊敏学校组建中共普宁县委，书记先后由刘大夫、李习楷担任。潮汕特委给县委的任务是：撤退、转移已暴露的党员和干部（包括部分游击队员和革命群众）；调整阵地，继续坚持斗争。普宁县委为了应付逆境，采取以下果断措施：第一，整顿党的基层组织，对党员进行审查，普遍进行"形势教育、气节教育、保密教育"，使党员认清革命前途，增强斗志，树立必胜信心。第二，做好党员干部的撤退和转移工作。对在抗日游击斗争中已暴露的党员干部，分别作北撤、南撤（往南洋）、外调等处置，保存革命力量。第三，配合潮汕特委短枪队开展活动，做好枪支弹药的寄放、埋藏工作，并开展防奸、肃反和筹措经费等活动。

通过整顿基层党组织，对党员进行审查，了解其在抗日游击运动中的表现和是否已经暴露了政治面目；进行形势教育、气节教育和保密教育，使每个党员认清革命前途，增强斗争意志，树立革命必胜的信心。在提高党员的

政治、思想觉悟的基础上进行组织整顿，在教育中物色骨干，以调整或重建基层党组织领导机构。

经过半年多的努力工作，通过审查、整顿，使普宁党组织在反"清乡"斗争中，保存了革命力量，站稳了脚跟，党组织变得更加纯洁和有战斗力。1946年6月，健全了三个区委会，辖支部20多个，党员150人。

## 三、准备长期艰苦奋斗

1946年夏，原驻潮汕的国民党军186师调离潮汕北上，普宁境内仅存国民党县自卫队三个中队和一个专区保安中队，其地方武装力量比较薄弱。国民党普宁县党部根据同年7月国民党广东当局"治安会议"精神，重新部署"绥靖""清乡"计划，公布了"联保连坐"法，勾结各地的反动封建头子，继续加紧"清乡"活动。

与此同时，中共潮汕特委传达了中共中央对南方各地的指示：要充分估计当前时局的困难，做好长期在黑暗中奋战的思想准备。普宁县委迅速把这个指示传达到各支部，对广大党员进行教育，并且做好长期隐蔽斗争的工作部署。

党组织对暴露政治面目的党员安排撤退转移后，又调整了活动阵地，全县农村中已经有了29个比较坚强的党支部。这些支部所在的村庄，就是隐蔽斗争的立足点；学校阵地也重新做好部署，坚持"灰色"隐蔽，积极开展"教好学生、交好朋友、联络农村中上层人物、做好社会调查"的工作。各地支部在这期间，开始个别吸收一些在困难环境下表现坚定、觉悟较高的积极分子入党。

党支部除抓好学校宣传外，还利用田间、"闲间①""姿娘仔间②"等各个群众聚集的角落开展革命宣传教育工作。在斗争中，四区、五区等地不少乡村干部中的积极分子与党组织建立了同情关系，成立了许多同情小组，为党和革命做了不少工作。

1946年底，中共潮汕特委传达了《中共中央给南方各省的工作指示》。为了拖住国民党打内战的手脚，配合解放战争的正面战场，中共普宁县委根

---

① 闲间：农村闲时老人坐谈的地方。
② 姿娘仔间：农村姑娘闲读的地方。

据中央指示精神，积极进行"重建武装"的准备工作。第二年春天，普宁党组织开始集中力量与隐蔽的武装队伍紧密配合，开展新的游击战争。

# 第二节　游击战争的开展与根据地的开辟

## 一、肃反除奸和破仓分粮

1946 年下半年，全国规模的内战爆发后，国民党反动派在统治区内加紧进行征兵、征粮、征税，给人民带来了深重的灾难。中共普宁县委根据中共中央、香港分局关于重建武装和开展破仓分粮的斗争指示，着手抓了三方面的工作：一是打击首恶，扫清重建武装的障碍。1947 年 1 月 24 日，枪决了一贯对抗革命、残害人民的国民党普宁县自新委员会、流沙八乡联防主任，"四大天王"之首陈君秀，震慑了敌人，鼓舞了群众。二是建立小型武装。1947 年 3 月在梅塘的高埔建立武装小组，由县委书记李习楷直接领导，开展武装斗争。三是开展破仓分粮斗争。

在开展肃反除奸斗争的同时，党组织还积极开展破仓分粮的斗争。

1947 年春，国民党反动派在全国大打内战，在"国统区"加紧"三征"（征兵、征税、征粮）。潮汕各地经济破产，粮价飞涨，青黄不接之际，春荒严重，农民饥饿难捱。中共潮汕特委决定：发动群众，破仓分粮，直接打乱国民党的天下，使群众有粮度荒，且为建立抗征队储备必需的军粮。特委部署、组织武装力量，掩护有组织的群众行动。以特委直属武工队为骨干，以揭阳、普宁两县的"短枪组"为配合，再从揭普两县抽调地下党员掌握的武装"守青队"共 56 人枪，集中统一使用。计划先破揭阳上陇谷仓，再破普宁涂洋谷仓。

在特委直属武工队政委、揭阳县委书记陈彬的部署下，5 月 4 日，胜利破开揭阳上陇谷仓，得谷 1 000 多石。接着乘胜再破灰寨谷仓，得谷 400 余石。这时，普宁的敌人已经将涂洋谷仓的积谷分散、转移了。武装队伍从揭阳来普宁后，普宁党组织根据情况变化，决定改为破横溪谷仓。

1947 年 5 月 24 日，武装队伍乘夜破开国民党的横溪谷仓，夺得粮食 3 000 多石，除留 1 000 石作军粮外，其余分给群众度荒，扩大党的政治影响。县长周英耀为此自呈处分状。

破仓分粮的胜利，既打击了横征暴敛的国民党，又缓解了部分群众缺粮的燃眉之急，更重要的是鼓舞了群众参加革命斗争的热情，为建立公开的武装队伍在思想、组织、物质上作了初步准备。

## 二、重建人民武装

1947 年 6 月，潮汕人民抗征队（以下简称抗征队）在揭阳大北山天宝堂成立。抗征队散发《潮汕人民抗征队告各界同胞书》，公开宣布潮汕人民抗征队的成立及其宗旨和任务。当国民党军集中兵力，扑向大北山的八乡山，企图包围和消灭抗征队时，抗征队迅速跳出包围圈，于 8 月 24 日突袭普宁的里湖镇，攻击反动武装集结队和警察所。围攻八乡的国民党军闻知里湖被袭，马上撤退，其对刚建立的抗征队的第一次围攻失败。

9 月 29 日，根据中共香港分局的指示和形势发展的需要，抗征队在大北山空尾村进行扩编。这时，抗征队已发展到近 200 人。根据地委的指示，队伍编为第一大队（即大北山大队）和第三大队（大南山大队），决定分头活动，分别在大北山、大南山开辟根据地，发展队伍，开展游击战争。抗征队第三大队成立后，即于 10 月中旬开赴大南山开展斗争，任务是：以大南山为主要据点和依托，以南阳山为副点，在其周围的潮阳、普宁、惠来、南山和陆丰部分地区协同地下党组织，放手发动群众，开展反"三征"的游击战争。

1947 年 8 月，为了把大北山、大南山和南阳山联结起来，形成一个战略基地，党组织决定在南阳山、大南山分别建立武工队，负责开辟和建设根据地的工作。8 月下旬末，抗征队从草帽嶂越过地方反动势力较强的云落等地，进驻南阳山，揭开开辟南阳山根据地的序幕。

1947 年 9 月，以詹泽平为政委、黄友为队长的南阳山武工队于五峰山成立，着手进行南阳山根据地的开辟工作。全队 7 人，配备短枪 6 支。至 1947 年底，南阳山武工队已由 6 人发展到 60 余人，扩编成一个中队。1948 年 3 月扩编为两个中队，6 月扩编为南雄大队。随后，为了适应形势的发展，巩固和扩大南阳山解放区，武工队除部分同志编入南雄大队外，又不断扩大力量，先后分建南阳武工队、黄沙政工队、石肚武工队、大坪武工队、高埔坪上武工队，这五支武工队在彻底清除南阳山的反动势力，建立乡村民主政权和农会、民兵、游击小组等组织，领导群众开展减租减息，配合主力部队粉碎敌人军事"围剿"的斗争中，发挥了很大的作用。

1947 年 12 月，随着抗征队第三大队开辟大南山根据地工作的顺利进展和队伍的迅速发展壮大，大南山西区武工队在樟树坪成立，队长郑流阳，副队长吴明，队员共 5 人，至 1948 年底发展到 14 人。武工队以五福田、白马仔、锡坑、樟树坪为据点，活动在锡坑乡周围的数十个村庄。

1948 年春，为了加强大南山、南阳山、大北山之间的密切联系，扩大山地边缘游击区，配合山地斗争，抗征队第三大队和普宁县委又在沿山地边缘的二区、三区建立 4 支武工队。

1948 年夏秋之间，在五区、四区、榕江南岸、一区等国民党统治区域腹地，连续成立了 4 支武工队。

普宁县委和抗征队第三大队建立的 10 支短小精悍的武工队，都是由县委和抗征队选派军政素质较强的党员干部，在游击区前沿地带或敌人后方、敌人据点周围，经过艰苦斗争逐步组建的。这些武工队在敌后游击战争中发挥了重要作用：一是在政治上，宣传党的方针政策，发动群众开展抗"三征"斗争，组织民兵、农会和民主政权，开展群众工作和统战工作；二是在军事上，建立武装游击小组，动员民兵、积极分子参军参战，镇压反动头子和奸细，配合主力部队作战；三是在经济上，筹粮筹枪筹款，供应部队的装备和给养；四是建立地方交通情报网，搜集敌情，为地下党和部队提供情报；五是保卫地方党组织，发动群众参加支前战勤，粉碎国民党军进犯等。

## 三、革命根据地的开辟

### （一）大南山根据地的开辟

抗征队第三大队成立后，于 1947 年 10 月中旬开赴大南山，肩负创建大南山根据地的重任。

抗日战争时期，韩江纵队曾以这里为根据地，领导人民群众开展抗日斗争。韩江纵队骨干北撤后，普宁党组织留下党员在大南山锡坑等村庄坚持秘密活动，发展党员，组织地下游击小组。抗日战争胜利后，国民党南山管理局进一步强化对大南山人民的反动统治，建立直属保安大队和六七个基层乡公所；在雷岭、林招、大溪坝等地建筑炮楼据点。此外，第五区保安司令部还专门在大南山外围流沙镇设立潮普惠南分区"清剿"指挥所。抗征队挺进大南山区开辟根据地，对于打击牵制敌人，发动潮普惠平原群众，配合大北山根据地的斗争，有着十分重要的意义。

韩江纵队北撤后，地下党组织留下党员吴明隐伏于大南山西部地区并"落地生根"。抗征队进山时，他已经在锡坑、三坑、樟树坪、白马仔等村建立了党支部，发展党员20多名，团结了当地群众，掌握了村政及"守青队"，为创建大南山根据地打下坚实的基础。以李习楷为大队长、陈彬为政委的抗征队第三大队顺利开进大南山，队伍隐蔽在樟树坪村。

1947年10月31日，抗征队成功袭击惠来县属林樟乡公所。同时派出几名队员到锡坑村，解散锡坑乡公所，收缴其短枪2支，摧毁了大南山西部腹地这两个反动的地方政权。由于当地群众基础较好和抗征队的支持，大南山西部地区的工作从此逐步开展起来。

11月12日，抗征队第三大队在大南山西部站稳脚跟后，乘胜向平原出击，智袭占陇警察所，迅速拿下敌警察所和税务所，两处共俘敌20余名，缴获步枪17支，短枪8支，子弹1000余发。平原上的群众纷纷传说来了几百名红军，有如"天兵天将，神出鬼没"。这次行动大大地激发了群众参加革命斗争的热情。抗征队撤回大南山后，许多平原村庄的青年陆续悄悄进山找寻队伍，要求参军。

1948年1月初，抗征队第三大队进行了开辟大南山东部新区的"小东征"。他们从河田出发，往返半个月，先后奔袭双溪、周田、狮石、华湖、靖海、林招等区、乡公所，歼敌60多人，缴获长短枪80多支。同月24日，攻袭惠来隆江镇，击毙警察所所长，俘敌50多人，缴获长短枪40多支。

2月3日，东区武工队在抗征队第三大队协助下，奇袭大长陇乡公所，俘敌30多人，缴轻机枪1挺，长短枪30多支，破谷仓1座，得谷2000多石。

随着形势和武装斗争的发展，上山入伍的革命青年越来越多。武工队在潮、普、惠三县交界的盐岭村居高临下的险要地方，设立固定的收税站，并加强火力配置。东征和"锄奸肃特"等一系列斗争的胜利，使抗征队在大南山东部地区取得立足点，有了后方。从此，西部和东部的斗争紧密配合，互相呼应，大南山根据地初步形成。

### （二）南阳山根据地的开辟

普惠揭陆边界的南阳山，方圆约 50 公里，人口约 8 万，是连接大南山和大北山的纽带和桥梁，战略位置十分重要。这里有较长的革命斗争历史，但工作基础薄弱，革命老据点樟树仔村在土地革命失败后曾遭受敌人多次烧杀。

1947 年 9 月 19 日，司令员刘向东率领抗征队主力队伍一百多人开进南阳山，在五峰山清泉洞成立南阳山武工队，着手在南阳山区开辟根据地。

10 月下旬，抗征队第三大队转战南阳山，协助南阳山武工队开辟根据地。

11 月 24 日，抗征队第三大队协助南阳山武工队，摧毁了南阳山梅林警察所。以后，抗征队又配合武工队解散惠属的南阳、葵坑，陆丰属的大坪等 3 个乡（镇）公所，摧毁了国民党设在南阳山的全部政权机构。

为了进一步打开新局面，抗征队第三大队暂时留驻南阳山，与当地武工队一起开展工作，向群众宣传国民党的反动腐败及其在前线的节节溃败，宣传共产党及其军队的各项政策和解放战争的胜利，并迅速深入发动群众，开展减租减息运动，组织他们团结起来反抗国民党政府的"三征"。

1947 年 11 月 5 日，抗征队颁发《减租减息暂行办法》，其主要内容为：规定十足收成者以二五减租为标准，按原租额 75% 交租；减息方面，规定了借谷以加三分利为标准，即借 1 石谷还 1.3 石计算。抗征队号召佃户、负债户参加减租减息斗争，深受贫苦山村农民的拥护。新区群众被发动起来，不仅减租减息顺利进行，抗征队、武工队的威信也提高了，群众踊跃报名参军。

从 1947 年 6 月到 12 月，普宁党组织认真贯彻执行香港分局关于"实行小搞，准备大搞"的方针，人民武装斗争蓬勃发展。经过半年的斗争，在抗征队第三大队的大力帮助下，先后建立了大南山西区、南阳山两支武工队，队伍发展到一百多人枪，开辟了大南山和南阳山两个游击根据地。抗征队和武工队在这些据点不仅站住了脚跟，而且各据点之间还能够互相配合，互相支援，牵制和打击敌人。这就为以后全县游击战争的普遍开展和粉碎敌人的军事"围剿"，奠定了坚实的基础。

## 四、反"围剿"斗争的胜利

1948 年是普宁党组织领导全县人民艰苦奋斗、多次粉碎国民党军队"围剿"革命根据地的一年，也是人民武装队伍在斗争中发展壮大的一年。党直接领导下的地方武装，成功粉碎国民党军队多次"围剿"，巩固发展了大南山和南阳山根据地。

1948年1月5日，国民党广东省第五区督察专员兼"清剿"区司令喻英奇，在潮安召开"绥靖"会议，提出一个月内"剿灭"大南山人民抗征队，三个月"剿平"大北山根据地。以普宁县县长周英耀和第五"清剿"区副司令林贤察为首，在流沙组建潮普惠南"剿匪"指挥部，派兵分驻流沙、占陇、普城、里湖、梅林等地，策划对革命根据地的军事"围剿"。

为了配合抗征队和根据地人民的反"围剿"斗争，从1948年2月至9月，中共普宁县委和抗征队第三大队先后组建了三区、五峰、二区（东线、西线）、五区、四区、一区、云落及南岸等十支武工队。

1948年3月和4月，中共普宁县委和抗征队第三大队领导根据地军民，先后三次粉碎国民党军队对大南山和南阳山根据地的"围剿"。当时抗征队作民歌道："喻英奇，有乜奇，呾破值无半个钱。……上月进攻大南山，汕警死伤三十外，清明再打沈者寮，丧掉一支潮阳兵。南阳山，反动联防队，一打如风扫落叶，惊到支㿻好晾衫。'清剿'第一期，你个战绩顶呱呱……"反"围剿"取得胜利后，党组织抓紧进行一系列根据地的建设，使根据地得到进一步的巩固和发展。

1948年6月，为了加强对南阳山根据地建设的领导，成立中共南阳山工作委员会，书记詹泽平。南阳山武工队也扩编为南雄大队。为了配合大北山的反"围剿"斗争，抗征队和各支武工队主动分路出击蒋管区，展开平原游击战。9月15日，在里湖枪杀了省参议员、第五"清剿"区参谋林石平。10月15日，镇压了广太乡乡长叶楼邓，活捉县参议员杨克生。11月13日，抗征队取得后陂伏击战胜利，毙伤敌30余名，俘敌16名，解放了250多名新兵。这些出击行动，对敌人后方造成严重威胁和打击，有力地配合大北山军民胜利粉碎敌人的军事"围剿"。

在反"围剿"斗争中，武装力量和党组织不断发展壮大，潮普惠南抗征队已发展为两个团（第三团、第五团）和四个大队（南雄、西山、三清、鲁洋大队）及两个连队（小北山连队、潮阳四七区连队）共1 000多人；普宁共有党支部60个，党员400多人。

## 五、情报交通站的建立与作用

1947年10月，抗征队第三大队奉命进军大南山地区（包括南阳山）开辟根据地。12月在大南山建立了情报交通总站,由黄琳负责。同时,还建立了众多的地下交通站,大力开展情报交通工作。1948年5月,总站转移到大南山锡坑村,8月迁驻白马仔村,负责人陈海、黄琳。此后,樟树坪、锡坑站皆为中转站,负责接转总站与西面几条交通干线的信件、物资和护送干部往大北山地委、司令部的工作。情报交通总站和锡坑、樟树坪、杨梅坪、下岭仔、益岭、茅坪、五福田、陂沟8个直属中转站共有脱产情报交通人员70多名。以大南山白马仔村情报交通站为中枢,下分7条主要交通干线。

情报交通站除搜集、传递情报和党内、军内的文件、信件、宣传品、钱粮弹药外,有些情报交通站还代替武工队点收募捐的钱粮和收购敌人内部人员偷出的弹药;靠近敌据点的情报交通站,还直接派人侦察敌情或深入敌人驻地,搜索内线情报。一般性情报、信件、文件、物资均按各条交通线逐站转送。各情报交通中心站接到重要紧急情报、信件,大多是直接送达大南山情报交通总站,总站即直接送达指挥机关或有关领导人。

在严酷的对敌斗争中,情报交通工作时间性强,任务艰巨,情报交通人员若没有崇高的革命事业心,没有迎难而上、把个人生死置之度外的精神,是决不能胜任的。在国民党统治区内,情报人员和地下交通员冒着性命的危险,忘我地战斗在神圣的岗位上。他们往往是在夜深人静睡得正酣时被叫醒,揉揉眼皮,即刻出发。他们全凭两条腿走路,不怕严寒酷暑、刮风下雨,长年累月奔波于乡村野道、深山峻岭之间,完成党组织和革命队伍交予的任务。

# 第三节　配合南下大军,解放普宁全境

## 一、开展平原扫荡战

1949年1月1日,中国人民解放军闽粤赣边纵队成立,潮汕人民抗征队奉命编为闽粤赣边纵队第二支队(以下简称边纵二支队),正式列入中国人民解放军的建制。2月1日,普宁的西山大队在云落的湖寨改组为边纵二支队第九团（后南雄大队也编入），团长陈扬，政委王家明。这是潮汕军民在中国共产党领导下，坚持长期武装斗争的光荣一页，给普宁党政军民以很大鼓舞。从此，人民军队的战斗旗帜更为鲜明，在组织领导及作战指挥上更趋于统一。这就为普宁乃至潮汕全境的解放创造了有利条件。同时表明，普宁的敌我力量已发生根本的变化：敌人已由进攻转变为防御，人民军队则由防御转入进攻。

中共潮汕地委向全潮汕党政军民提出"赶上全国形势，争取一年左右解放全潮汕"的奋斗目标。从1月下旬起，普宁党组织、武工队紧密配合主力部队，对平原之敌开展大扫荡攻势，先后解决安溪、梅峰、平寨、冷水坑、乌石、果陇、六仁、泥沟8处联防队和乡公所。2月28日，梅林驻敌仓皇撤逃，南阳山全境解放。这时，南阳山工委并入普宁县委，原南阳山基层党组织划归普宁县委领导。县委书记王家明调潮汕地委工作，詹泽平继任书记。县委即在梅林成立南阳山特区区委，书记黄友。区委领导南阳山人民进一步加强政权建设，巩固革命根据地。

4月10日，在平原拔点战的声威震慑和党的政策感召下，驻流沙的国民党保安第十六团第三营张凤耀部官兵200多人，在连长刘德仁带领下，枪杀副营长，然后率队开进解放区云落三寨宣布起义。4月16日，在我军策反下，二区八乡联防大队服务队队长王桂青也率队22人在平湖起义，举事后即充当内应，威迫联防大队第一中队及南泗分队110多人向边纵二支队第九团缴械投降。至此，地方上敌我力量发生了根本的变化，我军战斗力大大增强。4月27日，边纵司令员刘永生率边纵主力七个团，在武工队的配合下，采用关门打狗的战术，攻拔里湖据点，解放里湖，打响了解放潮普惠平原的第一炮。

## 二、军管会和人民政权的建立

1949年上半年，九团配合各兄弟团队及边纵主力团，以秋风扫落叶之势，先后解放梅林、里湖、流沙。2月28日解放梅林，当天成立梅林军事管制委员会（以下简称军管会），主任黄友。4月28日解放里湖，即日成立里湖军管会，主任由中共普宁县委宣传部部长郑苏民兼任。5月1日解放流沙，即日成立流沙军管会，主任黄友。

军管会成立后，接管全部政权，乡村一级政权则由武工队、政工队或所在镇的军管会负责建立。

紧接着，在县委、军管会的领导下，普宁各乡村相继建立村政府及乡政府，南阳山区则在3月全境解放时成立了南阳山特区人民行政委员会，5月改称南阳山特区人民政府。

在乡村政权建立的基础上，7月1日，普宁走在粤东地区之先，在流沙成立普宁县人民政府。首任县长陈焕新，副县长方明生、方君健。机关设址于流沙平湖村有祖祠（民房），下辖南阳山特区人民政府和全县23个乡人民政府。

普宁县人民政府成立后，党和政府在新解放的广大地区实行以下五项政策：一是在新区市镇实行"发展生产，繁荣经济，公私兼顾，劳资两利"的工商业政策；二是在新解放的广大农村中实行减租减息（包括退租退息）的政策，推行合理负担的财政政策；三是建立各种税收制度，增加收入，支援前线；四是发展生产，改善民生；五是加强文教工作，改造中小学教育。

由于中共普宁县委和县人民政府采取了各种正确的政策措施，新解放区的社会秩序迅速稳定下来，极大地调动了广大人民群众要求翻身作主，迎接南下大军，解放普宁全境的积极性。

1949年春夏，随着武装斗争的节节胜利，民主政权的逐步建立，以及党的宣传发动工作的不断深入，普宁全县的群众运动发展迅猛。一是成立青年、妇女群众组织。3月，在流沙成立普宁县青年、妇女工作委员会，书记陈斯鸣、副书记张英。在县青年、妇女工作委员会的领导下，其他群众组织密切配合，积极开展工作。二是成立农会，开展减租减息运动。党组织在刚解放的新区迅速开展建政工作，二区、三区、四区、五区、七区和一区部分乡村民主政权建立后，各村都相应成立农会。农会的任务主要是贯彻执行党和各级政府的指示，领导农民开展减租减息、清匪反霸、征收公粮、劳军支前等工作。减租减息工作主要依靠农会进行，武工队给予指导，民兵紧密配合。三是全民踊跃支前。在各乡村组织民工队，进一步扩大和加强民兵的组织建设，发动全县广大妇女掀起献金献物、拥军支前的热潮。在募捐运动中，仅南阳山区就捐得鸡蛋6 000个，毛巾1 412条，口壶95个，牙刷211支，鸡23只，金戒指8个及其他物资一批。

## 三、打击窜扰普宁的国民党台湾新军和胡琏兵团

### （一）林惠山阻击战

1949年6月底，在解放大军直指湘赣的形势下，原属胡琏兵团的敌第十

八军第十一师三个团（刘鼎汉部，俗称台湾新军），从台湾闯到潮汕，准备接应溃败潮梅的胡琏兵团残部一同逃往台湾。7月初，边纵二支队司令部准备围歼潮阳县赤寮（即谷饶）驻敌潮阳县保安第三营黄少初部；7月4日，边纵二支队第九团布防于林惠山、丘塘通麒麟、陈洞径一带，负责阻击普城援敌，与普宁县城洪阳的敌保安一营、二营、自卫队共400余人发生激战。战斗持续至下午6时，敌军溃败退回敌营洪阳德安里。此仗共毙伤敌副营长杨华以下官兵20余人。边纵二支队第九团副机枪手丘记、战士陈智明等3人在战斗中光荣牺牲。

### （二）攻打普宁县城

1949年5月上旬，里湖、流沙、棉湖解放后，普宁县城洪阳的敌人完全孤立。边纵二支队司令部和第九团酝酿捣毁这个国民党普宁县政府的老巢。当年5月，边纵二支队先后组织有关团队，发起三次围攻普城的战斗。

5月14日，边纵二支队司令部采取四面围歼敌外围据点，然后从南门切入，分割两片，逐个歼灭，向城中进攻，先攻县政府，后攻德安里，最后解放全县城的战法，调集边纵二支队一团、三团、九团主攻普城，四团布防于外围打援。是日拂晓前，边纵二支队第一次攻城战斗打响了。当时驻马头山的九团埋伏于水龙寨一带，阻击从城东突围之敌。战斗至上午8时许，曾枢带自卫队从厚田、水龙寨妄图突围，在遭九团痛击后，即龟缩入德安里及麻风寮炮楼继续顽抗，撑持局面。战斗至黄昏，为避免打消耗仗，边纵二支队参战部队撤退至林惠山十三乡一带。

7月13日，边纵二支队集中一团、三团、九团负责主攻，四团于仙桥负责打援，同时由三支队和二支队五团二营、七团攻打揭阳新亨驻敌，牵制配合普城战斗。是日凌晨4时，第二次攻城战斗开始。九团四连攻打德安里和东门炮楼，其他各连攻打麻风寮、妈宫炮楼及钱湖等处驻敌。但因参战部队侦察不周，对敌估计不足，且天下暴雨，贻误战机，攻城至晚9时未克，又接到台湾新军从峡山向普城来援的情报，攻城各团主动撤离阵地。

8月上旬，敌刘鼎汉部为打通"潮梅走廊"接应南逃胡琏兵团，配合地方反动武装共3 000多人，进犯边纵二支队七团活动的五房山。边纵二支队、三支队为了"围魏救赵"，根据8月8日边纵和地委领导人关于"转向敌人后方，攻其虚薄之处……应即同时布置对普城的攻击计划"的指示，部署以三支队一团配备一个炮排与边纵二支队一团、三团、九团负责攻打普宁县城，三支队三团与二支队四团负责外围打援。15日晚，攻城队伍进抵城郊隐蔽。

16日拂晓，边纵二支队、三支队第三次攻城。隐驻于马头山村的九团各连转战于城东北面的沟边、钱湖和城东的百里桥、东门炮楼、麻风寮炮楼及德安里一带；短枪队同一团短枪队一起向南门西侧突击，并负责攻城后勤、情交任务。敌凭借城墙、环城河、碉堡等军事设施顽抗，攻城部队多次猛攻，均未奏效，双方形成对峙局面。九团战士陈风强壮烈牺牲。深夜，司令部命令攻城部队主动撤围，仅留九团在城外继续牵制敌人。

这三次攻城虽未成功，但鼓舞了敌占区人民，震慑了敌人。第一次攻城后，县长曾枢于5月底辞职；第二次攻城的当晚，新任县长方国柱等党政军官员及亲属准备突围求生，后闻攻城部队撤走，惊魂甫定；第三次攻城后，边纵二支队七团安全转移，入侵梅北之敌撤走。

8月27日上午10时，县长方国柱率部弃城逃往揭阳。当晚解放军入城接管，县城洪阳首次解放。

### （三）打击台湾新军

1949年7月15日晚，国民党台湾新军第十八军第十一师刘鼎汉部400多人从潮阳县进占流沙。解放了的流沙再度陷落。

7月20日下午3时，驻流沙的台湾新军400余人，向洪阳、揭阳调防。驻池尾附近山湖村一带的九团，很快接获情报。团长陈扬立即布置截击，命令二连、三连、四连选择山湖村前沿（接近池尾）的土围基堤布防。4时许战斗打响，二连、三连、四连指战员英勇冲杀，将敌军队伍拦腰切成两截。激战一个多小时，台湾新军溃逃，败走洪阳。因夜幕降临，二支队截击部队主动收兵。此仗伤敌20多人，俘敌36人，解救被俘群众10人，缴获长短枪4支，还有敌军从流沙抢来的物资10担。九团战士陈新益、詹德光荣牺牲。这次战斗是九团第一次同台湾新军交战，其胜利大大增强了民众击败台湾新军的信心。

7月21日，九团再度解放流沙。

7月下旬，占据大坝、洪阳的台湾新军窜扰普城附近乡村及大坝、果陇、泥沟、泗坑等一带，肆意蹂躏人民群众。对此，九团在一区、二区武工队和泥沟乡民兵的配合下，从29日起一连9天袭扰台湾新军，经过大小战斗5次，消耗了敌军炮弹40余发及大量子弹，毙伤敌20多人，有力打击了敌军。

8月初，台湾新军在九团等人民武装和全县人民的抗击下，向揭阳流窜，北上接应胡琏兵团残部。

### （四）抗击胡琏兵团，解放普宁全境

1949年8月，国民党胡琏兵团残部，在解放大军的打击下，溃退潮汕

地区。

8月30日，溃逃的胡琏兵团残部第十八军第三十三团800余人从潮阳县进抵流沙，继而控制普宁公路要道的据点，并向大南山、五峰山的边缘村庄作骚扰性的袭击，抓丁抢粮。敌军到处奸淫掳掠，肆意作虐，解放了的普宁平原又沦落敌手。

普宁县委和九团根据潮汕地委"八月会议"作出的《关于粉碎胡琏匪军最后挣扎的决议》精神，发动群众，积极备战，组织武装队伍，相机歼敌。此时，九团迂回于云落、洞景、竹头至石牌一带，配合兄弟部队及当地武工队，采取拉住、牵制、袭扰等战术，歼击外出掠夺的小股胡琏军，使其不能为所欲为。

从9月中旬至10月11日，党领导的武装力量有组织、有部署、有策略地对敌保安营和胡琏军进行机动灵活的攻击，先后取得大北山保卫战、涂洋山进攻战的胜利。普宁各区武工队紧密配合主力部队，在胡琏军各驻地开展袭扰性斗争，打击小股胡琏军，牵制敌人。9月上旬，胡琏军派出一个连的兵力，盘踞池尾，敌军常三五成群到附近村庄抢劫，为非作歹。二西武工队组织队员化装进入池尾附近乡村及墟镇，打击小股外出抢劫、追收粮食的胡琏军，共计伤敌军4名，俘虏3名，缴获美式步枪2支。10月9日，二西武工队还组织"十乡"民兵中队袭击池尾胡琏军驻地。

其间，胡琏军多次闯犯四区南径、麒麟一带乡村。四区武政工队配合独四连，利用小北山的有利地形和群众基础好等条件，运用游击战争的战略战术，与敌人周旋，既力保群众利益又相机袭击敌军，使敌军每次流窜入境都不敢久留。

10月11日，敌军又凑集近千人登上涂洋山向梅塘方向进犯，边纵二支队三、四、九团再登山迎击。九团配合兄弟部队，在狮腰山与敌激战至黄昏，双方凭山对峙。当晚敌撤退，边纵二支队参战各团也撤驻洞景、瓜园、新寮等村。午夜，驻流沙的胡琏军两个师在解放大军南下的震慑下，撤向潮阳，从海上逃跑。12日早晨，边纵二支队参战团队浩浩荡荡地开进流沙，普宁全境解放。

在抗击胡琏兵团窜扰普宁的斗争中，普宁党政军民积极参战。从阻击台湾新军，全歼黄少初的围点打援，到9月、10月的各次战斗，都取得了很大的胜利。但由于南下大军尚未入普，胡琏军的兵力和武器装备都强于地方人民武装，因此在作战中，部队也有一定的损失。胡琏军所占领的据点和经过的乡村，群众损失更大，被抢去大批粮食财物，全县被抓去一千多名壮丁。胡琏军败走台湾前垂死挣扎，对普宁人民犯下了滔天罪行。

普宁人民在中国共产党的领导下，终于推翻了压在头上的"三座大山"，取得新民主主义革命的胜利。

在解放战争时期，中共普宁地方组织领导人民群众，经历了抗日战争胜利后复杂斗争的考验，在孤悬敌后的环境中，党组织贯彻"分散坚持，保存力量，隐蔽待机"的方针，结合普宁的实际，展开艰苦卓绝的斗争；为配合解放战争的正面战场，党指示重建武装，恢复武装斗争，粉碎了国民党反动军队对山区的多次"围剿"，建立和巩固了大南山、南阳山革命根据地；地方人民武装力量迅速发展，并从防御转入进攻，配合南下大军，解放普宁全境。

# 第六章

# 改革开放前的建设发展

党的十八大报告正确评价了毛泽东领导的包括民主革命、社会主义改造和社会主义建设时期所取得的巨大成就，特别强调，"在探索过程中，虽然经历了严重挫折，但党在社会主义建设中取得的独创性理论成果和巨大成就，为新的历史时期开创中国特色社会主义提供了宝贵经验、理论准备、物质基础"，具体指明了改革开放前后两个历史时期的继承和发展关系。普宁在社会主义建设时期，同样经历过挫折和失误，但取得的成就也是巨大的、主要的。如农田水利基本建设初见规模，效果明显；培育了良好社会风气；城乡居民能够享受到基本医疗、教育保障；等等。这些为改革开放提供了坚实的、多方面的物质基础。

# 第一节　人民政权的建立和向社会主义过渡的实现

（1949 年 10 月至 1956 年 6 月）

## 一、普宁县人民民主政权的建立

### （一）贯彻落实《潮汕地委四月决议》精神，建立人民民主政权

1948 年 5 月，大南山锡坑乡民主政府成立，进行革命根据地建设工作。同年秋，普惠揭陆边区人民行政委员会为了加快新政权建设步伐，进一步贯彻落实《潮汕地委四月决议》精神，主任方明生和武工队队长林挺英通过宣传教育，发动群众，召开群众大会进行民主选举，希望逐村建立民主政权。1949 年 1 月 1 日，在普宁石牌的宅营村召开五四乡民主政府成立大会，杨崀为乡长，洪茂为副乡长，宣告解放战争时期普宁县第一个民主政权的诞生。此后南阳山特区人民政府、东阳区人民政府、西阳区人民政府先后建立政权。新生政权动员一切人力、物力、财力支持前线，支援解放战争，实现了中共潮汕地委 1949 年 1 月在大北山大岭下村召开的扩大干部会议提出的"赶上全国形势，争取年内解放全潮汕"的目标。

### （二）成立军管会，接管全部政权

边纵二支队第九团成立以后，在兄弟部队的配合下，同普宁县各支武工队、民兵、革命群众一起，迅速投入击溃敌人的战斗。1949年2月28日，龟守梅林之敌在我军的震撼下仓皇撤逃，梅林解放，同日，成立梅林军事管制委员会。1949年4月28日下午1时30分，边纵二支队第九团全歼关爷庙、念佛社的特务队，里湖镇解放，即日成立里湖军管会，主任由中共普宁县委宣传部部长郑苏民兼任。而后流沙于5月1日解放的同时成立流沙军管会，委派黄友为军管会主任。委员会即日进行接管旧市政、清理敌产及维持治安等工作。5月5日中共普宁县委在流沙广场召开有5 000多人参加的"普宁县党政军民祝捷大会"，闽粤赣边纵队司令刘永生出席。5月，县委书记詹泽平调往惠来县工作，李雪光继任普宁县委书记。梅林、里湖、流沙解放，军管会成立后接管全部政权，乡村一级政权则由武工队、政工队或所在镇的军管会负责建立。军管会是新解放区党、政、军的行政管理机构。

### （三）普宁县人民政府成立及其组织机构

为了新生人民政权的建立，中共普宁县委领导班子不仅为人民政权的建立做了充分的思想准备，而且做了充分的组织准备。

在里湖、流沙解放后，中共普宁县委根据闽粤赣边区党委的指示，学习和吸取各根据地建政工作的经验，注重普宁县乡、村两级政权的建设工作。1949年5月1日，解放了二、三、五区三个区，进驻流沙镇。紧接着，在中共普宁县委、军管会的领导下，二、三区的党组织和武工队抓紧乡村政权的建立工作，到1949年6月，二区有12个乡建立了乡政府，各乡政府设正副主席，再分民政、财粮、民武、文教四股，其下属95个村也建立村政府，而三、四、五、七区也先后完成了全区的建政工作。南阳山3月成立的南阳山特区人民行政委员会则在5月改称南阳山特区人民政府。

普宁县人民政府经潮汕地委核准移设于流沙市。1949年7月1日，在乡村政权建立的基础上，经过精心筹备，普宁县人民政府在流沙平湖村正式成立，机关设址在流沙平湖村有祖祠，下辖南阳山特区人民政府和普宁县23个乡人民政府。首任县长陈焕新，副县长方明生、方君健。县人民政府机构有秘书室、民政科、财粮科、文教科、经济科、公安科、交通科、财贸经济委员会8个。乡政府根据精干的原则，设正副乡长，下设民政、财粮、文教、民武4个股，村政府设村长，下设财粮、民武2个股。这种民主政权的形式，符合群众的意愿和利益，得到广大人民群众的支持。普宁县建立民主政权地区的人口有 40 多万。武工队在普宁全境解放后，吸收新成员，称为武政工队（即武装政治工作队），深入农村建立政权，二、三、四、五、七区和一区部分乡村民主政权建立后，各村都相应成立了农会，集中力量建立农民基层组织和民兵组织，同时开展青年团、青联、妇女会等机构的建立工作。此后，普宁县青年、妇女工作委员会，普宁县青年工作委员会，普宁县妇女工作委员会，中国新民主主义青年团普宁县筹委会，普宁县民主青年联合会和普宁县民主妇女联合会相继成立。农会的任务主要是贯彻执行中国共产党和各级人民政府的指示，在县委区委的分工领导下带领农民开展减租减息、清匪反霸等工作。人民政权和专政机构的建立与巩固，保障了各项生产建设的顺利开展，也为人民生活的安定提供了保障。

1949 年 10 月 12 日普宁全境解放后，县人民政府的派出机关为区人民政府。为加强基层治理，全县建立了北沙、南沙、塘桥、横溪、麒麟、钟堂、大坝、梅峰、里和、东阳、西阳 11 个区，到 1950 年 5 月，并为洪阳、流沙、里湖、麒麟、华林、大坝、钟堂、梅林 8 个区。每区设区长、副区长和民政、财粮、文教、公安等助理各 1 人。

新中国成立初期，普宁县人民政府隶属于潮汕临时专署；1950 年 2 月到 1952 年 5 月隶属于潮汕专员公署；1952 年 5 月至 11 月隶属于粤东办事处；1952 年 11 月至 1956 年 3 月隶属于粤东行政公署。

为了加强对各地区的领导，广东省各地从上而下建立各级公检法机关。1949 年 10 月，普宁县人民地方法院成立，孙光任院长，1950 年 6 月，改称普宁县人民法院。县人民地方法院和县人民法院的院长都是由上级任命的。

### （四）接管国民党县政府

边纵二支队司令部和第九团对国民党普宁县政府老巢（洪阳），早就有意捣毁。在 1949 年 5 月 14 日、7 月 13 日、8 月 16 日三次攻打普宁县城。虽未攻下，但威慑了敌人，迫使国民党县长方国柱率部于 8 月 27 日上午 10 时弃城往揭阳逃命。当晚解放军入城接管，洪阳首次解放。8 月 30 日，胡琏兵团残部控制了普宁公路要道的据点，解放了的普宁平原又沦落敌手。10 月 12 日，普宁全境解放。10 月 20 日晚，逃亡在潮南区海门的普宁县国民党军政人员向解放潮阳棉城的边纵二支队进城指挥部投诚。由指挥部派出汽车到海门，将国民党普宁县军政人员 220 多人及重机枪 1 挺、轻机枪 6 挺、步枪 150 多支、战马 2 匹和弹药、军用物资等运抵潮阳县城连通车站，由九团接受投诚。随后，转移到普宁县进行集训。

普宁县经过反复的斗争，最后国民党县政府及国民党军撤退时，一切皆被搬运或破坏一空，县人民政府仅接管县立一中、二中及普师三所中等学校，省银行普宁办事处的十多个铁橱，十多套办公桌椅，四支步枪，两支驳壳枪和两支土左轮枪，一座空县府，一片苗圃，以及卫生院的十多张铁床。

### （五）社会改造和恢复国民经济的针对性举措

1949 年 10 月 12 日，普宁全境解放，成为普宁历史上的一个重要转折点，它标志着普宁人民真正成为这片土地的主人，和全国人民一样，在中国共产党的领导下，逐步迈进社会主义改造和社会主义建设道路，普宁的历史揭开了新的篇章。但人民民主政权建立初期的普宁，百废待兴，战争卷走了大量钱财，留下了一个烂摊子，社会上处处可见遗留下来的恶果。人民生活必需物资相当匮乏，大多数老百姓的生活仍然处于十分贫穷的状态，物价飞涨，一些商人囤积商品，投机倒把，哄抬物价。面对复杂的形势，中共普宁县委、县人民政府根据上级关于社会改造和恢复国民经济的指示精神，再结合本地实际情况采取针对性的举措，以便以后工作的顺利开展，为此，在新解放的广大地区开展以下五方面的工作：

（1）在新区市镇实行"发展生产，繁荣降价，公私兼顾，劳资两利"的工商业政策。在这种利好政策的庇荫下，工人生活得到初步改善。比如，流沙明发布厂的劳资双方决定提高工人工资 80%、取消不合理赏罚制度等，大大调动了工人的积极性。过去每人 20 多天才能织成 72 米布，现在只要 8 天即可，效率大大提高。经过这样的调整，形成了新的劳资关系，不仅促进了生产发展，也使得工人的生活现状得到改善。

（2）在新解放的广大农村实行减租减息、退租退息政策，推行合理负担的财政政策。大部分新区在 1949 年夏收后普遍开展征收公粮，贯彻合理负担政策。为了适应解放战争形势发展需要，迎接南下解放军，做好支前工作，在 1949 年 6 月 18 日先借用普宁县人民政府名义发布《为征收公粮告普宁同胞书》，提出征收公粮与反动政府征收地税截然不同，是取之于民、用之于民，是为人民利益着想的。同时废除了国民党时期的苛捐杂税。因此，农民热烈拥护人民政府这一合理负担政策。

（3）建立健全的各种税收制度，增加收入，支援前线。普宁县人民政府成立后，通过健全税收机构，建立新税制，有效打击各种走私、漏税投机行为，为此，还特别在新区各水陆交通要道设立税收检查站。除此之外，还依照政务院《货物税暂行条例》规定，货物税一律以价征收，开征货物税及棉纱统销税；以户为单位征收农业税，以增加国库收入，动员一切人力物力支援前线，配合中国人民解放军解放普宁。

（4）发展生产，稳定群众生活，领导农民群众开展规模较大的生产自救、节约备荒运动，开荒种杂粮等，以此来促使农民步上安定的生活轨道。

（5）加强文教工作，改造中小学教育。采取"去毒素、留科学、加政治"的方针，接收全县的中小学校，帮助改造教师队伍，还在全县各地开办农民识字教育。1949年秋，普宁县人民政府接管乌石村1934年开办的乡村简易师范学校。

新中国成立初期，中共普宁县委团结人民，克服重重困难，建立起新生人民政权和成立各群众团体，标志着中共普宁地方组织的工作重心发生了转变，从战争转向建设，从武装夺取政权转向巩固新建立的人民政权。同时，县、区政权机构的建立，也为下一步基层民主建政打下坚实的基础。通过一系列工作，普宁县已成为全国、全省整套行政机构中的一个组成部分。同时，通过贯彻一系列正确的政策措施，新解放区的国民经济迅速恢复，稳定了社会秩序，为以后有计划的经济建设和逐步过渡到社会主义打下了稳固的根基。

## （六）党组织的活动从秘密转为公开

1949年5月1日流沙解放后，中共普宁县委机关从石桥头村的逊敏小学搬迁到流沙平湖村的黄氏有祖祠。7月1日，普宁县人民政府成立，为了迎接全国和县境的解放，中共普宁县委调整和加强区委和支部领导机构，进一步发展党员；由秘密到公开，逐步建立机构，发展新民主主义青年团、民主青联、民主妇联成员，建立县一级青年团、青联、妇联和工会组织；请派骨干到大北山潮汕干校学习，建立印刷厂，大量印发《关于建立报告制度》《论人民民主专政》等党的文件和毛主席著作，加强组织纪律性和政策观念，适应形势的转变；10月16日，中共普宁县委于县城（流沙）召开扩大会议，从此党的组织活动公开，中共普宁县委成为全县人民进行民主改革和社会主义革命与社会主义建设的领导核心。

# 二、整顿财政、税务和金融市场，恢复城乡经济发展

在新中国成立初期，新生的普宁县人民政权，能否在顺应时代潮流的同时，带领好全县人民走向社会主义新的征途，前提就是要正确处理并解决好摆在面前的一系列挑战和问题，为人民群众铺设一条走向美好新时代的道路。

面对严峻形势，中共普宁县委、县人民政府贯彻执行 1950 年 6 月 6 日至 9 日在北京召开的中国共产党第七届中央委员会第三次全体会议精神，按照毛泽东《为争取国家财政经济状况的基本好转而斗争》书面报告中提出的党在新中国成立初期的争取国家财政经济状况基本好转的主要任务，把建立金融业机构体系作为中心任务，开展货币斗争、统一货币管理、发放贷款扶植工农业生产、组织社会储蓄等。普宁县实施的这一系列举措，对于恢复国民经济，发挥了重要的历史作用。

### （一）整顿经济秩序，统一市场货币

由于 1949 年以前国民党政府滥发货币，造成多年的通货膨胀，生产萎缩，人民生活困苦，失业人员众多等社会问题，各种货币混杂流通，经济秩序十分混乱。由于人民群众对伪币已经失去信心，再加上外币的冲击，市场上出现了以物易物，以米标价和港币到处泛滥的混乱现象。

为解救人民痛苦，保障国家权利，1949 年初，中国共产党闽粤赣边区财经会在北山解放区（今揭西县河婆镇）建立裕民银行。2 月 16 日，中国共产党潮梅地委批准裕民银行发行流通券，也就是裕民券，在解放区、游击区流通，主币有 1 元、5 元、10 元，辅币有 1 角、2 角、5 角。裕民银行流沙办事处发行流通券共 83 万元，流通范围主要在大南山里湖、流沙等地。

边纵二支队还制定了潮汕解放区金融管理暂行办法。1949 年 7 月 8 日，中共华南分局在河婆镇（今揭西县）建立南方人民银行总管理处，下设的潮汕分行在 7 月 23 日成立，而原先普宁里湖、流沙裕民银行办事处改为南方人民银行里湖、流沙办事处。7 月 8 日发行南方券代替裕民券流通，面额有 1 元、5 元、10 元，辅币有 1 角、5 角，禁止用港币作交换媒介，南方券与港币的比值仍然为 2∶1。南方人民银行流沙、里湖办事处通过行政拨款、贷款、兑换港币和采购贸易，共发出南方券 200 万元。

中华人民共和国成立后，裕民券、南方券相继发行，得到各界拥护，并有充足物资准备，市场物价有所下降，人民生活有所改善。从 1950 年初开始，人民银行在中共普宁县委的领导下整顿经济秩序，配合有关部门，贯彻"三平政策"，即财政平衡、现金收支平衡、物资调拨平衡。到 1951 年 6 月，人民币完全占领了整个市场，以物易物、以米标价现象彻底消失，市场上的外币绝迹，统一货币斗争终于取得胜利。

### （二）统一财经，实行税收制度，稳定经济秩序

普宁县在中华人民共和国成立初期设立了税务所，1950 年改为县人民政

府税务局。至 1951 年 4 月，普宁县先后开征的有工商业税、货物税、屠宰税、利息所得税、交易税、特种消费行为税、棉纱统销税等。1955 年，县人民政府税务局改称普宁县税务局。

1951 年 3 月，普宁县人民政府成立市场管理委员会，在流沙设立县第一交易所，将粮食、棉布、纱布、食糖纳入管理。1951 年 9 月起，采取巩固和发展相结合的方式，如流沙、大坝、洪阳等三个市场，在原有基础上调整人事机构和征收方法。1953 年 8 月，县人民政府相继对卷烟、土糖、茶叶、生柑、豆类等商品交易市场实行管理，农产品分国家统购统销、国家统一收购、开放自由市场三类进行管理。

1950 年 3 月 3 日，政务院发布《关于统一国家财政经济工作的决定》。普宁县贯彻国家政策方针，国民经济得到恢复，财政工作开始走上正轨。

### （三）组建国营经济，发展国民经济

1949 年 10 月，普宁县第一个社会主义商业机构——裕民贸易公司成立。在成立初期没有兄弟公司，也没有设立分支机构，力量相对来说比较薄弱。在中共普宁县委、县人民政府的正确领导下和有关部门的配合下，从公粮中拨出大批贸易粮，并从外地调进大批肥料、煤油、棉纱，标挂牌价，打击了部分投机商人。并且得到金融部门的配合，开始使用人民币和南方券，1 元南方券等于 250 元人民币。但是，裕民贸易公司只是一个力量薄弱的机构，为了进一步做好购销工作，就必须再扩大社会主义商业阵地。之后，在中共普宁县委、县人民政府的正确带领下，行政辖区内各国营公司及供销合作社应形势发展的需要相继成立。

随着国营商业的发展，扶持供销合作事业，对私营商业进行社会主义改造，逐步形成了统一的社会主义市场。1949 年 8 月，普宁县成立第一个国营商业企业——潮汕贸易公司流沙分公司。1950 年后，相继成立百货、粮食、专卖、花纱布等国营商业办事处和公司。1952 年全县社会商品零售额 3 803.20 万元，其中国营经济占 8%。1956 年全县国营商业有百货、贸易、文化用品、饮食业、药材、糖业糕点等 13 个公司和流沙水产站。

1949 年 11 月开启贸易工作，任务是平抑物价，稳定金融。但因金融波动很厉害，掌握的物资很少，贸易工作只是在农村开了头。1950 年 1 月至 4 月财经统一前执行掌握物资、掌握物价、稳定金融的任务，全县收购土产，配合储粮备荒，共收购谷物 150 万市斤，掌控市场，避免谷贱伤农；供应生产物资资料，配售田料 140 万市斤、土布 300 匹、棉纱 30 多件；配售侨眷，稳

定侨汇,稳定当时物价。4 月底开始执行财经统一政策,抛售物资,调剂粮食,售出粮食 390 万市斤,纱布 500 匹,棉纱 20 多件和其他日用品,建立零售店 2 家,稳定市场,完成原来的销售计划。这一年的 10 个月,在贸易工作中普遍供销和调剂全县粮食、土特产和农村必需用品,刺激农村生产,打击投机商人,完成回笼任务,稳定了市场。

工商业方面,实行统一财经政策,税收、公债很紧,贸易公司抛售物资,人民消费节省,市场冷淡,全县私商倒闭的有 50 家。6 月份开始,政府进行工商业调整,调整公私关系,取消零售商店,调整物价,举办农业贷款和工商业贷款,大力收购土产,扶植正当工商发展生产,市场逐渐活跃起来。在政府和国营经济扶植下,有 300 多家油坊相继开工,有 40 多家染织厂恢复生产,渡过困难期。下半年,贸易公司调整货价,停止零售,又发放油贷、布贷 9 亿元,使 45 家油坊开业,刺激 200 多家油园开工,9 月份时活跃一时,物价稳定。

1950 年,普宁县建立供销合作社 32 个,社员 7 369 人。这些合作社和国营经济,在发展生产、稳定市场和交易物资等方面都起了很大作用,但大都组织上不健全,在经济方针上单纯为了利润,而政府也没有明确的规定和指示,还未能进行大力整理工作。因此,1951 年 3 月,普宁县人民政府设立合作指导科,任命张重仁为科长,4 月成立普宁县合作总社,任命周兴东为主任,下辖基层合作社 31 家,入股社员 43 250 人,统一领导全县的供销、消费、手工业生产等合作社。之后两个部门相互配合,组织工作队下乡,整顿老社,发展新社。1952 年普宁县实行以区建立供销合作社,共有区社 9 个,消费社 1 个。1954 年全县供销合作社销售额 3 618.10 万元,占全县商业购销总额 58.12%。

新中国成立初期,普宁县有私营粮商 228 家,小商粮贩接近 1 000 户,主要分布在 54 个市集。1952 年 7 月成立的中国粮食公司普宁支公司和普宁县供销社从湖南、江西等省购进粮食供应。1953 年 11 月,普宁县实行粮食统购统销,禁止粮商买卖粮食,准许农民完成公粮及统购粮任务后可以在市场上进行粮食交换、调剂余缺,并逐步开辟国营粮食市场。1955 年实行粮食定产、定购、定销的"三定"制度。1956 年普宁县将地方国营和公私合营粮食加工厂收归部门经营,形成统一的粮食市场。

经过了一系列努力,普宁县范围内基本确立了国营经济在市场上的领导地位,也初步建立起计划管理体制的雏形。县财政经济极端困难的状况开始好转，人民政权得以巩固。

### （四）发放贷款，支持生产

1949 年春，中共潮梅地委在解放区设立的裕民银行，曾给解放区工商业者发放贷款，支援解放区发展工农业生产，保障人民生活。后来，南方人民银行接替裕民银行的业务，也曾先后发放各项贷款，支持国营南方贸易公司扩大经营，收购粮、油、柴等物资，保障解放区人民的商品供应。普宁县全境解放后，中国人民银行普宁县支行根据上级下达的贷款指标发放贷款，贷款范围有工业、商业、农业。

1950 年冬，中国人民银行普宁县支行首次在农村发放冬耕贷款，贷出49 700 元，此外，又发放蔗贷 8 298 元，为 3 128 户农民解决了培植甘蔗所需的生产资金。1951 年春，发放春耕肥料贷款 26 988 元，使二、三、五区等4 607 户贫苦农民的农耕农田用肥问题得到解决，受益耕地 9 572 亩。此后，农贷范围逐年扩大，如农具、耕畜、鱼苗等有关农副业生产需要的，都给予帮助。贷款金额逐年增长，1950 年才发放 58 823 元，1952 年增至390 139 元。

新中国成立初期，银行工业贷款主要支持榨油作坊的生产。1952 年贷款余额 1 万元，1953 年后，积极支持合营工业和组织起来的集体所有制工业进行生产，促进私营工业、手工业的社会主义改造。

商业信贷方面主要是支持国营贸易公司收购农副产品的资金需要和支持国营商业、供销合作事业发展。1952 年全县商业、供销社贷款余额 13 万元。1953 年国营公司、供销社先后与人民银行建立了信贷账户。1957 年全县商业贷款余额 887 万元，比 1952 年增长 67 倍。

1950 年普宁县人民政府为发展农村经济，对农民发放实物农贷折价 6 万元（上半年 50 公斤谷折人民币 9.10 元，下半年调整为 8.10 元）。1950 年上半年，由于上级禁止贷款，银行只于三月份用折实办法给流沙织布厂发放三笔贷款，全额为人民币 21.25 万元。六月份甘蔗特产折谷贷款人民币82.997 1万元。六月份以后，配合调整工商业，放款扶植榨油厂、织布业，共贷出36.5万元。

1951 年至 1952 年帮助贫农、雇农困难户发展生产，发放耕牛贷款 5.31万元，农具贷款 1.98 万元，种子贷款 1.18 万元，肥料贷款 0.45 万元。1953年起农业贷款重点为农业社，1956 年发放贫农合作基金贷款 100 万元，帮助51 325 户贫农解决入社的股金；发放极贫户生活贷款 8.90 万元，帮助 8 635户社员度过春荒。

总之，在经济恢复时期，普宁县的金融机构在县委的正确领导下开展了一系列卓有成效的工作，促进了全县经济的恢复和发展，这对以后进行社会主义的三大改造，以及"一五"国民经济计划的实施打下了良好的基础，为稳定社会、平抑物价、人民生活安定，巩固新生的人民政权作出贡献。

## 三、实现向社会主义过渡

1953年，中国开始实施发展国民经济的第一个五年计划，中共中央向全党和全国人民宣布党在过渡时期的总路线。中共普宁县委在粤东区委的领导下，制订发展国民经济的第一个五年计划，实行粮食及农产品的统购统销，完成对农业、手工业和资本主义工商业的社会主义过渡。

### （一）第一个五年计划的制订

第一个五年计划，早在1951年春开始由中央人民政府政务院财经委（以下简称中财委）着手试编。1955年3月31日，中共全国代表会议同意中央委员会提出的第一个五年计划报告。6月，中共中央对"一五"草案作了适当修改，建议由国务院通过并提请全国人大一届二次会议审议通过（1955年7月30日通过）。第一个五年计划的主要任务有两点：一是集中力量进行工业化建设；二是加快推进各经济领域的社会主义改造。1954年5月，普宁县根据国家过渡时期总任务和国家第一个五年计划及粤东区党委的要求，结合本县农业生产实际情况，特制订普宁县第一个五年计划（以下简称"一五"计划）。普宁县"一五"计划的方针是："贯彻国家对农业实行社会主义改造，开展以互助合作为中心的农业生产运动，办好国营农场及农业生产合作社，带动互助组的大量发展；大力增产粮食，适当扩大油、糖料作物种植面积，普遍提高单位面积产量，提倡果树上山，不占水田，山地鼓励多种柑橘菠萝、茶叶并提高其质量；大量发展牲畜业（特别是猪），以支援国家工业建设；大力开展农家自积土肥，多种绿肥，以补商品肥料之不足；继续兴修水利，减轻水旱灾害，扩大灌溉面积；防除病虫害，积极领导农民改造耕作技术。"为了贯彻执行这一方针，县人民政府于1954年9月6日编印农业生产计划控制数字建议和编报国家统计表；1955年1月普宁县计划委员会设立，3月30日县人民委员会下达1953年至1957年国民经济计划（农林部分）；8月10日，县人民政府编印县农、林、水利五年（1953—1957年）综合计划（草案）。

### （二）社会主义改造

1. 对农业的社会主义改造

土地改革后，刚刚获得土地的广大贫农、雇农由于生产资料不足，经济基础薄弱，加上受个体经济的限制，没有能力进行农田基本建设，抗击自然灾害能力差，在生产中遇到了很多困难，农村同时又出现了雇工、放债、买卖土地等新的阶级分化。中共普宁县委根据1951年12月中共中央《关于农业生产互助合作的决议（草案）》要求和农村生产力的实际情况，号召农民"组织起来"，按照自愿和互利的原则，发展农民劳动互助，采取不同的方式发展生产。普宁县对农业的社会主义改造，是逐步改变个体农民的私有制为集体所有制，是从生产方式上来改造农业，把落后的、旧的生产方式改变为先进的用机器的生产方式。

（1）农业社会主义改造的具体方法。

普宁县对农业的社会主义改造，主要是开展农业合作化运动。具体方法有四个：

①发展农业互助合作，这是基本方法。领导互助合作，坚持三个原则，即坚持依靠贫农，巩固与中农联合，逐步由限制富农剥削到最后消灭富农剥削的阶级路线；坚持自愿和互利的原则；坚持对单干农民采取热情帮助、照顾和耐心教育的政策。

生产合作是最主要的形式，发展过程有四个步骤：第一，先大量发展临时互助组，就是在劳动上把农民联合起来，作临时简单的共同劳动；第二，由临时的互助组发展为常年互助组，这就有了比较固定的组织，评工计分，统一派工，统一安排，锻炼了农民的集体劳动和养成集体意识，形成社会主义的萌芽；第三，实行土地入股，建立生产合作社（半社会主义性质，统一劳动，统一经营，积极积累公共财产）；第四，实行完全社会主义的农业生产合作社——集体农庄，集体所有，按劳分配，最后消灭农民的私有财产。

②对粮食和主要农产品实行计划收购和计划供应。第一，适应工业的发展，保证粮食和原料的供应；第二，取消自由市场，防止资本主义发展。

③加强工农联盟的教育。第一，把农民增产粮食和工业化联系起来；第二，克服农民的资本主义自发势力倾向；第三，反复向农民进行"两条道路"的教育。

④改造农业生产技术。第一，科学地总结生产经验；第二，改良农具；第三，提倡合理化种植；第四，采用必要的机械；第五，改良土壤。

（2）农业社会主义改造的基本过程。

①对互助组加以指引。土地改革后，农村出现了不少农民自愿结合共同劳动的具有社会主义萌芽的临时互助组。1951年春，田心村洪文彪率先建立常年互助组。9月，普宁县根据中共中央一次互助合作会议精神，贯彻中央对农业生产互助合作方针、政策，对互助组加以指引，使之逐步发展。1952年10月，中共中央华南分局召开扩大干部会议，决定在中南各省组织简单的临时性互助。中共普宁县委根据上级的指示精神，1953年一年在全县范围内开展互助合作运动。土改复查结束后，普宁县有常年互助组1 523个8 383户，季节性互助组6 172个29 707户，组织面占总农户数的31%。互助组在各个生产季节和各种运动中都能起一定的作用，使农户生产积极性大大提高，如一区陈怀德互助组经过整顿解决评工计分的问题后，1953年每亩田平均产谷1 100斤，比1952年增产25%；二区赖子炎互助组1952年每亩田平均产量860斤，1953年产量增至每亩田平均975斤，且少用商品肥料3万元。

②从互助组到农业生产合作社。1953年12月，中共普宁县委根据上级"在新区，无论大中小县，要在今冬明春办好一个、两个或三个合作社，老区要翻一番"的指示，决定以三区南山村陈科潮、二区华市村赖子炎、十区田心村洪文彪互助组为基础，试办3个农业生产合作社。

1954年初，普宁县委集中准备试办农业生产合作社的3个互助组骨干和办社干部共47人进行训练，学习合作社的性质和政策。1954年2月，普宁县在大力发展互助组的同时，出现了具有半社会主义性质的农业生产合作社（简称初级社）。2月7日至25日，南山村陈科潮、华市村赖子炎、田心村洪文彪先后建立农业生产合作社，三社一共有农户54户321人自愿入社，土地入股，耕牛和大型农具折价入社，按土地的40%、劳力的60%比例分红，劳力实行评工记分计酬，成为普宁县农业合作化运动的旗帜。4月，根据中共中央华南分局"稳步前进，逐步加快，分批办社，准备一批，发展一批，巩固一批"的方针，中共普宁县委召开办社干部会议，听取第一批农业社的办社经验，研究布置第二批办社工作，到5月23日先后建成10个社228户1 086人。普宁县委贯彻粤东区党委"搞好重点，取得经验，训练干部，逐步展开"的指示，在取得第一、第二批办社经验后，组织240多名办社干部进入40个重点乡开展第三批办社工作。11月底，40个合作社建成。年底，第四批107个合作社也先后建成。至此，普宁县共有160个农业生产合作社，入社6 375户，互助组12 229个，共61 085户，组织起来的农户占全县总农户的 54%。

③基本实现了农业合作化。1955 年 7 月 31 日，中共中央主席毛泽东作《关于农业合作化问题》的报告，此后，全国迅速掀起办社高潮。对于建立新社，原本要求要放手发动群众，要有明确的组织路线，即首先要发动贫农，新中农的下中农及老中农的下中农，依靠其积极分子分批吸收社员，有计划地将骨干贫困孤等合理加以安排，办社要从小开始，逐步递进，切忌一步登天。但在后期因受形势影响，出现了冒进情绪。10 月，中共普宁县委派出300 名干部深入到 52 个重点乡和 13 个面上乡开展农业合作化运动。运动从大张旗鼓开展宣传发动入手，结合进行第二次整党，批判了干部中"右倾思想""富农思想"，整顿了党、团支部，召开区委书记战地会议，加快了合作化运动的进度。至 1955 年底，普宁县建立初级农业生产合作社 1324 个，高级农业生产合作社（简称高级社）168 个，入社农户的 121 161 户，占总农户 94.70%。

（3）普宁县基本实现了农业合作化。

基本完成农业的社会主义改造。1956 年，普宁县大力推动初级农业生产合作社合并转入高级农业生产合作社。1957 年办社步伐加快，高级农业生产合作社从 1956 年的 603 个增加至 1957 年的 742 个，入社农户增至 129 106户，占总农户的 97.6%，至此普宁县基本完成全县农业的社会主义改造。

1954 年秋旱、1955 年春旱，普宁县受旱面积占总耕地的三分之一。由于农民已组织起来，集体抗旱保苗，旱年仍然增产。在 1956 年，遇早春寒冻，早稻秧苗大批冻死，农业社受灾减产，再加上有的干部思想工作不深入、方法简单、坏人造谣破坏，造成部分社员思想混乱，普宁县退社的有 2 473 户。中共普宁县委及时采取措施，农业社加强管理，加工加肥，当年全县水稻平均亩产 535.40 公斤，到 1957 年被列为全国 8 个水稻年亩产千斤县之一。

高级农业生产合作社一般一村一社，虽然不是一级政权机构，却已超越单纯的经济组织，有趋向政治、经济合一的性质。土地归集体所有，取消土地分红，实行按劳分配，采用定额计酬或小段包工到组，有的试行包产到户，但后被作为"走资本主义道路"批判而停止。1956 年根据中央颁布的高级农业生产合作社《示范章程》中关于社员自留地一般不超过当地人平均土地数的 5% 的规定，中共普宁县委发出通知，要求各社应达到这个标准，规定每户自留地一般掌握在 3 分至 4.5 分左右，并纠正了一些农业社的遗留问题，还解决了社员家庭养猪饲料和食用蔬菜问题。9 月中旬，普宁县以二区果陇乡作为并社升级试点。10月，中共普宁县委召开扩大干部会议，学习党的"八大"精神。

会议根据普宁县已有95.5%的农户加入农业生产合作社，其中高级社的农户占36.5%的情况，部署对全县现有的1 298个初级社和174个高级社进行并社、升级工作。中共普宁县委在领导"并社升级"过程中，坚持民主办社、勤俭办社，改善经营管理。1956年底，普宁县一共建立603个高级农业社，参加高级社的农户占总农户的82.4%，基本实现了农业的社会主义改造。农业生产合作化带动供销合作社和信用合作社的大发展，普宁县165个乡实现乡乡有供销社和信用社。生产关系的改变使农村面貌发生了根本变化，农田水利各种基础建设顺利进行，促进了农业生产的发展。

由于从初级社转为高级社来得急骤，某些经济管理制度来不及完善，引起了一些人尤其是富裕中农的不满。1957年五六月间，普宁县出现了退社风波，全县有39个社解散，退社农民4 976户。七八月间，县组织一批干部，组成工作队下乡，开展反退社风波的教育运动，退社的农民重新进社。高级农业社建立健全劳动定额管理、经营管理和财务管理等制度，并扩大多种经营、办工业、副业壮大集体经济，巩固了农业合作化的成果。

1957年办社步伐加快，普宁县共办起高级农业生产合作社742个，入社农户129 106户，占总农户的97.6%，仍然维持初级农业生产合作社的只有14个，农户1 590户，占总农户的1.20%。至此，普宁县基本完成了全县农业的社会主义改造。

2. 对手工业的社会主义改造

我国手工业历来在国民经济和社会生活中占有重要地位，行业和品种很多，如陶瓷器、小五金、农具、面粉、毛衣、文具、雕刻等，在广大农村，农业生产资料和农民生活资料大部分是由手工业生产的，约占所需量的60%～80%。手工业是地方工业的一个组成部分，是建立在生产资料私有制上的个体经济，根据生产方式和发展现状来说，其生产弱点是规模较小、资金短缺、设备简陋、技术落后及有封建保守、行会观念、生产盲目、自发倾向等。如果不通过经济改组，无法改变旧中国小生产者被压迫、受剥削的局面，也无法解决其束缚生产力发展的矛盾。

（1）普宁县手工业的社会主义改造。

①采取措施恢复和发展手工业生产。1949年以前，普宁县虽有织布、榨油、酿酒、陶瓷砖瓦、酱料食品、烟丝等手工业，但是发展缓慢。手工业者

要求组织起来的情绪十分高涨，建社速度也明显加快。到1955年底，普宁县合作社便发展至6个，互助组29个，社（组）员411人。手工业合作化的优越性已经逐步显示出来，生产效率提高，产量增加，收入增多，为扩大再生产创造了条件。绝大部分手工业社还与国营企业和供销社挂钩，如里湖铁业社组织巡回小组下乡和农业社打好关系，推销产品，减少积压，解决淡季生产困难，克服停工滞销现象。在1955年普宁县遭遇枯旱期间，全县手工业社（组）组织278人上山砍木材、下乡巡回修理水车等抗旱工具，一共修理水车3 371架，其他抗旱工具293 589件，赶制水车682架，在农村抗旱斗争中起了很大作用。

②手工业的社会主义改造掀起了高潮。1955年底第五次全国手工业生产合作会议刚结束，正当历史翻开1956年第一页的时候，在农业、资本主义工商业改造运动的步伐加快下，手工业的社会主义改造运动掀起了一个又一个高潮。普宁县各地手工业者争先恐后报名申请入社，至1956年春，普宁县的铁、木、竹、缝纫、建筑、五金、砖瓦、针织等20多个行业在这次高潮中办起社（组）66个，一共1 350人，占全县手工业总人数的77.7%，对手工业的社会主义改造基本完成。普宁县各种行业基本实现了合作化，社（组）集体经济逐步扩大，社（组）员月收入逐步提高，1956年每人每月平均工资29.36元，比合作化前增加11.1%；1957年每人每月平均工资34.11元，比1956年增长16.4%。

（2）普宁县完成手工业的社会主义改造，使手工业者从此摆脱被压迫、受剥削的局面。

①手工业合作化的实现，使全体手工业劳动者生产热情空前高涨。普宁县各个手工业合作社（组）积极主动按照有关要求，深入发动广大社（组）员，深入到群众中去，联合多人力量大搞创新，生产的产品无论是数量还是质量都有很大提高，生产成本也降低下来。如流沙、里湖、洪阳等5个铁木业社1956年3月份的生产计划是1.5万元，实际完成2.5万元，超额完成57%；南径铁业社原一炉4人，每人生产7把锄头，后提高为14把，增产43%。可以看出，手工业组织起来后，生产规模扩大，资金增多，手工业者的生产技术提高，保证了产品质量，还研制开发新产品，相应地降低了生产成本，产品价格也下降。从1956年末到1957年初，全面调整400多种产品价格，降低幅度为0.94%～2.9%，使市场的物价得以稳定。

②手工业合作化的实现，减少了手工业自身的盲目性所造成的影响。中

共普宁县委、县人民政府提出改善经营管理搞好生产，开展了以增产节约为中心内容的社会主义劳动竞赛，增进产量，提高质量，降低成本，增加社员收入。如占陇铁业社一年中利用废杂铁1.2万多斤，消耗煤炭10多万斤，比用木炭节约1 000多元。另外，手工业社会主义改造完成的好坏与有关部门的援助是分不开的，尤其是国营与供销社合作社应对供给原料、加工、订货等方面有关，通过与国营企业、农业社等部门挂钩，统一平衡生产。仅1956年缝衣行业替针织公司、供销社加工服装3.7万多件；占陇、里湖等地方的铁业为汕头国营造船厂加工船钉2万斤。手工业者在生产发展的基础上进一步扩大了社会主义积累。据统计，1955年积累2.8万多元，1956年增至10万多元，1957年增至13万多元。

③经过改造的手工业"在为农业生产、工业生产、基本建设和交通运输业服务，满足城乡人民的生活需要，解决部分劳动力就业和为国家积累部分建设资金等方面，都具有重大的作用"。普宁县通过对手工业实行社会主义改造，有效地解放了生产力，使全县手工业生产得到较大的发展，手工业者收入普遍增加，生活水平得到提高。同时有效地支援和配合了全县工业化建设和农业的社会主义改造，方便了人民群众的生产和生活，进而发展壮大了地方经济。

3. 对私营工商业的社会主义改造

中华人民共和国成立初期，普宁县的商业是以农村市场为主，以流沙、里湖、洪阳三个镇为重点，遍布普宁县的农村大小墟集一共60多处，从事商业者有4 070户4 855人，一般工商业者都有兼营农业，有的则是以农业为主兼营商业。在中共中央七届二中全会和党在过渡时期总路线的指引下，中共普宁县委、县人民政府根据普宁的实际情况，坚决贯彻中共中央对私人资本主义工商业提出的"利用、限制和改造"政策，在各个阶段采取不同措施和步骤，顺利完成了对生产资料资本主义私有制向社会主义公有制转变的历史任务，将私人资本主义工商业逐步纳入国家资本主义经济轨道。至1956年春，普宁县工商业者纷纷自愿要求纳入国家资本主义的经济轨道，形成了资本主义工商业社会主义改造的高潮，普宁县各主要行业实现了公私合营，小商贩基本实现了合作化。

（1）对资本主义工商业实行利用、限制和改造。

中华人民共和国成立后，普宁县对私营工商业实行"公私兼顾、劳资两利"的政策，全县工商业迅速恢复。1950年5月，中共中央决定在全国范围内开展工商业调整，重点是调整公私关系，特别是过渡时期对私人资本主义工商业实行"利用、限制和改造"的方针政策。1950年，普宁县共有私营商业1 485户4 611人，私营工业547户1 587人。1951年，全国各地都开展了"五反"运动，针对这一情况，普宁县人民政府也在全县私营工商业中开展了"五反"运动，促进工商业户的自我改造。

1953年国民经济恢复后，国家对私营商业实行"利用、限制、改造"的政策，通过对部分个体商业实行经销、代销代购等多种方式进行改造，确立了国营商业在市场上的领导地位。各生产部门在统购商品的环节上，完全掌握了商品进货渠道，进一步控制了全部流通环节。通过这些步骤，扶植了合作社，缩小了私营商业分配货源，照顾小户，限制大户，逐步壮大国营和合作商业。"五反"后，普宁县在贯彻党对私人资本主义工商业的社会主义改造方针政策上，主要是随着农村"三大合作"（即农业生产、供销和信用三大合作）的高潮，供销商业在农村占优势和政府对粮食、油料等经济命脉的商品实行统购统销政策。1953年初，普宁县对私营工商业进行调整，采取确保资方经营权限，保持批发与零售及地区间的差价等有利于私营工商业发展的措施。6月，对行商队伍进行整顿，普宁县行商原有1 107人，清理出队36人，转为小贩605人，说服回乡生产369人，剩余97人。普宁县对资本主义工商业的社会主义改造开始步入轨道。但仍有一些人在进行投机活动，如流沙、大坝等地资本家勾结广州、江门一带的奸商抬价抢购荷兰豆种，严重影响了国家对种子的收购和供应；流沙饼干厂偷工减料，降低产品质量。1953年普宁县健全行商领导机构，巩固了治安税法，换发执照，从而摸清各商号经营情况。为了便于对私营工商业者的领导和管理，防止投机倒把，配合粮食运动完成土特产收购，普宁县加强市场管理，取缔不法奸商，扣押不法粮商8名、屠商2名，取缔不法油商1名、糖商3名。为稳定物价，调整私商价格，着令明码实价，统一使用市尺、市秤，对暴利、"放尺头"等欺骗行为，分别给予教育处理。1953年秋，普宁县实行粮食统购统销后，取缔一些私营粮食批发商和囤积居奇的投机商。12月召开普宁县工商界代表会议，贯彻国家总路线和对私营工商业的政策，各区均分头传达。

1954年国家市场商品流转流域的批发阵地为国合经济所控制，资本主义工商业的投机活动受到限制，国合经济在市场上树立了领导地位，普宁县实行对棉布等主要商品的统购统销政策，并对部分主要私营行业开始实行加工订货、代购代销、批发供销等初级形式。普宁县有144户私营工商业者被引导纳入国家计划经济的轨道，其中有棉布、文具、百货等行业的批购经销低级形式 56 户，资本主义经济的商业中开始扎下社会主义的根苗。同年 7 月，按照"零售商大部分维持，摊贩尽量转业"的原则，对全县 131 户布商进行重新安排，保留 50 户，其余转业。1955 年，为正确贯彻党对资本主义工商业实行社会主义改造的全面政策，缓和城乡紧张局面，根据中共中央"统筹兼顾，全面安排，积极改造"的对私改造方针，中共普宁县委、县人民政府先后对市场进行全面人事安排，一共安排纯商业 3 094 户，从业人员 3 630 人。解决突出困难的 650 户，占普宁县工商业总户数的 21.1%，从业人员 968 人，占总人数的 26.67%。同时在市场安排过程中，着重解决"肥瘦"的问题，使全体工商业者各得其所，改变了市场上"大鱼吃小鱼"的现象。通过这次人事安排，不但锻炼和壮大了工人队伍，同时也发挥工人阶级当家做主精神，使他们积极执行党"利用、限制、改造"的政策，进一步监督资本家搞好生产，改善经营管理，同时与不法行为作斗争，使大部分工商业者进一步认清形势，守法经营。

为了进一步巩固国合批发阵地，便利于私商进货，在市场安排中，普宁县还特别增设了两个批发部，并且逐步扩大门市部，增加经营品种，以扩大国营经济的零售额，从而充分掌握了对私人资本主义工商业的批发、购销实行购货簿制度，并规定摊贩凭工商行政管理部门核发的营业许可证进行零售经营，不得转手批发，促使国营商业零售额不断上升。市场零售额公私比重由 1952 年国营（包括合作社）占 43.16%、私营占 56.74%，变为 1953 年国营占 50.54%、私营占 49.46%，至 1955 年国营占 67.15%、私营占 32.85%。另外，在市场全面安排中，将私营商业逐步纳入国家资本主义轨道。1954 年，普宁县纳入国家资本主义经济的有棉布、文具、百货等行业的批购经销低级形式 56 户；1955 年发展至 447 户，占全县工商业总户数的 13.48%，比1954 年增加 7 倍。这些带有社会主义因素的国家资本主义行业，为进一步对私营工商业进行系统改造打下了坚实的基础。

同时，中共普宁县委、县人民政府还根据"统筹兼顾，逐步调整"的方针，进行全县商业网的初步调整和下伸工作，基本上克服了城乡交流大通小塞以及市场上存在的杂乱现象，这有助于群众买卖，扩大城乡物资交流。

（2）基本完成资本主义工商业改造。

普宁县通过对私人资本主义工商业有步骤地进行社会主义改造，至 1956年 1 月，私营商业者通过公私合营的形式走上了社会主义改造的道路。随着农业合作化高潮的形成，资本主义的经济基础——农村小农经济基本被消灭，同时，在北京市资本主义工商业和平进入社会主义的带动下，普宁县的资本主义工商业者通过学习，明确了党和政府实施了伟大的和平改造赎买政策，绝大部分工商业者自愿群起响应号召，纷纷递交申请书，一时间出现私人资本主义工商业、全行业公私合营和小商贩合作化的社会主义改造高潮。

遵照党在过渡时期对私营资本主义工商业"全面规划，经济改组，实行全行业社会主义改造"的政策，普宁县坚决贯彻全部"包下来量才录用，区别对待，安排与使用相结合，辅以适当照顾"的原则，成立"对私改造办公室"，根据从业人员的思想、任务、身体情况，分别作出妥善安排，使其各尽所能，各得其所。为了使公私合营的工商业生产更好地纳入国家计划轨道，以实施社会主义的经营管理，普宁县根据中央的方针政策，结合自身实际情况，通过清产核资、人事安排，清理债权债务和经济改组，调整商业网点，定股定息等一系列工作，促使普宁县工业户23户、商业户37户100%实行了公私合营。另外，有合作商店288个2 537人，合作小组69个589人，经代销210户226人。以上共计合计3 468户，占全县工商业总户数85.2%，人数4 181人，占总人数86.1%。同时还根据有利生产，便利群众，符合经济核算原则，实行填空补缺，普宁县新增设农村零售商业网173个点1 226人，基本上满足了农村经济发展与人民生活消费的需要。

资本主义经济基础被改组，工商业者被吸收到社会主义经济建设的队伍中来，许多工商业者经过党的教育，积极工作，并把长期以来积累和保留的生产技术经验、经营经验传给他人。1956年私方人员提出的合理化建议有295宗，其中被采纳的有199宗，实施的有98宗。比如流沙酿酒厂私方人员发明了用龙眼核等做原料的方法，一年能为国家节约大米50多万斤。另外，通过对流沙9个合营商店的调查，经营商品比合营前增加600种，扩大了1.5倍，突破了历史最高纪录。在经营作风上，工商业者欺诈行为减少，服务态度良好，在各个商业门市部中蔚然成风，得到群众的好评。

在社会主义改造中，确立了工人阶级的领导地位，保证企业经营活动始终按社会主义建设的要求进行，在将私营工商业纳入社会主义轨道后，促进了生产的全面发展，全县工商业生产欣欣向荣。党和政府也始终把企业的改造和工商业者的改造结合起来，对资产阶级分子不断进行思想和政策上的教育，并在工作劳动中，将他们改造成自食其力的劳动者，确保对私人资本主义工商业的改造能获得彻底胜利。

# 第二节　建设社会主义道路的探索

### （1956 年 9 月至 1966 年 5 月）

## 一、社会主义建设的良好开端

### （一）宣传贯彻中共八大精神

1956 年 9 月 15 日至 27 日，中国共产党在北京召开第八次全国代表大会。大会完全肯定了党中央从"七大"以来的路线，同时正确地分析了社会主义改造基本完成以后，中国阶级关系和国内主要矛盾的变化，确定把党的工作重点转向社会主义建设。大会提出，生产资料私有制的社会主义改造基本完成以后，国内的主要矛盾不再是工人阶级和资产阶级之间的矛盾，而是人民对于建立先进的工业国的要求同落后的农业国的现实之间的矛盾，是人民对于经济文化迅速发展的需要同当前经济文化不能满足人民需要的状况之间的矛盾。这一矛盾的实质，在中国社会主义制度已经建立的情况下，也就是先进的社会主义制度同落后的社会生产之间的矛盾。解决这个矛盾的办法是发展社会生产力，实行大规模的经济建设。为此，大会作出了党和国家的工作重点必须转移到社会主义建设上来的重大战略决策。

根据中央、广东省委、汕头地委的指示与部署，普宁县在第一时间组织了对中共八大文件的学习与宣传。学习分两个阶段进行：第一阶段是从 1956 年 9 月 25 日至 10 月 20 日，第二阶段是从 11 月 1 日至次年 1 月 20 日。在两个阶段的学习结束之后，中共普宁县委还组织广大党员和干部进行继续学习，开展了增产节约学习宣传运动和"再论无产阶级的胜利经验"学习运动。

### （二）第一个五年计划的成就

普宁县第一个五年计划的超额完成，全面促进了农业生产，工业产值也全面增长，提高了人民的生活水平，并初步积累了社会主义建设的经验。1957 年与 1952 年相比，普宁县全民固定资产投资增加 5.5 倍，财政收入翻了一番，城乡储蓄余额增加 2 倍；粮食总产量增长 14.8%，粮食平均亩产量增长 31.5%；工业总产值增长 84%，初步形成全县工业体系的雏形。整体来说，经济形势一片大好。

**1. 农业方面的成就**

"一五"计划时期普宁县农业合作化取得了巨大成就。至 1956 年，95%以上的农户加入了农业合作社，普宁县由 160 个社发展到 1 487 个社，其中高级社 174 个 48 122 户，初级社 1 313 个 74 572 户。农业合作化的大发展促进了农村经济的全面发展。

在"一五"计划期间，普宁县粮食产量增长速度前所未有，五年间共增产 912.29 万市斤，平均每年增长 5.63%。特别是 1956 年，在农业合作化达到高潮且基本完成社会主义改造的基础上，全体干部坚持以发展农业为重点，贯彻执行以增产粮食作物生产为主的指导方针，大规模兴办水利工程，掀起了规模巨大的积肥运动，推动耕地改良和技术改革，战胜了各种困难，取得粮食生产的大丰收，由低产县一跃成为粮食"千斤县"。

**2. 工业方面的成就**

普宁县工业从中华人民共和国成立前的一无所有，经历了国民经济恢复时期的从无到有、从小到大，到第一个五年计划的欣欣向荣，飞跃发展，可谓获得了翻天覆地的变化。1956 年是普宁县发展地方工业的起点，这一年，私营工业及个体手工业社会主义改造胜利完成，国营工业迅速发展，社会主义经济在国民经济中占绝对优势，为普宁工业发展奠定了坚实的基础。

1956 年初，普宁县所有私营工业全部实现了全行业的公私合营，通过经济改组，把 23 户私营工业合并为 5 户，从业人数 786 人，其中工人 658 人，资方 128 人。对资方在职人员根据"量才使用，适当照顾"的政策，安排在企业各个岗位上，以发挥他们的生产积极性。同一时期，手工业也基本完成了社会主义改造，至 1956 年底组织起来的手工业合作社社员，共 66 个社、组，1 350 人，完成改造覆盖面达 77.7%，主要行业实现了合作化。1957 年，入社人数已占总人数的 90% 以上。合作化后，手工业者的生产积极性得到了充分的发挥，经营管理日益改善，生产技术也有很大提高，社员收入不断增加，人民物质文化生活不断改善。

1956 年，普宁县地方工业生产总值 223.257 万元，为国家计划的 100.8%，14 种主要产品中有 9 种完成或超额完成年度计划，迎来第一个五年计划的收官之年。普宁县制定发展地方工业任务"大力发动群众，广泛深入地开展增产节约运动，全面加强企业管理，进一步发挥生产潜力，积极组织和节约原材料，增加产量与花色品种，支援农业大丰收，尽一切努力完成和超额完成国家计划，在不断提高质量和安全前提下，降低成本，增加生产"。这一年，普宁县所有厂矿都开展了广泛的群众性增产节约运动，认真执行"勤俭建国，勤俭办企业，勤俭办社，勤俭持家"的方针，又逐步开展整风和社会主义教育运动，保证了生产任务的完成。1957 年普宁县工业生产总值达到 296.156 万元，完成国家计划的 114.34%，比 1956 年增长 32.65%。手工业方面，总产值 154.479 万元，完成国家计划的 108.1%，其中棉布、印染布、瓦、炼乳、乳油、白酒、改制酒、白釉、烟丝这 9 种主要产品完成或超额完成国家计划。

3. 交通、邮电方面的成就

根据国民经济的迅速发展和城乡物资交流以及人民物质文化生活的需要，普宁县推动交通事业快速发展。"一五"计划期间，新建的公路有里坪线（里湖至大坪）、白洪线（三洲至马南山）、大南山线（流沙至船桥）三条，总长 69.2 公里，国家投资 43 万元以上。至 1957 年底，普宁县经过恢复整顿和新建的公路有省道干支线共 11 条，长达 208.6 公里，形成了四通八达的干线公路网。同时，在兴修水利的工程中，普宁县开辟出多条航道。1957 年，在修建流沙新河的工程中，自大洋尾至流沙修通了可通行载重 20 吨汽船直达汕头的航道；在修整洪阳河工程中，通过加宽河道，共修通 3 公里长、可行驶载重 10 吨船舶的航道。

"一五"计划期间，为了适应经济形势发展需要，普宁县对邮电工作进行了大整顿。通过增加机构、增加人员、扩大业务、调整邮路等措施，普宁县 1956 年底已乡乡通邮，致 1957 年底实现乡乡通电话。

4. 商业方面的成就

"一五"计划初期，中共普宁县委、县人民政府在广东省财委工作组协助下，进行了工商业的调整。在劳资关系上，确保资方三权，端正工友劳动态度，调整不合理工资；公私关系上，批发部门批发与零售间的差价、地区与地区间的差价保持一定距离，使零售商人与远地商人有利可图。此外，百货商店主动收缩 973 种商品，供销社执行供应对象的划分，不对非社员交易，等等。一系列的措施，大大有利于私营商业的发展，使私营商业额迅速提高。

1955 年，普宁县先后对市场进行全面安排，共安排纯商业（坐商、摊贩）3 090 户，从业人员 3 630 人。解决困难户 650 户，从业人员 968 人。1956 年 1 月，普宁县对主要个体商家的生产资料采取"赎买"政策，对企业实有人员采取包下来"量才使用，辅以适当照顾"的方针，通过清产核资、人事安排，清理债务债权，经济改组，调整商业网，定股定息等，普宁县个体商业4 070户4 855人，实行公私合营或过渡为合作组店的3 468户4 181人，分别占85.21%和86.12%，由此基本上完成对个体商业的社会主义改造。

国营商业在"一五"计划期间获得了巨大发展。1952年，普宁县市场零销额2 946万元，其中国合商业占36.56%。至1956年底，普宁县商业完成社会主义改造后，市场零销总额达3 885万元，国合商业占54.42%。普宁县国营商业有百货、专卖、纺织品、贸易、食品、文化用品、福利、饮食业、针棉织品、医药、药材、煤建、糖业糕点和流沙水产站14个公司。其中，供销合作社在国营经济发展中起了很大作用。至1956年底，普宁县供销社共有社员165 472人，股金330 903元，设11个区供销社，116个乡分销社，配置干部1 354人，专营肥料、农具等有关生产资料的供应，成为国营商业的有力助手。

国合商业大力支援农民生产。1955年春荒、秋荒期间，普宁县国合商业部门在县委领导下，通过对农副产品的收购、预购，投放大批资金，在支援农民生产度荒中起了不小作用。这一年，为支援农民度荒，国合部门共抽出干部170人，设21个收购站和流动收购组，收购农副产品2 097 037元，投放烟叶、蒜头、稻谷、梅脯等预购款409 979元，收购寄养生猪18 604头，投放283 703元，解决困难户达9 229户。

5. 水利建设方面的成就

五年来，普宁县一共兴修了大、中、小型水利工程4 922宗，农田受益面积超过65.4万亩。1953年兴建水吼水库蓄水工程，库容22.4万立方米，总灌溉面积1.65万亩。1954年开始着重大面积、大区域地整治河流、兴修大型水利。1954年修建赤水坡，灌溉面积2 000亩；兴建水磨坑中库，库容60万立方米。1955年春组织人力进行勘察、设计乌石引榕灌溉工程，经过6个月的设计，于11月开始施工，至1956年春耕前完成。这一工程全长264公里，105个村受益，灌溉面积113 000亩，解决了旱患。1954年11月动工兴修东龙潭水库，1955年3月完工，出动民工133 000次，水库蓄水186万立方米，939户农民受益，灌溉面积6 600亩。1956年10月兴修西坑水库，1957年3月完工，9个村农田14 100亩受益。

这些水利设施不仅解决了农田灌溉难题，还解决了周围农户的饮水、生活用水问题，大大便利了人民群众的生产生活。

## 二、整风运动和反右派斗争

### （一）整风运动

1957 年秋冬，东欧国家波兰、匈牙利发生骚乱事件，在中国内部出现粮食、肉类和日用品短缺，学生、工人和复员置业军人在升学、就业、安置方面遇到困难，农村中接连发生农民闹退社的风潮。1957 年 2 月，毛泽东在最高国务会议上发表《关于正确处理人民内部矛盾的问题》的讲话，强调把正确区分和处理人民内部矛盾，作为社会主义国家政治生活的主要内容。4 月 10 日，刘少奇在广州向广东省和广州市直属机关干部作关于正确处理人民内部矛盾问题的报告。4 月 26 日，广东省委发出《关于学习〈正确处理人民内部矛盾的问题〉的指示》，要求各级党委从此时起至年底，自上而下地、有分别有步骤地组织广大干部、群众进行以正确处理人民内部矛盾为中心的学习、宣传运动。

4 月 27 日，中共中央发出《关于整风运动的指示》，确定把正确处理人民内部矛盾的问题作为整风学习和检查的主题，要求各级领导机关和干部要着重检查对于党的"百花齐放，百家争鸣，长期共存，互相监督"和"勤俭建国"方针的执行情况，检查那些脱离工、农、兵、学和知识分子群众的官僚主义现象，检查那些不从团结全党、全国各族、各民主党派出发的宗派主义现象，检查那些不从实际情况出发的主观主义现象。《关于整风运动的指示》规定整风运动应该是一次既严肃认真又和风细雨的思想教育运动，一次恰如其分的批评和自我批评的运动，强调在鼓励批评的同时，不开批评大会、斗争大会，坚决实行"知无不言，言无不尽；言者无罪，闻者足戒；有则改之，无则加勉"的原则，以达到"惩前毖后，治病救人"的目的。

1. 整风运动的准备

6 月 6 日，普宁县委下发《关于县直属机关整风学习计划》，这是普宁整风运动的开始。普宁县委成立整风学习领导小组，下设办公室，领导普宁县整风运动。

普宁县在整风学习计划中指出，此次整风学习的目的在于"使党员干部深入认识形势的大变化，党和全国人民的新任务，认识正确去区别敌我矛盾和人民内部的矛盾、正确地处理人民内部矛盾的重要性与必要性，深刻认识到官僚主义、宗派主义、主观主义对于正确处理人民内部矛盾的危害性，认识目前在全国开展一次普遍的深入的反官僚主义、宗派主义、主观主义的整风运动的重大意义。并通过初步调查、研究，分析本地区、本部门、本单位存在的人民内部矛盾的情况，为以后进入整风运动的检查阶段做好思想上的准备。"

同时，普宁县委也提出了此次整风运动的要求，即：通过学习，明确整风的目的要求，把党员干部的整风积极性调动起来；要求通过学习，明确认识和正确把握"团结—批评—团结"的方针和"既严肃认真又和风细雨"的整风方法；要求通过学习能摸到当前存在的主要矛盾和整风要解决的主要问题。

2. 开展以"双反"为纲的整风运动

整风运动分为四个阶段。1957年9月，根据中央及广东省委、汕头地委整风形势，普宁县委发出全县整风运动规划，决定开始在普宁县开展以"双反"（反右倾保守、反铺张浪费）为纲的全面整风。普宁县委提出这次整风运动的四个阶段，即第一阶段：大鸣大放阶段，末期抽出一段时间辩论广东历史问题；第二阶段：反右派斗争；第三阶段：着重进行整改；第四阶段：各人研究文件，批评反省，提高自己。

整风运动针对不同系统分期分批进行，第一批是学校系统，第二批是机关，第三批是农村工作的干部，第四批是工商界，第五批是文艺界，第六批是基督教、天主教和佛教。普宁县委决定，卫生界（包括县医院、保健所和乡卫生所）和机关一起进行。社会医师由汕头地委另做指示，暂不安排。

普宁县的整风运动于1958年9月结束，持续了一年多时间，取得了一定的成果。可以说，整风运动初期，整个运动的方向是正确的。普宁县各机关、各系统开展的整风学习，让广大党员干部接受了一次深刻的社会主义思想教育，特别是在反对主观主义、反对宗派主义、反对官僚主义的学习教育之后，大大改进了干部的思想作风。经过这次整风，为党和国家在之后的各种运动中培养锻炼了一批革命人才。整风运动也打击了少数不法分子的破坏活动，转变了不良的社会风气。在农村开展的社会主义教育和大鸣大放运动之后，获得了广大农民及群众的热烈支持，为人民公社及农业发展提供了群众基础。但整风运动后来被反右派斗争以及反"右"斗争扩大化所影响，导致了严重后果，留下十分深刻的教训。在大鸣大放过程中出现的"右派分子"是极少数的，但是不少单位为划分出右派指标而不顾个人人身权利的行为，是一种严重错误。地方党组织在执行党的任务的同时，必须坚持同当地实际相结合，及时向组织汇报情况，发挥主观能动性，才能圆满完成党组织分配的任务。

### （二）反右派斗争

1957年9月26日，根据广东省委、汕头地委的指示，中共普宁县委整风领导小组办公室发出《普宁县反右派斗争运动初步规划》，决定从9月底开始，在普宁县各机关、中小学、工商界、宗教界、卫生界分批逐步进行反右派斗争。

普宁县各机关反右派斗争大体分为四个阶段，即第一阶段：准备阶段，时间为9月底至11月中旬；第二阶段：大鸣大放阶段，时间为11月中下旬；第三阶段：斗争阶段，在12月上旬开展斗争，至1958年春耕前后基本结束；第四阶段：总结阶段，主要进行总结教育，往后转入着重整改。

鉴于领导力量的关系以及县里没有直接的经验，普宁县委整风办决定分批进行反右派斗争。第一批在县、乡机关中进行，时间安排在12月上旬开始，1958年1月上旬左右进行小结，同时召开县人代会进行反右派斗争。第二批在中小学中进行，安排在1958年1月中旬开始，分2期进行。第三批在工商界、宗教界、卫生界中进行，安排在2月上旬开始。另外，乡一级党政干部采取扩大干部会形式进行反右派斗争，春耕前后召开，2月中旬前做好准备工作。

普宁县在各系统鸣放阶段，由于各单位有了之前整风运动中大鸣大放的经验，加上县机关单位在1958年上半年持续进行整风，每周都有鸣放运动，因此，许多分组很快出现了各种鸣放高潮。

根据普宁县各系统的反右派斗争总结，普宁县委统计了普宁县反右派分子名单，一共581人，其中小学360人，中学94人，机关78人，工商界49人。在严格根据上级定案文件进行定案后，人数相应减少。7月1日，对右派分子的处理基本结束。在79名右派分子中，监督劳改12名，作为其他处理而摘掉"帽子"的2名，送交肃反处理的4名。在群众右派中，除有4名工矿工人有一技之长且悔改态度较好而留原单位分配工作外，其余69名右派分子送至各农场劳动生产。

## 三、贯彻总路线、"大跃进"和人民公社化运动

### （一）贯彻社会主义建设总路线

1958年5月5日至23日，中国共产党第八届全国代表大会第二次会议（简称八大二次会议）在北京召开，毛泽东同志在会上初步提出了"超英赶

美"的奋斗目标。随后，会议正式通过了"鼓足干劲，力争上游，多快好省地建设社会主义"的总路线。这条总路线的基本点在于：调动一切积极因素，正确处理人民内部矛盾；巩固和发展社会主义的全民所有制和集体所有制，巩固无产阶级专政和无产阶级的国际团结，在继续完成经济战线、政治战线和思想战线上的社会主义革命的同时，逐步实现技术革命和文化革命；在重工业优先发展的条件下，工业和农业同时并举；在集中领导、全面规划、分工协作的条件下，中央工业和地方工业同时并举，大型企业和中小型企业同时并举，通过这些措施尽快把我国建设成一个具有现代化工业、现代化农业和现代化科学文化的伟大的社会主义国家。同时，会议充分肯定了在少数地区已经出现的"大跃进"，认为我国正在经历"一天等于二十年"的伟大时期，经济、文化事业完全能够以远远超过西方发达国家的速度发展。由此，参会的各地区、各部门不少代表纷纷提出各自的生产高指标。此次会议通过的第二个五年计划指标，相比八届一次会议通过的第二个五年计划建议，在工农业生产指标上都出现了大幅度的提高。这样一来，标志着中共八大二次会议把国民经济发展的第二个五年计划纳入了"大跃进"的轨道。同时也表明，八大二次会议是全面发动"大跃进"运动的会议。会后，全国各地掀起了轰轰烈烈的"大跃进"运动。

广东省委在中共八大二次会议之后立即在全省范围内传达中共八大二次会议精神，贯彻中共的社会主义建设总路线，准备在全省开展"大跃进"运动。6月2日，广东省委宣传部发出了《关于宣传和学习"八大"第二次会议文件的通知》，要求全省各县市深入宣传学习总路线，使人人能听到一两次关于总路线的报告。于是，广东省各地迅速掀起学习、宣传、贯彻总路线的热潮。

6月9日，普宁县委宣传部开始搜集"总路线"宣传资料，在普宁县开展社会主义总路线的宣传工作。在宣传工作中，宣传组把国际形势、国内形势以及当前普宁县的总体情况进行全面分析，提出1958年要大力进行生产"大跃进"，彻底改变农村面貌。普宁县的总路线宣传、贯彻一般与"大跃进"的宣传、贯彻结合。

社会主义总路线的宣传，表现出党和人民对建设社会主义的急切心情，同时也暴露了社会主义建设经验不足、急于求成的弊端。

## （二）"大跃进"运动

随着中共八大二次会议把国民经济发展的第二个五年计划纳入"大跃

进"的轨道，全国快速掀起了一场轰轰烈烈的"大跃进"运动。1958 年 1 月
下旬，广东省委召开电话会议，讨论贯彻南宁会议精神，提出提前五年实现
"农业发展纲要四十条"。8 月下旬，"北戴河会议"结束后，形成了总路线、
"大跃进"和人民公社"三面红旗"。"大跃进"运动在此后与人民公社化运
动一起，迅速在全国掀起高潮。1958 年 7 月 25 日，广东省委召开电话会议，
要求各地立即开展一个晚造 1 000 斤县、3 000 斤乡、4 000 斤社、5 000 斤队
和每亩 1 万斤运动，全省 600 万亩试验田，全部亩产 5 000 斤以上。高产竞赛
迅速开展，各地农业生产指标纷纷上浮，开始了"放卫星"的乱象。广东省
农业"大跃进"的步伐大大加快。

1. 普宁县的农业"大跃进"运动

1957 年普宁县整风运动以及农村社教运动，通过大鸣大放、大辩论等方
式，大部分"右"倾的干部被打倒，"大跃进"思想在农村广泛传播，农村
高级合作社的发展也给农民们带来了好处。

1957 年 12 月中旬，普宁县委召开中共普宁县一届二次会议，制订了普宁
县十年远景规划。在农业生产方面，规划提出普宁县十年内粮食生产水平将
由 4.32 亿市斤增加至 8.26 亿市斤，增长 91%，每亩年产量将由 1 020 斤提高
至 2 000 斤；稻谷生产在十年后每亩年产达到 1 350 斤等指标。这是 1958 年
普宁县各公社的高指标、浮夸风的"大跃进"运动的前奏。

1958 年 1 月 21 日，普宁县召开第一次农业生产积极分子大会，这次大会
以总结"一五"计划成果、表彰农业生产积极分子以及对 1958 年农业生产
"大跃进"进行动员为主要内容。与会的有各乡分管生产的党委副书记和副
乡长、各农业社评选出的模范人物和代表共 1 062 人。县长陈光同志致开幕
词，他指出 1957 年普宁县粮食总产量已达到 4.32 亿市斤，每亩年产量 1 020
斤，经济作物和畜牧业、林业等各项生产也有了巨大的发展。同时，他还鼓
舞全体同志反对"右倾保守主义"，向"两千斤县"的伟大目标跃进。普宁
县委生产合作部部长黄远平同志作了《向春耕生产大进军！力争 1958 年农业
生产"大跃进"大丰收》的报告。他提出，要实现 1958 年的"大跃进"，必
须：第一，做到做好春耕工作；第二，进行春耕大动员，反对"右倾保守主
义"，做好春耕生产规划；第三，开展技术改革运动，即密植水稻；第四，开
展农业生产"大跃进"竞赛运动等。大会还培养先进发言，介绍典型，组织
竞赛。会议一开始，领导即有意培养光明、黎明、红饶等 8 个农业社提出
"大跃进"倡议，得到了普遍响应，起了很大推动作用。有很多农业社一再

修订计划，提高生产指标，当场有 19 个乡 91 个社贴出 70 张大字报，展开竞赛。据不完全统计，到会 567 个社有 454 个社修订了水稻增产计划，修订结果 1 000 斤以下的有 113 个社，1 001～1 100 斤的有 145 个社，1 101～1 200 斤的有 116 个社，1 201～1 300 斤的 65 个社，1 301～1 400 斤的 13 个社，最高的是塔脚乡厚田社订亩产 1 520 斤，德安乡苍豪社订亩产 1 428 斤。其他经济作物和畜牧业等生产指标也都大大提高。这次大会标志着 1958 年的农业生产"大跃进"拉开了序幕。

10 月初，普宁县实现了人民公社化。在一系列的政治运动熏陶之下，全县干部和群众在人民公社化运动中提高了对共产主义的认识，并且对共产主义有着很高的憧憬。在人民公社建立初期，广大群众在生产生活中表现出了强大的战斗力。此时正值晚造生产高峰期，在前几个月不断地提高指标、大搞农田积肥、水利建设之后，加上人民公社化后土地归集体所有，全民一起下地劳动，每次生产运动都能集中人力、物力，因此，晚造能否丰收成了检验"大跃进"成果的重要项目。中共普宁县委决定在秋收前立即掀起一个轰轰烈烈的群众性运动，大搞深翻改土，并要求在秋收前完成 10 万亩以上的任务。随后，普宁县组织了 6 万人的深耕大军，边规划土地边行动，在水稻区和重要经济作物区等重点区域完成了分层施肥、改良土壤、深耕等任务。

1959 年普宁县委提出要继续"跃进"，"要取得更大更好更全面的跃进"。但事实是，1959 年初，秋收结束仅两个多月，普宁县不少公社即出现了粮荒情况。然而，根据广东省委的指示，普宁县却开展了一场"反瞒产"斗争，对"瞒产者"进行了严厉打击。这大大地助长了浮夸风、"放卫星"的苗头。

农业"大跃进"运动带给普宁县的是深刻而惨痛的教训。首先，在生产中急于求成、违反自然规律的做法，给农业生产留下了严重后患。在农田管理中，领导干部放任过度积肥、深翻改土、过度密植的生产方式，导致农田土壤遭到破坏，给之后几年农业生产带来隐患。其次，农业生产大搞群众性运动，严重影响了人民群众的生产生活。在"大跃进"期间，每次生产高潮的出现，必然是政治运动开路，大小整风不断，大鸣大放、大字报屡屡上演，人民群众在这些运动中花费了太多时间精力，严重影响了各自的正常生产生活秩序。同时，过度的群众性运动也阻碍了民间艺术的发展。最后，大刮浮夸风、"共产风"的人民公社化运动，严重损害了人民群众的利益。这些极"左"做法使得广大群众被迫"个人服从集体"，生产资料归集体所有，政府无偿征用个人物资的情况时有发生，人民群众为此作出了巨大牺牲。在三年困难期间，人民群众为保证征粮任务的完成以及落实高指标的任务，在自己口粮都无法保证的情况下上缴粮食，造成了很多悲剧。

2. 普宁县的工业"大跃进"运动

1958年，在全国各地轰轰烈烈进行农业"大跃进"的同时，各地纷纷开展了一场以大炼钢铁为中心的工业"大跃进"。这场工业"大跃进"号召全民炼钢，但是由于技术不合规格，结果只炼出大量的废铁，造成极大的人力、物力的浪费，给国民经济带来了重大损失。普宁县虽然没有炼钢基础，但在这个时期也进行了全民大炼钢铁运动，给人民群众的生产生活造成了严重的混乱。

1958年2月，中央提出该年钢产量目标为624.8万吨，5月又把指标提高到800万~850万吨。8月中下旬，中共中央政治局召开北戴河会议，确定要把钢铁作为全党的第一位大事来抓，年计划要完成1 070万吨，比上一年翻一番，至1959年要达到2 700万~3 000万吨。在北戴河会议后，全国各地的钢铁生产开始进入高潮，纷纷掀起全民大炼钢铁运动。1958年8月19日，广东省委发出《关于加强钢铁生产领导的紧急指示》，要求各级党委必须保证全省完成1958年全年30万吨钢、50万吨铁的任务，并在8月底连续两次召开常委会议，专门研究和部署全省的钢铁生产任务。广东省委还调整钢铁生产领导小组，由省委第一书记陶铸担任组长，统一指挥各有关部门完成钢铁生产任务。各地、市、县党委也按省委的要求，成立由各地区第一书记挂帅的钢铁生产领导机构，督促指导生产工作。

1958年8月6日，在广东省委召开的电话会议上，普宁县成为广东省钢铁生产重点县之一，每个重点县都被安排了1958年生产3万吨铁的任务。为此，普宁县委紧跟广东省委、汕头地委步伐，开启了全民大炼钢铁运动。

普宁县委下达大炼钢铁的任务后，各乡镇、公社纷纷掀起全民建高炉、献废铁的热潮。在人民公社建立之后，普宁县还成立钢铁师，机关、学校、人民公社大办土高炉炼铁。不少公社利用灰窑、砖瓦窑、土坯窑作炼铁炉，普宁县共建立"炼铁炉"70多座。但是多数地区没有铁矿供开采炼铁，因此，各公社动员家家户户献废铁、献材料，不少人把自家窗棂铁条取下，把铁锅等铁制日用品砸碎献出炼铁。1958年普宁县产铁约300吨，但多数没有实用价值，不少是铁渣。此外，全民大炼钢铁还动用了大量的人力、物力。

普宁县进行的全民大炼钢铁运动，是全国各地轰轰烈烈的工业"大跃进"运动的一个缩影，它给国民经济的发展以及人民群众生产、生活造成了严重的不良后果，也给后人留下了深刻的教训。

### 3. 农田水利基本建设运动

三年工农业"大跃进"运动期间，普宁县的农田水利基本建设运动也掀起了数次高潮，分别是 1957 年冬至 1958 年春、1958 年冬至 1959 年春、1959 年冬至 1960 年春。

在第二、第三次大规模的农田水利基本建设时期（1958—1960 年），普宁县动用大量人力物力，对练江流域、榕江流域、龙江流域开展了引水、蓄水、提水、河道整治、堤防等水利工程建设。其中，引水工程方面，1958 年冬，普宁、揭阳、潮阳三县联合兴办三洲引榕工程，县内南溪地区 1.90 万亩农田受益；同年高埔兴建石马头引水工程，1 500 亩农田受益。1959 年冬，对乌石引榕工程进行了扩建筑坝，工程于 1960 年春竣工。蓄水工程方面，三年间建成三坑水库、汤坑水库等中型水库 2 宗，小（一）型水库 13 宗，小（二）型水库 20 宗。提水方面，1959 年县内有机械动力提水站 8 宗，提水灌溉面积 1 万亩。河道整治方面，1958 年，普宁县对练江、榕江、龙江干流和主要支流作了全面规划整治，采取了裁弯取直、拓宽疏浚治理。练江、榕江的堤防工程建设与河道整治同步进行，1959 年全线整修堤防。

## （三）人民公社化运动

人民公社化运动是在 1955 年对农业社会主义改造过程中在农村广泛创办的农业生产合作社基础上，迅速扩张合并为大型生产合作社的一场农村生产方式的变革运动。农业合作社在初期发展迅速，但"小社人少地少资金少，不能进行大规模的经营，不能使用机器"等束缚生产力的发展，不能停留太久，应当逐步合并。在毛泽东的指导下，农业合作社大量小社合并为大社，规模逐渐变大，1956 年后，全国普遍出现许多大型的高级合作社。

### 1. 人民公社在普宁县普遍建立

1956 年底，普宁县对农业生产合作社进行并社升级工作。1956 年 10 月，普宁县原本已有 95.5% 的农户加入合作社，其中高级社的农户占 36.5%，至年底，参加高级社的农户占总农户的 82.4%；普宁县原有 1 298 个初级社和 174 个高级社，至年底，全县共建立 603 个高级农业社。这种小社并大社的运动，在兴修水利、搞农田基建等建设时获得一些成效。普宁县在 1958 年春天大办水利，大搞开荒种果，兴办各种集体生产和集体福利事业，各地农业社合并为大社后，扩大了生产规模，大大提高了生产效率。但同时，各地在办大社时也出现了一些问题，诸如许多合作社的规模偏大，管理困难，平均主义严重，矛盾也很突出，以致部分社员对生产、分配意见很多，出现闹退社现象。

1957年6月，普宁县梅林乡出现退社风波，大批社员退出农业生产合作社；至7月17日，全乡共垮了12个社，大批退出的有11个社，共退出社员1 004户，使党在政治、生产和工作上受到很大损失和波动。虽然中共中央以及广东省委、汕头地委随后针对这些问题作出了指示，要求各地整顿农业生产合作社、控制合作社的规模，然而这些指示在普宁县并没有得到认真贯彻执行，小社并大社的热潮一直在持续，地方上各种农业社引起的械斗、抢粮纠纷亦时有发生。

1958年7月1日，陈伯达在《红旗》杂志上发表了《全新的社会全新的人》一文，他提出："把一个合作社变为一个既有农业合作又有工业合作的基层组织单位，实际上是农业和工业相结合的人民公社。"8月，毛泽东到河南、河北地区农村等各地视察农业合作社后发出指示：还是办人民公社好，它的好处是，可以把工、农、商、学、兵合在一起，便于领导。经过新华社和《人民日报》报道之后，"人民公社"这个词红遍全国。中共普宁县委闻风而动，派出代表团参观河南省人民公社的组建情况。同月，中共中央召开北戴河会议，正式决定在农村中建立人民公社。此后，全国各地的农村普遍建立了人民公社。1958年9月初，普宁县委接广东省委、汕头地委指示，选择流沙、大南山2个乡进行试点建社。9月上旬在流沙率先成立人民公社，其他乡建社借鉴流沙经验。同时，普宁县委常委还开会研究了公社的规划问题，决定将普宁县各乡镇建制进行重新规划：将山区四个乡（梅林、大坪、云落、高埔）合并为南阳山公社，流沙镇与大南山乡合并为红色公社，大坝与湖美乡合并为大坝公社，占陇与军埠乡合并为超美公社，里湖与梅塘乡合并为红旗公社，洪阳乡为洪阳公社，南径乡为星火公社，南溪乡为南溪公社。

9月20日，在普宁县委、县人民政府领导下，普宁县实现人民公社化，共建立8个人民公社，含13.8万农户70万人。其中最大的是超美公社，有2.494 9万户，12.63万人；最小的公社亦有1.102 5万户，6.034 4万人。

短短半个月时间，普宁即实现了全县人民公社化，普宁县农村生产方式进入了新时期。此后25年的时间里，人民公社取代乡镇成为农村基层组织单位，在社会主义农村建设和政治运动中扮演着重要角色。

2. 普宁县人民公社组织建制的演变

自1958年9月普宁县实行人民公社化后至1983年普宁县撤社改区的25年时间里，普宁县的人民公社建制经过了数次演变。普宁县1958年9月至

1966年2月公社组织建制演变情况如下：

1958年9月，普宁县建立8个人民公社，即上文所列红色公社、超美公社、星火公社、洪阳公社、南溪公社、大坝公社、红旗公社、南阳山公社。并成立公社党委，党委设第一书记、书记、副书记。

1958年12月，普宁与惠来两县合并为普宁县。合县后，增加惠来县属的惠城、隆江、鳌江、葵潭4个公社。同时将红色公社改称流沙公社、超美公社改称占陇公社、星火公社改称为南径公社、红旗公社改称为里湖公社。1959年6月，增设大南山公社和神泉公社。至1961年3月，普宁县建立了14个公社党委。

1961年3月，中央对人民公社进行政策调整。普宁、惠来两县恢复建制，普宁县委将普宁县原9个公社进行调整，设立流沙、占陇、南径、洪阳、南溪、大坝、里湖、梅林8个区，区下辖公社共33个。分别为：流沙区下辖流沙、池尾、晖晗、马栅、大南山5个公社，占陇区下辖占陇、埔塘、下架山、军埠、桥柱5个公社，南径区下辖南径、德安、大陇、麒麟4个公社，南溪区下辖南溪、浮山、广太3个公社，洪阳区下辖洪阳、八联、四联、赤岗4个公社，大坝区下辖湖西、大坝、燎原3个公社，里湖区下辖梅塘、溪南、里湖、石牌4个公社，梅林区下辖南阳、梅林、船埔、高埔、云落5个公社。

1963年1月，普宁县撤区并社，全县33个公社合并为14个公社，并成立各公社党委，即流沙、池尾、晖晗、马栅公社合并为流沙公社，占陇、埔塘、桥柱公社合并为占陇公社，南径、麒麟、德安、大陇公社合并为南径公社，洪阳、四联、八联、赤岗公社合并为洪阳公社，南溪、广太、浮山公社合并为南溪公社，大坝、湖西、燎原公社合并为大坝公社，梅塘、溪南公社合并为梅塘公社，里湖、石牌公社合并为里湖公社，军埠、下架山、高埔、云落、船埔、大南山公社不变。1964年11月恢复流沙镇。1965年12月增设大坪公社。1966年2月，恢复池尾、麒麟、赤岗、石牌等4个公社。

至此，普宁县委辖1个镇和19个公社党委。

3. 实行供给制的普宁公共食堂

普宁县在人民公社化运动的浪潮中走在前列，至1958年10月已普遍实现了人民公社化。人民公社成立之初，普宁县各公社建立了2 042个公共食堂，共10.2万多户50多万人参加。公共食堂是人民公社的福利事业之一，由于实行供给制，各大公社的社员一律到公共食堂吃饭，并且私人养猪及成群家禽，由公社统一规定标准价格折价归公社，甚至自留地也被取消。加上全县的党员干部都在大力宣传人民公社要加速进入共产主义，并进行共产主义教育，因此，公共食堂兴办之初，受到了绝大多数社员的热烈欢迎。1958年秋收后，中共中央统战部副部长、中侨委党组书记方方到普宁县陇头后楼村公共食堂巡察，应食堂管理人员要求，在红纸上题词云：新米饭，喷喷香，社员人人喜洋洋，古今中外哪一国，哪有吃饭不要钱。

由于对公共食堂的兴办与经营缺乏经验，加上人民公社初期大力宣传"吃饭不要钱"，各公社的社员每天三餐都在公共食堂就餐，在大吃大喝大浪费之后，很多公社出现了断粮现象。于是公共食堂开始限制粮食供应，甚至还有的公共食堂出现停办，部分富农、中农纷纷退出公共食堂。加上有些公社对公共食堂的管理比较松散，使得食堂卫生条件差、饭菜质量差，导致更多社员纷纷退出公共食堂。苦心经营的公共食堂难以为继。

至1961年初，在中共中央和领导人进行了广泛调查之后，作出取消公共食堂的决定。普宁县农村公共食堂不得不于1962年停办。困难重重的公共食堂最终逐渐解散，退出了历史舞台。公共食堂这一特殊时期出现的历史现象，给普宁带来了深重的影响。

## 四、国民经济的调整和恢复发展

### （一）整风整社运动

1960年10月，面对"大跃进"造成的经济紧张状况，中共中央开始进行国民经济的调整。中央发出指示，着手部署整风整社，扫除"共产风"、浮夸风、强迫命令风、生产瞎指挥风和干部作风"五风"。11月3日，中共中央发出《关于农村人民公社政策问题的紧急指示信》（即"十二条"），再次要求全党坚决"纠风"。12月26日，广东省委颁布了《关于纠正"共产风"的规定》，开始部署全面清理"共产风"。

11月初，普宁县委部署处理"共产风"问题。整风整社运动主要集中在社、队规模调整，整顿农村团组织、民兵组织以及处理"共产风"问题。

### （二）调整国民经济的一系列措施

普宁县按照上级的指示以及根据本地实际，对全县的工农业、商业等进行了全面整顿。农村地区在开展整风整社的同时，从1961年开始，按照以农业为基础、以工业为主导发展国民经济的总方针和"调整、巩固、充实、提高"一系列方针，认真调整工农业之间和各工业部门之间的比例关系；缩短基本建设战线；降低重工业发展速度，把人力、物力、财力更集中地用于保证农业大丰收；更好地安排轻工业和市场改善人民的生活，以便尽快克服严重经济困难，争取整个国民经济的好转。普宁县委采取如下一系列的调整措施，加强对农业战线的支援，大力发展农业。

（1）贯彻落实关于整顿农村人民公社的各项政策，实行以生产队为基本核算单位的三级所有制，30年不变；实行按劳分配政策，依据多劳多得，不劳动者不得食的原则，克服平均主义；恢复社员自留地和家庭副业。

（2）精减职工，减少城镇人口。增加对农村劳动力的投放，使普宁县农村劳动力从403 264名增至422 868名，增长4.86%，其中投放到农业生产的从304 514人增加至350 765人，机关后勤从38 884人压缩为26 073人。这为进一步贯彻以"农业为基础"连夺三个大丰收提供宝贵的劳动力。

（3）压缩基本建设规模，缩短基本建设战线。集中资金和力量，尽快完成计划内的重点工程，特别是支援农业的重点工程（如农田水利建设中的水利工程），发挥经济效益。对一些投资大，建设周期长的项目，一律停止。普宁县委常委会决定县委、县政府三年内不建大礼堂、办公楼、招待所。普宁县国有经济单位固定资产投资由1960年的6 746万元，压缩到1961年的350.3万元，1962年再压缩到182.5万元。其中工业部门固定资产投资由1960年的307.3万元，压缩到34.9万元，1962年为9.9万元。

（4）缩短工业战线，调整工业战线上某些不合理的项目。通过压缩下放、下马、合并，使现有工厂得到巩固、充实、提高，保证正常生产。县委决定把农机修配厂与通用机械厂合并，玻璃厂并入酿酒厂，竹器厂归属县手工业局，溪南砖瓦厂下放为公社工业。另外，对效益差的小高炉、小煤矿、小机械厂、小水泥厂等企业予以关闭或停产。

（5）对一些急需的工业进行充实加强。主要是化肥、农药的生产，农机修配，交通，水产，以工业品为原料的轻工业，生产出口产品的工厂，稀缺、短线的原材料产品，加强和扩大水利、电力网。

（6）加强财贸工作，稳定市场，回笼货币。大力压缩财政开支，进行清仓核算，处理库存积压，保证城乡人民生活的基本需要；在稳定物价方面，采取坚持物价的集中统一管理，冻结火柴、肥皂、鞋、牙膏等18类人民生活必需品价格，对少数商品如自行车、挂钟、手表等实行高价政策，以回笼货币；降低部分农副产品的收购价格，提高部分小商品零售价，使国家牌价产品稳定，农贸市场价格逐步下降。

（7）对在运动中错受处分、受批判的干部，进行甄别平反。1961年下半年，普宁县委对1958年以来的反"右"倾、"反瞒产"等运动的案件进行复查甄别。截至11月底，先后为308宗处分案件重作甄别结论，为136名受重点批判者平反。

由于经济上、政治上采取了一系列的措施，普宁县国民经济的调整工作取得了显著成效；工农业生产开始得到恢复，粮食、副食品和若干日用品供应紧张的状况明显改善，人民生活水平相应提高，财政收支基本平衡，文化、教育、卫生、体育等各项事业也得到恢复和发展。

### （三）国民经济调整任务的基本完成

从1963年起，普宁县连续进行三年的经济调整，至1966年，全县经济发展取得了良好的成绩。

1964年12月21日至1965年1月4日，第三届全国人民代表大会第一次会议在北京召开，周恩来在大会上宣布：现在调整国民经济的任务已经基本完成，整个国民经济将进入一个新的发展时期。普宁县通过三年调整，县国营企业面貌发生重大变化，"大跃进"中出现的混乱现象基本得到克服，企业的各项工作逐步走上正常轨道，企业亏损明显减少，盈利额大幅度上升，主要工业品的产量多数完成或超额完成国家计划，产品质量普遍提高，品种和规格迅速增加，技术水平也大大提高，许多经济指标创历史上最好水平。这三年间，普宁县工农业总产值年均增12.6%，农业总产值年均增12.3%，工业总产值年均增14.1%，粮食产量年均增产1 799.1万市斤，年均增长9.09%，财政收入年均增15.2%，人民生活水平明显提高。从1957年到1965年，普宁县尽管遭受严重的挫折，但由于全县人民艰苦奋斗，经过经济调整，战胜了严重困难，经济建设取得了重大的成就。

（1）建立了一批新兴工业部门。1958年，新建农机修配厂、通用机、果子厂、综合化工厂、竹器厂等7个国营工厂，加上原有的5家工厂，使普宁县国营工厂增至12家，初步奠定了全县的工业基础。1960年增建县酱油厂、玻璃厂和机械化程度较高的糖厂，普宁县国营工厂增至15家，职工2 691人。1961年普宁县贯彻"调整、巩固、充实、提高"的方针，把县农机修配厂与通用机械厂合并，玻璃厂并入酿酒厂，竹器厂归属县手工业局，溪南砖瓦厂下放为公社工业，企业等简缩职工517人。至1965年，普宁县有酿酒厂、糖厂、酱油厂、炼乳厂、果子厂、造纸厂、印刷厂、染织厂、机修厂、电力厂共10家国营工厂，职工1 264人，产值1 178.12万元。普宁县初步形成了一类比较齐全，有一定生产规模的工业体系。

（2）从1958年起，全国掀起了一股兴修水利的热潮。普宁县在1958年至1964年期间，共投资511万元，完成蓄水百万方以上工程17宗，其中蓄水1 000万方以上2宗（三坑水库、汤坑水库），引水工程3宗（南溪三洲引榕工程、高埔石马头引水工程、益岭梅林引水工程），排涝工程3宗，群众性小型工程614宗。总共出动劳力1 402万个工日，完成土方153万公方，石方19.66万公方，总蓄水量达7 151万公方，27万亩农田受益。在抓好农田灌溉的同时，注意发展水利水电工程的建设，共建成水力水电站129宗，动力2 121匹马力，其中结合发电和单独发电共48宗，装机容量1 040千瓦。

（3）农业和养殖业生产上，推广了良种和技术改革，使农业生产达到增产增收。县良种示范繁殖场几年来培养出的水稻良种有石脚择、溪南矮、陆才等，一般每亩能增产几十斤。生猪的饲养推广采用流沙猪，1963年流沙猪成为广东省9个著名猪种之一。1958年，水利技术员洪萱辉成功研制混凝土活动碟获省政府工具改革一等奖。1959年夏季，县淡水养殖鲢鳙人工孵化和池塘自动产卵试验成功，是养殖业的新创举。

（4）普宁县兴起大修公路热。仅1958年一年新修公路21条，共计64公里，其中公社公路18条，共计35公里；新修乡村大道121公里，与公路衔接；大南山公路也在老苏区人民努力下建成，对于繁荣老苏区、发展山区经济、改善老苏区人民物质文化生活起了很大的作用。至1963年底，普宁县又新修大南山改线公路、占洪线和公社公路32条，共计145.07公里；省公路共改建永久式桥梁19座共398米，半永久式桥梁9座共641米，改建临时式桥梁4座共469米，改建涵洞55座。至1964年普宁县公路共有345.52公里，其中公社公路135.11公里，平均每4.5平方公里就有1公里公路，比1957年增加1倍。此外还有乡村大道380多公里。公路交通事业的高速发展，给运输业创造了良好的条件。至1964年，普宁县已有专业运输单车672架，木板车301架（其中汽胶轮车274架），专业木帆船272艘，共1 503吨位，从事专业运输的社员1 474人，运力比1957年增长2倍以上。

（5）兴办各级学校。从1957年至1965年，县新增建中、小学校69所，1965年全日制各类学校在校学生154 592人，比1957年增加约1倍。流沙公社从1961年至1965年，初中肄业以上回乡的知识青年便有2 958人。这些人大多数成为有文化的新式农民，是农业战线上的一支生力军，不少人成为农村干部。

# 第三节　"文化大革命"的十年

## （1966 年 5 月至 1976 年 10 月）

## 一、"文化大革命"在普宁的爆发

### （一）普宁成立县委文化革命小组，开展"文化大革命"

6 月 11 日，普宁县委根据汕头地委的指示，讨论决定成立县委文化革命小组，由史恒斌、钟前、詹益总、刘连启、王培芝、桑万有、李常青同志组成。组长史恒斌，副组长钟前。下设办公室，主任李常青。办公室设在县委党校。普宁县也与全国各地一样开展了轰轰烈烈的"文化大革命"运动。

### （二）文教系统首当其冲，"文革"打乱了整个教育系统的秩序

"文化大革命"的飓风首先卷向了文教系统。普宁县的中小学校受到严重摧残，全线几陷停顿。学生的德育、智育以背诵毛泽东语录代之，校园被贴满对教师"批判""打倒"等字样的"大字报"，教室门窗被破坏，甚至无法上课，教学秩序混乱。1967 年县内各小学学制一律改为五年制。这期间，大批中学校长被批斗为"走资派"，大批中学教师被批斗为"牛鬼蛇神"，在无数次的批斗挂牌戴帽游街之后被赶入了各校私设的"牛棚"。普宁县有中学校长、教师 100 多人被赶上普宁乌石农场、三鸟场去禁闭劳动，移山造田。

9 月上旬，普宁县学校开始"停课闹革命"，学生离开学校，走上街头破"四旧"（旧思想、旧文化、旧风俗、旧习惯），致使一批文物、古建筑被肆意破坏，不少书画被焚烧捣毁。为了控制混乱情况，10 月，普宁县委从县直属机关调派 53 名政治干部（即工作组）到各个全日制中学、农业中学和大南山共产主义劳动大学、县人民医院担任校长或政治指导员等职。派出工作组主要目的是将学校运动的领导权抓到党委的手里，以控制运动避免出现混乱的局面。但在 1967 年 1 月 6 日普宁县驻各中学的工作组人员又被撤回原单位。随着工作组的撤回，学校的运动变得更混乱了，整个教育系统的秩序都被打乱。

### （三）掀起学习毛主席著作的运动

"文化大革命"爆发后，全国各地纷纷掀起学习毛主席著作的高潮。普宁县也大搞学习毛主席著作的运动。1966 年 8 月 16 日至 25 日，汕头地委在澄海县召开了全区民兵、群众活学活用毛主席著作现场会议。会议推广澄海南徽等大队和外县一些单位以及部队的"经验"。会后普宁县开展了大大小小、各式各样的学习毛主席著作的学习班，大量发行《毛泽东选集》《毛主席语录》。至 1967 年 12 月 11 日止，普宁县已发行《毛泽东选集》80 687 套（其中原有 37 679 套）《毛主席语录》318 259 本，有 3 个公社、2 个农场、92 个大队实现中央提出的任务要求。

### （四）批判党内最大走资派

1967 年根据《红旗》杂志先后发表《在干部问题上的资产阶级反动路线必须批判》《"打击一大片，保护一小撮"是资产阶级反动路线的一个组成部分》和《爱国主义还是卖国主义》等文章，普宁县开展了批判党内最大的走资本主义道路当权派、中国的赫鲁晓夫的空前规模的群众运动。普宁县机关各战线职工、师生代表、居民和驻军 2 500 人，举行了誓师大会，彻底批判党内最大走资本主义道路的当权派。誓师大会在流沙大操场进行，各条战线的代表纷纷上台揭露、批判所谓的走资本主义道路的当权派。随后大会在一片口号声中转入了游行示威，大有"山雨欲来风满楼"之势。

## 二、红卫兵运动

"文化大革命"开始后，首先在青少年中发起了红卫兵运动。红卫兵 1966 年 6 月出现于北京。中共八届十一中全会后，全国红卫兵运动迅速发展。

9 月上旬，普宁县内各中学因"文化大革命"，多数"停课闹革命"，成立红卫兵组织，走上街头破"四旧"。一批文物、古建筑被破坏。10 月，县各中学、农业中学的红卫兵组织开始到全国各地"大串连"。红卫兵运动兴起后，凡是被认为带有"四旧"的名称，都被改为带有"革命"色彩的名称，在全县掀起了一股更名热。如普宁第一中学更名为"红卫中学"，普宁第二中学更名为"东方红战校"，兴文中学更名为"人民中学"，等等。这些校名大多使用不久，几年后又恢复原本的名字。

在"批判修正主义文艺黑线""横扫一切牛鬼蛇神""斗批改"的口号下，县文化局至所属的各馆、专业剧团、书店、电影管理站等部分领导干部、一些骨干受到批斗迫害，各单位被夺权、"砸烂"原有机构，解散剧团。很多宝贵的文化遗产被视为"四旧"而被"横扫"，剧团发掘、抢救的传统剧目，民间音乐，古典书籍被禁止、销毁。名胜古迹受到破坏，大批文物被查抄、禁闭。"八一"纪念馆、普宁红宫成为家属宿舍、储运站，书店、图书馆只能看到"红宝书"，一些文体设施被毁。普宁人民广场，"文革"期间曾被开辟为农田，后修复。普宁灯光球场（又称体育场）遭到破坏，场地被改为水田。

12月5日，中共广东省委根据普宁一中等6所中学部分红卫兵的要求，决定让中共普宁县委组织部部长刘连启停职反省，这是全县在"文化大革命"中红卫兵批斗干部的开始。普宁县直机关、企事业单位的红卫兵组织多次轮番批斗普宁县委、县人委领导和"文革"小组成员。单位领导也被戴高帽游街，多次被红卫兵各战斗队揪斗。

## 三、普宁县革命委员会成立

军管会成立后，各地实行"军管"，但派性斗争并没有因此停止，派性之间的矛盾仍然存在。有些地方派性斗争愈演愈烈，甚至发生武斗。各地各级相继成立革命委员会（以下简称革委会），实行"一元化"领导。1968年2月21日，经中共中央、国务院、中央军委、中央文革小组批准，广东省革命委员会（以下简称广东省革委会）正式宣告成立。

### （一）成立县革命委员会

县革命委员会行使县党政、财、文等一切权力。1968年2月10日，广东省革委会筹备小组同意成立普宁县革委会筹备小组，并以刘超、桑万有、孟兆德、蓝仁兴、钟前、李维新、王培芝等7人为县革委会筹备小组成员，以刘超为组长，桑万有、钟前2人为副组长。

2月24日，广东省革委会同意成立普宁县革委会。委员会由60名委员组成，设常委13名（军队干部4名、地方领导干部5名、工人1名、贫下中农2名、学生1名），刘超为主任。钟前、桑万有、黄锡香3人为副主任。普宁县革委会成立后，即日起行使县党、政、财、文等一切权力，实行"一元化"领导。原普宁县委、县人委及其所属部门的全体革命工作人员，应在县革委会及其下属机构的领导下开展工作。革委会下设3个组，即政治组（下设秘书事务、组织、宣教、群工、农村文化革命5个组），生产指挥组（下设秘书事务、农业、财贸、工交、卫生、计划、民政 7 个组）和政法组（军管），并即履行县革委会所赋予职能，其印章即日起启用。在 3—4 月，普宁县各公社（镇）、场相继成立革委会，取代了原人民公社、镇管理委员会的领导职能，最终实现全县"一片红"。至此，县革委会取代了抓革命促生产指挥部，行使政府职能，并实行"军、干、群"三结合。至 4 月 6 日，普宁县 28 个公社、镇、场先后成立革委会。全县各个战线也纷纷成立三结合领导小组。

1968 年 5 月 11 日，广东省革委会核心小组同意由刘超、桑万有、钟前、吴文林、李维新等组成普宁县革委会核心小组，刘超任组长，桑万有任副组长。党的核心小组是党的领导部门，由革委会的主要党员负责人组成。11 月 11 日，县革委会机构精简为政工组、生产组、保卫组、办事组"四大组"，进一步取代行使县委、县人委工作机构的具体职能。撤销原县革委会所属的各小组，同时旧印章作废，启用新印章。原县直属机关的部、委、办、行、局被撤销，其职能由新设立的毛泽东思想宣传站、工业交通服务站、农村生产建设服务站、粮油购销服务站、财政金融服务站、生产资料购销服务站、人民生活服务站、农副产品购销服务站、人民水利电力服务站、人民健康服务站取代。1969 年 6 月至 11 月，普宁县工交战线、农业战线陆续成立了革委会、整党建党核心小组。革委会成立后，撤销、合并原工业交通服务站、农村生产建设服务站革委会等。1973 年后，各系统、各部门才陆续恢复和成立党委、党组。

### （二）恢复、调整和健全县委各职能部、革委会各机构

1972 年 4 月后，陆续设立县革委会的工作部门。1973 年 3 月 6 日，根据上级党委的指示精神，撤销县革委会"四大组"及其所属办公室（保留群众工作办公室、专案办公室），恢复、调整和健全普宁县委各职能部门、革委会各工作机构。设立了普宁县委（革委会）办公室（主任许忠文兼）、普宁县委组织部（部长许汝奇兼）、宣传部（部长王云溪）、政法委员会（主任王培芝兼）、普宁县革委会农林水办公室（主任黄远平兼）、公交办公室（主任陈化）、财贸办公室（主任高歧峰）、科教办公室（主任李怀章），党校和共青团机构单独设置。群众工作办公室直属县革委会领导。至 1976 年 10 月，县委工作部门有 7 个，县革委会工作机构有 34 个。直至 1979 年 7 月 1 日，五届二次全国人民代表大会通过《关于修正〈中华人民共和国宪法〉若干决定的决议》，决定取消革委会，恢复地方各级人民政府，革委会才退出了历史

舞台。

### （三）县革委会是"文革"特殊历史条件下的一种政权组织形式

普宁县革委会作为"文化大革命"特殊历史条件下的一种政权组织形式，对普宁县实行"一元化"的领导，结束了当时无政府主义的混乱局面。在县革委会的领导下，各级机关、部门相继成立本单位的革委会，在遏制社会的动荡，逐步恢复正常的生产秩序和生活秩序等方面做了一些工作。然而革委会是按照"以阶级斗争为纲"的原则建立起来的，势必存在很多弊端，依然过度强调阶级斗争，而没能充分地发挥其所承担的政治、经济、文教等方面的职能。

## 四、"斗、批、改"运动的开展

1969 年 6 月 9 日，普宁县革委会根据中共九大的精神，作出进一步用毛主席关于无产阶级专政下继续革命的伟大学说武装广大干部群众的思想，认真搞好"斗、批、改"，把中共九大提出的各项任务落实到每个工厂、农村、机关、学校的决定。随后，普宁县掀起了大规模的"斗、批、改"运动。运动以大批判开路，狠批所谓"反革命修正主义路线"，继而搞"清理阶级队伍""整党建党"和"教育革命"等运动。

## 五、知识青年上山下乡

广东省的城市知识青年上山下乡始于 20 世纪 50 年代。当时发动城市知识青年上山下乡主要是为了缓解城市的就业压力。然而，在"文化大革命"期间，受"左"的思想影响，知识青年上山下乡变成一种政治运动，已经偏离了原来解决就业的方向，城市大批知识青年投身到农村的生产建设中，错失了继续接受教育的机会，导致国家人才的缺失。

1964 年，根据上级党委的部署，普宁县派出首批上山下乡的知识青年。8 月 24 日，普宁县安置城镇青年下乡领导小组成立。9 月县安置办公室列出了动员知青上山下乡的宣传提纲，明确下乡参加农村社会主义建设的对象，主要是城镇（非农业人口）的知识青年和闲散的劳动力，包括不能升学的初高中毕业生、社会青年、无家可归的复员退伍军人、干部子弟，但以知识青年为主。主要去向是到生产条件较好、生产潜力较大的商品粮地区和重点山区的生产队去插队落户。插队的形式，采取集中和分散两种，但以"青年小组"集中插队为主。一般是三四人或五六人安排在一个生产队落户。有些可以安排在集体举办的农场。同时，上级部门已经拨出经费，作为知识青年上山下乡的旅运费，住房修建费，购置小农具、家具和生活补助等费用。

据统计，从 1964 年至 1978 年，普宁县城镇知识青年上山下乡劳动共 6 727 人。其中，1964 年、1965 年共 98 人到韶关连山劳动大学、普宁县的汤头农场、云落崩坎果林场、梅林果林场和回乡插队劳动；1968 年，城镇知识青年 539 人到县三坑、乌石、大池、红星等农场及回乡插队劳动；1969 年至 1971 年，有 2 673 人到广州军区生产建设兵团（海南岛各国营农场）参加社会主义建设，854 人回农村插队；1972 年、1976 年分别有 72 人、560 人到英德茶场劳动。

## 六、普宁"五七"干校

1966 年 8 月 21 日，普宁县委给汕头地委关于学习讨论"中央转发毛泽东同志给林彪同志的信"的情况报告中，表示要"把普宁县办成亦工亦农的革命化大学校"。

县革委会决定在三坑农场和大南山林场开办"五七"干校。1968 年 10 月 12 日，普宁县革委会根据广东省革委会指示精神和普宁县的具体情况，发布《关于学习、宣传和贯彻毛主席"干部下放劳动"的最新指示》的文件，县革委会立即着手积极筹备"五七"干校。随着"斗、批、改"和筹备工作的进展，初步确定把大南山劳动大学作为"五七"干校的校址，以利农、林、牧、副、渔全面发展。下放干校的劳动对象，包括在职革委会的新老干部，各级机关（包括公社一级）干部（除老弱病残者外）和犯了错误愿意改造的干部，分批轮流下放，使广大干部在下放的过程中得到"重新学习的机会"。11 月，县革委会决定在三坑农场和大南山林场开办"五七"干校，成立"五七"干校革委会，委员会由 13 名委员组成，设常委 6 名，批准李维新同志为主任（兼）、陈特就同志为第一副主任。干校办公地址在今下三坑水库边的干部疗养院，今普宁市委党校为其宿舍。

1969 年至 1970 年，原普宁县委宣传部部长陈特就带领 300 多名机关干部在"五七"干校进行军事化劳动和学习，并担任"五七"干校革委会副主任，政治教导员为刘先太（营级干部）。干校学员为红旗派成员，分为三个连队：一连为原县委机关干部、党群团体干部；二连为财贸工交类干部；三连为其他企事业干部。一年之后陈特就调离，由原县财贸副主任张桐（南下大军转业干部，北方人，不识字）主持"五七"干校的工作。

## 七、开展党的基本路线教育运动

广东省在农村开展党的基本路线教育，是"批林整风"运动的延续。1973 年 8 月，广东省委常委召开扩大会议，决定将"批林整风"和"农业学大寨"结合起来，对全省基层干部和群众进行一次党的基本路线教育"。9 月 3 日，省委发出了《关于以批林整风为纲，在农村进行党的基本路线教育的意见》。根据该文件的指示，10 月 9 日，汕头地委发出《关于认真贯彻十大精神，深入开展党的基本路线教育运动的意见》，对汕头地区路线教育运动进行部署。

1973 年开始，普宁县在农村开展"以阶级斗争为纲"的基本路线教育运动，以后每年一批，至 1978 年结束。

## 八、整顿和建设基层党组织

1973 年 12 月 14 日至 18 日，普宁县召开县组织工作会议，研究如何围绕党的基本路线教育运动，进一步深入学习和贯彻新党章，整顿和建设好基层党支部的措施；解决培养革命接班人，实现领导班子老、中、青"三结合"的认识问题。会议认为有些干部路线觉悟不高，方向不明，带头搞资本主义，经济不清，不注意培养年轻干部，必须对基层党支部进行一次整顿，把整顿党支部贯穿于基本路线教育的全过程。

## 九、"文化大革命"期间普宁的生产建设

### （一）"农业学大寨"运动

在"农业学大寨"的号召下，普宁县干群充分发挥勤劳苦干的精神，在很大程度上助推了农业生产发展，但由于受"左"的错误影响，很多生产计划缺乏科学性、可行性，也在一定程度上影响了生产建设。如人们盲目开山造田，进行开土方竞赛，改评工记分为"政治评分"和政治评粮（口粮），

农民工分越多，工值越低，每个劳动工日的工值有的从几角降为几分钱，分配上的平均主义严重。同时，各地大搞毁林开山造"小平原"，片面推广"科六"水稻品种；盲目搞薯稻间种；拆卸各家各户猪栏，统一建集体猪栏，并且在"五七"干校大搞 1958 年搞过的、已经失败的水稻一年三熟的试验，没有科学依据地胡搞瞎搞，造成农业减产；大搞劳民伤财的石内引水工程，造成劳民伤财和生态环境的破坏，影响了人民的生活水平。总之，在极"左"年代，普宁县的基层干部和群众一直或明或暗地进行抵制，如生柑"七三"比例（即管理到户，收成七成归集体，三成归私人）、番薯变相包产到户、旱园作物实行间套种、购销比例包干等，闯出求生存、争发展的生活出路。

### （二）"工业学大庆"

普宁县的工交战线响应毛主席"工业学大庆"的号召，走"鞍钢宪法"的道路，执行一整套"两条腿"走路的方针，广泛深入地开展社会主义竞赛，对普宁产生了较大的影响。

（1）消极方面，由于受"左"倾错误的影响，社会混乱，人心惶惶，工业生产没有进行合理的规划就盲目上马，经济效益较差甚至亏损。如 1970 年 10 月，普宁县投资 6 万元，在高埔高平新辟铜矿场，采矿者 150 人，同时在高埔建立冶炼厂，职工 22 人。至 1973 年产粗铜 39.64 吨，后因亏损下马。同年 11 月，普宁县氮肥厂建成投产，生产碳酸氢铵。因本地缺少原料和能源，于 1980 年 4 月停产。受"文化大革命"的折腾，1968 年与 1965 年相比，产值增加 21.6%，税利下降 16.1%，全员劳动生产率下降 13.1%，每个职工创造价值减少 1 960 元，每百元固定资产创造价值减少 10 元，资金周转天数为 64.8 天，增加了 30 天，出现了县机械厂、染织厂、罐头厂 3 家亏损企业，亏损金额 7.45 万元。

（2）积极方面，"工业学大庆"运动在一定程度上刺激了人们的积极性，使工业生产有所发展。普宁县大搞群众性增产节约运动，大搞技术革新，大搞"五小"工业（小钢铁厂、小水泥厂、小农机厂、小化肥厂、小煤矿厂），大力发展和生产农业机械、小水电设备和化肥、农药，支援农业生产。在"工业学大庆"运动中，普宁县工业取得了不小成就。如 1973 年 5 月 1 日建成的白沙溪水电站，装机容量就达到了 2 160 千瓦，这为当时的工业用电增加了新能源。1974 年至 1977 年，物资部门组织计划外原材料，供给县电机厂、农机厂、农械厂等加工回供的产品有发电机 47 台 2 422 千瓦、电动机

470 台 4 859 千瓦，变压器 153 台 6 380 千伏安、水泵 120 台等，既扶植地方工业，又支援了农业。普宁县的工业总产值从 1965 年的 6 535 万元增至 1978 年的 14 722 万元。1971 年到 1975 年工业年均增长速度为 10.5%，1976 年到 1980 年年均增长 6.5%。

### （三）社会各项事业

在"文革"动乱中，普宁县广大党员干部和人民群众依然对党和国家充满了信心，对各种极"左"的政治运动采取抵制、反对的态度，坚决维护社会主义社会制度，坚守各自的岗位，在力所能及的范围内将损失降到最小。十年"文革"期间，虽然各项事业遭到破坏，但仍然经受住了考验，经济建设和各项事业依然取得一定的发展，这样的成就来之不易。

## 十、"文化大革命"的结束

### （一）举行庆祝大会和转发文件，肃清"四人帮"在普宁的负面影响

1976 年 10 月 18 日，中共中央向全国公布粉碎"四人帮"反党集团的消息时，全国各族人民欣喜若狂，举国上下一片欢腾。10 月 20 日，普宁县各地纷纷举行庆祝中共中央粉碎"四人帮"反革命集团篡党夺权阴谋的伟大胜利大会，参加者有 26 万多人。10 月 22 日，普宁县发出《给华国锋为首的党中央的致敬电》，对华国锋同志任中共中央主席、中央军委主席表示热烈的祝贺，欢呼粉碎"四人帮"的伟大胜利。10 月 29 日，普宁县委转发《关于对涉及"四人帮"反党集团的影片、戏剧、图片和书刊等问题处理的通知》，对带有王、张、江、姚"四人帮"形象的影片、照片、中外文书刊、画册和连环画，一律停止放映、展出和出售，也停止对外供应；对"四人帮"的著作、文章、讲话稿一律停止印行和陈列。这一系列的规定，目的是肃清"四人帮"在普宁的负面影响。

### （二）成立革命大批判组，揭露和批判"四人帮"的反党叛国罪行

根据广东省委、汕头地委的指示精神，12 月 5 日，普宁县委决定成立普宁县革命大批判组，下设大批判写作组，各公社（镇）场和县各部、委、办、行、局也相应成立革命大批判组和写作组，通过文章对"四人帮"的反党叛国罪行进行揭露和严厉的批判，让广大干部群众认清"四人帮"反党集团的罪恶面目。12 月 14 日至 17 日，普宁县在洪阳召开统战工作会议，传达

学习中共中央 16 号文件，以及两报一刊的重要社论和文章，揭批"四人帮"的反革命罪行。同时努力办好工人马列主义业余大学，还大力培训大批判骨干，分别召开各种批判会，并运用广播、写批判文章、出版专栏等形式，在普宁县掀起"四人帮"罪行的大批判热潮。

随着"文化大革命"的结束，普宁县社会秩序和经济建设得以恢复，社会主义现代化建设迎来了新的发展机会。普宁县人民在批判"四人帮"和反思"文化大革命"中，逐步走向建设现代化的新征程。

# 第四节　拨乱反正和在徘徊中前进
## （1976 年 10 月至 1978 年 12 月）

## 一、开展揭批"四人帮"的斗争和整党整风

从 1976 年 12 月开始，按照中央、省委和地委的部署，普宁县委组织动员全县党员干部和人民群众深入开展对"四人帮"反动罪行的揭批斗争。

历时两年多的时间，弄清了"四人帮"和他们在广东的代理人及其在汕头的追随者，在普宁县有组织、有预谋地策划了所谓的"张顺为首的资产阶级司令部""地方主义叛徒集团""清查'五一六'分子"等冤案、假案、错案（以下简称三宗冤假错案）。三宗冤假错案把受诬陷的干部进行了隔离审查和监督，一大批革命老干部被打成所谓"叛徒""特务""地方主义分子""假党员"，使普宁大批领导干部和职工遭到诬陷打击。直到 1978 年底，县委才陆续为受牵连的干部和职工张顺、陈正等 167 人公开平反。各单位相继召开平反大会 11 场次，平反了 1 923 人，并发给平反通知书。

1978 年 6 月初，中共广东省委召开四届一次常委扩大会议，下决心带头整风。10 月 12 日至 11 月 21 日历时 40 天，汕头地委召开常委整风扩大会议，广东省委常委王宁参加了整风会议并给会议以具体指导。根据广东省委、汕头地委整风的精神和部署，中共普宁县委于 1978 年 12 月 10 日至 1979 年 1 月

20日召开常委扩大会议，会议分两段进行，前后共20天，主要目的是帮助县委常委整风。参加这次会议的有各公社、镇、场党委书记和县直各部、委、办、局的领导同志，共120人。

在普宁县委常委扩大会议上，常委分别作了检讨、检查，深刻反省自己在落实党的干部政策、在第十次和第十一次路线斗争中、在普宁县三宗冤假错案中、在作风问题等方面所犯的错误，表示要以这次整风为起点，努力学习，密切联系群众，深入调查研究，不断提高自己识别是非的能力并丰富自己的知识，使自己的思想、作风能适应四个现代化的建设需求。整风收到了良好的效果，常委们的思想认识和工作作风有了很大的改变，政治立场坚定，思想觉悟得到了提高，重新树立了党的优良传统。

## 二、落实政策，为右派、地主、富农分子摘帽

1978年中共十一届三中全会后，在中央拨乱反正的方针指引下，普宁县贯彻落实党的知识分子政策和中央、广东省的有关要求，开展调查研究，做过细工作，纠正一批冤假错案，解决历史上遗留的问题。

全部复查"文革"期间立案的352人（包括"文革"前一些积案），刑事改判4人，维持原判2人，收回归队40人，恢复党籍2人，改轻处分或免予处分的109人，维持原处分的19人。非正常死亡9人给予抚恤，"二退一插"（退职、退休、插队落户）170人全部收归队，并按有关规定如数补发了"文革"期间被扣发、减发的工资共26.14万元，对"文化大革命"中502人被查抄的财物折价赔偿，共折金额893万元，为743人发放平反通知书。

1957年错划右派465人，全部予以改正，恢复名誉，并按政策予以安置，补发工资共5.61万元。

坚持"实事求是，有错必纠"的方针，落实历史老案。复议了有申诉的大案、难案203人，其中收回归队123人，恢复党籍11人，改轻或免予处分22人，维持原处分47人，解除内控286人。

另外还落实了归侨政策，收回被精简的归侨干部48人，还为中华人民共和国成立前入伍的干部124人更改了入伍时间。

普宁县是中国著名的侨乡，从昔时红头船漂洋过海的年代起，海外侨胞就心系故园，热心家乡的发展事业。抗日战争爆发后，旅居东南亚各国的华侨青年，先后有数十人回国投军参加抗战，旅居柬埔寨华侨组织"缩食救国

会"，筹集银圆 800 余元支援中国抗日。华侨林兴泮（祖籍洪阳镇水吼村）捐献飞机一架抗日，旅居暹罗华侨林玉兴（祖籍洪阳镇水吼村）组织暹罗华侨筹款赈济祖国难民委员会，赈济抗战中的难民。海外侨胞在祖国最需要的时候总是勇敢担当，为祖国贡献自己一分力量。中华人民共和国成立后又涌现了方方、庄世平等杰出的侨务领导者。然而，在"文革"期间，党的侨务工作遭到破坏。1966 年"文革"开始后侨务工作停顿，不少侨胞和侨眷遭到诬陷打击，统一战线遭到破坏。

"文革"结束后，为了巩固党的统一战线，团结各民主党派和广大侨胞，1976 年 12 月 14 日至 17 日，普宁县委统战部在洪阳召开了统战工作会议。参加会议的有统战任务较重的公社宣传干部、基层供销社政治干部和县有关局、工厂、公司的政工干部。会议学习了毛主席有关统战工作的重要论述，传达了汕头地委统战部召开的统战工作会议精神，交流了工作经验，分析了一年来统战工作的形势，研究讨论了今后工作意见，明确了今后工作的几个要点：加强对资改造；做好宗教工作；做好港澳同胞的宣传接待工作；做好对台工作；组织好各界上层爱国人士学习；加强党对统战工作的领导。

党的侨务政策得到落实之后，广大海外侨胞心系祖国的发展建设，纷纷回乡兴办公益事业、投资办企业。1979 年至 1988 年，侨胞与港澳同胞有 3 129 人次捐赠人民币 4 642 万元，新建、扩建学校 126 所，建筑面积 231 287 平方米。还赠款建立学校奖教、奖学基金会，购赠教学设备，赠建普宁图书馆、普宁华侨医院等。1984 年以后，华侨捐资修筑混凝土结构乡道多条。1980 年起，华侨与香港同胞于侨乡投资办企业日增。至 1988 年，普宁县外资合资合作企业 69 家，来料加工企业 435 家，投资逾 2 亿元，还有侨眷办的企业近千家，为侨乡的经济建设作出贡献。

为全面贯彻落实中共中央〔1978〕11 号文件（《关于全部摘掉"右派"分子帽子的请示报告》）和广东省委、汕头地委的文件精神，加强对右派摘帽的工作领导，普宁县委决定于 1978 年 5 月 17 日成立中共普宁县委摘掉"右派分子"帽子工作领导小组，领导小组下设办公室，从县委组织部、统战部、科教办、公安局、民政局、劳动局等单位抽调 6 名干部参加办公室工作，负责处理日常事宜。同时规定各公社、镇、场要相应成立领导机构，县直各部、委、办、行局，要有 1 名领导同志亲抓，并指定 1 ~ 2 名干部专门处理此项工作，在党的一元化领导下，认真把摘帽工作抓好。

普宁县从 1978 年 5 月开始，在县委"摘帽办"的领导下，对"右派分子"进行摘帽、复审和安置工作，到 1980 年 6 月这项工作基本完成。根据中央文件和省委、地委的有关会议精神，对普宁县被划为右派的人进行复审，属于错划给予改正的有 596 人，占 99.77%，维持原结论不予改正的 2 人。接着，抓好以安置为主的各项善后工作。普宁县"右派分子"失去公职的共 295 人，除已出国、死亡和划右派后因新问题被开除、判刑而尚未复查之外，应安置 207 人，安置 203 人。反右派期间被划为"中右分子"或因右派言论受到各种处分的 299 人，均复查改正。在已死亡的改正人员中，照顾安排其子女工作 52 人，批准受株连家属回城复户 57 户 125 人，以及受株连家属失去公职收回安排工作 8 人。

## 三、科学、教育、文化等领域的新气象

1976 年 10 月，"文化大革命"结束后，教育工作逐步走上正轨，特别是中共十一届三中全会以后，清理"左"的思想的影响，拨乱反正，做了大量工作：以"实践是检验真理的唯一标准"为思想武器推翻"两个估计"；调整教师工资、改正错划的"右派分子"；恢复统一招生制度；在学校恢复健全各种规章制度，建立正常教学秩序；加强对学生的思想品德教育；采用全国通用的教材，这一切的努力使教育事业得到了较快的恢复和发展。

1977 年 9 月，教育部在北京召开全国高等学校招生工作会议，决定恢复已经停止了 10 年的全国高等院校招生考试，采取"自愿报名，统一考试，学校录取，上级批准"的办法，以统一考试、择优录取的方式选拔人才上大学。这一重大措施，震动了全国，普宁县 28 所中学各设一考场，报名的考生除了应届毕业生之外，还有历届毕业生以及社会青年。这一年普宁县考上大、中专的学生共 522 名，其中大专 287 名，中专 235 名。

1978 年 12 月，中共十一届三中全会召开后，"拨乱反正，正本清源"。在贯彻落实知识分子政策问题上，从 1979 年至 1985 年，先后为在"文化大革命"时期被迫害的中、小学教师平反，恢复名誉 352 人；纠正错划右派的 465 人。至 1988 年，累计有 1 320 名教师的历史问题得到解决。解除了教师的精神枷锁，调动了他们的工作积极性。

1977 年 9 月 29 日至 10 月 5 日，广东省委召开全省科学、教育工作会议。会议吹响了向科学技术现代化的目标进军的号角，各地、市、县一级科技局和一些科研机构陆续恢复。1978 年 6 月 6 日，成立普宁县科学技术委员会

（以下简称县科委），属部委办级，同时撤销县科技局，业务归入县科委。县科委定编人员7名，后来与县科协实行"一套人马两块招牌"合署办公。同年12月7日，成立普宁县地震办公室，贯彻执行国家地震工作方针，做好震情监视、资料整理汇编、地震知识宣传、地震科研活动等方面的工作。

从1976年至1979年，普宁县安排科技重点项目有：新技术育种、防寒育秧、无泥育秧磁化水育秧、番薯病虫害防治及高产栽培、微生物利用及病虫害防治、流沙猪杂交改良、柑橘无病及高产试验、农肥试验、沼气利用研究等共15个项目。

工业技术方面，采用定向诱导培育耐高温酵母菌种获成功。1979年，普宁县酿酒厂何元德等工程技术人员，采用人工控制的方法，用紫外线加氟化钠溶液处理酵母诱变（突变），改变原来遗传性状，并定向高温培养筛选，获得耐高温、发酵力强、出酒率高的酵母菌种。这种菌种，在夏季发酵最高温度42℃的情况下仍能生存，攻克了酿酒"渡夏"工艺技术难关。1979年，县酿酒厂利用此种菌种发酵酿酒，平均淀粉出酒率90.56%，淀粉利用率91.15%，达到国内先进水平。

农业科技方面，一是科技工作者搞好水稻三系、化杀、制种等科学实验，为农业提供足够的良种和掌握生产规律，农业科技取得了良好的成效。1977年，赤岗公社青屿大队第七生产试验小组，成功总结出"早稻—中稻秋花生套种番薯"一年多熟获高产的耕作经验。1979年，早（中）稻亩产719.95公斤，花生亩产137.9公斤，番薯1吨。二是总结出柑橘上山的完善经验。1971年，梅塘公社涂洋大队总结出一套完善的柑橘上山经验：①等高开园，深沟压绿；②选择良种，适时种植；③重施基肥，两头重中间轻。1979年，该经验在县内推广1.1万多亩。该经验编写成《柑桔上山手册》，绘制了图片和整理成科技资料，传播国内外。三是无刺卡因菠萝高产实验获得成功。1978年10月，普宁县果树研究所、三坑农场科研组联合实验无刺卡因菠萝高产获得成功，亩产4641公斤，创全国无刺卡因菠萝亩产最高纪录。四是番薯品种的培育取得成功。"普薯六号"和"普薯十四号"经广东省农作物品种审定委员会评审，确认为广东省优质薯种，1979年全国推广50万亩。"普薯六号""普薯十号""普薯0号""普薯十六号""普薯十一号""普薯十三号""普薯十四号"7个品种被载入1984年出版的《全国甘薯品种资源目录》。普宁县成为广东省番薯新品种的生产基地之一。

农业生产增收。农业科技的研发成果直接转化为农业生产力，到1978年农业总产值达到 3.685 8 万元，比 1975 年的 3.080 6 万元增加 6 052 元；粮食 5.29 亿市斤，比 1975 年增加 7 601.8 万市斤；薯类 1.26 亿市斤，比 1975 年增加 5 166 万市斤。

重建革命纪念馆。在"四人帮"的影响下，普宁县"八一"南昌起义革命纪念馆、革命博物馆——普宁红宫也遭到破坏。为使老一辈革命家的光辉形象得到发扬光大，在上级文化部门的大力支持下，1978 年 1 月修缮了普宁红宫，并于春节期间开放。5 月县文化局发出《关于征集革命文物的通知》，征集各个革命历史时期的革命文物，充实革命纪念馆的陈列内容；8 月开始修缮"八一"纪念馆，12 月竣工，纪念馆恢复了原来面貌。1979 年，"八一"南昌起义南下部队指挥部军事决策会议旧址被广东省革委会公布为省级文物保护单位。

在改革、开放、搞活经济的鼓舞下，城乡经济大繁荣，群众文化也随新形势的发展繁荣起来。从 1976 年至 1980 年完成了普宁县 24 个区（镇）的文化站建设，成为各区（镇）的文化中心，并协助乡（村）办起文化室，形成群众文化网，涌现了里湖、南径、流沙等先进文化站和秀陇、平林、景光、涂洋、蔡口、林惠山等先进文化室。乡村文化运用小型、多样、省时省力的形式，文化氛围越来越活跃。如梅塘区涂洋文化室便开展了灯谜、讲故事、图书、体育、书画展览、歌曲、电视、科技讲座、经济信息传递、少年儿童歌舞等 10 项活动，村民文化生活日渐丰富有趣。

粉碎"四人帮"后，普宁县的文化事业逐步得到发展，文艺创作硕果累累，普宁县人民文化生活逐步丰富起来，为社会主义精神文明建设作出了贡献。

## 四、中共十一届三中全会精神的传达贯彻和国民经济的复苏

### （一）传达贯彻中共十一届三中全会精神

1978 年 12 月 18 日至 22 日，中国共产党第十一届中央委员会第三次全体会议在北京举行。中共十一届三中全会结束了粉碎"四人帮"之后两年中党的工作在徘徊中前进的局面，实现了新中国成立以来党的历史的伟大转折，这个转折是全面性的、根本性的。全会彻底否定了"两个凡是"的方针，高度评价了关于真理标准问题的讨论，停止使用"以阶级斗争为纲"这个口号，否定了中共十一大沿袭的"文化大革命"中的"无产阶级专政下继续革

命",以及"文化大革命"今后还要多次进行的观点,实现了思想路线的拨乱反正,恢复了党的民主集中制的传统,作出了实行改革开放的新决策,启动农村改革的新进程。

中共十一届三中全会结束之后,全国各地对中央工作会议和中共十一届三中全会的精神进行传达贯彻。广东省委于1979年1月8日至25日召开中共广东省委四届二次常委扩大会议,传达贯彻了中央工作会议和中共十一届三中全会精神,联系广东的实际,研究如何实现把党的工作重点转移到社会主义现代化建设上来。汕头地委于2月2日至8日召开常委扩大会议,学习、传达、贯彻中央工作会议、中共十一届三中全会和省委四届二次常委扩大会议的文件和精神,着重讨论怎样实现全党工作重点的转移,研究如何进一步发展安定团结的政治局面,调动一切积极因素,尽快把汕头地区各项工作特别是农业生产搞上去的问题。

1. 召开县委常委扩大会议,传达贯彻中央工作会议和中共十一届三中全会精神

召开县委常委扩大会议,解放思想,冲破"禁区",把普宁的转移工作搞得快一些、好一点。根据广东省委、汕头地委扩大会议的主要精神和部署,普宁县委于1979年2月15日至23日召开了县委常委扩大会议。会议认真传达了中共中央工作会议和中共十一届三中全会,以及广东省委四届二次常委扩大会议、汕头地委常委扩大会议精神;学习了中共中央1979年第4、5号文件,三中全会公报和《人民日报》有关社论、文章,联系普宁县的实际,突出研究了如何把全党工作重点转移到社会主义现代化上来。会议联系普宁的实际,进一步批判了林彪、"四人帮"的极"左"路线。许多同志表示要坚持实践是检验真理的唯一标准这一马列主义基本原理,解放思想,冲破"禁区",打掉条条框框,把普宁的转移工作搞得快一些、好一点,为实现四个现代化作出更大的贡献。

传达贯彻县委常委扩大会议精神。会议结束之后,以大队或公社为单位,集中骨干进行传达贯彻,之后分各大队讨论。利用各种形式,开展大宣传大发动,使中共十一届三中全会精神、党的经济政策和各项措施深入人心,家喻户晓。传达内容为:一是要明确工作中心转移的重大意义,解放思想;二是要明确抓好落实政策和安定团结,调动一切积极因素;三是明确要集中最大的精力抓好农业,把农业搞上去。

2. 宣传调整、改革、整顿、提高,开展增产节约运动

为进一步贯彻执行中央十一届三中全会确定的路线、方针、政策,广东

省委宣传部指出：党的宣传工作和重点必须适时地转移到以四化建设为中心的经济宣传上来，为着四化，围绕四化，服务四化，把全省党员干部和人民群众的思想统一到中共十一届三中全会精神上来，巩固和发展安定团结的政治局面，促进广东省社会主义现代化建设的发展。根据广东省委宣传部的指示，普宁县委宣传部集中力量做好经济建设的宣传工作，大力宣传调整、改革、整顿、提高的方针和开展增产节约运动；大力宣传中央 50 号文件，对广东省在对外经济活动中实行特殊政策和有关经济工作的指示；大力宣传和落实中共十一届四中全会通过的《中共中央关于加快农业发展若干问题的决定》；大力宣传普宁县调整国民经济计划和采取的措施。通过宣传教育，使全县人民充满信心，同心同德，鼓足干劲，努力把农业搞上去。

### （二）开展真理标准问题的学习和讨论

1978 年 9 月上旬，中共广东省委常委在广州连续举行关于真理标准问题的学习讨论会。之后，广东省委要求各地联系实际，广泛开展学习和讨论。10 月开始，汕头地委组织干部群众就真理标准问题进行讨论，这期间，普宁县委在广东省和汕头地委的领导下，认真组织广大干部群众对真理标准问题进行学习和讨论。普宁县把有关"实践是检验真理的标准问题"的文章编印成辅导材料，并组织队伍到全县 29 个公社（场）进行巡回辅导和宣讲。从10 月份开始，县委宣传部综合传达了全国自 5 月份开始的真理标准问题讨论的情况，全县各公社、各战线认真开展学习讨论。真理标准问题的讨论，结合过去的建设经验，总结没有从实际出发导致损失的教训，收到了良好的效果，广大干部和群众的思想得到了解放，也促进了农业的发展。

1978 年 12 月，中共十一届三中全会召开，会议对真理标准问题给予了高度的评价。会后，按照广东省委和汕头地委要求，普宁县在学习贯彻三中全会和五届全国人大二次会议精神的过程中，紧紧围绕走中国特色的社会主义现代化道路这个中心，密切联系干部群众的思想实际和工作实际，认真补上真理标准这一课，深入开展实践是检验真理的唯一标准的讨论，进一步解放了思想，提高了执行三中全会方针政策的自觉性，从实际出发，实事求是地按照客观规律指导生产建设。如南溪公社在补上真理标准这一课的过程中，从党内到党外，由上而下、由下而上开动一切宣传机器，层层进行学习，级级开展讨论，恢复和发扬党的优良传统和作风，坚持实事求是，从实际出发，为全党工作重点的转移创造了重要条件。公社党委广泛深入发动群众，实事求是地探讨问题，总结多年来发展农业生产正反两个方面的经验和教训，正确地分析和解决新长征路上遇到的新问题新情况，坚持从实际出发，尊重生产队自主权，合理安排生产布局。各公社（镇）场各战线认真补上真理标准这一课，从而使广大干部群众的思想认识得到了进一步的解放，摆脱教条主义，从实际出发，按客观规律指导生产建设。

普宁县认真贯彻广东省委和汕头地委的指示精神，经过广泛开展真理标准问题的学习和讨论，取得了一定的成效，打破了"两个凡是"的思想束缚，使广大群众干部摆脱了长期"左"的错误思想的影响，促进了思想的解放，澄清了是非黑白，恢复和发扬了实事求是、一切从实际出发、理论联系实际和群众路线的优良作风，为促进各条战线的拨乱反正、实现工作中心的转移、加快四化建设起到积极的推动作用。

### （三）国民经济开始复苏

"文革"期间，普宁县各项事业在极"左"路线的干扰下，均遭到不同程度的破坏。在生产指导上，犯了不少主观主义瞎指挥、一刀切的错误，给集体和人民群众带来了严重损失。粉碎"四人帮"以后，普宁县在上级党委和政府的正确领导下，经过深入批判林彪、"四人帮"的极"左"路线，拨乱反正，逐步端正思想政治路线，普宁县的各项工作在新的历史条件下有了新的、明显的进步。特别是通过贯彻中共十一届三中全会和五届全国人大二次会议精神，集中精力，迅速将工作的重点从抓阶级斗争转移到以经济建设为中心的社会主义现代化上来，普宁县的政治、经济形势发生深刻的变化，出现了安定团结、生产发展、经济活跃、市场繁荣的新局面。

（1）工农业总产值有了较大增长。

1979年普宁县工农业总产值2.19亿元（其中工业总产值7 576万元，占34.6%；农业总产值1.43亿元，占65.3%），比1976年增长了26%。

（2）工业产值逐步上升，城乡交通运输事业迅速发展。

1979年在原材料、电力、燃料不足的情况下，工业总产值仍然继续上升，比1976年增长21.1%，1980年1月至10月比上一年同期又有所增加。公路交通运输也比较发达，普宁县公路工区的改造扩建和养护公路方面，质量标准有了显著的提高，被评为全省的先进单位。

（3）农、林、牧、副、渔各业逐步发展。

党的十一届三中全会对农村经营管理体制肯定了多种形式的联系产量责任制。1979年普宁县各地生产队都搞联产承包责任制，把耕地按近、中、远和肥、中、瘦分切，按人口分给农户自行经营，各户包完成国家征购粮任务，调动农民生产积极性，增产显著。1979 年粮食总产量在种植面积减少 11 万亩的情况下，达到 5.32 亿市斤，比 1976 年增长 81.2%。花生 1979 年总产 1 690 万市斤，比 1976 年增长 81.2%；1980 年总产 2 000 万市斤，比上年增加 310 万市斤。水果种植面积超过历史最高水平。1979 年生猪存栏量 37 万多头，比 1976 年增长 33.1%。社队企业 1979 年总收入达到 4 480 万元，占普宁县总收入的 31%，比 1976 年增长 80%。1979 年淡水养殖 251 万市斤，比 1976 年增长 17.3%。

（4）商贸活跃，购销两旺。

1979 年起，在改革开放方针的指导下，允许多种经济成分和多种经营方式并存与竞争，国营商业和供销合作商业推行多种形式的经营责任制，购销业务不断发展。1979 年国内纯购进 7 826 万元，比 1976 年增长 21%。国内纯销售 1.24 亿元，比 1976 年增长 19%。财政总收入 1 886 万元，比 1976 年增长 14%。银行存款 1 655 万元，年增长 3.6 倍。外汇收入 1 771 万元，比 1976 年略有增长。对外经济工作也有了新的发展，1979 年外贸收购总额 334 万元，比 1976 年增长 61%。1979 年至 1980 年，对外"补偿贸易"、来料加工等业务有了新的发展，与外商洽谈项目日益增加，签订的合同共有 28 项，其中正常投产的有手表壳、成衣、机绣手巾、布砂轮、麻袋、小车运输等 22 项。

（5）商品经济得到发展，商业逐步繁荣。

"文革"期间视市场为"资本主义的滋生地"横加限制，导致市场萧条，农民产品交换只得在市场外交易。1978 年 4 月，普宁县重新开放农村粮食市场，允许社员在完成国家粮油征购任务以后，通过集市进行少量粮食、油料买卖。1978 年后，市场移交县工商行政管理局统一管理。随着农村经济体制改革，调整了市场管理政策，支持工农业生产，维护正常交易秩序，促进商品流通。1979 年，放宽上市商品种类，恢复各地集市三天一墟的传统墟期，上市商品剧增，墟期赶集人数在 1 万人以上的墟集有 4 个，近 1 万人的墟集有 5 个，商品经济逐步得到恢复和发展。这不仅满足了人民群众日常生活的需求，也符合经济发展的客观规律。个体工商业在"文革"期间遭到取缔：1966 年"文革"初期，普宁县收回个体户营业执照 1 342 户。1968 年对个体商业继续采取限制政策，清理有营业执照商贩回乡劳动 241 人。"文革"结束后的头两年，商业活动仍受限制，直到 1978 年 12 月贯彻改革开放的方针，个体工商业才逐步得到发展，管理工作逐步完善。1979 年，普宁县市场开始活跃，有执照个体商业户由上年的 235 户增至 694 户，同意生产经营的个体户 1 776 户。此后，个体商业户逐年增加。1980 年，承认小商贩属于个体劳动者，确认其在发展商品经济中搞活市场、方便群众生活的补充作用。此后，随着国家对经济管理的逐步完善和科学化，普宁县商业在改革发展的浪潮中迅速发展。

（6）人民生活水平得到了改善，人均储蓄存款逐步增加。

城镇居民家庭全年人均实际收入为 1970 年 394 元，1978 年 510 元，1980 年 699 元；农民家庭收入全年人均纯收入为 1970 年 82 元，1978 年 118 元，1980 年 215 元。普宁县城镇居民年末储蓄余额为 1975 年 370 万元，1978 年 486 万元，1980 年起大幅度上升，1980 年底增至 913 万元；普宁县农村储蓄余额，1970 年末为 160 万元，占城乡储蓄总额的 44.1%，1978 年末增至 549 万元，占城乡储蓄总额的 53.0%。

总的来说，在粉碎"四人帮"，尤其是中共十一届三中全会召开、工作重心转移到以经济建设为中心的社会主义现代化建设上来之后，中国经济建设快速发展，普宁县在这一时期，紧紧围绕中共中央和广东省委、汕头地委的部署，以经济建设为中心，国民经济得到恢复和发展，经济实体不断壮大，人民生活得到进一步改善。

# 第七章

# 改革开放中的建设发展

1982 年 9 月 1 日至 11 日，中国共产党第十二次全国代表大会在北京举行。党的十二大明确提出建设有中国特色的社会主义的重大命题和小康战略目标，改革开放由此全面展开，社会主义现代化建设出现新的局面。

从改革开放全面展开的 1982 年 9 月至 2012 年 11 月党的十八大召开前，普宁的改革开放已走过 30 个春秋。在这 30 年的时间里，普宁认真贯彻党的路线方针政策，以经济建设为中心，全面加强现代化进程，突出优势，强化特色。对内实行改革，搞活经济；对外实行开放，招商引资，使经济总量倍增，经济实力增强，人民生活水平不断提高。着力把普宁建设成为轻工发达、商贸活跃、环境优良、社会和谐的"富有活力的轻工名城"。

# 第一节　改革开放的发展历程
## （1982 年 9 月至 2012 年 11 月）

普宁在改革开放的 30 年里，其发展历程可分为四个时期。

## 一、经济持续增长时期 （1982—1992 年）

普宁县得改革开放风气之先，利用侨乡等政策优势，引进境外资金、设备和技术，发展"三来一补"业务，办"三资"企业、乡镇企业，发展外向型经济。同时，在农村和国有工商企业推行以承包经营为主要形式的改革，生产效率和经济效益明显提高。普宁人发扬善于经商的传统，敢闯敢试，培育和发展专业市场，搞活商贸流通，服装、布料、副食品等十大专业市场遐迩闻名。1992 年全县地区生产总值 19.64 亿元，为 1978 年的 10.45 倍，年均增长 18.25%；工业总产值 20.95 亿元，为 1978 年的 14.25 倍，年均增长 20.90%；财政收入 1.53 亿元，为 1978 年的 7.29 倍，年均增长 15.24%。

## 二、经济快速发展时期（1993—1999 年）

发展社会主义市场经济成为全民共识，宏观经济环境趋好。1993 年，普宁撤县设市，进入一个新的发展时期。普宁市抓住机遇，以完善基础设施为重点，进行大规模的城市化建设。中共普宁市委、普宁市人民政府先后召开工业发展研讨会、工业大会，确立并实施"兴工立市"战略，推动工业发展一年上一个台阶，从根本上扭转商贸与工业"一条腿长，一条腿短"的状况；在巩固、提高原有市场的同时，新建纺织品、中药材、茶叶、水果等专业市场，强化普宁市场辐射力和影响力。1999 年，全市地区生产总值 129.24 亿元，为 1992 年的 6.58 倍，年均增长 30.89%；工业总产值 227.02 亿元，为 1992 年的 10.84 倍，年均增长 40.55%；财政收入 5.90 亿元，为 1992 年的 3.86 倍，年均增长 21.27%。

## 三、经济调整与恢复时期（2000—2004 年）

1999 年，普宁部分中小金融机构发生挤提存款的"金融风波"，1999—2000 年出现虚假企业骗取国家出口退税的现象，对普宁经济造成负面影响。中共普宁市委、普宁市人民政府经过深刻反思，认识到没有雄厚的实业作支撑的普宁经济是脆弱的，从根本上纠正经济发展指导思想上轻工重商的偏差。2000 年 12 月召开全市工业大会，确立"工业立市"战略，引导企业和群众走正道，办实业，诚信经营，树立普宁新形象。整顿和规范市场经济秩序，对市场主体进行大清理，取缔"三无（无厂房、无设备、无生产）"企业。抓环境建设，抓招商引资，抓工业实业。虽然经济发展速度有所放缓，但企业经济效益明显提高，国家税收收入大幅增长。2004 年全市地区生产总值111.42 亿元，比 1999 年下降 13.79%；工业总产值 178.25 亿元，比 1999 年下降 21.48%；财政收入 7.41 亿元，比 1999 年增长 25.59%。这个时期农业、工业、商业发展基本情况如下：

1. 农业

1989 年起普宁加大农业投入，加强农业基础，深化农村改革，推进农业生产结构调整，农业产值和农村经济持续增长。2004 年全市实现农林牧渔业总产值 12.41 亿元，为 1989 年 6.09 亿元的 2.04 倍，其中种植业 8.84 亿元、林业 0.13 亿元、牧业 2.54 亿元、渔业 0.72 亿元、农林牧渔服务业 0.18 亿元。农业产业结构调整加快，在稳定粮食生产的基础上发展效益农业、特色农业，农业生产逐步向多种经营、效益型转变。普宁为全国著名的水果之乡，2004 年全市水果种植面积 55.06 万亩、总产量 17.28 万吨，比 1989 年种植面积 43.04 万亩、总产量 11.44 万吨增加 12.02 万亩和 5.84 万吨。1995—1996 年，普宁市先后被国务院发展研究中心农村发展研究部、中国农学会特产经济专业委员会等单位命名为"中国青梅之乡""中国蕉柑之乡""中国青榄之乡"，建有国家级"蕉柑标准化示范区"和省级"青梅生产现代化功能区"。还兴办洪阳镇和广太镇花卉苗木生产基地、南溪镇淮山生产基地，发展了大西洋马铃薯、优质玉米、反季节西瓜、草莓等种植基地。1992 年普宁林业用地 140 万亩，绿化栽植率 97.54%，为广东省绿化标准县。1989—2004 年，全市水利建设累计投入 15.09 亿元，完成水利工程 175 宗。开办各类农业专业合作社，发展非农产业，加快农村富余劳动力转移就业，增加农民收入。农村社区环境进一步改善，农村道路、电网、通信网络、自来水厂等基础设施建设取得显著成效，社区卫生、社会保障建设稳步推进。2004 年全市村（居）通机动车、供电、电话覆盖率均达到 100%，有线电视覆盖率为 87%。农民人年均纯收入 3 396 元，人年均生活消费支出 2 525 元，农民家庭人均住房面积为 13.50 平方米。农民最低生活保障制度和新型农村合作医疗参保制度进一步完善。

2. 工业

普宁市加快实施"工业立市"战略，基本完成国有企业所有制改革，加强政策引导和扶持，改善发展环境，大力招商引资，扶持支柱产业。工业经济规模日益扩大，结构不断优化，形成了以纺织、服装、医药、食品、塑料、电子等产业为主的工业体系。2004 年全市工业总产值 178.25 亿元，为 1989 年 9.27 亿元的 19.22 倍。产品档次明显提高，名牌产品不断涌现，拥有部优产品 17 个、广东省名牌产品 4 个、广东省著名商标 5 件、企业注册商标 2 784 件。优势产业逐步形成，纺织、服装、医药行业成为全市经济发展的支柱。民营经济和外向型经济发展较快，以康美、雷伊等上市公司为代表的一批民营企业不断推进制度改革和创新，逐步建立起现代企业制度。2004 年，全市完成股份制改造企业 4 家，其中上市公司 2 家；上规模的工业企业 169 家，产值 81.03 亿元，其中年产值超亿元的企业有 12 家，年出口 100 万美元以上的企业 47 家。是年，市科技工业园有民营科技企业 12 家，实现工业总产值

4.50 亿元；流沙中河经济技术开发区有企业 41 家，年工业总产值 7 亿元；占陇对外工业园区有企业 105 家，工业总产值 11 亿元。企业加大科技投入，增强技术和产品创新能力，增长方式加快向内涵式转变，推进全市产业升级。1989—2004 年，全市涌现广东省级以上高新技术企业 9 家、民营科技企业 24 家、通过 ISO 质量或环保认证企业 20 家。普宁先后被中国纺织工业协会、中国中药协会授为"中国纺织产业基地""中国中药名城"试点城市。

3. 商业

普宁紧靠沿海，市区流沙地处国道 324 线等三条交通主干道交汇点，是珠江三角洲进出粤东地区和闽南地区陆路交通要道，这为发展商贸市场提供了有利的交通条件。普宁市贯彻国家关于刺激消费、扩大内需的政策，引导消费，开拓市场搞旺流通。2004 年，全市社会消费品零售总额 44.38 亿元，为 1989 年 6.30 亿元的 7.04 倍。普宁市商品专业市场建设较早，市场体系日臻完善，2004 年全市集市贸易成交额 150 亿元。拥有工商登记的各类专业市场和综合市场 44 个，总建筑面积 13.50 万平方米，主要有服装、纺织品、中药材、卷烟物流、茶叶、蔬菜、苗木、水产品、粮食和副食品等专业市场，形成设施配套、成交额大、专业性强、门类众多的十大专业市场特色。其中年集市贸易成交额超 10 亿元的专业市场 3 个。流沙服装专业市场、中国普宁中药材市场的商品辐射全国 27 个省、市、区。有"衣被天下"之称的流沙服装专业市场，年销服装 13 亿套，为全国文明市场和全国百强集贸市场；中国普宁中药材市场为国家批准的全国首批 8 个中药材定点市场之一，年销冬虫夏草 50 吨，占全国总销量的三分之一，参茸销量亦为全国之冠。1991 年 3 月，国务院研究室农村组于普宁调研后撰写的调查报告在《决策参考》上刊发，介绍普宁发展批发市场的经验做法，在国内引起轰动。普宁会展经济发展迅速，每年都举办各种商品交易会。2001 年起每年举办一次国际衬衣节，2002 年起定期举办全国性中药材交易大会，又发展连锁经营、物流配送等新型业态，2004 年建成康美中药饮片物流配送中心。对外经济贸易持续增长，1989 年引进外资企业 40 家，合同利用外资 1 724 万美元，实际利用外资 796 万美元。2004 年全市在产"三资"企业 68 家，合同利用外资 9 476 万美元，实际利用外资 5 927 万美元，年出口额 22 045.50 万美元。1989 年普宁自营出口企业 2 家，出口总值 9 784 万美元。2004 年普宁有进出口实绩的企业 86 家，年出口总值 26 365 万美元。

# 四、经济开始转型升级时期（2005—2011 年）

2011 年，普宁市生产总值 368.16 亿元，比上年增长 16.7%。其中第一产业增加值 2 784 亿元，同比增长 4%；第二产业增加值 232.84 亿元，同比增长 22.5%；第三产业增加值 107.48 亿元，同比增长 8.9%。人均生产总值 17 934 元，同比增长 16.3%。

### 1. 工业经济转型升级

普宁市有规模以上工业企业 345 家，实现工业增加值 221.99 亿元，比上年增长 34.7%。新增投资 1 000 万元以上项目 98 个，共投资 86.46 亿元；投资 500 万元以上工业项目 126 个，共投资 27.15 亿元。拥有上市公司 4 家、高新技术企业 17 家、省级民营科技企业 31 家，高新技术产品 51 个、中国驰名商标 4 件、广东省著名商标 23 件、广东省名牌产品 8 个，有效注册商标共 2.36 万件。

### 2. 商贸物流发展迅速

2011 年，普宁市以重点项目为突破口，加快"商贸名城"建设。全市社会消费品零售总额 204.18 亿元，比 2010 年增长 32.4%。新增各类市场主体 2 993 户，新登记全民、集体企业 4 户，有限责任公司 358 户，外资企业 3 户，合伙、独资企业 47 户，个体户 2 572 户。商贸物流项目加快推进。康美普宁国际药品城、普宁国际商品城完成首期工程并投入使用；普宁国际服装城和普宁国际商品城二期工程、广东普宁南方梅园生态村开工建设。

### 3. 现代农业稳步发展

2011 年，全市共落实粮食作物种植面积 51.38 万亩、总产量 21.34 万吨，其中水稻面积 31.88 万亩、总产量 12.20 万吨。新种水果面积 10 000 亩，其中蕉柑 4 000 亩、青榄 3 000 亩、其他优良水果 3 000 亩；青榄品种改良 3 000 亩。完成省级防护林工程造林 5 000 亩、主干道绿化 100 亩、抚育林 11 250 亩，国家防护林工程建设项目 1 个，面积 3.3 万亩。品牌农业成效突出，全市有 8 种产品获得广东省绿色农产品认证。普宁市玉昌农业种植有限公司被国务院评为种植大户，新增广东省农业龙头企业 1 家，"普宁蕉柑""普宁青梅"品牌均跻身中国农产品区域公用品牌价值百强。

### 4. 对外开放卓有成效

2011 年，大力推进乡贤回归工程，继续实施领导带头招商、全员招商，引进了世界 500 强零售商业巨头沃尔玛和卜蜂莲花等著名品牌，广东科元蓝宝石晶体有限公司、广东安诺药业股份有限公司等 3 家企业落户英歌山工业园。全市合同利用外资 14 987 万美元，比 2010 年增长 71.1%；实际利用外资 4 863 万美元，比 2010 年增长 14.4%。组织企业参加 2011 年粤港经济技术贸易合作交流会、广东省粤东侨博会等国内外经贸洽谈会，大力推介优势产品和投资环境。

5. 人民生活逐步改善

2011 年，普宁市扎实推进扶贫"双到"工作和社会救助体系建设，全市列入低保 40 917 人、五保对象 2 191 人，有 4 272 户贫困户、1.93 万贫困人口脱贫。社会就业不断扩大，累计新增城镇就业 725 038 人，实现城镇失业人员再就业 2 240 人，就业困难人员再就业 500 人。全面推行职工基本医疗保险、城镇居民基本医疗保险和新型农村合作医疗保障"三险合一"，征收社会保险费 39 532 万元，比 2010 年增长 16.8%。企业职工基本养老保险参保人数 10.82 万，农村养老保险参保人数 13.3 万，城镇职工基本医疗保险参保人数 5.29 万，城乡居民基本医疗保险参保人数 177.6 万，新型农村合作医疗参合率达到 99.3%。安居工程有效推进，建设廉租住房 152 套、经济适用住房 294 套，落实公共廉租住房 758 套。财税金融持续增长，全年完成财政一般预算收入 123 027 万元，比 2010 年增长 19.2%；其中税收收入 87 469 万元，比 2010 年增长 17.5%。全市金融机构各项存款余额 381.67 亿元，比上年末增长 159%，其中城乡居民储蓄存款 283.42 亿元，比上年末增长 118%。各项贷款余额 118.58 亿元，比上年末增长 30.9%。

# 第二节　中共普宁市历次党员代表大会

从 1980 年至 2012 年，中共普宁市委先后召开 9 次代表大会。

## 一、第四次代表大会

第四次代表大会于 1980 年 11 月 9—14 日在普宁三坑农场召开，出席代表 494 人，候补代表 46 人，听取了前届县委的工作报告和纪律检查工作情况与今后工作意见的报告。大会的主要任务是贯彻中共十一届三中全会的路线，以实践是检验真理的唯一标准为武器，总结经验教训，拨乱反正，清除"左"的影响，因势利导，在农村工作中搞好家庭联产承包责任制，理顺农村生产关系，加速全县的社会主义现代化建设。大会选举产生中共普宁县第四届委员会，由委员 37 人、候补委员 6 人组成。

## 二、第五次代表大会

第五次代表大会于 1984 年 9 月 24—28 日在普宁县城召开，出席代表 630 人。这次大会是在中共十二大精神指导下召开的，听取前届县委《在开放改革中开创新局面的报告》和中共普宁县纪律检查委员会工作报告。大会中心议题是围绕经济"翻两番"的宏伟目标和社会主义物质文明与精神文明建设一起抓的主要任务，立志改革，坚持开放，推进"两个文明"建设和加强民主与法制建设，搞好党的自身建设，作出开创普宁社会主义建设新局面的重大决策。大会选举产生中共普宁县第五届委员会，由委员 35 人、候补委员 6 人组成；选举产生中共普宁县纪律检查委员会，由委员 14 人组成。

## 三、第六次代表大会

第六次代表大会于 1987 年 9 月 12—15 日在普宁县城召开，出席代表 509 人，听取和讨论了前届县委关于《加强和改善党的领导，把改革和建设推向前进》的报告和县纪律检查委员会工作报告，并作出决议。大会认为 3 年来县委贯彻执行中共十一届三中全会以来的路线、方针、政策，坚持基本原则，坚持改革开放的方针，全县经济建设和社会发展开创了新的局面，出现了新中国成立以来最好的形势。会议认真分析社会主义初级阶段的根本任务是发展社会生产力，讨论本届党代会的任务，提出加强和改善党的领导，确定改革的奋斗目标、战略重点和政策措施，号召全县人民为建设一个富庶、民主、文明的社会主义新普宁而奋斗。大会选举产生中共普宁县第六届委员会，由委员 35 人、候补委员 5 人组成；选举产生中共普宁县纪律检查委员会，由委员 15 人组成。

## 四、第七次代表大会

第七次代表大会于 1990 年 9 月 12—15 日在普宁县城召开，出席代表 509 人。大会听取和讨论了前届县委《充分发挥党的领导核心作用，实现普宁政治经济社会的稳定和发展》的报告和县纪律检查委员会工作报告，并作出决议。报告实事求是肯定了三年工作主要成绩和指出存在问题。同时结合普宁的实际，提出要密切联系群众，加强和改善党的领导，发挥党的核心作用，稳定政策，稳定社会，打好基础，发展经济，多办实事的指导思想。大会号召全县各级党组织和全体共产党员，要坚定不移地贯彻执行党的基本路线，坚持以经济建设为中心，在整顿中深化改革，扩大开放，发挥优势，用足、用好政策，加快普宁"两个文明"建设的步伐。大会选举产生中共普宁县第七届委员会，由委员 35 人、候补委员 5 人组成；选举产生中共普宁县纪律检查委员会，由委员 15 人组成。

## 五、第八次代表大会

第八次代表大会于 1993 年 6 月 21—23 日在普宁市区召开，出席代表 505

人。大会听取和讨论了前届市委《为把普宁建成粤东明珠而奋斗》的报告和市纪律检查委员会工作报告，并作出决议。大会认为第七次代表大会以来，市委始终坚持以邓小平同志关于建设有中国特色社会主义理论为指导，坚持党的基本路线，坚持以发展生产力为根本任务，坚持"两手抓"的方针，全市经济持续、高速、协调发展，综合经济实力增强，精神文明建设和各项社会事业都取得显著成效。报告以普宁设市为新起点，提出今后五年全市总体工作的基本思路，强调解放思想，实事求是，抓住机遇，加快步伐，走城乡协调发展的城市化道路，把全市各项事业推上市场经济体制轨道，开创普宁经济发展新格局。大会号召全市各级党组织和全体共产党员，牢记党的宗旨，增强历史使命感和紧迫感，加强党的组织建设和队伍建设，提高领导艺术和执政水平，巩固发展广泛的统一战线，调动党内外、海内外一切积极因素，为把普宁建成粤东明珠而努力奋斗。大会选举产生中共普宁市第八届委员会，由委员 35 人、候补委员 3 人组成；选举产生中共普宁市纪律检查委员会，由委员 15 人组成。

## 六、第九次代表大会

第九次代表大会于 1998 年 6 月 26—28 日在普宁市区召开，出席代表 509 人。听取和讨论了前届市委《争创新业绩，迈向新世纪》的报告和市纪律检查委员会工作报告，并作出决议。大会认为中共普宁市第八次代表大会以来，市委始终坚持以邓小平理论为指导，坚持党的基本路线、思想路线、基本方针，以发展生产力为根本任务，坚持"两手抓"的方针，正确处理好改革、发展和稳定关系，实现了撤县设市的历史性跨越，实现国民经济的发展，实现政治社会和各项事业的全面进步。报告站在跨世纪的高度，提出今后五年全市总体工作的基本思路，强调必须高举邓小平理论伟大旗帜，全面贯彻落实党的十五大精神，努力推进经济工作的两个根本性转变，加快市场化、城市化、现代化步伐，促进经济和社会发展再上一个新台阶。大会号召全市各级党组织和广大共产党员，牢记党的宗旨，增强历史使命感和紧迫感，按市场经济和"两个根本性转变"的要求，加强党的组织建设和队伍建设，创造安定团结的社会环境，提高党的领导水平，调动党内外、海内外一切积极因素，以辉煌的业绩，把普宁市带进繁荣富强、文明进步的 21 世纪。大会选举产生中共普宁市第九届委员会，由委员 35 人、候补委员 5 人组成；选举产生中共普宁市纪律检查委员会，由委员 15 人组成。

## 七、第十次代表大会

第十次代表大会于 2003 年 4 月 9—11 日在普宁市区召开，出席代表 450 人。听取和讨论了前届市委《卧薪尝胆，求实开拓，为全面建设小康社会而努力奋斗》的报告，并作出决议。大会认为中共普宁市委第九次代表大会以来，特别是 2000 年以来，市委始终坚持以邓小平理论为指导，努力实践"三个代表"重要思想，开拓前进，实现国民经济的稳步增长、政治社会的稳定和各项事业的全面进步。报告提出今后五年必须认真实践"三个代表"重要思想，以全面建设小康社会为总目标、总任务统揽全局，以提高区域经济竞争力为核心，强化市场经济意识，把普宁建设成为"富有活力的轻工名城"。大会号召全市各级党组织和广大共产党员，时刻牢记党的宗旨，与时俱进，用科学发展观解决前进中遇到的困难和问题，加强和改进党的建设，密切党和人民群众的血肉联系，万众一心，求实开拓，为全面建设小康社会而努力奋斗。大会选举产生中共普宁市第十届委员会，由委员 35 人、候补委员 7 人组成；选举产生中共普宁市纪律检查委员会，由委员 15 人组成。

## 八、第十一次代表大会

第十一次代表大会于 2006 年 10 月 11—14 日在普宁市区召开，出席代表 450 人。听取和讨论了前届市委《齐心协力，抢抓机遇，为实现普宁跨越发展而奋斗》的报告，并作出决议。大会认为中共普宁市委第十次代表大会以来，始终以邓小平理论、"三个代表"重要思想和科学发展观为指导，以科学发展观统领经济社会发展全局，与时俱进，求实创新，努力工作，经济建设、政治建设、文化建设、社会建设和党的建设取得新发展，基本完成了第十次党代会提出的工作任务。报告提出今后五年要高举邓小平理论伟大旗帜，以"三个代表"重要思想和科学发展观为指导，全面贯彻党的十六届六中全会和省委、省政府促进粤东地区加快经济社会发展工作会议精神。以提高县域经济实力和竞争力为核心，围绕"五年大变化、十年大发展"的目标要求，认真实施工业强市、商贸旺市、三农稳市、科教兴市、可持续发展"五大战略"，加快推进工业发展、城镇建设、基础教育、商贸流通"四个突破"，继续增创产业、市场、民企、人文、环境"五大优势"，加快构建和谐社会，加强和改进党的建设，努力把普宁建设成为轻工发达、商贸活跃、环境优良、社会和谐的"富有活力的轻工名城"。大会选举产生中共普宁市第十一届委员会，由委员 51 人、候补委员 8 人组成；选举产生中共普宁市纪律检查委员会，由委员 18 人组成。

## 九、第十二次代表大会

第十二次代表大会于 2011 年 9 月 25—28 日在普宁市党政会议中心召开，出席代表 450 人。大会听取和讨论了前届市委《打造商贸名城，建设幸福普宁，为实现崛起振兴而努力奋斗》的报告，并作出决议。大会高度评价中共普宁市第十一次党代会以来的工作，总结过去五年工作的基本经验，明确未来五年的工作，提出要全面落实科学发展观，围绕"加快转型升级，建设幸福普宁"这一核心，深入实施"一二三四五"发展思路，统一意志，披荆斩棘，提速冲刺，确保 2013 年发展模式、发展势头、发展效应赶上义乌，2015年基本建成立足粤东、辐射全国、影响国际的商贸名城，为揭阳"争拔粤东十年大发展头筹"挑大梁、立新功。大会指出，今后五年的发展目标，是在新的起点上谋求更大发展的必然结果，是应对"你追我赶"逼人态势的现实需要，一定要从全局和战略的高度，牢牢把握"好"字至上、"快"字争先、"拼"字当头、"专"字创优、"巧"字着力的总体要求，不折不扣地抓好贯彻落实。大会强调，今后五年是普宁打造商贸名城的攻坚决战期、战略机遇期和严峻挑战期，全市上下务必顺天时、应地利、倚人和，全面落实转型跨越发展、构建和谐社会和提高执政能力的战略举措，奋力实现经济社会又好又快发展。大会选举产生中共普宁市第十二届委员会，由委员 53 人、候补委员 10 人组成；选举产生中共普宁市第十二届纪律检查委员会，由委员 19 人组成；选举出席揭阳市第五次党代会代表 104 名。

# 第三节  改革开放30年取得的主要成就

党的十一届三中全会以来，普宁人民在改革开放大潮中，敢于解放思想，奋勇拼搏，全市各行各业实现了跨越式发展，人民生活水平和质量得到显著提高。城乡居民最低生活保障制度逐步健全，就业和再就业工作力度加大，扶贫工作取得一定成效。农村经济结构不断优化，群众反映的住房难、就医难、打官司难、子女入学难等问题逐步得到解决。普宁全市基础设施建设、城镇化建设、环境保护等工作得到加强，生产生活环境得到改善，社会日趋和谐。

## 一、加大基础设施投入，推动区域经济走上快车道

固定资产投资是经济增长的重要推动力，也是国民经济"总量平衡"天平上的重要砝码。改革开放至2011年底，普宁市加大基础设施和主导产业投入，有力地促进国民经济快速、协调和可持续发展。2011年全社会固定资产投资完成额达167.2亿元，比1992年的2.98亿元增长55.1倍，比1978年的0.53亿元增长314.4倍。

### （一）加大能源交通通信等基础设施和重点工程建设，不断改善投资环境

30年来，普宁大力加大对能源、交通、通信、供水等基础设施建设的投入，为全市国民经济发展创造了一个良好的投资环境。能源方面，努力挖掘自有能源潜力，坚持水电火电一起上，多渠道、多形式筹集资金，加快地方办电步伐。到2006年底，全市共有变电站12座，其中220千伏1座、110千伏9座、35千伏2座。主变总容量95.21万千伏安；并网小水电140宗，总装机容量51 179千瓦，年发电量13 083万千瓦时。火力发电厂2座，装机容量8 400千瓦，年发电量168万千瓦时；电网覆盖率达100%，1998年被国家授予"农村电气化县（市）"称号。500千伏榕江变电站、220千伏铁山变电

站等一批能源工程的建设已完成。交通方面，在完成国道、省道过境线改造的同时，通过多方努力，改造南阳山区地方公路，使整个南阳山区的交通便利，加快经济发展步伐。截至 2011 年底，全市实现村村通公路，公路通车里程达 1 633 公里，公路密度达到 72.1%。其中高速公路 56.7 公里，国道 45.1 公里，省道 102.9 公里，县道 117.4 公里，乡镇道路 1 289.8 公里。水泥公路延伸到各乡镇，基本实现村村通汽车、村道水泥化，形成以市区为中心，高速公路、国道、省道为主轴，县道为基干，延伸到各乡镇村庄的四通八达的交通网络。通信方面，市多功能 23 层电信大楼于 1999 年建成并投入使用，基层支局设备配套完善。至 2011 年底，全市共有电信、移动、联通、铁通、网通电讯公司 5 家，邮政局 1 个，汽车邮路 4 条，投递邮路 103 条，总长度 3 488 公里。城乡电话用户 36 万户，中国移动通信用户 81 万户。开通了全天候信息服务台、全球特快专递业务、数据通信、因特网、视聆通、宽带网络等业务，形成了功能较齐全的现代化通信网络。1996 年，全市整体通信能力居全国百强县（市）第六位；1998 年，市话放号和邮电综合经济效益名列全国百强县（市）第七位和第六位。供水方面，随着人口增长和经济的发展，用水需求量剧增。市大中型水厂 3 座，总制水能力 19.5 万吨，供应市区及下架山、军埠、占陇、燎原等镇，群众"饮水难"以及地氟地区改水等问题基本上得到解决。1982 年至 2011 年，在全社会固定资产投资中，能源、交通、通信三大基础设施和重点工程建设的投入达 18.438 亿元。

**（二）调整产业结构，促进第一、二、三产业快速发展**

在"文化大革命"期间，普宁经济遭到严重破坏。在这一时期，农业生产徘徊不前，农业总产值年均减少 0.8%。工业生产虽然有所发展，但经济效益也较差，财政收入年均减少 0.7%。

随着改革开放的深入发展，经济体制改革由有计划的商品经济向社会主义市场经济过渡。在国家宏观政策的指导下，普宁加大对农业和手工业方面的投入，国民经济持续稳步发展。1993 年 4 月，经国务院批准，普宁撤县设市，自此，市委、市政府抓住设市契机，深化改革，扩大开放，从本地实际出发，坚持农业的基础地位不动摇，逐年增加对农业的投入，加强农田基本建设，改善农业生产条件，优化产业结构，使农业快速发展起来。同时，通过转换经营机制，依靠科技进步，搞活人才交流等一系列政策措施，加快全市工业化进程。随着商贸的发展与繁荣，又带动了运输业、邮电业、金融业、房地产业、旅游、文娱和饮食服务业等第三产业的蓬勃发展，并取得了丰硕的成果。2011 年底，全市第三产业总值达 108.2372 亿元，占全市国内生产总值的 29.9%。

### （三）加大市政建设力度，不断提高城镇化水平

改革开放初期，普宁市区还只是一个小小墟埠，经过 30 年的发展，市区的规模不断扩大，洪阳、池尾、占陇、军埠、里湖等重点镇的小城镇建设也有明显的进步。1993 年 4 月普宁撤县设市成为普宁历史的重大转折点，市委、市政府根据县改市的特点，意识到城市化建设必须从整体着眼，分层布局，转换机制，加速发展，走具有普宁特色的城市化道路。建成"以城带乡，城乡结合，协调发展"的组团式城镇群体，形成以市区流沙为中心，以洪阳、占陇、军埠、里湖等为卫星镇的组团式城镇群体。按照 1997 年修编的城建规划，确定至 2015 年建成中心城市一座，重点城镇若干座，市区人口规模为 40 万人，城市建设用地为 36.58 平方公里。2000 年，普宁市区的流沙镇撤镇设流沙东、流沙西、流沙南、流沙北四个街道办事处，池尾镇也撤镇改设池尾街道办事处，并实施市区"四个一"工程，促进绿化、美化、亮化，进一步提高了普宁的城市品位。同时，市政府不断加大对全市绿化、排污、街道整治等市政设施的资金投入，新建了明华体育馆、二中维源堂、文化艺术馆、广播电视中心等一批高档次、大规模的文教体育设施，形成明华公园、东埔环岛"铁山兰"城雕、邮电广场、怡薰园、锦绣园住宅区、体育馆东广场、中华新城等一批标志性、高品位的城市景观，市区环境大为改善。

## 二、创建专业市场，促进商贸流通，市场体系不断健全

市场是商品流通的载体，是发展现代大流通的必备条件。改革开放以来，普宁商贸市场发展迅猛，集市贸易成交额从 1978 年的 0.3157 亿元发展至 2011 年的 58.17 亿元，增长了 184.26 倍。服装、布料、药材、蔬菜、粮食、水产品、副食品、水果、小商品、机动车配件等专业市场更是声誉日隆，引起了社会各界的广泛关注。

普宁的商贸市场，尤其是专业市场的形成和发展，经历了从自发到自觉、从分散到集中、从小到大、逐步配套完善的发展过程。20 世纪 80 年代初，在改革开放政策的鼓舞下，能够解放思想，大胆支持农民进入流通领域，放开经营；80 年代中期，大力投入，精心布局，营造专业市场；90 年代以来，进一步拓展流通，健全管理体制，提高服务水平，巩固、完善、发展了市场。

特别是 1993 年以来，在《中共中央、国务院关于加快第三产业发展的决定》的鼓舞下，普宁市以市场为导向，建设大市场，搞活大流通，逐步成为粤东地区的重要商贸信息中心和商品集散地，有力地促进普宁国民经济持续快速健康发展。截至 2011 年，全市有工商登记的各类市场 32 个，总面积 38.5 万平方米，主要有服装、中药材、纺织品、茶叶、蔬菜、水果等专业市场。

### （一）放开市场，搞活商贸流通，多个经济主体竞相勃发

改革开放之后，普宁县的经济地位发生了根本变化，商品农业蓬勃发展，农村商品流量急剧扩张。至 20 世纪 80 年代初期，国家指令性计划直接控制的部分已微不足道，计委下达的指令性计划指标只有预算内基建投资和外汇留成两项，农业除粮食定购任务，工业品除少量钢、煤、油、电外也均由市场调节。当时，普宁无论生产还是生活，95% 以上的产（商）品都靠市场，这为商贸市场的发展提供了一个良好的扩张环境。1979 年以后，以水果生产为主的农业商品生产迅速恢复和发展，急需通过流通领域进行交换；农村落实家庭联产承包责任制后，许多农民"洗脚上田"，大量剩余劳动力等待出路；在海外的普籍侨胞、港澳同胞为家乡带回信息、资金；普宁紧靠沿海，县城流沙地处国道 324 线等三条交通主干道交汇点，是珠江三角洲进出粤东地区和闽南地区的陆路交通要道，这为发展商贸市场提供了有利的交通条件。

从当时实际情况出发，普宁县敢于解放思想，本着"敢为而不乱为"的精神，明确了放手让农民进入流通领域的指导思想，确定了政府调控市场、市场带动生产发展，走"贸工农"的经济发展道路。大力鼓励农民进入流通领域，还根据本地实际情况采取灵活变通的办法，放开市场价格，让商品由市场供求关系自由定价，随行就市。同时，打破国有商业独家经营的局面，让个体户和私营企业参与市场竞争。

市场放开了，普宁人身上的经商潜能得到了充分释放，从小本经营到大宗批发，滚动发展，市场逐渐红火起来。"洗脚上田"的农民从四面八方涌入市场，进入流通领域。大量的商户在本地各镇区老墟集、主要街道旁，经营服装、水产、水果、药材、卷烟、粮食、蔬菜等生意。至 1985 年底，全市登记在册个体工商户达 9 967 户，形成一支数万人的经商队伍和遍布全国各地（除台湾地区外）的流通网络。随着市场经济的发展，普宁的商人队伍日益重视品牌建设，致力打出自己的商标旗号。自 2003 年以来，全市新增注册商标 4 670 件，至 2008 年 3 月全市注册商标总量达到 6 992 件，注册商标增长量在揭阳全市名列第一。2011 年，普宁全市有中国驰名商标 4 件，广东省著

名商标 23 件，得到了广东省工商局著名商标认定工作小组的高度肯定。

## （二）大力培育专业市场，多种经济成分公平竞争

放手让农民进入流通领域后，规模小、档次低、零散的市场设施已不适应集市经营发展的需要，同时，分散进入流通领域的农民往往带有自发性、盲目性和冒险性，给市场管理带来了难题，于是建设培育规范化的专业批发市场迫在眉睫。

1986 年，为适应形势的要求，普宁县在深入调查研究的基础上，决定狠抓市场设施建设，特别是按"专用设施、专项商品、专业管理和专业服务"的要求建设专业市场，把分散的商户组织起来，开展集约化经营。科学地制订市场建设规划，提出"以城区为中心，以集镇为依托，因地制宜，合理布局，量力而行，多形式、多层次建设市场"的总体规划，同时把市场分成两类加以管理。第一类是供给启动型市场，依托本地资源，按经济区域和专业化生产门类布局。如以水果生产为依托，在洪阳、船埔办水果专业市场；以蔬菜生产为依托，在南径、大坝办蔬菜专业市场；以服务加工为依托，在市区办布匹、服装专业市场。第二类是需求启动型市场，没有本地资源但有一定经营基础或潜在优势的，按原有基础布局。如在洪阳办粮食专业市场，在市区办国产卷烟、水产、中药材等专业市场等。"七五"期间，共投入市场建设资金 1 亿多元，改建、扩建、新建了一批专业市场和综合市场。

1988 年，普宁县政府批准《工商行政管理改革意见》，通过简化办证手续、放宽经营范围、加强扶持引导、增强服务功能等办法，积极鼓励多种经济成分进入市场，参与公平竞争。至 1990 年底，全县有各类工商业户 16 437 个，其中个体工商业户 13 853 户，还有办理许可证外出经营的个体户 4 660 户，他们成为能征善战的市场主体。虽然市场大了，普宁县确立了"放开搞活、支持竞争"的办市场方针，明确规定：市场经营者只要遵守市场经营规则，不违反国家有关政策规定，不强买强卖，短秤欠量，损害消费者利益，不论省内省外、市内市外都欢迎进场交易。场内商品交易不受时空限制，面向社会，实行自主经营，不定价、不压价、不抬价、随行就市、自由涨跌。对国家允许上市的商品采取"五不限五自由"的购销政策：不限种类数量，自由购销；不限价格，自由议价交易；不限地域和运输工具，自由贩运；不限经济成分，自由结伙；不限经营方式，自由经营。

## （三）建设现代化专业市场，普宁成全国性重要商埠

经过多年的努力，到"七五"期末，普宁专业市场远近闻名。普宁把优

化市场经济的发展环境作为一件重要工作来抓，使专业批发市场的辐射能力不断增强，辐射范围不断扩大，社会效益和经济效益不断提高。1993年4月普宁撤县设市，进入一个新的历史时期。随着改革开放的深化和发展，其他地方的市场迅速崛起，竞争日益激烈，普宁商贸市场早占领、早发育的优势面临着新的挑战。进一步巩固、完善以专业市场为主体的市场体系，成为市委、市政府的战略决策。

（1）继续加大投入，搞好市场内外配套设施的建设。为适应大市场、大流通，从传统的"物质流"向现代的"信息流"转变，使广大商户能够尽握先机，普宁在"八五"期间就投入3亿元超前建设通信等基础设施。至1996年，普宁的整体通信能力跃居全国百强县（市）第6位。在加快第一二代市场改造的同时，建设配套功能齐全完善的第三代市场。如投资2.5亿元建成建筑面积40 639平方米的流沙纺织品市场；投资8 800万元建成的中药材专业市场，是国家批准的全国首批8个中药材定点市场之一。这些专业市场，场内绿化、供水、供电、通讯、环卫、停车、装卸、信息、咨询、保安等设施和服务机构配套齐全，是一座座专业性强、设施配套，汇集各方信息、人才、资金，面向全国的现代化商城。

（2）不断拓展流通网络。流通是市场的血脉，拓展联结国内外各地的供货、信息、储运、销售等流通网络，是巩固、提高市场的重要措施。市政府出面组织与国内各省市的有关经营单位建立比较牢固的购销、货运信用体系，与辽宁海城、江苏江阴、湖北潜江、浙江乐清等结成了友好城市，建立可直达全国120多个城市的货运专线并开展了途中保值运输，外贸伙伴也遍布世界30多个国家和地区，确保市场货畅其流。还通过举办产品展销洽谈会，提高普宁产品的知名度和市场占有率。自1995年以来，普宁市政府组织有关企业、商户到重庆、沈阳、西安、南宁等地举办轻工产品展销洽谈会，巩固了老关系，发展了新伙伴，进一步拓展流通领域，拓宽流通渠道，提高普宁商品的知名度。

（3）建立健全管理体制。加强管理是市场交易有序进行的重要保证。专业市场商品、经营者集中，客户、信息源也集中；有利于实施规范化管理，但由于竞争剧增，集散面广，成交量大，流转快，流程长，也给管理带来了难度。普宁市通过不断的实践和探索，逐步走出一条因势利导、内外齐治、标本兼治、宽严结合、综合调控的市场管理新路子。各个专业市场都建立、健全对市场经营者和管理者的行为进行双向规范的一系列规章制度，仅布料市场就先后制定出各有关市场管理规章制度达 63 种 218 条。在中药材市场，为打击在药材经营中最为恶劣的卖假现象，制定实行了专项规定，即 10 户为一组，户户相互监督。工商部门严格执行"六公开"制度，即岗位责任公开、证照公开、收费标准公开、办事程序公开、摊位安排公开、违章处理公开，有效遏制了管理人员以权谋私的违章行为。

（4）加强协调和整治。市政府在这方面做了大量的工作。对上，努力为各专业市场争政策、争地位、争名誉；对左右，领导经常亲自带队去理顺与毗邻县市的关系，保证普宁市场货畅其流；对下，要求有关职能部门密切配合，提高服务水平，搞好市场管理，规范市场秩序。市委、市政府对一段时间内出现的抢劫、敲诈、勒索、制假售假、欺行霸市等违法犯罪行为，采取了多种有力措施，连续多年进行"严打"，2003 年以来共查处各类案件 1 483 宗，捣毁制假窝点 22 个；清理无照经营 7 779 户，规范登记 7 042 户。全市有"守合同重信用"企业 140 户，其中省级 15 户，市级 83 户，县级 42 户。全市经济秩序良好，市场主体逐步规范，信用环境日益改善。自 20 世纪 90 年代初以来，普宁大力培育服务市场，为商贸市场的发展壮大提供直接的良好市场环境，如发展金融、运输、证券、劳务、房地产、技术、文化等市场。并且多层次、多形式地开展创建"文明市场"，争当"文明商户"等活动，以此来提高市场的文明水平。2006 年，仅市区 1 家证券营业部，年股票成交额已达 117 亿元。

经过建设、培育和进一步巩固、完善，普宁商贸市场成为"进货有基地、销售结网络、信息成中心、管理有制度、交易有规则、调剂吞吐有度"的规范化文明市场，专业市场除辐射到全国各地（除台湾地区外），还辐射到韩国、泰国、缅甸、澳大利亚等国家，使普宁成为名副其实的全国性重要商埠。

### （四）培育、壮大纺织服装和医药两大支柱产业

全市从完善产业链条、加快产业集聚、推动产业升级入手，大力培植纺织服装和医药两大支柱产业，产业的集聚力和竞争力不断增强，被国家确定为"中国纺织产业基地市"和"中国中药名城"试点城市。

纺织服装产业是普宁经济发展中最重要的支柱产业。普宁市运用高新技术和先进适用技术改造纺织服装产业，使本市从纺织服装大市向纺织服装强市转变。2004 年，全市纺织服装企业 2 085 家（含个体工业户），年服装生产加工能力 13 亿件（其中衬衣 3.5 亿件），从业人员 7.8 万人，企业资产总值 68 亿元，全年完成工业产值 107 亿元，年产品销售收入 99 亿元，出口交货值

21.7亿元，利税总额1.5亿元，年出口额占全市外贸出口80%以上。形成短纤、纺纱、织造、印染、后整理、辅料、成衣、设计、生产、销售的产业链，产品主要有衬衣、西服、睡衣、内衣、内裤、夹克等，其中睡衣远销中东地区。服装商标"名鼠""群豪""雅爵"被评为中国驰名商标，"雅爵""乐士""名鼠""雅宝"等10家服装公司生产的产品被评为广东省名牌产品。2004年普宁市被确认为"中国纺织产业基地市"，成为国内较具影响力的衬衣生产基地。

医药产业是普宁最具活力和潜力的支柱产业，年购销总额逾100亿元，全市有医药生产、加工、批发、零售企业（门市）1 246家。通过GSP认证的药品批发零售企业151家；医疗器械经营企业10家，零售连锁经营企业1家，零售药店门市612家（含农村双网建设设立农村药店480家）。中药材专业市场是全国17家国家级定点中药材专业市场之一，场内经营商户405户，经营品种规格1 000多个，年销售额达14亿元。积极发展中药材种植，建设好船埔巴戟、下架山芦荟、南溪淮山和康美药材4个种植基地，打响"普宁中药"品牌。2007年普宁被列为"中国中药名城"试点城市。

**（五）孵化催生现代物流**

现代物流业迅速发展，康美中药饮片物流配送中心于2005年建成并投入运作，辐射华南地区，当年成交额8 500万元。广东烟草普宁粤东区域物流中心投入运营，各项业务步入正轨。康美中药物流港、普宁医药物流港、普宁市供销社物流配送中心等一批现代物流企业正在加紧建设中。

# 三、大力推进农业产业化，加快新农村建设进程

1978年中共十一届三中全会对农村经营管理体制制定了多种形式的联系产量责任制。1979年全县各地生产队都实行联产承包责任制，把耕地按近、中、远和肥、中、瘦分切，按人口分给农户自行经营，各户包完成国家征购粮任务，调动农民生产积极性，增产显著。1982年，中共普宁县委根据中共中央《全国农村工作会议纪要》强调的"我国的农业必须坚持社会主义集体化道路，土地等基本生产资料公有制长期不变的集体经济要建立生产责任制也是长期不变的"的政策，因势利导，确定了在坚持土地集体所有制前提下，全县实行家庭联产承包责任制。1986年之后，在商品经济有了充分发展的基础上，及时总结了富有成效的农业生产经验，进行推广引导。到1996年，坚

持以市场为导向，以基地为依托，以企业为主体，以社会服务为纽带，打破单一的生产格局，使产业结构日趋完善，进而创造出立体种养、综合经营的"普宁模式"，在全省甚至全国加以推广。1997年7月，市委理论学习中心组对"全市实施农业产业化战略问题"进行了专题学习和研究，统一认识，落实措施，使农业产业化的发展呈现加速发展趋势。全市的种养业呈区域化、基地化，主导产业突出，"三高"农业示范点115个（2000年统计），有水稻、蔬菜、茶叶、蕉柑、青梅、青榄、淡水鱼、禽、畜九大类商品生产基地，农业生产稳步增长，2011年农业总产值达30.499亿元，比1978年3.658亿元增长7.34倍。农业生产结构得到进一步改善，农村经济持续发展。

### （一）调整农业产业结构，稳固农业基础地位

普宁有农业人口166万人，占全市总人口数的70.4%。耕地面积38.39万亩，山地面积144.7万亩，分别占全市面积的15.8%和59.6%。其中，粮食种植面积51.3万亩，水果种植面积53.6万亩。

普宁市历来比较重视农业、农村经济工作，历届党政主要领导经常深入基层调研，与当地的干部群众一起研究农业的发展路子，并组织举行农业产业化专家研讨会，对全市产业化发展进行论证。通过深化农村改革，大力发展"三高"农业，产业结构得到不断优化。近几年来，普宁市委、市政府明确加强农业基础地位，带领农民走农业产业化的路子，加大对农业的投入，特别是加大对水利建设和农田基建的资金投入。据统计，近几年来平均每年投入水利建设资金1亿多元。同时，以治涝、治旱、增肥、改土、推广良种和改善生产条件为主要内容，以整治江河水库、排灌渠系为重点，实行山水田林路综合治理。水利水电建设连续八年获得省奖励，在2001年参加全省"大禹杯"竞赛中获优秀奖。联产承包责任制作为农村改革的伟大创举，显示出了无穷的生命力。在"六五"时期，在改革开放政策的影响下，普宁农民的生产积极性大大提高，粮食年年增产，农、林、牧、副、渔全面发展，水果产量大幅度提高。为适应和促进农村从自给、半自给经济向商品经济转化，从传统农业向现代农业转化，根据中央文件精神，普宁继续完善以联产承包责任制为基础的双层经营机制，以效益为中心，促进农村经济稳定持续协调发展并积极推行农村股份合作经济。近几年来，普宁在贯彻执行党在农村的基本政策，推进农业产业化方面做了大量的工作：一是落实第二轮土地承包政策，进一步完善土地承包经营，建立土地使用权流转制度，鼓励土地使用权有偿转让、出租、入股，逐步推进土地适度规模经营。二是切实减轻

农民负担，坚决落实农民负担的预决算、审计和监督卡三项制度，兑现农民负担一定三年不变政策，切实减轻了农民负担。据统计，从1996年以来，全市农民负担年占农民平均纯收入的1%左右，完全控制在省限额的5%之内。三是组织实施扶贫开发促进山区脱贫致富。要求平原发达镇对口扶持山区贫困乡镇，以及市直机关对口扶贫、"千干扶千户"，实施山区"两大会战"工程等，成绩显著。

**（二）发展特色产业，农业生产区域化、规模化**

改革开放以来，普宁从本身的自然优势和产品优势出发，确立了以水果、粮食、蔬菜、畜牧、花卉苗木等产业为主攻发展方向，加大农业结构调整力度，使这些产业逐步成为地方的主导产业。一是巩固发展以青梅、青榄、蕉柑三大主导产品为主的生产基地，实施区域化、规模化生产。市政府把发展水果生产作为发展"三高"农业的重点，在沿山区公路两侧发展10万亩青梅带，在中部地区发展万亩青榄带，以及省定点扶持的"一乡一品"建设，成效显著。著名作家秦牧游普宁时曾有"潮柑天下重，此处是名乡"的吟咏。普宁在1995年、1996年分别被评为"中国青梅之乡""中国青榄之乡""中国蕉柑之乡"。至2007年底，全市水果种植面积达54.97万亩，年产量20.16万吨，其中青梅种植面积16.22万亩，年产量3.24万吨；青榄种植面积11.68万亩，年产量达3万吨；蕉柑种植面积4.71万亩，年产量7.77万吨。软枝大粒梅、白粉梅、大青梅，冬节圆（青榄）、三棱榄、大红心（青榄），85－2（蕉柑）、现三号（蕉柑）等诸多优稀名贵品种驰名中外。二是发展优质高产高效粮食作物。通过多方投入，致力提高单产，提高粮食自给率。建立农田保护区，稳定粮食种植面积，推广良种良法，落实扶持粮食生产政策，政府每年都拿出一定的资金补贴水稻杂优种子。推广增加大西洋马铃薯、普薯24号、玉米等种植面积，使粮食总产量不断增加。三是充分发挥山地优势，大力推行立体种养模式。普宁市结合地方实际，综合开发、经营，创造了"山顶水源涵养林戴帽，山腰林果混交，山脚种植果园，林果下养鸡，山塘水库养鱼养鸭"的立体经营模式。这种"普宁模式"在全省甚至全国加以推广。全市创办了一批上档次的三鸟养殖基地，初具规模的养殖专业户达200户。四是以南径、大坝蔬菜专业市场为依托，大力发展优质蔬菜生产。全市蔬菜栽培面积18万亩（含复种指数）、年产量达38万吨。在南径、麒麟、大坝以及流沙市区周围，已形成初具规模的蔬菜生产基地，产品除供应本地外，还销往深圳、广州等珠江三角洲地区，并有少量出口香港。五是引导、扶持发展新兴的花卉（苗木）业。随着经济的发展、人们生活质量的提高，发展花卉（苗木）业具有很大的潜力。在池揭公路沿线的洪阳、广太两镇建成花卉生产基地，面积达 1 万亩，年创值 7 500 万元。六是依托市中药材市场的辐射力，大力引导群众发展中药材种植业。南溪、梅林、下架山、黄沙等地的中药材基地近 6 000 亩。

### （三）培植农业龙头企业，产供销综合发展

随着农产品产量的不断增加，为了解决农民增产不增收这个难题，普宁市政府从农民的切身利益出发，一是把发展农产品加工业摆上重要战略位置，采取一系列的政策措施，营造良好的环境，创造有利的条件，外引内联，促使农产品加工业蓬勃发展，农产品加工能力大大增强。首先是利用外资发展外向型加工业。至 2006 年底全市累计引进外资 11.35 亿多元，其中大立、锦顺、启发、集兴等 20 家外资加工企业年产值均超过 1 000 万元。其次是发挥国合商贸集团优势，发展商办工业。兰花集团、市供销集团、市宝宁集团、市食品工业公司等企业，走收购、加工、销售综合经营路子，逐步发展成为普宁市商办大型加工贸易企业。最后是大力发展个体、联营加工企业，引导千家万户发展农产品粗深加工。里湖镇充分利用千家万户加工凉果的传统优势，聚集 20 多家个体加工企业，投资 1 000 多万元兴办起了凉果城，形成了群体加工优势。由个体商人林平涛于 1983 年凭借 1 000 多元创办起家的佳隆食品公司，到 2003 年发展成为年产值 1.2 亿多元的大型加工企业。普宁果蔬加工厂 250 多家（其中青梅加工企业 93 家），年加工果蔬 15 万吨。

二是致力培育和启动本地市场，先后办起初具规模的粮食、果蔬、木材、药材、水产等专业市场及农副产品综合市场，加快农产品运销，提高经济效益，增加农民收入。至 2011 年底全市拥有农产品市场 48 个，其中专业市场 17 个，综合市场 31 个，年成交额 10 亿多元，辐射 20 多个省、市、自治区。同时，还拓展国外市场，促进农产品和资金高效流转，提高普宁特产的知名度。如兰花集团率先开辟日本青梅市场后，为扩大经营活动空间，在日本东京设立商务部，开办销售点，产品直接实行货仓式销售，使农产品出口逐年增加。大坪镇果蔬食品加工厂研制的话梅、梅粉、咸水梅、蜜梅、酥梅、梅浆、梅酒等系列果品在泰国注册"顺泰"商标，成为泰国唯一合法经销的青梅制品，垄断了该国的青梅制品市场，同时还辐射到马来西亚、新加坡等地的市场。

三是重点扶持"兰花""佳隆""大立""同享"等 10 多家具有代表性

的加工企业，引导培植成为加工贸易型的农业龙头企业，充分发挥它们联结农户、辐射市场的龙头带动作用。广东省吉田食品有限公司（原兰花企业集团改制而成）成为省级农业龙头企业，佳隆食品股份有限公司成为省级农业龙头企业培育对象，通过省正式命名；2002年10月，"佳隆"、洪阳水果专业市场、"中孚芦荟"等3家企业获揭阳市农业龙头企业命名。龙头企业内联基地，外拓市场，与农户结成较为稳固的产销关系，为全市农业走向市场架起了一座桥梁。

### （四）强化服务，科技兴农

普宁始终注重科技兴农，强化服务，推动农业、农村经济的发展。一是进一步健全农业技术推广体系，稳定农科机构和队伍，自上而下形成农科推广服务网络。二是积极组织农科攻关、引进、改良、推广和服务。多年来，普宁农科部门引进果蔬、畜牧水产、粮食等各类新品种60多个，如孚优选（蕉柑）、福建白梅、三棱榄、南德文（牛）等；自身培植选育的品种17个，如南三号（蕉柑）、冬节圆（青榄）、软枝大粒梅、普薯23、普薯24等。1996年在马鞍山农场建立一个50亩的"中国青梅种质资源圃"，引进良种40多个，供试验表种，选育优质种苗。1998年在大南山镇建立大棚网室育苗基地10亩，1999年，又创建"生物工程实验基地"，进行工厂化育苗。全市共建立示范试验基地15个，面积2万亩。为了解决蕉柑老化问题，1998年在洪阳、南溪二镇创办200亩蕉柑"重剪回缩更新"示范基地获得成功后，全面予以推广，面积达1.5万亩。普宁蕉柑成为第一个被国家列为地理标志产品保护对象的农产品。三是从市到乡镇举办各种农科技术培训班、技术讲座，通过电视台、电台、墙报、印发资料等形式宣传科技知识，开展技术咨询和指导，普及农业实用技术。四是组织多元化、多形式的社会服务网络共1 469个。五是引进科技、运用科技，实施专业管理，鼓励种养大户与各级科技部门（或技术员）和大专院校挂钩，开展技术合作。如大坪场的房金传果园有以青梅为主的水果基地800亩，聘请了市果蔬局农艺师方书远为常年技术顾问，使果园获得较好效益。

### （五）提高城镇化水平，推进新农村建设

普宁市改善农村生活居住环境，提高农民的生活质量，推动全市新农村建设深入开展。改革开放给广大的农民带来了实惠，人民的生活质量得到显著的提高，普宁全市的农村面貌发生了翻天覆地的变化，绝大部分农民都建了新房。全市农民用于投资建设私人住房的资金大幅度增加，住房面积和质

量不断地改变，至 2002 年底，全市农村人均居住面积达 16.7 平方米。农村教育设施也在进一步完善，很多乡村通过多方努力筹集资金，建成了多所环境优美的学校，破校舍、无校舍的问题基本上得到了解决，办学条件得到了大大的改善，使广大的农村儿童能够在优美的环境中学习，为进一步提高全市的人口素质奠定了坚实的基础。同时，加大对农村的村容村貌建设资金的投入，开展"卫生进村居，健康在家园"等主题活动，不断优化净化家居环境，使广大人民群众的生活环境有所改善。

在新农村建设中，普宁市以田厝寨、下村、宝镜院等村为示范点，以点带面，推动全市新农村建设深入开展。重点加快农村教育、卫生、文化事业发展，提高社会保障水平，培育文明和谐的良好乡风，农村"生产发展、生活宽裕、乡风文明、村容整洁、管理民主"的新面貌正在形成。

## 四、大抓工业实业，建设"富有活力的轻工名城"

十一届三中全会后，工业尤其是家庭手工业有了较大发展，以军埠镇"粤东模式"出现的家庭手工业得到迅速扩展，遍布全市。1985 年，普宁从农业县的思想中解放出来，在"温州模式加引进，发展侨乡工业"的思想指导下，因地制宜建设工业小区；对外引资办企业，对内推动家庭工业从单家独户中走出门槛，发展联合，逐步形成工业园区建设、企业发展、小城镇建设"三位一体"的工业发展格局。1987 年 12 月，普宁被广东省政府批准为经济开放区，从此，更加快了全县经济的发展步伐。30 年来，普宁工业的发展由少到多、由小到大、从单一公有制经济向多种所有制经济共同发展，国有、集体、三资、私营、个体"五个轮子一齐转"。特别是非公有制经济的快速发展，在全市经济中占有绝对分量，成为经济发展的主要增长点。至 2011 年，全市规模以上企业 345 家，工业总产值达 952.5 亿元。

### （一）积极探索企业发展新路子

改革开放初期，中央对广东实行特殊政策，要求广东在四化建设中起"排头兵"的作用，要先富起来，要积累经验、培养干部，在体制改革中先走一步。当时，普宁县确立"在打基础中前进"的指导思想，调整工业布局，重点发展低能耗、低原材料消耗的工业，学清远经验，扩大企业自主权，进一步调动企业职工的积极性，扶植城镇经济的发展，加速流通，扩大对外贸易。"六五"期间，普宁加大对工业生产的整顿和改革，引进先进技术设备，革除长期"吃大锅饭"的弊端，增强企业新的活力，走"引进改造开发科研创新"的路子，使企业从单纯的"生产型"变为"生产经营型"并向"生产经营科研型"转变。到"七五"期间，普宁坚持"放宽视野、广交朋友、宣传政策、争取人心"的方针，落实好侨务政策和统战政策，发挥侨乡优势，进一步吸引外资办实业，学习温州模式加以引进，初步探索出搞活老企业的改革措施和发展新企业的路子。兴办了池尾广达工业城以及占陇、军埠、洪阳、里湖等工业加工区，并提供各种优惠条件，让更多的外资涌进普宁。

普宁建市以来，通过转换经营机制、外引内联、依靠科技、搞活人才交流等一系列政策措施，加快了全市工业化的进程。以开放促开发、促发展、促提高，致力引进、吸收国外的资金、技术和管理经验，推动一批非公有制企业的发展。全市非公有制企业所创工业产值在全市经济中占有很大分量，成为经济发展的主要增长点，建立纺织服装、化学医药、食品饮料、电子仪表、橡胶塑料、工艺美术等支柱行业，并逐步向规模化、集团化方向发展。普宁市政府先后颁布了《普宁市鼓励工业发展若干意见》《关于公布工业企业交纳税费项目标准的通知》《普宁市扶持名、特、优产品优惠措施》《普宁扶持发展重点工业企业的若干措施》《普宁市支持鼓励工业发展暂行规定》《普宁市引进外商生产性投资项目奖励暂行办法》《普宁市科技工业园优惠措施》等一系列鼓励发展经济的政策措施，扶持企业发展；设立市行政服务中心，金融服务功能齐全，配套有海关、出入境检验检疫等进出口检验机构，形成了洽谈、审批、引进、商务、报关、生产、运输、管理、结汇、核销一条龙服务体系，创造有利于工业发展的良好的政务环境；逐步建立完善职工养老保险和最低生活保障制度，抓好"治乱减员"工作，为企业改革发展保驾护航。普宁市政府还兴办了普宁市科技工业园区，设立普宁市行政服务中心，实行"一个窗口"收费，切实减轻企业负担，为工业的发展提供一个较好的硬软环境。全市的产业结构、产品结构日趋合理，总体经济效益稳步提高，工业快速协调发展。

## （二）快速发展乡镇工业，一批名优特工业产品脱颖而出

乡镇工业是多种经营的组成部分，肩负着解决劳动就业、促进社会分工和农村经济全面发展的重大历史任务。改革开放初期，普宁把发展乡镇工业摆在与国营工业同等重要的位置上，一视同仁，坚决改"管、卡、限"为"放、帮、促"。1985年，普宁大力推广温州经验，发动千家万户办企业，支

持引导个体企业发展。后来，逐步引导规模较大、产值较高的非公有制企业把利润大部分转化为扩大再生产资金，使企业不断地壮大，依靠先进技术和管理经验，不断调整结构，提高素质，面向市场高速发展，逐渐成了全市经济的"半壁江山"。1978 年至 2006 年，普宁的乡镇工业企业从 1 442 个增加到 3 847 个，增长 1.67 倍；总产值从 0.72 亿元增加到 213.88 亿元，增长 296 倍。特别是设市以来，普宁市采取资金、技术、人才扶持和各项优惠政策，驱动各种经济成分一并前进，既支持发展了众多的小型企业，又着重扶植组建了一批重点企业，使企业的整体素质不断提高，质量意识日益增强，企业形象逐步树立，较好地推动全市乡镇工业快速协调发展。

在大办工业的历程中，普宁着眼于优化产业结构和产品结构，着眼于提高企业素质，通过关、停、并、转，淘汰了一些长期亏损、过时、没有发展前景的国有企业，相对集中力量扶持培育轻纺、服装、塑料、机械制造、电子电器、食品、医药等一批经济效益好、有市场竞争能力的骨干企业，形成"龙头"行业，创出一批"拳头"产品，驰名各地。这些产品分布在全市的各个行业，成为该行业的中坚力量。2000 年以来，每年都评选普宁市工业"十大名牌产品"，并给予表扬和奖励。2001 年以来，普宁市政府坚持"政府搭台，企业唱戏"，每年成功举办中国（普宁）国际衬衣节，在活动期间评选全市"十大服装品牌"，加以推介，不断提高普宁的知名度，使普宁成为一个众所周知的"衬衣王国"。自 2002 年开始，多次成功举办中国（普宁）中医药交易会，加快全市商贸流通和医药产业的发展。凸现出的名、优、特产品主要有：医药产业的康美中药饮片、肌醇、C－苹果酸等，机械工业的鸽子电脑呼吸机，电器电子工业的串激微电机、吉青电线电缆、金盘科技的 CD－RDVD 光盘，化学工业的"巴巴安 2 号""灭杀毙"等，塑料工业的高级双色套餐具、钓鱼竿，服装工业的雷伊、群豪、雅爵、JSM 等，食品饮料工业的同享、佳隆、竹蔗精、金梅液、升华养生饮等。这些产品除销往全国各地外，还远销东南亚一带和欧美国家。

### （三）做强做大民营经济

民营经济是经济发展的主力军。经过多年的发展，普宁涌现出很多民营企业，其中广东万世通微电子有限公司等 21 家企业是省级民营科技企业。这些民营企业的快速发展，提高了普宁的经济实力和市场竞争能力，增强了全面建设小康社会的发展后劲。2007 年 4 月，中国共产党普宁市第十次代表大会明确提出"要致力发展民营经济，增创民企新优势"，充分肯定了民营经济的发展对推动普宁经济发展的重大作用，要求按照"政治平等、政策公平、法律保障、放手发展"的方针，努力营造优良的政策、政务、法律、市场和舆论环境，推动民营经济发展，坚决扫清轻视、歧视民营经济的思想障碍，动员全社会要像爱护自己的眼睛一样爱护民营企业。放宽市场准入条件，凡是国家法规、产业政策允许开放的行业，都对民营企业开放，使民营经济的巨大潜力得到充分释放。积极推进民营企业改革，帮助符合条件的民营企业实施股份制改造，建立现代企业制度，使民营企业不断做强做大，为普宁的经济建设多作贡献。

经过 30 年的发展壮大，普宁的工业已形成了食品加工、纺织、服装、医药、塑料制品等支柱产业。这些支柱产业不断带动其他产业的发展，提高工业经济运行质量和效益，扩大全市的经济总量，为普宁经济社会的发展提供坚实的物质基础。

## 五、加强党的建设，促进各项社会事业协调发展

改革开放以来，普宁坚持以邓小平理论和"三个代表"重要思想为指导，认真贯彻落实党的路线方针政策，贯彻落实科学发展观，坚持科学发展，促进社会和谐。坚持"两手抓，两手都要硬"的基本方针，针对新形势下出现的新情况新问题，把精神文明建设纳入经济和社会发展规划，通过加强思想道德建设，广泛深入开展形式多样的精神文明创建活动，全面发展科教文体卫等各项事业，为全市的物质文明和政治文明建设营造了一个良好的社会氛围。

### （一）切实加强党的思想建设、组织建设和作风建设

党的执政能力建设和先进性建设深入进行，保持共产党员先进性教育活动取得很大成效。党内民主不断扩大。领导班子和干部队伍建设取得新的进展。围绕提高党的执政能力，进一步调整组织设置，改进工作方式，创新活动内容，以农村、企业、社区为重点，全面加强党的基层组织建设，努力提高基层组织建设的整体水平。坚持党要管党、从严治党方针，在改革开放和现代化建设的全过程中，不断提高党的领导水平和执政水平，提高拒腐防变和抵御风险能力，经受住长期执政、改革开放和发展社会主义市场经济的考验。党风廉政建设和反腐败斗争成效明显。党的基层组织不断得到巩固和壮大，2011 年全市设地方党委 1 个，基层党（工）委 30 个，党（总）支部 2 084

个，党员 55 782 名，党员数占总人口的 2.37%（不含金融系统和海关）。

## （二）广泛开展思想道德建设，进一步提高社会文明程度

思想道德建设是社会主义精神文明建设的根本。十一届三中全会后，人民群众在改革中得到很大实惠，越来越认识到党的路线、方针、政策好，认识到改革开放政策是富民强国的政策，提高了对社会主义优越性的认识，因而对党和政府、社会主义更加信赖了。结合新时期出现的新问题，普宁把握好时机，适时地加强对人民群众的思想道德教育。

从 1982 年开始连续几年，普宁认真贯彻中央的指示，在全县范围内开展了"全民文明礼貌月""五讲四美三热爱"和开展文明村（镇）建设活动，取得了显著的成效。1984 年 2 月，县委成立了普宁县"五讲四美三热爱"活动委员会。1989 年，流沙、洪阳、占陇、里湖、军埠五镇在汕头市三十镇精神文明建设竞赛中受到表彰，其中流沙获县城评比一等奖。1990 年，按照上级要求，"五讲四美三热爱"活动委员会撤销，普宁县精神文明建设领导小组成立，加强对全县精神文明建设的领导。20 世纪 90 年代初，普宁认真贯彻上级要求，从县、乡镇抽调干部组成工作队，分三批先后在农村开展社会主义教育。

中共普宁市委八届七次全会的报告中首次提出"崇德崇勤、创业创新、开放开拓、共苦共荣"十六字普宁精神。这个精神是团结全市人民同心同德建设家乡、振兴普宁的一面旗帜。多年来，普宁市始终坚定不渝地用邓小平理论、"三个代表"重要思想和科学发展观教育广大党员、干部和群众，全面贯彻《公民道德建设实施纲要》，广泛深入地开展爱国主义、民主法制、社会公德、职业道德和家庭美德教育，开展创建文明城市、文明村、文明行业、文明单位、文明家庭活动，大力弘扬普宁精神，引导人们树立起建设中国特色社会主义的共同理想和正确的世界观、人生观、价值观，坚决反对封建迷信、封建宗族和"拜金主义""享乐主义"等思想和行为，树立"开放文明、积极向上"的普宁人形象。

## （三）教育科技文化事业快速发展，人民精神生活更加丰富

教育、科技、文化事业建设是社会主义精神文明建设、提高国民素质的基础工程。改革开放带来的经济发展，为教育、科技、文化事业的建设提供了更为充裕的物质条件，促进了各项事业的发展。改革开放为人们提供更多的发家致富的机会，但同时也带来了压力，促使他们自觉地参加学习，提高科学文化知识，提高生产和经营能力。

教育事业方面。改革开放已有 40 年了，普宁始终坚持"三个面向"，立足培养合格人才，发扬尊师重教的优良传统，深化教育改革，形成多元办学、分级管理的办学体制，有计划地新建、改建、扩建校舍，改善办学条件，提高学校档次，不断加强师资队伍建设，提高业务水平，初步建立起与经济和社会发展相适应的以普通教育为主，职业技术教育、成人教育协调发展的教育体系。1995 年 10 月，普宁顺利通过了省"普九"评估验收。1978 年，全县有学校 438 所，在校学生 228 287 人，学校专任教师 8 383 人，学龄儿童入学率 74.70%，高、中等院校录取 781 人，成人教育在校学生 2 685 人。至2011 年，全市有学校 703 所，其中潮汕学院、电视大学分校、职业技术学校各 1 所。全市各级学校教职工 29 069 人，在校学生 55 万人。推进教育扶贫和智力扶贫，2006 年秋季开始免除农业户籍义务教育阶段书杂费，帮助 203 名贫困生免费就读技工学校、103 名农村贫困女生完成中专学历培训。

科学技术事业方面。普宁注重科技项目的研究和科技成果的推广应用，广泛实施"星火计划""燎原计划"，努力贯彻"科技兴市"战略，推进技术创新和体制创新，加速科技成果转化，促进了科技与经济结合，科技工作硕果累累，其中有多项科技成果填补了国内、省内空白，被评为"全国农业科技推广先进单位"，综合科技能力达到全省的中等水平。占陇、流沙、池尾、里湖分别被揭阳市评为"科技明星镇"和"科技实力镇"，成立了首家民营科研机构"普宁茂洲农业实用技术研究所"。2011 年全市有 17 家省级高新技术企业和 31 家省级民营科技企业。科技成果达国内领先水平 3 项，国内先进2 项，省内领先水平 2 项，省内先进 1 项。

文化事业方面。十一届三中全会以后，全国的文化事业重新焕发了活力，普宁的文化事业也恢复了发展。30 年来，普宁在加强对社会文化管理的同时，认真整理发掘优秀的地方文化，被广东省评为"广东省民族民间艺术之乡"，被国家广电部评为"全国电视先进市"。1990 年底，建成了普宁县电视台和广播电台，洪阳、南径、石牌、南阳等乡镇分别建了电视差转台、电视卫星地面接收站和广播调频台。至 2006 年底，筹资 618.7 万元在全市 518 个行政村设立广播站，实现村村通广播。各乡镇场普遍建起文化站，不少村庄开办了文化室、广播室、夜校，组成了锣鼓队、英歌队和篮球队，活跃了群众文化生活。普宁英歌舞和潮剧《百里桥》分别参加中国旅游节、省第四届艺术节等演出且获得成功。至 2002 年底，普宁市新建并通过验收合格的有市博物馆、文化馆、潮剧团排练场和 22 个乡镇（街道）文化站（文化活动中心），其中被评为特级文化站的 2 个，一级文化站的 1 个，二级文化站的 3 个，其余为三级站。普宁市文化馆、图书馆被文化部评为国家一级馆。2005 年"八一"纪念馆、文昌阁等红色迹地共接待参观者 4.9 万人次。2006 年普宁获"广东省民族民间艺术之乡"美誉，"普宁英歌"被国务院评为我国第一批国家级非物质文化遗产。

### （四）全民健身和竞技体育取得新成绩

体育、卫生事业建设是精神文明建设的重要内容。30 年来，普宁加大投入，兴办体育、卫生设施，使这两项事业蓬勃发展起来，从而不断地提高人们的身体素质。在体育事业方面，大力兴办体育设施，全面实施《全民健身计划纲要》，充分发挥普宁原有的体育优势，组织群众，开展体育活动，增强体质。1986 年 9 月，普宁县被省评为体育先进县。至 2005 年，普宁拥有各类篮球场 1 291 个，被命名为广东省篮球之乡。普宁的体育健儿在各届运动会和各种比赛中，取得了优异的成绩。例如：1991 年参加泰国朱拉蓬"公主杯"国际女篮邀请赛获得亚军，参加省传统项目篮球赛获得男、女赛冠军；1992 年在全国青年篮球联赛中获得 2 枚金牌、在省运会上获得 3 枚金牌；在 1996 年省运会上获得 3 枚金牌。1996 年，普宁市被国家授予"全国体育先进县（市）"称号。2002 年，池尾街道办事处被省命名为"广东省城市体育先进社区"，占陇镇、普宁职校分别被省和揭阳市授予"广东省群众体育先进单位""揭阳市群众体育先进单位"称号。2002 年 9 月，普宁少年游泳运动员魏汉生代表中国参加"亚太地区游泳分龄赛"，获得 100 米蛙泳第三名、200 米蛙泳第四名、200 米混合泳第四名和 400 米混合泳第六名。向省游泳队输送了魏汉生、魏翠瑾 2 名运动员，向省体校输送了篮球运动员秦琼芳。2005 年流沙北街道白沙陇村被国家体育总局授予"全国群众体育先进单位"称号。

卫生事业方面。普宁医疗卫生工作在医疗业务、临床科研、卫生防疫、妇幼保健、基层卫生院"一无三配套"和卫生院分级管理达标活动等方面都取得了很大成绩。建立健全适应经济发展和城乡居民多层次需求的医疗保健服务、健康保障与卫生监督执法三位一体的卫生服务体系，实现"人人享有卫生保健"目标；鼓励社会力量投资办医院，改善医疗卫生条件，加强对医务人员医德医风教育和医药市场管理，大力开展全民爱卫运动，努力创建卫生城市。建成了市人民医院门诊大楼、华侨医院，建成了防疫站计免楼和保健院、中医院门诊综合楼，以及普宁市人民医院住院综合大楼等卫生设施。

针对农村部分群众"就医难"问题,普宁市卫生部门定期派出医疗队、青年志愿者服务队下乡开展巡回医疗、义诊服务,受到广大人民群众的热烈欢迎。2011 年,全市有医院 32 所,卫生专业技术人员 4 287 名,普宁市人民医院是卫生部评定的"三级甲等医院",华侨医院、中医院是卫生部评定的"二级甲等医院"。

## 六、城乡居民消费结构优化,衣食住行用水平不断提高

改革开放以来,随着经济体制改革的深入,各种经济形式蓬勃发展,尤其是设市以来,普宁的社会经济和各项事业取得了长足的发展,城乡居民得到了实惠,收入多元化,消费模式多样化,居住条件大大改善。据抽样调查,1978 年,城镇居民人均可支配收入 227 元、人均消费性支出 215 元,农民人均纯收入 118 元、人均消费性支出 112 元,人均储蓄余额 9.4 元。至 2011 年末,城镇居民人均可支配收入 12 406 元、人均消费性支出 10 179 元,农民人均纯收入 7 005 元、人均消费性支出 5 758 元。随着收入的增加和生活条件的改善,城乡居民对传统的耐用消费品需求相对稳定,高档耐用消费品成为新的消费热点,人们在"吃得饱"的基础上要求"吃得好",营养含量较高的食品倍受人们的青睐。市区配套设施逐步完善,旧房区的改造使居民住宅设计美观、内部结构日渐合理,高标准的花园式住宅小区的创建更为居民营造了安静舒适的居住环境,人均住房使用面积从 1978 年的 3.5 平方米增加到 2002 年的 22.2 平方米。农村的村容村貌不断改善,农民居住支出不断增加,人均居住面积从 1978 年的 8.10 平方米增加到 2002 年的 16.67 平方米。人们用于衣着、设备用品及服务、医疗保健、交通通讯、教育、文化娱乐等消费支出所占比重大幅度增加,消费质量逐步提高。

# 第八章

# 党的十八大以来取得的成就

2012 年 11 月 8 日至 14 日，党的十八大在北京胜利召开。党的十八大确定了全面建成小康社会和全面深化改革开放的目标。中共普宁市委、市政府认真贯彻落实党的十八大精神和习近平总书记系列重要讲话精神，广东省委"振兴发展、创新驱动"两大战略和揭阳市委"抓落实、促发展，抓基层、强基础"两大部署，团结带领广大党员干部群众，坚持稳中求进总基调，因势利导，扎实工作，推动各项事业取得显著成绩。

2017 年 10 月 18 日至 24 日，党的十九大在北京胜利召开。党的十九大确定了不忘初心，牢记使命，高举中国特色社会主义伟大旗帜，决胜全面建成小康社会，夺取新时代中国特色社会主义伟大胜利，为实现中华民族伟大复兴的中国梦不懈奋斗的主题。中共普宁市委、市政府高举习近平新时代中国特色社会主义思想的伟大旗帜，深入学习贯彻党的十九大和习近平总书记对广东重要讲话和重要批示指示精神，认真落实广东省委"1＋1＋9"工作部署和揭阳市委"一四四"工作思路，围绕"商贾名城、美好普宁"的定位，统筹抓好稳增长、促改革、调结构、惠民生、保稳定各项工作，有力有为地推动普宁实现高质量发展，各项事业取得新的成就。

# 第一节　党的十八大后五年各项工作开创新局面

党的十八大后的五年，是普宁市发展进程中极不平凡的五年。普宁市委、市政府深入贯彻落实党的十八大精神和习近平总书记系列重要讲话精神，按照中央要求，统筹推进"五位一体"的总体布局，协调推进"四个全面"战略布局，各项工作全面开创新局面。

## 一、深入学习习近平总书记系列重要讲话精神

坚持把学习贯彻习近平总书记系列重要讲话精神作为政治责任、政治要求，普宁市委常委会对习近平总书记的重要讲话、重要批示都第一时间传达学习，同时通过市委中心组学习、专题学习讨论等形式，深化对讲话的理解

和把握，自觉以讲话精神引领和指导普宁各项工作。组织推动全市深入学习，把学习系列讲话精神贯穿于群众路线教育实践活动、"三严三实"专题教育和"两学一做"学习教育全过程；将学习系列讲话列为党校主体班次、领导干部专题培训的重要内容，开展大型宣传活动；指导规范基层党委（党组）中心组学习，带动广大基层党员深入学习；综合运用新闻宣传、主体宣传、氛围宣传，把讲话精神传达到千家万户。通过学习，广大党员干部对习近平总书记系列重要讲话精神的理解进一步加深，贯彻落实讲话精神的自觉性、坚定性进一步增强。

## 二、县域经济在加快发展中不断壮大

普宁县域经济综合发展力跻身全省第五位，入围全国工业百强县，在粤东西北县市区"经济振兴指数"中名列第六位；地区生产总值实现翻番，达到597.1亿元。产业建设扎实推进，纺织服装产业成为揭阳首个千亿产业集群；大健康产业逐步成型，资本运营成效明显，柏堡龙成功上市，仙宜岱、泰宝医疗、利泰健康挂牌新三板。商贸流通持续活跃，中药材专业市场、服装城、商品城等专业市场和商贸中心运营旺盛，康美·中国中药材价格指数成功发布，康美中药材大宗交易平台成功上线，冠东石化产品交易中心成功运营，成功举办两届国际衬衣节、两届内衣博览会，内外贸易不断拓展。电子商务迅猛发展，名列全国十大淘宝村集群第三位，入围中国"电商百佳县"榜单。创新能力不断提升，涌现一批高新技术企业、创新企业试点和创新型企业，企业技术研发中心、实验室，院士、博士后工作站建设取得新突破，产学研项目、各级科技计划项目取得重大进展。现代农业加快发展，建成7个"一镇一品"示范镇，培育5个农业名牌产品，荣获"全国青梅标准化示范县""国家级农村科普示范基地"等称号。

## 三、三大建设在加速推进中取得实效

普宁着手修编交通体系规划，科学谋划全市交通发展。围绕厦深高铁普宁站，高标准建成高铁站广场及周边配套工程，连接高铁站的北环二路、环市东路全线打通，建成环市西路西段，一大批市政道路、国省道完成升级建设，崩东线等山区公路启动改造，潮汕机场普宁候机楼投入使用，配合推进潮惠、揭惠、汕湛高速公路建设，交通枢纽优势日益凸显。英歌山工业园被列为广东省产业聚集扶持园区，完成大健康产业园概念规划编制，正在申请列入中国开发区审核目录，园区基础设施建设初具规模，进园企业建设初见成效。纺织印染环保综合处理中心扎实推进，首期300亩起步区已开工，园区污水处理厂、道路等基础设施即将开工。启动东部服装产业集聚区规划建设，计划引进企业着手开发。新一轮城市总体规划取得初步成果，东部新城及其起步区规划加快推进，各乡镇场总体规划启动修编。中心城区扩容提质，燎原、大南山成功撤镇设街，占陇、洪阳、里湖三个中心镇辐射带动能力明显增强，一批高档住宅区，莲花山公园、普宁广场等一批城市公共设施相继建成投入使用，"三旧"改造项目扎实推进，城市面貌焕然一新。

## 四、生态环境在加强整治中有效改善

普宁从抓练江整治入手，实施重典治污，限期治理有牌证印染企业，关停142家无牌证印染印花企业，清理取缔19家小造纸企业和11家小凉果加工厂，关停零散养殖场、规模化养殖场一大批，全面取缔电子废物非法经营；市区污水处理厂、截污管网等环保基础设施不断完善，生活垃圾环保处理中心主体工程启动建设，占陇、里湖、洪阳污水处理厂相继开工，流沙新河等河道整治全面铺开，练江、榕江流域综合整治取得初步成效。从抓市区环境整治入手，文明城市创建工作全面启动，市区环卫实现市场化运作，市区集贸市场升级整治逐步铺开，城市脏乱差现象有了很大改观。从抓农村生活垃圾整治入手，美丽乡村"三大工程"扎实推进，城乡生活垃圾收运处理体系进一步完善，陂沟、灰寨农村生活污水连片治理试点工程完成建设并在全市推广，林业生态县成功创建，村居环境得到有效改善。

## 五、社会大局在持续治理中保持稳定

普宁下大力气解决基层突出问题，全力预防和妥善处置群体性事件，马棚事件和云落"12·24"事件得到妥善解决。制定出台《关于进一步加强和规范土地管理若干意见》，加快解决拖欠征地补偿款、历史留用地欠账、农村土地"三乱"等问题。大力推进农村"三资"管理和公共服务平台建设，深化一村（社区）一法律顾问制度，逐步提高基层治理规范化、法治化水平、持续深化社会稳定风险评估工作，加强信访积案和社会矛盾纠纷的排查化解，信访形势呈现持续平稳态势。狠抓禁毒工作，严厉打击各类违法犯罪活动，深化平安普宁建设，全面落实安全生产责任制，社会大局和谐稳定。集中力量办好惠民实事，城乡居民养老保险实现全覆盖，农村五保供养在全省率先实现应保尽保，城乡居民人均可支配收入不断提高，保障性住房有效供给，第二轮扶贫开发"双到"任务圆满完成。成功创建广东省教育强市和全国义务教育发展基本均衡县，高考、中考屡创佳绩。推进卫生强市创建工作，医药卫生体制改革继续深化，公立医药综合改革有序推进，普宁市人民医院、华侨医院被评为"三级甲等"医院，康美医院、新中医医院建成投入使用。成功举办首届梅花旅游文化节、英歌文化节、第五届运动会暨中学生运动会，荣获"全国群众体育先进单位"称号。民主政治建设不断加强，人大、政协围绕中心、服务大局，各项工作得到加强。党管武装工作和国防后备力量建设扎实推进。统战工作进一步加强，民族、宗教、对台、侨务工作取得新进展，工会、共青团、妇联、工商联和老干部等工作创造了新业绩。

## 六、党的建设在夯实基础中不断加强

推动实现镇街领导干部驻点直接联系服务群众，完善书记抓基层党建工作述职评议，不断加强对农村基层党组织建设的领导。实施村（社区）"两委"干部"领头雁"工程。排查整顿一批软弱涣散基层党组织，党在基层的战斗力和凝聚力得到加强。加强农村违法违纪警示教育和农村基层干部违法违纪线索排查，筑牢农村基层党员干部拒腐防变防线。扎实开展群众路线教育实践活动、"三严三实"专题教育、"两学一做"学习教育和"正党风、转政风，促社风、塑形象"活动，进一步转变党风政风，促进民风社风。坚持好干部标准，树立正确的选人用人导向，科学规范选任工作。坚决落实党风廉政建设"两个责任"，加强对领导干部的管理和监督，不断完善教育、制度、监督并重的惩治和预防腐败体系，党风廉政建设和反腐败工作取得显著成效，营造了风清气正、干净干事的良好从政环境。

# 第二节 党的十九大以来取得的成就

党的十九大召开以来，普宁市委、市政府坚持以习近平新时代中国特色社会主义思想为指导，全面学习贯彻党的十九大精神及习近平总书记对广东重要讲话和重要指示批示精神，围绕"商贾名城、美好普宁"的定位，带领广大党员干部群众奋力拼搏，科学应对改革发展稳定各项挑战，胜利完成各项任务，开创普宁加快振兴发展新局面。

## 一、城市建设发展加快

2017年度，实现城市品质档次有效提升。突出规划的先导引领和空间调控作用，明确定位城市的规模、性质和发展方向，完成城市总体规划修编，经揭阳市政府同意上报省政府审批；同步推进南方梅园、高铁新城、海绵城市、交通综合规划、地下排污及管廊等一系列重点区域及专项规划。加大投入，狠抓城市建设。加快市区交通基础设施建设，北二环、环市东路等一批市政道路相继建成通车，池尾平交改造完成，北二环4条连接线即将贯通，道路联通更为合理，市区交通有效改善，城市架构进一步拉开。加速截污管网建设，推进流沙中河上游、流沙公园至二中实验学校片区等10个项目建设，新建成截污管网43.6公里，城市治污能力进一步加强。加快推进盘龙、陌山、时代、横山、润秋、平头岭6个大型变电站建设，城市供电保障能力进一步提高。启动汽车总站、公安局办证中心、慢性病防治中心、医疗急救（120）服务中心易址重建，公安局办证中心于春节前投入使用，公共服务功能布局进一步优化。粤东规模最大的城市综合体时代中心建成投入使用，光明一号、帝景城等一批优质住宅小区开工建设，宜商宜业宜居环境进一步提升。普宁以"创文"为抓手，加强管理，市区"脏乱差"问题逐步得到解决，成为广东省县级文明城市提名城市。

2018年，继续加大力度提升城市品质。以创建广东省县级文明城市、广东省卫生城市为切入点，深入推进"五城同创"工作，成功创建广东省卫生城市。普宁城市扩容提质步伐加快，城市总体规划通过省政府审批，市区建成区面积达 65.76 平方公里，各层次规划加快推进，"一轴一带"规划取得初步成果；互联互通交通格局进一步形成，北二环 4 条连接线全面建成，流沙大道全面升级拓宽，大学路等市政道路有序推进，"四好农村路"建设逐步铺开，市汽车总站建设进展顺利，池尾大圆、洪阳大圆等国省县道重要节点、重点线路全面升级改造；保利和府、光明印象、普宁国际服装布料城（网批城）等一批高标准商住、商业区快速推进。坚持不懈开展创文、创卫活动，各地拆违和沿路铺设人行道、村（社区）垃圾日清和雨污分流工程落到实处，全市 265 座大型龙门架广告牌全面拆除，城市建设管理常态化、长效化机制逐步形成。

在这个基础上，普宁继续科学实施城市规划，发展城市经济。坚持高起点规划，发挥科学引领。在城市总体规划取得成果的基础上，继续下大力气，优化、完善重点区域及各专项规划。同时狠抓城市建设，优化城市功能。优先落实财政投入，积极争取上级资金，强力整合利用土地要素和公共资源，积极撬动社会资金，进一步拓宽资金投入渠道，最大限度挖掘资金投入，全力支撑城市建设，全面优化城市功能。以建设交通网络为主导，畅通城市交通网络。另外，强化城市管理，增强城市魅力。加强规划管理为龙头的综合管理，协调、强化城市功能，保障城市发展计划的实施。铁腕治违，严厉打击违法用地、违法建设，坚决控制低端用地、无序用地，维护规划的权威性。

## 二、支柱产业基础得到夯实

普宁按照建设价值园区的思路，坚持实施"统一规划、统一征收、统一建设、统一管理"，加大投入，全面加快英歌山大健康产业园、纺织印染环保综合处理中心两个产业园区建设，夯实医药、纺织服装两大支柱产业的基础。

1. 产业平台支撑作用明显强化

集中人财物保障，全力以赴攻坚克难，推进两大园区建设。纺织印染环保综合处理中心取得重大突破，起步区 420 亩土地征地、拆迁工作基本完成。基础设施加快推进，工业供水、供热供气、道路等工程动工建设，污水处理厂完成前期工作。组织企业入园工作有序推进，印花区厂房已开工建设。英歌山大健康产业园"统一规划、统一征收、统一出让、统一建设"全面推进，历史遗留问题逐步消化，园区规划、环评、管理办法完成编制，申报纳入国家开发区审核公告目录，布局调整基本完成。泰宝医疗、创美电器等产业项目顺利建成投产。2017年清理处置闲置土地300亩，新统征土地770亩，引进康美生产基地和直销总部、潮汕江南果蔬物流配送中心等重大项目落地。启动新一轮1 800亩土地统征工作，威孚包装材料等高新技术企业达成投资意向。园区基础设施及重要配套功能全面铺开，园区服务中心、派出所抓紧建设，纺织路、污水处理厂开工建设，新建的6条道路及水磨溪整治工程等基础设施即将动工。

2. 产业发展态势良好

2017年组织547家规模以上工业企业实施改造，带动全市技改投资完成172.5亿元。新增高新技术企业6家，全市达到23家。大力实施"梧桐计划"和产业共建，新增产业共建项目7个。经济户口清理取得成效，新增企业注册1 283家，新增"限上"、规模以上企业31家。产业建设进一步加强，2017年位列全国工业百强县第82位。两大支柱产业在压力挑战下积极转型升级。医药产业呈现健康、快速增长态势。泰宝、利泰、安诺等高新技术医药企业发展迅速，医药产业向大健康产业迈进步伐加快。纺织服装产业在环保压力下，继续成为揭阳市首个千亿产业集群，市场集聚能力强大，在柏堡龙、中国网库集团的带动引领下，逐步向高端、高附加值模式转化。新兴业态初见成效，在内外乡贤联动下，新引进星河·领创天下、星河COCO City、宝鹰集团供应链结算平台、中国家居服产业电商基地、潮汕江南果蔬物流配送中心等一批产业项目落地。商贸流通持续活跃，康美中药城、星河COCO City、沃尔玛等相继投入运营，成功举办第三届梅花旅游文化节。电子商务迅猛发展，全年交易额达422.3亿元，增长16.8%；全市拥有53个淘宝村，成为广东省最大的淘宝村集群。

2018年，普宁实现地区生产总值702.9亿元，增长5.5%，规模以上工业增加值149.4亿元，增长5.2%，固定资产投资额268.4亿元，增长11%，社会消费品零售总额375.8亿元，增长9.3%。地方公共财政预算收入23.65亿元，增长11.42%，税收收入16.5亿元，增长11.5%。创新创业活力得到提升，有11家企业通过高新技术企业认定，累计达到27家；有15家企业通过国家科技型中小企业评价，星河·领创天下被认定为省级众创空间试点单位；帮扶"个转企"1 536户、"企升规"115户，注册商标总量突破6万件大关。重要发展平台建设取得新进展，英歌山大健康产业园列入《中国开发区审核公告目录》（2018 版），成为普宁首个省级以上开发区；纺织印染环保综合处理中心各项基础设施建设基本满足企业入园需要，青梅产业园列入第二批省级现代农业产业园建设名单，康美健康小镇和柏堡龙泛时尚小镇列入广东省第二批特色小镇名单。电子商务持续壮大，成为广东省唯一入选全国十大淘宝村集群的县（市、区），位列全国第九。推动重大改革任务落地落实，机构改革全面推进，"放管服"改革取得实效，营商环境明显改善。

## 三、新农村建设稳步推进

普宁以实施乡村振兴战略为抓手，高度重视"三农"工作，加大城乡发展统筹力度，补短板、强基础，全力推进美丽乡村建设。实施绿满家园行动，大力提高森林覆盖率和城市绿化率，打造绿色家园。推进"五路绿化"，大规模开展沿路植树活动，打造多层次、多品种的道路绿化景观。结合水岸同治，推进练江、榕江南河等河段和白坑湖水库植树造景。规划建设一批市区社区型小公园、小绿地，推动建设"一镇一公园""一镇一绿地"。推进国有林场改革，加强护林队伍建设，加强森林防火，强化森林和自然保护区保护。

因地制宜实施乡村振兴发展战略。着力补齐农村基础设施和基本公共服务短板，重点加快山区公路改造和"四好农村路"建设，推动城市基础设施向农村延伸、社会事业向农村覆盖，加快实现城乡基本公共服务均等化。大力发展农村经济，以"一村一品、一镇一业"为抓手，抓好青梅、蕉柑、青榄、蔬菜、花卉绿化苗木等产业建设，继续办好"梅花旅游文化节"，挖掘和培育农村农业生态旅游资源，形成农业与乡村旅游融合发展新态势。以创建省级农村人居环境整治示范县为契机，学习借鉴浙江"千万工程"经验做法，全域梯次打造美丽乡村精品村、特色生态重点村、人居环境整治村，突出抓好农村垃圾处理、污水治理、"厕所革命"、三清三拆等重点工作，形成点出彩、线美丽、整体协调的良好局面。

着力发展农村经济。深化农业供给侧结构性改革，抓好农村土地确权登记颁证工作。加快农田水利设施建设。发展花卉苗木、青梅、蕉柑、蔬菜等特色农业经济，推进现代农业（青梅）产业园建设。支持农民合作组织、家庭农场、种植大户等现代农业经营主体，提高农民组织化程度，带动农户参与产业化经营。培育农村电商、休闲农业、田园综合体、乡村旅游等新业态，以特色农业产业为依托，打造特色小镇。以南溪鸿兴江岸生态休闲旅游、鲘溪圆通森林公园、大坪善德梅海等景区景点，带动乡村旅游热潮。

农村农业稳步发展，"五个振兴"统筹推进，青梅、青榄、蕉柑、蔬菜、花卉绿化苗木五大特色农业发展规模不断壮大，省级新农村示范片建设被评为"良好"等次，雨污分流、绿满家园、水岸同治、"厕所革命"、三清三拆等工作有序推进，涌现出龙兴村、交丙坛村等一批美丽乡村。

## 四、发展环境不断优化

优化发展环境是普宁加快振兴发展的关键前提。普宁市委、市政府坚持创新导向、服务导向、问题导向，努力营造更高质量、更有效率、更加公平、更可持续的发展环境，激发发展活力，汇聚形成推动发展的强大动力。

1. 营造和谐稳定的社会环境

深入开展社会治安综合治理"众剑行动"，依法严厉打击"两抢一盗"、涉毒、涉假、涉环境污染等突出违法犯罪行为，完善立体化治安防控体系，推进社会治安和城市执法网格化管理，不断提升群众安全感和满意度。强化安全生产、消防安全、食品药品安全工作，建设市综合防灾减灾救灾指挥中心，提升防灾减灾救灾能力，坚决遏制重特大安全事故。创新基层治理模式，发挥乡贤咨询委员会作用，压实基层维稳责任，落实信访维稳工作制度，积极预防处置突发性事件，切实营造良好的社会环境。

2017年，社会治理持续进步。深入开展"飓风2017""众剑行动"，严厉打击各种违法犯罪行为，特别是"盗、抢、黑、环境污染"等突出违法犯罪，社会治安持续改善，群众安全感进一步提升。高度重视安全生产和消防安全工作，深刻吸取"7·6"和"7·11"事故教训，坚持长抓不懈、警钟长鸣，全面深入开展安全生产和消防安全大宣传、大排查、大整治，及时扭转安全生产和消防安全的严峻局面。坚持标本兼治、综合施策，强化执法，全面加强国土、殡改、食品药品安全、打假、计生等管理工作，社会秩序进一步好转。坚持科学应对，有效提高公共安全应急管理能力，及时控制登革热、流感等疫情蔓延，确保全年无发生较大公共安全事故。全面加强维稳工作，全年重要敏感节点实现"六个不发生"工作目标。

2018年，有效防范化解管控各类矛盾风险，重拳打击违法犯罪，从严抓好特防期维稳安保工作落实，在重要敏感节点实现"四个不发生"目标。深入开展扫黑除恶专项斗争，落实中央扫黑除恶督导整改，捣毁涉恶类普通犯罪团伙 18 个、恶势力犯罪团伙 7 个、恶势力犯罪集团 2 个、涉黑团伙 1 个，侦破涉恶类犯罪案件 204 宗，立涉"村霸"案件 52 宗。扎实推进"众剑行动"，保持高压打击态势，治安防控严密有力，"众剑行动"在揭阳市考核评比中排名第一。强化社会治理各项措施，扎实开展"中心＋网格化＋信息化"建设，深入开展"学讲话，解民忧"百日接访专项行动，解决一批突出问题，信访积案化解进度在揭阳市名列前茅。加强安全生产、食品药品安全监管，有效遏制重特大安全事故发生。

2. 进一步营造高效便利的政务环境

深化"放管服"改革，加快政府职能转变，压缩审批项目、审批环节、审批时限，确保该放的权放到位。探索建立政府投资项目代建制，实行审批事项统一管理。推广"一门式一网式"政务服务改革。加快推进"数字政府"建设，全面推行数据共享和并联审批。推动政务窗口服务在线监控全覆盖，全方位规范政务服务行为，努力让老百姓上门办事"只跑一趟路"。营造公平有序的市场环境。落实好降低制造业企业成本、支持实体经济发展、促进产业共建的政策措施，推进清理"僵尸企业"，落实"去降补"措施，促进企业降本增效。运用好经济户口清理成果，加大依法治税、数据管税力度，建设联合征信系统，实行国地税业务联办。引导金融资源回归实体经济，深化地方金融监管体制改革，强化地方金融监管和风险防控处置。支持行业协会建设，强化行业自律，引导市场主体诚信经营、公平竞争。

# 五、生态环境显著改善

普宁把练江整治作为生态环境建设最大的短板来抓，以更加坚决的态度、更加有效的措施整治好练江。严厉打击环境违法行为，保持严打严管高压态势，从严从重从快打击环境污染行为，强力整治工业污染、生活污染、农业面源污染。发挥群众参与监督作用，落实举报奖励制度，对违法企业发现一宗、打击一宗，决不手软。坚持全民共治、源头防治，围绕"大气、水、土壤"三方面，着力解决全市突出环境问题，重现普宁秀水青山。

通过有力措施，使练江污染等突出环境问题较好解决。坚决克服"等靠要"思想，主动作为，中央环保督察指出的存在问题得到有效整改。坚持依法科学治污，网格化清理清查非法排污行为，以最严厉的措施打击非法排污，2017 年查处环境违法犯罪案件 37 宗，刑拘 159 人，行政拘留 21 人。落实常态化监管，全面核查、科学核定有牌证印染企业产能，推进技术改造，全市削减印染总产能 70%，节能减排成效明显，工业污染得到有效控制。全力补齐环保基础设施短板，污泥处理中心和占陇、洪阳、里湖三座污水处理厂建成运营，城镇污水日处理能力从 10 万吨提高到 17 万吨。普宁市区污水处理厂一二期升级改造、三期工程开工建设，英歌山（大坝）、南径、麒麟三座污水处理厂即将开工，练江流域 13 个 5 000 人以上村生活污水连片治理铺开实施。推广里湖、大坝农村人工湿地公园治污模式，完成 8 个村建设小型污水处理设施，因地制宜开展农村生活污水连片治理。完成云落垃圾填埋场升级改造，加快日处理能力 800 吨的生活垃圾环保处理中心一期工程建设；完成 34 个农村生活垃圾小型无害化处理设施建设，增加日垃圾处理能力 240 吨。加速推进水利工程建设，中央环保督察指出进度滞后的练江流域水利项目全部开工建设，全面铺开了水尾溪、麒麟溪、南洋溪等 14 宗水利工程项目建设。以社会主义新农村建设为抓手，以实施省级新农村连片示范建设工程、南溪水岸同治为带动，全面推进农村环境大整治。生态环境得到明显修复，2018 年练江青洋山桥跨界交接断面主要污染指标 COD、氨氮、总磷平均浓度同比分别下降 47.2%、5.92% 和 37.84%，练江整治出现新拐点。

加强生态保护修复。全面落实"河长制"，健全市、镇、村三级河长制组织体系，抓好各类河道的保护。做好水资源综合利用顶层设计，推进水岸同治，加快划定河溪沟渠塘水利用地边界并进行确权。推广南溪镇内河综合整治做法，推进"五河毓秀"工程，抓好练江、榕江南河、龙江的整治改造提升。推进宝月水库建设，提高市区用水保障能力。

# 六、社会事业全面进步

党的十九大以来，普宁市委、市政府坚持以人民为中心的发展理念，把保障和改善民生作为出发点和落脚点，统筹资源，集中力量办好民生实事，提高人民群众获得感。

社会事业全面发展。教育创先工作步伐加快，加大投入完善普宁二中新校区、华侨中学、兴文中学等一批校舍建设，完善教育现代化设施设备配套，城乡一体化全面发展。成功引进华南师范大学附属普宁学校，新建兴美职业技术学校。高考中考再创佳绩，教育事业取得新进步。卫生创强成效明显，统筹市直公立医院优化升级，普宁市人民医院、新中医院、妇幼保健院启动扩建，慢性病防治中心、医疗急救（120）服务中心易址重建等工作有序铺开，建成病残吸毒人员收治医院。2017年，占陇、洪阳两个中心卫生院升级改造工程顺利开工建设，6个乡镇卫生院标准化建设和148个公建民营卫生站建设全面铺开，人民医院、华侨医院等医联体建设进展顺利。"文化惠民"工程扎实推进，建成4个乡镇（街道）文体广场示范点和24个村省级综合性文化服务中心示范点，红宫全面完成修缮，"八一"纪念馆被命名为"全国爱国主义教育示范基地"。交通建设全面加快，汕湛高速公路3 999.6亩土地的征地、拆迁工作顺利完成，实现"四个不发生"，创造了"普宁速度"。加快推进国道238线普宁益岭至惠来交界段改建工程前期工作，开工建设省道236线池尾至广太段、崩东线云落至高埔段等一批省、县道工程。民生保障日益加强，养老、低保、五保、孤儿补助标准和城乡低保补差全面提高。2017年，落实"9070"计划取得较大突破，企业职工养老保险扩面征缴43 478人，全年缴费人数达到77 230人；城乡居民养老保险扩面征缴68 516人，全年缴费人数达到455 309人。"三农"工作稳步推进，开工建设广太镇1 646亩补充耕地提质改造工程，完成森林碳汇重点生态工程造林1万亩，省级森林抚育2万亩；花卉、苗木、青梅等传统农业特色经济健康发展；农村土地承包经营权确权登记颁证工作进展顺利，实测率、颁证率均达到上级要求。精准扶贫、精准脱贫工作扎实推进，精准扶贫对象全部实现政策性保障兜底，18个省定贫困村创建示范工作全面铺开，全年脱贫4 200人。

2018年，市委市政府持续加大财政投入力度，扎实推进10件民生实事，社会保障水平不断巩固，群众的获得感和满意度持续提升。卫生事业取得新进步，分级诊疗、医联体建设等医疗卫生重点改革工作稳步推进，中医医院被评为"三级甲等"中医医院，市人民医院、妇幼保健院等卫生系统硬件设施加快建设。教育事业发展水平进一步提升，全面完成省教育强镇复评工作，"广东省推进教育现代化先进市"创建步伐持续加快，"县管校聘"工作扎实推进，义务教育实现均衡优质发展，学前教育、特殊教育、中职教育三大短板加快补齐，华南师范大学附属普宁学校全面启动建设。

普宁市委、市政府将继续完善社会保障体系。实施全民参保计划，推进企业养老保险扩面征缴，力争城镇职工养老保险参保率达到65%、缴费率达到60%以上。完善城乡居民基本医疗保险、大病保险、大病救助制度。强化民生兜底，完善社会救助体系。建设市劳动保障综合服务中心，打造为民便民利民的综合服务平台。

# 第三节　党政建设进一步加强

## 一、全面从严治党成效显著

党的十八大召开以来，尤其是十九大之后，普宁市狠抓党建工作，坚持党建引领发展，贯彻落实新时代党的建设总要求，全面推进党的政治建设、思想建设、组织建设、作风建设、纪律建设，不断提高党的建设质量，努力把全市各级党组织锻造得更加坚强有力。在"抓好党建是最大政绩"的信念指导下，全市不仅推动对十九大精神和"两学一做"学习教育的常态化、制度化，还开展了党建"六个规范化"建设、整顿软弱涣散村（社区）党组织、抓党建促脱贫攻坚、"红色村"党建示范工程建设、镇街党校建设等各项工作，并开创了"三学、三敬、三做"党建直联日主题活动、"党建灯塔工程"等具备普宁特色的党建品牌。

一是启动普宁市智慧党建系统。2018 年 10 月 19 日，普宁市举行智慧党建系统启动仪式。这一系统的启用，标志着全市党员干部培训、管理、服务工作进入全新的信息化模式。

二是构建全方位教育培训体系。把学习宣传贯彻习近平新时代中国特色社会主义思想和习近平总书记系列重要讲话精神作为首要政治任务抓紧抓好，大力开展各级党员领导干部"领学带学督学"活动，把学习宣传贯彻活动与党员干部教育培训结合起来，着力构建"各级党校集中学、智慧党建掌上学、老党员送上门学、远教站点补充学"的全方位教育培训体系。

三是开展党建直联日活动。该活动将每周一定为"党建直联日"，从2018 年 4 月 23 日开始，普宁市委党建指导员、各套领导班子成员分别挂钩联系全市 28 个乡镇场街道，69 个市直单位的科级干部、各乡镇场街道党员干部职工挂钩联系到村，市直派驻相关乡镇工作组、各乡镇驻点直联团队成员共 3 000 多人参与活动。直联团队成员于每周一到直联点提前打卡（按指纹报到）、准点开会、组织学习、到驻点直联开展活动……努力实现"七个共同"，即达到政策法规共同宣传、基层组织共同规范、困难群众共同帮助、中心工作共同推进、和谐稳定共同维护、科学发展共同谋划、岗位作风共同转变的效果。

四是推进"红色村"党建示范工程建设。以保护利用红色资源为核心，全力推进大南山街道什石洋村"红色村"党建示范工程建设。什石洋村是广东省"红色村"党建示范工程建设第一批试点对象。普宁市按照"抓示范、创特色、带整体"的总体工作思路，结合实际，在广泛征求有关单位意见的基础上，制订了"一一五一"红色村党建示范工程建设规划，即"一路一廊五址一阵地"。

此外，全市还多形式创新党建工作，注重加强对基层党员干部的关爱，组织开展乡镇街道干部队伍状况专题调研，重点了解镇街干部队伍干事创业的精神状态、担当作为情况以及工作、心理压力等情况，并邀请心理学教授围绕心理健康开展专题讲座，缓解基层党员干部工作压力，减轻其心理负担。

## 二、政府建设不断加强

抓好廉政建设。认真落实从严治党主体责任，坚定不移推进党风廉政建设和反腐败斗争。持之以恒正风肃纪，巩固落实中央八项规定成果，严防"四风"问题反弹。强化审计监督，加大对行政权力的监督力度。强化监督执纪问责，抓好政府系统队伍建设，做到干部清正、政府清廉、政治清明。

政府建设不断加强。普宁完善市政府党组会议、学习等各项制度，深入开展党的十九大精神学习贯彻活动。自觉接受人大、政协及社会各界监督，定期向人大及其常委会报告工作，向政协通报情况，人大代表建议和政协委员提案办结率及满意率均达到100%。全面推进法治政府建设，坚持重大事项集体决策，深化"放管服"改革，全面推广"一门式一网式"政府服务模式，政风行风持续改善。坚持为民干事、依法干事、务实干事、高效干事、廉洁干事，通过市政府自身高效运转倒逼各部门的工作提速提质提效，服务、保障、推动发展的能力和水平明显提高。民族宗教、外事侨务、人民武装、国资管理、人事、统计、审计、物价、人防、档案、气象、地方志等工作取得新进步，工会、妇女、儿童、共青团、工商联、残疾人和慈善福利等工作实现新发展。

同时，普宁强化政府服务意识，增强政府工作本领，提高政府施政水平，不忘初心，牢记使命，奋力拼搏。普宁市委、市政府号召全体党员干部提高能力水平，始终坚持学习党的十九大精神，用习近平新时代中国特色社会主义思想武装头脑，指导实践，推动工作。组织开展政府系统"不忘初心、牢记使命"主题教育活动，增强"四个意识"，坚定"四个自信"，做到"两个维护"，切实提高破解难题、破除障碍的能力，提高谋划、服务、保障、推动发展的水平。坚持担当实干，把责任扛在肩上，以加快推动普宁发展为己任，以群众需求为导向，从群众最关心、最期盼、最现实的问题抓起，从解决制约普宁发展的难事、要事做起，事不避难，逢山开路，遇水架桥，久久为功，一抓到底，全力以赴抓出成效。务实干事，不驰于空想，不骛于虚声，一步一个脚印，踏踏实实干事创业，按照严、实、细的要求，一件事情一件事情抓落实，一个节点一个节点抓推进，把蓝图绘就成现实。坚持依法高效，强化政府法治意识，把依法行政贯穿政府工作始终，健全政府部门权责清单制度。自觉接受人大、政协和社会监督，让权力在阳光下运行。强化时间观念和效率意识，做到把一季当作一年用，把一年当作四年用，以快节奏赢得高速度，高效率换来快发展。强化纪律要求和督查问责，坚决纠正有令不行、有禁不止的行为，确保政令畅通，落实到位。

2019年1月15日，普宁市委十三届五次全会提出，要高举习近平新时代中国特色社会主义思想伟大旗帜，全面贯彻落实习近平总书记对广东重要讲话和对广东工作一系列重要指示精神，深入学习贯彻党的十九大和十九届二中、三中全会以及中央经济工作会议、广东省委十二届六次全会、揭阳市委六届六次全会精神，进一步落实省委"1+1+9"工作部署和揭阳市委"一四四"工作思路，坚持稳中求进工作总基调，坚持新发展理念，坚持推动高质量发展，坚持以供给侧结构性改革为主线，坚持深化市场化改革，扩大高水平开放，围绕"商贾名城、美好普宁"定位，做大做强大健康产业名城、快时尚服装名城、商贸物流名城，培育形成总部经济基地、金融服务基地、产业创新服务基地，努力打造区域次中心，走正道、出实绩、谋振兴，以优异成绩向中华人民共和国成立70周年献礼。

# 第九章

# 革命遗址、文物、纪念场馆

普宁是一个具有光荣革命传统的革命老区,是一块"红色土地"。本章收录的革命遗址,是普宁的共产党人、革命志士及人民群众为反帝、反封建,争民主、求解放进行艰苦卓绝革命斗争所留下的历史足迹。这些纪念地、标志物承载的革命历史、革命事迹和革命精神内涵丰富。由于篇幅所限,本章只收录较有代表性和较典型的普宁市30处革命遗址的概况、历史由来及图片。

习近平总书记曾说:"历史是一面镜子,它照亮现实,也照亮未来。了解历史、尊重历史才能更好把握当下,以史为鉴、与时俱进才能更好走向未来。"普宁的每一处革命遗址都凝结着党的优良传统和革命精神,是我们在新时代开拓创新、再铸辉煌的精神支柱,是需要倍加珍惜和永远传承的一笔不可多得的精神财富,也是对广大党员干部、青少年学生进行革命传统教育和爱国主义教育的生动教材。在新形势下,积极保护和开发利用这些红色资源,就是要以纪念地和纪念物为依托,以战争年代我们党培育的优良传统和革命精神为内涵,形象地对广大党员干部和青少年学生进行党的光荣历史教育和革命传统教育,使革命遗址所承载的革命精神、红色基因成为推动普宁跨越崛起的不竭动力。

# 第一节　革命遗址和文物

## 惠风亭——共青团普宁支部成立旧址

惠风亭位于洪阳镇"学宫"(当年为县立普宁一中,现为洪阳联中)后面的六角亭,是大革命时期普宁县第一个共青团支部成立地点。1925年5月,方思琼(后改名方方)由杨石魂、方临川介绍参加共青团。7月,方思琼在惠风亭主持召开了第一次共青团普宁支部会议,参加会议的团员有方思琼、彭奕、罗绩、黄中坚、方书略5人,会议选举方思琼为团支部书记。由于当时普宁县还没有共产党的组织,团支部受党的委托,兼管党的工作。

惠风亭

## 南山顶——中共普宁支部成立旧址

南山顶位于洪阳镇乌犁村东面的南山头，是大革命时期第一个中共普宁支部成立的地址。1926 年 1 月上旬，陈魁亚在此主持召开普宁县第一次党员会议，正式成立中共普宁支部。参加会议的党员有陈魁亚、彭奕、陈颂、陈宇任、张杰、何石、方家悟、李崇三、方书略等 20 多人。会议主要内容，一是选举产生党支部领导机构。会议选举陈魁亚为党支部书记，彭奕、陈颂、何石、方家悟、李崇三、方书略等 7 人为支部委员。二是指派党员分工到各区发展党员，壮大党的组织。

## 乌犁塔——普宁县农会办公旧址

乌犁塔原名培风塔，位于洪阳镇乌犁村后坑西南山坡上，建于清乾隆七年（1742），塔通高约 36 米，外观七层，平面作八角形，系三合土夯筑成的风水塔，为普宁"古八景"之一。大革命时期，这里是中共普宁党组织领导农民运动的活动中心。1926 年 1 月，中共普宁支部领导了有 10 万农民参加的围攻县城（洪阳）官僚地主集团的战斗，并取得胜利。2 月 6 日，彭湃代表

197

广东省农会到普宁慰问农友，在乌犁塔前集会向农民演讲。县农会领导机构和办公地址设在塔脚。同年在塔脚建立了农民市场，称"自由市"，设有中山街、马克思路、列宁路、李卜克内西街等。县农会还在此开设农民银行、商店、学校，塔脚成为共产党领导下全县政治、经济、文化的中心。

1963 年 10 月，普宁县人民委员会公布其为县级文物保护单位。1989 年 6 月，广东省人民政府公布其为省级文物保护单位。1996 年 11 月被评为普宁市爱国主义教育基地，2013 年 4 月被评为揭阳市爱国主义教育基地。

乌犁塔

## 厚积寺——普宁县农民自卫军大队部旧址

位于洪阳镇乌犁塔北侧。1926—1927 年，该处为中国共产党领导的普宁农民革命运动活动中心。清代厚积寺为文昌祠，后为联乡小学校址。1926 年，县农民协会、县农民自卫军基干大队部和农民自卫军一、二期训练班也设于此。

## 林惠山村三山国王庙——潮、普、惠三县军事委员会旧址

林惠山村三山国王庙

1927 年"四一二"反革命政变后，在党组织的领导下，于林惠山村成立潮、普、惠三县军事委员会，举行声势浩大的普宁"四二三"武装暴动。李芳岐（李运昌）任暴动总指挥，何石任副总指挥，组织四千农军第二次围攻县城。

## 九江陈氏祖祠——普宁县临时人民政府旧址

位于大坝镇九江村。1925—1926 年，陈魁亚、彭奕等在此领导农民运动。1927 年 4 月 23 日至月底，普宁各区农军第二次围攻县城洪阳，以武装斗争对抗白色恐怖。原国民党县党部的共产党员及国民党左派人员集中在此祠堂开会，发出讨蒋宣言，成立普宁县临时人民政府，由国民党左派李志前任县长。1961 年 10 月普宁县人民委员会公布其为县文物保护单位。1998 年在祠堂布置革命历史陈列室，1999 年 9 月被评为普宁市爱国主义教育基地，2014 年 4 月被评为揭阳市爱国主义教育基地。

## 三都书院——普宁党组织活动旧址

三都书院位于占陇镇小北山下村北的砰硼地，1924—1927 年为普宁县立

第二初级中学。1927年8月下旬，中共东江特委委员杨石魂在此召开普宁县党组织和农会干部会议，部署建立武装，策应"八一"南昌起义军入境。同时决定调集各区的农民武装集中到流沙圩的白塔秦祠堂，并决定通知各区做好第三次围攻普宁县城（洪阳）的准备工作。

1988年10月，普宁县人民政府公布其为县级文物保护单位。

三都书院

## 流沙教堂——"八一"南昌起义南下部队指挥部军事决策会议旧址

位于流沙新河东侧，旧址原为流沙基督教堂，清光绪十六年（1890）建，为贝灰瓦木平房结构，有前厢房、天井、后大厅、侧厅，宽20米，深17米，建筑面积340平方米。

1927年10月2—3日，中共前敌委员会和革命委员会等"八一"南昌起义的领导机关领导人，中共中央、广东省委部分领导人及南昌起义主要军事指挥员在流沙会合，周恩来等领导人驻流沙教堂。10月3日，由中共前敌委员会书记周恩来主持，在流沙基督教堂侧厅召开指挥部军事决策会议。参加会议的有李立三、恽代英、彭湃、张国焘、谭平山、贺龙、叶挺、刘伯承、聂荣臻、郭沫若、林伯渠、吴玉章、徐特立等。会议从政治上和军事上初步总结南昌起义以来的经验教训，贯彻中共中央"八七"会议精神，作出"丢掉国民党革命委员会的旗帜，打出苏维埃的旗帜，搞土地革命，武装人员撤往海陆丰与当地武装结合，领导人员撤离战区转香港、上海另行分配工作"等重大决策。

1949 年后，郭沫若、杨成武、宋任穷、彭冲、习仲勋等领导人先后参观视察旧址，均留下题赠。1984 年 8 月，聂荣臻为旧址题匾。旧址经 1962 年、1973 年、1979 年、1985 年、1987 年数次修建和整理陈列。常年参观人数约 4 万。1961 年被列为县文物保护单位，1979 年被列为广东省文物保护单位。1996 年被列为普宁市、揭阳市爱国主义教育基地；2011 年被广东省委党史研究室定为广东省中共党史教育基地；2011 年被中国人民解放军第二炮兵设立为理想信念教育基地（2016 年，更名为中国人民解放军火箭军理想信念教育基地）；2015 年被列为广东省爱国主义教育基地；2017 年被评为全国爱国主义教育示范基地。

## 承天休——周恩来等撤离战区时掩蔽处旧址

位于普宁市流沙南街道马栅村平房片门牌 3 号。1927 年 10 月，周恩来、叶挺、聂荣臻等南昌起义南下部队领导人途经普宁，10 月 3 日流沙军事决策会后往海（丰）陆（丰）方向撤退，经莲花山战斗，周恩来、叶挺、聂荣臻等与起义军大部队失散。在此危难之际，中共地方组织领导人杨石魂将周恩来、叶挺、聂荣臻等带领至马栅村承天休隐蔽，随后护送三位中央领导人安全撤离战区。

马栅村承天休是潮汕地区下山虎民居，建于清朝末年，建筑占地面积 130 平方米，保护范围面积 130 平方米。承天休原是马栅村人黄伟卿的旧居。

## 咸寮山洞——郭沫若避难处遗址

位于普宁市下架山镇咸寮村西南马鞍石山坷。洞口已遭采石破坏。1927 年 10 月 3 日下午，南昌起义军在普宁莲花山遭到国民党军突袭。激战中，起义军总政治部主任郭沫若和安琳、傅若、易君等被敌军冲散，辗转来到西社乡瓦窑坷，被中共普宁地方组织派来接应的黄寿山找到，旋即被带到咸寮村找陈开仪（区农会干部，1928 年 2 月被选为普宁县苏维埃政府执委主席）安置。陈开仪将郭沫若等带到该村西南五公里处的马鞍石山坷山洞隐藏。数天后，黄寿山、方家悟、陈开仪护送郭沫若等人经盐岭径穿越大南山到惠来县神泉港，后转海路秘密前往香港。2017 年 7 月被评为普宁市党员教育基地。2018 年 2 月被评为普宁市爱国主义教育基地。

咸寮山洞

## 宝镜院陈氏祖祠——中共普宁县委成立旧址

宝镜院陈氏祖祠

宝镜院陈氏祖祠位于洪阳镇宝镜院村。1927 年 9 月下旬至 10 月，"八一"南昌起义军进入潮汕时，起义军伤病员曾在此疗伤。1927 年 11 月初，中共东江特委书记彭湃派陈魁亚从海丰带彭奕、陈宇任等党员干部到普宁筹建县委，中旬在此首次正式成立中共普宁县委员会，县委机关也设置在这里，县委书记为陈魁亚，组织部长为彭奕，宣传部长为张清典，秘书方家悟，委员有何石、吴棣伍、翁时光等 7 人。

## 陂沟小学——普宁县第一次工农兵代表大会旧址

旧址位于大南山街道陂沟村，原为振声学校，后改称陂沟小学。1928 年 1 月，彭湃率红四师第十一团来普宁协助年关暴动，夺取政权。2 月 13 日，普宁县第一次工农兵代表大会在振声学校举行，成立县苏维埃政府。选举陈开仪为县苏维埃政府执委主席。1961 年 10 月普宁县人民委员会公布其为县文物保护单位。1997 年在旧址举办大南山革命斗争历史展览，同年 12 月被评为普宁市爱国主义教育基地，2003 年 6 月被评为揭阳市爱国主义教育基地。

## 什石洋辉祖祠——普宁县苏维埃政府办公旧址

位于大南山街道什石洋村。1928 年 2 月 13 日，普宁县苏维埃政府在陂沟小学成立后，于此祠堂内办公。1997 年市政府拨专款，并通过募捐集资共 15 万元，对辉祖祠修葺一新，在祠堂内布设村革命斗争历史展览。

1961 年 10 月普宁县人民委员会公布其为县级文物保护单位。1998 年 2 月被定为普宁市爱国主义教育基地。

## 吴爷宫——红二、四师野战医院旧址

位于大南山街道锡坑村，原为村里的"吴爷宫"，后作为村卫生站址。1927 年末至 1928 年初，中共普宁县委在大南山成立后方委员会，设立一些后方机构如修械厂等，建立后方医疗所，治疗"八一"南昌起义军留下的伤病员及"年关暴动"战斗中的农军伤员。1928 年，中国工农红军第二、第四师野战医院也设于此，当时红四师参谋长徐向前曾在此养伤。1961 年，旧址被列为县文物保护单位。1985 年，徐向前为该旧址手书"中国工农红军第二、四师野战医院旧址"的匾额。1996 年 11 月被评为普宁市爱国主义教育基地。

### 李春太石屋——彭湃革命活动旧址

李春太石屋是彭湃大南山革命活动旧址，位于普宁市大南山街道白马仔村。1928 年 2 月，中共东江特委书记彭湃率红二、四师到普宁、惠来两县领导平原革命斗争，同年春夏间，因斗争受挫而转入大南山区。彭湃和夫人许玉磬等住于此石屋领导革命工作。6 月，彭湃在此召开中共东江特委会议，检查了潮普惠三县暴动失败的原因，并制订了对三县党组织整顿的计划，拟订《惠普潮三县党组织状况与整顿计划》报广东省委。

1985 年，县政府拨款对旧址进行维修，保持石屋原状。建筑占地面积 50 平方米，保护范围面积 70 平方米。

李春太石屋（彭湃旧居）于 1988 年 10 月被普宁县人民政府公布为普宁县文物保护单位。

### 锡坑李氏和祖祠——普宁县革命委员会成立旧址

李氏和祖祠位于大南山街道锡坑村。1929 年 11 月，普宁县农民代表大会在这里召开，成立普宁县革命委员会。主席为李崇三，副主席为何石。会后，县革命委员会设办事处在此办公，延续到 1930 年下半年。

1961 年 10 月普宁县人民委员会公布其为县级文物保护单位。

锡坑李氏和祖祠

## 船埔镇樟树村德成楼——船埔区苏维埃政府成立旧址

德成楼，是大革命时期、土地革命战争时期、抗日战争时期和解放战争时期中共陆惠、潮普惠揭地方组织领导机关驻地，位于普宁市船埔镇樟树村。

**船埔镇樟树村德成楼**

1925年3月，中共海陆丰县党组织派何原达秘密到樟树村开展工作。8月，组织成立船埔区农会，开展革命斗争，领导机关设在德成楼。1929年12月15日，惠来县第六区（船埔区）苏维埃政府成立，朱荣为主席，领导机关曾设在此处。1930年1月，红军第四十九团团长彭桂率领红军到南阳山区和樟树村活动，号召樟树村青年、赤卫队参加红军，团部和陆丰县委也曾设在此处。1932年，古大存为第二任中共陆惠县委书记，县委领导机关设在此处。1937年，先后担任中共普宁县工委书记和潮普惠南分委统战部部长的马士纯同志和担任中共潮普惠分委、潮普惠揭中心县委组织部部长的罗天同志先后于樟树村一带苏区开展活动，设法恢复党组织，领导机关曾设在此处。1941年3月始，先后由詹泽平、黄友、郑建猷等同志负责的地下活动及武装斗争在樟树村展开，领导机关曾设在此处。

2006年7月，外出乡贤捐资对德成楼进行维修。建筑占地面积200平方米，保护范围面积200平方米。内设有革命历史文物展览。2018年2月定为普宁市爱国主义教育基地。

## 梅仔坜楼——西南红军野战医院驻地遗址

位于普宁市大南山街道梅仔坜村。土地革命战争时期，中共东江特委所领导的地区，分成西北（兴、梅、埔、五、揭、丰、蕉、平）、西南（潮、普、惠、陆、海、惠阳、紫）等区域，故在潮普交界的大南山上所建立的红军医院，称西南医院。1931年，在大南山中心区域的大溪坝村附近，以各县原来医疗所为基础建立的西南医院，是东江特委军委直接领导的红军野战医院。梅仔坜楼是西南红军野战医院驻地之一。1933年春，西南医院搬到梅仔坜村，活动于梅仔坜、白水磜、老贼营一带。在这里一直坚持到1935年，是大南山红军坚持到最后的单位。旧址是砖木楼房，高约8米，面积约30平方米。因年久失修，自然风化，楼已倒塌。

## 大南山石刻革命标语

位于大南山潮普惠三县交界处，为大南山革命根据地石匠翁千于1930—1932年所刻，共57条。普宁境内有"苏维埃欢迎白军士兵拖枪投红军"等10条，分布在下架山镇碗仔村盐岭径，均在路旁天然大石上凿刻，今保存完好。1979年被列为广东省文物保护单位。1996年11月被评为普宁市爱国主义教育基地。

## 九德祠、知本堂——泥沟群众学校旧址

位于燎原街道燎原中学内。该校是1936年初由民众小学（1935年创办）改名而来，是土地革命战争后期中国共产党掌握的一所革命学校，也是重新建立普宁县共青团支部的学校。土地革命战争后期，大南山苏区遭强敌进攻，革命斗争处于低潮，在这种十分恶劣的政治环境下，1935年泥沟村共青团员张重仁到上海寻找共产党的党组织。上海党组织派共青团员周志明、方泽豪前来泥沟群众学校任教。1936年4月，群众学校重新建立普宁县共青团支部，周志明任团支部书记，并发展了一批进步学生为共青团员。1937年7月一批共青团员转为中共党员，同时成立党支部，陈昌华任支部书记。当时，中共普宁县工委的主要领导人陈初明、马士纯、罗天等经常到学校指导革命工作。

1937 年抗日战争全面爆发后，作为普宁县党组织革命活动据点之一的群众学校，成为群众性抗日救亡运动的据点和著名的抗日救亡阵地。群众学校在土地革命战争后期和抗日战争时期为革命培养了一批革命骨干和共产党员，在普宁县革命斗争历史中，承前启后，继往开来，写下了光辉的篇章。

九德祠、知本堂

2003 年经向海内外乡亲集资 80 多万元，对群众学校旧址九德祠、知本堂进行修缮，旧址于 2004 年 10 月修葺一新。现旧址内由泥沟村党总支、村委会开设泥沟群众学校革命史展览馆，展览馆展出内容分为 10 个部分，共展出历史照片 180 幅，实物 58 件，领导题词 8 幅。

2003 年 2 月被普宁市文管办确定为文物保护对象。2016 年 3 月被评为普宁市爱国主义教育基地。

## 兴文中学钟楼——潮汕抗日救亡革命活动旧址

位于普宁市占陇镇兴文中学内。兴文中学的前身是私立翰堂高级小学。1934 年 3 月，学校由埔塘所属 10 个自然村民众集资和南洋华侨资助扩建，定名兴文中学。中学开办后，首任校长许宜陶先后聘请黄声、邱秉经、马士纯等一批共产党员和进步青年教师到校任教。1936 年建立了共青团支部。1937年下半年在教员和学生中发展党员 10 多人，建立了教职员和学生两个党支部。自此，兴文中学成为潮汕党、团组织活动的主要据点之一。

抗日战争初期，党组织在该校领导了广泛深入、声势浩大的抗日救亡运动和实施战时教育的革命运动，培养了一大批革命骨干力量，是抗战初期潮汕地区抗日救亡革命学校，被誉为"普宁抗日救亡运动的摇篮"。

兴文中学钟楼

兴文中学钟楼建筑占地面积 800 平方米，保护范围面积 800 平方米。1988 年 10 月被普宁县人民政府公布为普宁县文物保护单位。

## 梅峰公学——潮汕抗日救亡革命活动旧址

梅峰公学即现在的梅峰中学，位于普宁市梅塘镇梅塘圩内，是抗日战争时期潮汕地区著名的抗日救亡革命学校。梅峰公学前身是梅峰高等小学，由学校周围 13 个乡村群众集资创办。1927 年 5 月，学校被国民党反动派以"赤派"罪名强令停办。1936 年春复办。该校是 20 世纪 30 年代广东省内推行陶行知"生活教育"的著名学校。1937 年 7 月，中共普宁特别支部在此成立，8 月，扩建为中共普宁县工作委员会。梅峰公学成为中共党组织领导全县抗日救亡运动的中心。1939 年 6 月，汕头沦陷，潮安、澄海等有志青年纷纷慕名到校就读，追求真理，学校成为开展抗日救亡运动、培养革命骨干的阵地，被誉为"普宁抗日救亡运动的摇篮"。

1961 年 10 月普宁县人民委员会公布其为县级文物保护单位。

梅峰公学

## 合利书店

位于普宁市原流沙镇中华路门牌 26 号。因流沙旧城区改造，旧址已不存在。1938 年 10 月至 1940 年 4 月，中共潮普惠南分委、中共潮普惠揭中心县委先后在这里开设合利书店和印刷厂。二楼为县委机关所在地。

1938 年 10 月，潮普惠南分委为传播革命理论与普及抗战文化，推动抗日运动的开展，在流沙租用这栋二层建筑的一楼开设合利书店并创办印刷厂。书店经常发行《新华日报》、《抗敌导报》（岭东青抗会机关刊物）、《群众》、《解放》、《前驱》（中共闽粤赣边省委机关刊物）等十多种共产党的报刊和《论持久战》《目前形势与我们的任务》《抗日游击战术》《马列主义问题》《二万五千里长征》《西行漫记》等不下百种的革命书籍；印刷厂编印各种战时课本、抗敌歌谣，供学校和夜校读用，印数有八万多册。还印行中共潮普惠揭中心县委主办的机关报《青报》。合利书店通过发行网，把这些革命书籍和报刊输送全县各地。传播范围东至陈店、和平，西至钱坑，南至盐岭、惠来，北至棉湖、揭阳，远及兴梅、潮澄饶一部分地区，受到党的基层组织和广大群众的欢迎，起到很好的宣传教育作用。

## 敬爱小学——中共普宁工委办公旧址

位于流沙西街道赵厝寮村。1938 年，普宁党组织在抗日救亡运动中迅速发展壮大，为了更好地领导全县运动，中共普宁工委由梅峰公学迁设敬爱小学，工委书记陈初明、罗天，区委书记林川，县青抗会常务干事郑敦等均以教职员的身份隐蔽在这里，领导全县群众开展抗日救国斗争。

1993 年 12 月被普宁市文管办确定为文物保护对象。

敬爱小学

## 杨氏祖祠——潮汕人民抗日游击队成立旧址

位于南径镇白暮洋村，为 20 世纪 30 年代初建的二进三开间祠堂。1945 年 3 月 9 日，潮普惠与揭阳两路抗日武装队伍共 300 多人在此会合，成立潮汕人民抗日游击队，发布成立宣言。党代表为林美南，队长为王武。会后指战员转移到大南山，开辟抗日游击根据地，进行军事训练，然后赴各地抗日。1961 年旧址被列为县文物保护单位。1998 年在旧址内举办广东人民抗日游击队韩江纵队史展览馆。1999 年 9 月被评为普宁市爱国主义教育基地。

## 大窝村——韩江纵队司令部旧址

韩江纵队司令部旧址位于普宁市大南山街道大窝村。因年久失修，自然风化，已倒塌。

1945 年 3 月 9 日，中国共产党领导的潮汕人民抗日游击队在普宁县白暮洋村正式宣告成立。林美南任游击队党代表，王武任队长，曾广任政委，林川任政治处主任，谢育才任军事顾问，张珂敏任军需处主任。10 日，游击队开会研究决定以有光荣革命斗争历史的大南山为根据地，开展抗日游击斗争。11 日晚，游击队转移到大南山的锡坑，在大窝村设立了司令部、后方办事处和党务工作委员会，并建立了宣传、民运、后勤等工作机构。6 月初，中共潮汕地方组织主要负责人林美南在普宁县陂沟村召开潮汕各地党组织主要负责人和游击队主要领导人参加的会议，转达了中共广东省临委关于将潮汕人民抗日游击队扩编为广东人民抗日游击队韩江纵队的重要指示。会议决定在韩江纵队之下组建3个支队：以潮澄饶敌后抗日游击队为主，会合正在筹备的揭阳梅北的小北山人民抗日游击大队在潮揭丰边界的小北山组建第一支队；潮普惠方面的潮汕人民抗日游击队改编为第二支队，以大南山为抗日游击根据地；以曾广、汪硕率领的独立大队为基础，在适当时机前往大北山，开辟以大北山为中心的游击区，成立第三支队。同月底，广东人民抗日游击队韩江纵队暨第二支队在普宁县流沙圩正式成立。广东人民抗日游击队韩江纵队及随后成立的第二支队，以大南山为根据地，打击小股日伪军和国民党顽军，开展抗日游击斗争，为驱逐日本侵略军，收复潮汕失地，夺取抗战最后胜利作出了重要的贡献。

大窝村

## 鸣和居——中共潮普惠县委办公旧址

位于普宁市池尾街道山湖村观里门牌13号。

1940年春，中共普宁二区区委设于山湖学校。同年4月至12月，中共潮普惠县机关从流沙移驻于山湖村，县委书记罗天和县委妇女部部长方东平以兄妹相称住在山湖的一座华侨房屋"鸣和居"。县委组织部部长张鸿飞、杜修田、宣传部部长林川、青年部部长吴健民等也经常到山湖村鸣和居开碰头会，研究指导全县党的工作，深入宣传发动群众投入抗日斗争，揭露国民党顽固派消极抗日、积极反共的罪行。下半年，在区委书记李凯领导下，山湖支部顺利转入隐蔽活动，党支部做好党员的思想政治工作，对党员进行保密教育、纪律教育、形势教育，以提高党员的觉悟，在恶劣形势下坚持斗争。

鸣和居建筑占地面积 250 平方米，保护范围面积 300 平方米。鸣和居于1993 年 12 月被普宁市文管办公布为普宁市文物保护对象。

### 石桥头村逊敏学校——中共普宁县委旧址

位于军埠镇石桥头村。抗日战争、解放战争时期，中共地方党组织诸多领导人常以教书为掩护，在这里开展革命活动。时任中共普宁县委宣传部长、组织部长、书记的李雪光较长时间居住于此。1946 年 2 月至 1949 年 5 月是中共普宁县委员会机关所在地。

石桥头村逊敏学校

### 湖寨郑氏宗祠——中国人民解放军闽粤赣边纵队第二支队第九团成立旧址

位于云落镇湖寨村。1949 年 2 月 1 日中国人民解放军闽粤赣边纵队第二支队第九团在这里成立。团长为陈扬，政委为王家明。第九团是中共普宁县委、边纵司令部领导的一个地方团，共有 870 多人。

## 平湖有祖祠——普宁县人民政府办公旧址

位于流沙西街道平湖村（市人民广场南侧）。1949 年 5 月 1 日流沙解放后是中国人民解放军闽粤赣边纵队第二支队指挥部驻地。同年 7 月 1 日，普宁县人民政府在流沙成立。首任县长为陈焕新，政府机关设于此。

平湖有祖祠

# 第二节　纪念场馆

## 一、革命烈士墓

### 邓宝珍烈士墓

邓宝珍烈士墓位于普宁市大南山街道陂沟村和尚坷虎地山坡。

邓宝珍，河北省人，系"八一"南昌起义军炮兵连连长，共产党员。"八一"南昌起义军撤离普宁县时，他因患病留驻普宁县，在中共普宁县委机关所在地洪阳镇宝镜院村的陈开固家隐蔽养病。1927 年 12 月，任广东工农革命军第六团队参谋长兼军事训练班教官，在大南山培训军事骨干，带领地方武装开展"年关暴动"。1928 年 4 月 6 日，在配合红四师第十一团攻打地方武装陇头据点的战斗中壮烈牺牲。忠骸由陂沟村群众安葬在陂沟村官田埔的山上。

该烈士墓原是葬于陂沟村官田埔的土堆墓，1983 年 8 月普宁县人民政府拨款重建于现址。建筑占地面积 80 平方米，保护范围面积 100 平方米。

邓宝珍烈士墓

邓宝珍烈士墓于 1988 年 10 月被普宁县人民政府公布为普宁县文物保护单位。

## 李存穆烈士墓

李存穆烈士墓位于普宁市里湖镇富美村榕江北岸大架山。

李存穆又名李天海，化名王良，里湖镇富美村人。1927 年加入中国共产党，历任中共普宁县第九区区委书记、普宁县黄色乡村工作委员会主任、普宁县委委员、东江革命委员会经济委员兼印刷局长、潮普惠县苏维埃政府委员等职。1931 年 8 月因叛徒出卖被捕，在狱中坚贞不屈，10 月 7 日在洪阳镇就义。群众感念他的英烈，漏夜抢回他的尸体，安葬在此处。该墓用灰沙夯筑，有封土堆，碑文："潮普惠县政府委员祖考烈士存穆李公之墓"。李存穆烈士墓左旁有 1933 年 8 月牺牲的李存瑶烈士墓。

李存穆烈士墓

李存穆烈士墓建筑占地面积 40 平方米，保护范围面积 40 平方米。

李存穆烈士墓于 1988 年 10 月被普宁县人民政府公布为普宁县文物保护单位。

## 梅林十九烈士墓

梅林十九烈士墓位于普宁市梅林镇梅林中学东北侧。

1950 年元旦，普宁县人民政府为纪念解放战争时期牺牲的革命烈士而修建了革命烈士墓（梅林）。墓碑上标明：中共党员中队副队长李秀龙，中国人民解放军班长赖庚申、古石财、邓宜来、郑娘喜、赖戴尚、赖清龙，情报员赖乌镇，通讯员黄武生、温矍，民兵中队长杨兆南、赖坤，民兵小队长赖少，队员吴兴、陈水金、钟开、温增、杨通，村农会长赖敢19位烈士之墓。

梅林十九烈士墓建筑占地面积200平方米，保护范围面积200平方米。

梅林十九烈士墓于1988年10月被普宁县人民政府公布为普宁县文物保护单位。

梅林十九烈士墓

## 高埔十一烈士墓

高埔十一烈士墓位于普宁市高埔镇高埔村圩仔顶。

1930年初，中共惠来县委委员温达初任高埔乡苏维埃政府主席，刘乾坤任区委委员，领导农民进行武装斗争，组建了赤卫队。1930年6月26日，高埔乡苏维埃政府主席温达初、区委刘乾坤和赤卫队员温孟、温炎、温质、温森、温演禄、温场便、黄毡、李妙守、刘甲11位革命人士在高埔洋道隆村温氏宗祠被国民党地主武装杀害。1954年11月16日，普宁县人民政府为纪念在"洋道隆事件"中遭敌围捕杀害的11位烈士而修建烈士墓。

高埔十一烈士墓建筑占地面积60平方米，保护范围面积600平方米。

高埔十一烈士墓

## 多年山十八烈士墓

多年山十八烈士墓，亦称十八烈士纪念碑，位于普宁市池尾街道多年山村草鞋地山。

1945 年 8 月 5 日，国民党顽军向在大南山西部周围乡村活动的广东人民抗日游击队韩江纵队第二大队和普宁的二区民主政府发起空前规模的军事"围剿"，为保存实力，韩江纵队第二支队第二大队奉命前往阻击，当天下午 2 时许，第二大队第三、四中队在牛屎山挡住两路敌军的进攻，但由里湖绕道从高明来的敌军又分两路向在多年山村后山上阻击的游击队第三中队夹攻，企图穿过暗径山直抵陂沟村袭击韩纵第二支队司令部和二区民主政府，游击队第二大队为完成阻击任务，顽强战斗，一直到黄昏，共毙伤敌军 24 人，成功地掩护了游击队第二支队司令部、二区民主政府及非战斗人员安全撤入大南山。阻击战中，陈欣丰（第三中队指导员）、张珂华（副指导员）、方溜、陈克平、汪瑞枝、吴雄、杨进明、叶兴阳、许淑海、许进家、许龙桂、肖喜鸿、张锡青、王炳河、王如义、李纯金、陈荣山、汪兆水这 18 位指战员壮烈牺牲。

该烈士墓于 1956 年 9 月 15 日建碑，1985 年 5 月重修，2006 年 10 月再重修。碑高 6.05 米，宽 5.6 米，碑基面积 35 平方米，碑正中刻着"十八烈士之墓"。建筑占地面积 500 平方米，保护范围面积 1 000 平方米。

多年山十八烈士墓

多年山十八烈士墓于 1961 年 10 月被普宁县人民委员会公布为普宁县文物保护单位。2004 年普宁市政府拨款对烈士墓进行修缮。2016 年 3 月被评为普宁市爱国主义教育基地。

## 王武烈士墓

王武烈士墓位于普宁市燎原街道泥沟村鹅地山。

此墓是 1958 年为纪念抗日战争时期在西陇战斗中牺牲的潮汕人民抗日游击队大队长王武、班长杨少豪和解放战争时期的二区武工队交通员李千等烈士而修建的。

王武烈士墓实为王武、杨少豪、李千三合土墓，石碑高 2 米，墓碑刻着"革命烈士王武　杨少豪　李千同志之墓"碑文，建筑占地面积 84 平方米，保护范围面积 84 平方米。

王武烈士墓于 1988 年 10 月被普宁县人民政府公布为普宁县文物保护单位。

王武烈士墓

## 吕文亮烈士墓

吕文亮烈士墓位于普宁市梅塘镇社山村社山岩。

吕文亮烈士墓坐东南向西北，是民政部门为纪念解放战争时期烈士吕文亮（大坝上村人）而修建。该烈士墓建筑占地面积 13 平方米，保护范围面积 13 平方米。

吕文亮烈士墓于 2011 年 11 月被普宁市人民政府公布为不可移动文物。

吕文亮烈士墓

## 张伯哲烈士墓

张伯哲烈士墓位于燎原街道泥沟村枫树山山坡上，2012 年 6 月 15 日建，夯贝灰沙，中间碑石筑成半月形墓面，墓地面积 30 平方米。

张伯哲，原名张开明，1920 年 4 月 10 日生，燎原街道泥沟村人。1938年在普宁兴文中学读书时就积极投身抗日救亡运动，1939 年春到南侨中学就读，并加入中国共产党，7 月被党组织委派到韩山师专读书并担任学生支部书记，1945 年起先后担任广东人民抗日游击队韩江纵队二支第二大队政委、一支第一大队教导员等职，1945 年 12 月调任中共潮安县工委书记，1946 年10 月奉调香港，参加筹办培侨中学，1947 年 1 月被中共香港分局派往台湾，参加中共党组织的组建工作，发展党的组织和从事情报工作，任中共台中地区工委书记。1950 年 4 月 5 日，由于叛徒出卖被捕，在狱中虽遭受酷刑仍坚贞不屈，视死如归。12 月 8 日被国民党反动军警押往台北市郊马场町秘密杀害，时年仅 31 岁。

1994 年张伯哲同志被广东省人民政府追认为革命烈士。1996 年国家民政部颁发给烈士证书。2012 年 6 月，经烈士亲属张庆民多方寻找，在台湾台北市郊找到烈士骨骸，挖掘带回家乡。同年 6 月 15 日普宁市人民政府在泥沟村三脚岭"归根阁"前举行张伯哲烈士骨骸魂归故土安放仪式，随后烈士的遗骸被护送至墓穴入土安葬。

张伯哲烈士墓

## 二、革命烈士纪念碑

### 中国工农红军烈士纪念碑

中国工农红军烈士纪念碑位于普宁市里湖镇汤头村。

中国工农红军烈士纪念碑建成于 1957 年 11 月 28 日。纪念碑碑身正面书"中国工农红军烈士纪念碑",碑座正面写着:"中国工农红军东江十一军第四十六团于 1932 年 11 月 28 日(阴历十一月初一日)在汤头地方抵抗国民党匪军进攻,团长古宜权、排长甘必清等同志英勇战斗壮烈牺牲纪念。"

该纪念碑为钢筋水泥结构,碑座平面 81 平方米,碑高 8 米,方向正南,保护范围面积 81 平方米。

中国工农红军烈士纪念碑于 1988 年 10 月被普宁县人民政府公布为普宁县文物保护单位。

中国工农红军烈士纪念碑

### 流沙革命烈士纪念碑

流沙革命烈士纪念碑位于普宁市流沙西街道流沙人民公园内。

流沙革命烈士纪念碑1958年由全县国家干部和县城职工捐款集资筹建，是普宁人民为纪念新民主主义革命时期牺牲的革命烈士而树立的。纪念碑上书"革命烈士纪念碑"，系集鲁迅手稿字迹放大镶古板金，碑座刻有碑文。

该纪念碑为钢筋混凝土洗石建筑，碑高15米（含碑座5米），1996年普宁市政府拨专款重新修缮。建筑占地面积400平方米，保护范围面积400平方米。每年的清明节和9月30日烈士纪念日期间，普宁市（县）党政领导和各界代表前往祭扫革命烈士纪念碑，缅怀先烈的丰功伟绩。

红宫（含流沙革命烈士纪念碑）于1961年10月被普宁县人民委员会公布为普宁县文物保护单位，1998年2月被中共普宁市委、普宁市人民政府公布为普宁市爱国主义教育基地。

### 大长陇革命烈士纪念碑

大长陇革命烈士纪念碑位于普宁市军埠镇大长陇村山林场。

大长陇革命烈士纪念碑

大长陇革命烈士纪念碑（历史照）

大长陇革命烈士纪念碑系人民群众为纪念土地革命战争时期牺牲的中国工农红军第十一军四十七团政委陈开芹等革命烈士而建立的。陈开芹烈士是军埠镇大长陇乡人，1925年加入共青团，1926年加入中国共产党。历任中共潮阳县委常委、潮阳县委书记、红十一军四十七团政委、中共潮普惠县委组织部长、东江红军红一团和红二团政委、中共东江特委军委常委等职。1933年4月，在海丰县激石溪黄狗地为掩护县委机关转移英勇牺牲，时年28岁。

该纪念碑于1958年5月建于军埠镇大长陇侨联大楼围墙内，1987年迁建于军埠墟，现已迁建白沙溪水库旁大长陇山林场。建筑占地面积40平方米，保护范围面积40平方米。

大长陇革命烈士纪念碑于1988年10月被普宁县人民政府公布为普宁县文物保护单位，2011年11月被普宁市人民政府公布为不可移动文物。

## 赤水革命烈士纪念碑

赤水革命烈士纪念碑

赤水革命烈士纪念碑，亦称八烈士墓，位于普宁市流沙西街道赤水村松仔岭山。

1958 年由普宁县民政局拨款修建。此碑是赤水村农业合作社为纪念土地革命战争时期、抗日战争时期和解放战争时期为革命牺牲的赤水村 8 位烈士黄光汉、陈春林、陈惠、黄光武、陈勃、陈海涛、陈立道、陈新益等而建立的。纪念碑后是烈士的墓葬。

该纪念碑高 6.35 米，1979 年重修，1997 年再修缮。建筑占地面积 1 750 平方米，保护范围面积 1 750 平方米。

赤水革命烈士纪念碑于 1988 年 10 月被普宁县人民政府公布为普宁县文物保护单位。

## 泥沟革命烈士纪念碑

泥沟革命烈士纪念碑位于普宁市燎原街道泥沟村三祝岭西侧山坡。

为纪念新民主主义革命时期在泥沟村开展革命活动的李天海烈士和泥沟村为革命牺牲的张珂朝、张珂白、张桂芳、张亚泉、张珂普、庄赛月、张声文、张鸣蔼、张亚柑、张亚为、张声汉、张丽卿、张珂华、张锡青、张珂敏、许从、张瑞芝、许春色、张木雄、张伯哲、许佑涩这 21 位烈士，泥沟村干部群众和海外侨胞集资于 1992 年 10 月 1 日建成该碑。碑两侧竖有大理石刻的"碑记"和"革命烈士英名"。

泥沟革命烈士纪念碑

该纪念碑碑高 6.5 米，围栏基础平面 1 300 多平方米（保护范围面积）。

泥沟革命烈士纪念碑于 2011 年 11 月被普宁市人民政府公布为不可移动文物。2016 年 3 月被评为普宁市爱国主义教育基地。

## 龙坑革命烈士纪念碑

龙坑革命烈士纪念碑位于普宁市大坪镇龙坑村。

龙坑革命烈士纪念碑是为纪念大革命、土地革命战争期间牺牲的魏荫亭、魏廷思、魏庚可等 30 多位革命烈士而建。2006 年 8 月建成，坐西向东，水泥结构，洗石，碑高约 5 米、宽 2.45 米。建筑占地面积 624 平方米，保护范围面积 6 247 平方米。2018 年 2 月被评为普宁市爱国主义教育基地。

龙坑革命烈士纪念碑

## 林惠山革命烈士纪念碑

位于普宁市洪阳镇林惠山村大埔山。

林惠山革命烈士纪念碑于 1999 年建成，是为纪念在新民主主义革命时期牺牲的林惠山村革命先烈而建的。

该纪念碑共有两座，均为灰岗岩结构，坐南向北。建筑占地面积 16 平方米，保护范围面积 16 平方米。

林惠山革命烈士纪念碑于 2011 年 11 月被普宁市人民政府公布为不可移动文物。

林惠山革命烈士纪念碑

## 涂洋革命烈士纪念碑

革命烈士纪念碑（涂洋）位于梅塘镇涂洋村娘仔坟山北侧山坡上。该碑是涂洋村干部群众和革命老同志集资于 2009 年 5 月建立的，碑高 6.3 米，范围面积 500 平方米。碑座前后有大理石刻"碑记"和"革命烈士英名"。此碑是为纪念在各个革命时期牺牲的涂洋村 8 位革命烈士官秀炎、曾四良、张永忠、王林、曾三平、方溜、方修亮、方明钦等而建立的。2016 年 3 月被评为普宁市爱国主义教育基地。

涂洋革命烈士纪念碑

# 三、纪念馆

## 普宁红宫

普宁红宫亦称普宁革命纪念馆、革命文物陈列馆，位于普宁市区流沙人民公园内。

红宫建于 1958 年，为贝灰三合土瓦木传统宫殿式建筑，坐西向东，一正厅及两侧室共 3 间，开正门和左右两个侧门，红墙红柱，故称"红宫"。宫深 10 米，阔 20 米，建筑面积共 288 平方米，保护范围面积 320 平方米，建成之日即开馆展出。中厅按新民主主义革命四个时期陈列普宁人民在中国共产党领导下的革命斗争史迹与文物，共展出照片 90 张，实物 131 件，张挂革命烈士遗像和英名表等。红宫是普宁革命烈士陵园（现流沙人民公园）的重要组成部分，是为革命烈士陵园配建的革命文物和革命烈士遗物遗迹陈列馆。

红宫（含革命烈士纪念碑）于 1961 年 10 月被普宁县人民委员会公布为普宁县文物保护单位，1998 年 2 月被中共普宁市委、普宁市人民政府公布为普宁市爱国主义教育基地。

## 普宁革命烈士陵园

普宁革命烈士陵园

普宁革命烈士陵园，位于普宁市区流沙人民公园内。

1958 年，普宁人民为纪念大革命、土地革命战争、抗日战争、解放战争牺牲的革命烈士而建此革命烈士陵园。该革命烈士陵园以"革命烈士纪念碑"（钢筋混凝土洗石建筑，碑高 15 米，碑文采用鲁迅笔迹）与"红宫"（革命文物和革命烈士遗物遗迹陈列馆）相配合的纪念建筑物为主体，并配以园林。1958 年 5 月 1 日建成，20 世纪 60 年代中期改名"流沙人民公园"，园名为郭沫若所题。建筑占地面积 1 680 平方米，保护范围面积 1 680 平方米。

普宁革命烈士陵园于 1961 年 10 月被普宁县人民委员会公布为普宁县文物保护单位，1988 年 4 月被广东省人民政府批准为广东省重点烈士纪念建筑物保护单位（广东省民政厅 1989 年 10 月 1 日公布），2011 年 11 月被普宁市人民政府公布为不可移动文物。

## 普宁市大南山革命斗争历史文物陈列馆

大南山革命斗争历史文物陈列馆，即大南山革命斗争历史展览馆，位于普宁市大南山街道陂沟村向东片门牌 0001 号。

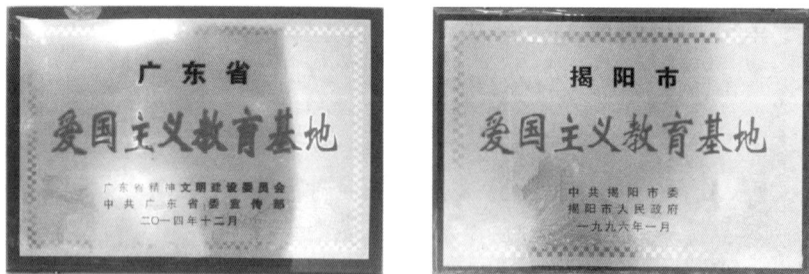

广东省、揭阳市爱国主义教育基地牌匾

1997 年，中共普宁市委、普宁市人民政府拨款对普宁县苏维埃政府成立旧址（陂沟小学）再次进行修缮，并布设了大南山革命斗争历史文物展览。

展厅面积 200 余平方米，陈列图照 80 幅，文物（复制品）40 件，大南山革命斗争历史文物陈列馆（大南山革命斗争历史展览馆）在普宁县苏维埃政府成立 70 周年纪念日（1998 年 2 月 13 日）揭幕开馆。建筑占地面积 300

平方米，保护范围面积 300 平方米。大南山革命斗争历史文物陈列馆备受各界参观者称赞。

大南山革命斗争历史文物陈列馆于 1997 年 12 月被评为普宁市爱国主义教育基地，2003 年 6 月被中共揭阳市委、揭阳市人民政府公布为揭阳市爱国主义教育基地。

普宁市大南山革命斗争历史文物陈列馆一角

## 杨石魂故居

杨石魂故居位于普宁市南溪镇钟堂村钟堂圩桥头仁厚里。

杨石魂（1902—1929），原名秉强，字昌义，广东省普宁市人。出生于一个中医家庭。"五四"运动时期，杨石魂积极投身反帝反封建斗争，成为岭东学生运动的领袖。1923 年 11 月参加社会主义青年团，成为广东学生运动领袖。1925 年加入中国共产党，担任首任中共汕头特支书记，是潮汕地区党组织创建人。大革命时期，任汕头市总工会执行委员长，出色地领导了工人运动，成为著名的工人运动领袖。当革命遭受反动派镇压摧残时，在普宁领导了轰轰烈烈的"四二三"武装暴动，带领工农武装奋起反击国民党右派的大屠杀。八一南昌起义部队进军潮汕时，带领工农武装策应起义军占领潮汕，并建立了红色政权，史称"潮汕七日红"。在起义军遭受敌军截击而失散的危难之际，不顾个人安危，协助起义军领导人安全撤离战区，机智勇敢地掩护周恩来、叶挺、聂荣臻三位中央领导人撤离战区并转移到香港，为中国革命立下了不朽功勋。在艰苦险恶的斗争环境中，历任中共南路特委书记、北江特委书记、广东省委常委、宣传部主任等职，为广东的革命斗争倾尽心血。1929 年被党中央调往武汉，参与重建中共湖北省委工作，任省委常委兼秘书长，同年 5 月被捕牺牲，年仅 27 岁。

杨石魂青少年时期读书的书房

该故居建于清朝光绪年间，是"四点金"风格的院落式民居，"两进六间一天井"，墙体为三合土夯筑，屋顶为瓦木结构。2007 年，普宁市人民政府筹资修缮。建筑占地面积 1 205 平方米，保护范围面积 1 205 平方米。

杨石魂故居于 2008 年 6 月被普宁市人民政府公布为普宁市文物保护单位，2011 年 11 月被普宁市人民政府公布为不可移动文物，2008 年 6 月被中共普宁市委、普宁市人民政府公布为普宁市爱国主义教育基地。同年 11 月被中共揭阳市委、揭阳市人民政府公布为揭阳市爱国主义教育基地。

## 方方纪念馆

方方纪念馆位于普宁市洪阳镇文化站大楼内。

方方纪念馆是为纪念我国老一辈无产阶级革命家、中国共产党优秀党员、久经考验的共产主义忠诚战士、党和国家侨务工作的卓越领导人方方同志而建。1998 年 3 月兴建，1999 年 9 月竣工。建筑占地面积 2 700 平方米，保护范围面积 26 700 平方米，是普宁市红色旅游景点之一。该馆为四层楼房建筑，馆内一层中厅树立方方同志 3 米高铜质塑像，身后是反映流沙新貌的巨幅彩色照片，四周有毛泽东、邓小平、杨尚昆对方方的评价和题词。塑像基座刻有原国家副主席王震题写的"方方同志塑像"。馆内二层陈列厅约600平方米，以大量的历史照片、实物、方方手稿、党和国家领导人题词等共400多件文献资料展示方方同志革命的一生、光辉的一生。原国家主席杨尚昆题写了"方方纪念馆"馆名。

方方纪念馆于1999年10月被中共普宁市委、普宁市人民政府公布为普宁市爱国主义教育基地，2003年7月被中共揭阳市委、揭阳市人民政府公布为揭阳市爱国主义教育基地。

方方故居位于普宁市洪阳镇西村学巷门牌304号

原国家主席杨尚昆题写"方方纪念馆"馆名

## 庄世平故居

庄世平故居位于普宁市燎原街道果陇村。

庄世平（1911—2007），广东普宁人。1934年北平中国大学经济系毕业。1934—1941年旅居泰国。1942—1945年在老挝、越南以及我国柳州、重庆等地从事经济活动，支援抗日。1947年到香港筹办南洋商业银行及澳门南通银行。1949年创办南洋商业银行，任董事长兼总经理历40年。1986年退休，任南洋商业银行名誉董事长。历任中国银行港澳管理处副主任、华侨商业银行常务董事、集友银行副董事长、侨光置业有限公司董事长等职。1959年起，先后当选为第二、三、四、五、六届全国人大代表，第七、八、九届全国政协常委，第六届全国人大华侨委员会委员，全国侨联副主席、中国银行常务董事、中国航空公司董事、中国儿童和少年基金会副会长、中国贫困地区发展基金会理事、汕头大学校董会副主席、汕头经济特区顾问委员会主任、香港特别行政区第一届政府推选委员会委员。1977年12月，香港特别行政区颁授他大紫荆勋章。

该故居始建于20世纪初，坐东向西，二进，整体布局为传统"四点金"民居，面阔13.5米，纵深19米，墙体为三合土夯筑，屋顶为瓦木结构，硬山顶，1989年修缮。建筑占地面积2 500平方米，保护范围面积2 500平方米。

庄世平故居

## 庄世平博物馆

庄世平博物馆是揭阳市的标志性建筑,是潮汕人民的荣耀,是为纪念全国政协原常委、全国侨联副主席、香港普宁同乡联谊会创会会长和永远名誉会长,著名革命家、爱国者、金融家、社会活动家和杰出侨领庄世平先生而建设的,是潮汕人民缅怀庄老爱国爱乡崇高精神和优秀品质、展示庄老一生奋斗历程和丰功伟绩的重要场所,是凝聚广大侨心,联系侨胞、港澳同胞和社会贤达的桥梁纽带,是统战工作的一座大平台。

该博物馆在揭阳市委、市政府,普宁市委、市政府高度重视下,在广大侨胞、港澳同胞关心和大力支持下,于 2005 年 2 月奠基,2007 年 5 月破土开工,工程总投入约 1 664 万元,于 2010 年春节竣工开馆。

庄世平博物馆占地面积 30 多亩,建筑面积 6 600 平方米。坐落在美丽的莲花山下、普宁市华侨中学后面的小岛上。一水环绕四周,青山绿水相伴,白云与蓝天相映,雅致清幽,地势钟灵,得天独厚。博物馆主体楼高四层,中间增设三层塔楼,辅之以圆顶作为观景台,馆内共有 26 个展室、一个会议中心、一个接待室、一个大礼堂,布局合理。小岛上博物馆四周园林建设包括园林绿化、景点、灯饰、照明等自然造景,动静结合。小岛四周设计文化长廊,以精美石刻呈现潮汕名人、墨客诗文字画,自成独特的碑林,使博物馆人文景观更加丰富多彩、文化底蕴更加厚重。

庄世平博物馆镌刻着庄老高尚的人格精神、蕴含着丰富的教育资源,是全国青少年学生爱国主义教育基地,是统战工作的一面旗帜。

# 第十章

# 革命历史文献资料

（1）本章节文献所选资料，仅对个别明显的别字、重字、掉字、倒字作了若干订正，其他均未作修改；

（2）对明显的错字、漏字，将正字改于后，并加"[ ]"；

（3）字迹模糊，无法辨认的字，以"×"代替；

（4）原件上的缺损字，以"□"代替，缺字数较多的则加注说明；

（5）有的档案资料需酌加删节时，均以"略——编者"说明；

（6）原件无标题或原文标题未能表达编选内容的，由编者另拟，并加"＊"标明；

（7）书中注释均为编者所加，以①②③依次标明置于页下；

（8）有关资料出处则在文章后面加括号说明。

# 第一节　历史文献

## 普宁地主劣绅压迫农民之经过

（1926 年 2 月 25 日）

普宁地主劣绅，对于农民之种种压迫，并且纠合其爪牙保卫团等向农民进行攻击；以至该地八乡农民惨遭杀戮。其情形经纪前报。现复得本会潮梅办事处特派专员林苏同志，对于此次冲突之远因近因及最近之情形更为详尽的报告，兹曲录之如下：

### 一、发生之远因

各方面对于农民之压迫：（一）地主恃恶政治势力的保护，逐年增加租额。（二）奸商之重利盘剥。（三）劣绅土豪的压迫掠夺。盖普城方姓占全城人口百分之八十；方姓之劣绅地主土豪当亦较他姓为多。因此占有政治势力最大，向以依恃政治势力压迫农民敲剥农民，其最著事实甚多，远者如前清年间地主压迫农民，血战四十余年，及后方姓地主方耀曾为清政府提台，握有重兵，声威赫赫，胁迫清偿四十余年战时之损失，又硬勒农民加租，农民无力以应，被其杀戮焚掠者不可胜计。农民土地，悉为方耀占夺，如赤过鸟寨仔内水龙寨诸乡被压迫而为方姓地主所有，扣马院桥全乡概被杀戮，该乡建为地主府第，福安里从此更加肆意横行，压迫农民，拜地主为谊父，年献地主租谷数十石不等。且一地主而有数十个谊子者。地主对农民额外谋收田鸡田鸭田米，又斗及盖年年换大等等。每遇年关，地主纷纷下乡讨债，对农民说："你祖父欠我祖父的债。"农民如有抗议，即被殴打或监禁。此项勒索，就附近八乡计，每年达六千余元，地主得此农民之膏血，以供其新年娱乐之用。农民虽有此种压迫，然告诉无门，莫可如何。故普宁有句俗话说："普城四门三门方，平民一字不到公堂。"天下农奴制度，其残酷未有如此之甚者。最近如上月第九区区长方庆祥，擅捕农会会员及宣传员，诬指为烟苗犯一案。（四）附近县城有梁坑仔乡（唐姓）赤过鸟乡，被方姓之压迫，后改为方姓。然伊近亦藉方姓之名，依势来压迫各乡之弱小农民。（五）最近有虎头山乡农民林葵，现年二十三岁，而方姓向他讨债三百余元（利息不在内），该单是二十七年前的，当时农民心中不服，据理与论，地主百方恐吓，卒畏其势力，请人和他说情，被勒索十元了事。又有宝镜院乡一事更为离奇，普城劣绅方伯酉，捏造九十年前到现在之数单一张，四处找寻弱小的乡民以为鱼肉，遇着一个宝镜院小商店张仁合，方竟将其所捏造之数单填写该号，向其讨债，该店问其系何人所欠，他便说你老祖宗仁合欠下来的，那宝镜院乡的农民说：仁合就是我，本号系我所开创的，他见势不佳，便转口佯骂道：管数先生开错了，真是糊涂，连单不会开，做什么财副呢，容我叫他另开再交来，后屡迫还债。农民慑于淫威之下，即请人向其求情，奉送十余元给他便为无事。（六）县长区长民团局自治局之压迫和剥削：如该县长陈志强，原是逆党杨荻参谋长，曾摧残陆丰农会，受和尚寮乡劣绅陈大利、陈泰隆等重金贿赂，将溪东之会员蔡惜金拘禁一案。二区区长陈质文——系谢文炳部下——拘禁会员许娘仔一案。经政府将陈质文撤职。余如该县民团自治局则有以下之陋规：

1. 娶妻及嫁女，须四元至六元。

2. 每卖一只猪，要二元至三元。

3. 每只猪或一牛自生至死，要纳三次捐税，死时应报告该局，否则任其重罚。

从以上看来，我们知道方姓地主劣绅土豪与官吏民团互相压迫农民，是非常厉害了，而以第一区农民受其横索重勒特甚。

## 二、发生之近因

自我党军收复潮梅后，地主方面减少了一个依靠的陈逆，而我农民亦自觉非组织团体实行革命无能解除痛苦。乃根据政府宣言及国民党党纲农民协会章程，成立普宁县农民协会。此时地主即百端图谋破坏，而有种种造谣及决定买凶刺杀宣传员及职员，根本推翻农会。一面以恐吓手段对待我农民；一面勾结县长陈志强共同压迫；一面高唱宗族主义以厚其势力；一面鼓吹地方主义，划分城乡界限，挑拨城内居民为己利用，农民投市者，地主劣绅嗾烂崽欺凌，无处不受尽其压迫之能事。

## 三、冲突之经过

本月十一日黄昏时候，烂崽方汉邱盗取第一区林惠山乡密［蜜］柑，被农友捉交至第一区农会解县究办，方庆全为顾全方姓自身面子计，怂恿方芝骏诬控林惠山乡掳禁其女孩。又秘密召集族人谋刺农友并宣传员，恫吓农民不敢入会，务达其推翻农会固其势力之目的。

十四日傍午，马头山乡农友邱越房，往普城东门外大街方益兴号店边摆卖菜蔬，该处历来为卖菜地点，而方益兴号竟肆口辱骂，邱凭理与较，该号反用其素来之威势，号召族烂数十，把邱围殴，伤势危重；邱家人闻此恶讯，到县署鸣冤请验，县署受方姓劣绅之贿使，嗾差役拒而勿纳；更凭方姓一面之词，将重伤之邱越房下狱。同日午后，方姓劣绅党嗾烂崽数百人，协同民团团勇，第一区警兵（均系方族无赖充之）肆意凶殴入市农友，计重伤者四人，轻伤者指不胜屈，货物概被抢夺一空。以此乡民甚抱不平，将穷追至歧岗乡之恶烂方廷意等人捉获，解交第一区农民协会。

十五日早晨，劣绅地主藉农会掳禁为题，号召数百人武装进驻水龙寨乡着着进攻；农会为正当防卫计，而斗机遂从此起。计连日地主指挥烂崽向各乡农会扑攻至数十次，除十六晚几被攻入岐岗乡外，余均被农军击退。此次普宁县各区乡会来援不可胜计；并同时得到邻县如揭阳各乡农会及海丰之声援，农民非常踊跃。当时地主劣绅方面如该县第二区果陇乡之庄大泉（系拜普宁县城大劣绅地主方八爷为谊父，八爷乃方耀之第八子也）。大林大海三兄弟，率带其族烂土豪四十余人，携带枪械前来助战，并声言先铲尽第一区农会后，再来本区（指第二区而言），若不如此做去，恐怕农会一兴，我们无立足之地，此次方姓势力万一倒下，则我们势力较少，已不能存在（所以该地人民有句俗话说：普宁势力最大的，第一普宁方，第二果陇庄）等语。又第四区径仔乡大地主赖木昭（系前清大人）助枪二十余杆（机关二枝、余均七九六八）。又第五区埠塘乡劣绅陈益斋（系第五区民团总局副局长），助枪百余枝，又有第三区属涂洋乡土豪等助枪百余枝，第八区林尚书乡百余人乘夜至普助战，枪械不知几多（以上之枪枝除连人一齐来者外，均由方姓大劣绅地主方八爷和十三爷着人取来的）。此指其最著而言，故方姓地主劣绅得此帮助，胆大起来，格外凶猛的进攻农民及农会，务达其摧残之目的。以上所列之地主劣绅，每月敲剥农友苦汗膏血至少约千余元，故农民处此恶劣环境，受其欺凌剥削，痛苦莫名，只敢怨而不敢言。在此次第一区农民与之剧战，实动全县之公愤而出之一战；乃六十年来普宁农民受大地主劣绅土豪贪官污吏之压迫掠夺摧残焚掠的结果。十六日，政治部派组织科长郭德昭，绥靖处派营长胡宗南程营副，率兵二连来城镇压，本日午后召集各方代表会议，解决此次事件（结果详见会议记录），胡营长命令双方限十九日午二时各缴枪五十枝。

## 四、最近之情形

（一）地主方面：地主之态度强硬异常，乘政府军队撤回之际，暗地购买枪械，将前日雇来之脚（即雇人打战是也），仍留下有二百余人开战壕，筑土城，并要求城内居民认股（即备战之数款），又到未入农会之乡联络，并吓其不好入会，准备再向农民猛烈攻击。

（二）农民方面：从事自身组织之坚固，拟在塔脚乡建设墟场，名为第一区农民消费合作社（详情另报）；并准备组织农民自卫军以自卫；又将县农民协会设在塔脚乡以便指挥而利进行。

（原载《犁头旬报》第三期，1926 年 2 月 25 日）

# 普宁农民之觉醒

## （1926 年 1 月 25 日）

普宁县城农民大约三、四万人，姓方的约占百分之八十，其余百分之二十皆杂姓。但方姓里头大多地主，附城八乡土地几乎通通都是方姓所占有。当前清的时候，这些地主压迫农民已经非常厉害。此时方姓的地主阶级出世了一个方耀，在清政府做了一个"大人"，拥着重兵，拜见了"皇帝"。这桩事不但方姓的人借作骄傲，即潮州十县的人也引为极大荣幸。所以方姓地主更加欺压贫农。故八乡农民受其残害过甚，恨入骨髓，至今数十年，仍恨不能稍与他们抵抗，这是很多人知道的。

今次普宁农民已发展到附城八乡去了（即第一区），故八乡农民团结，每比较更加有力，所以时时刻刻都想打倒方姓地主，故农民大都是说："最痛恨的是方姓"，一见方姓的人，差不多就要杀他的，开口就是恶族方姓。原来作恶的是方姓一部地主土豪劣绅的家族主义的宣传，而立于反动方面，这是必然的事，乃农民不能用广义的意思去宣传打破家族主义之联合，而更促其家族主义益加团结一致，这是最大的错误。此次农会发展到八乡去，地主绅士土豪已是手忙足乱了。地主自知力量不足与农民抗争，乃勾结县长陈志强（陈在土匪军队杨耿义的部为参谋，受许崇智收编，驻防陆丰的时候，是反对农会的反动分子），时时妨害农会的进行，这是地主的一个政策。第二个是扩大其家族主义之联合，将所有方姓的人集合起来。第三个是鼓吹地方主义划分城乡界限，设在城里的人，应该联合与乡民对抗，而集合附城他部分居民加人其联合战线。这三个政策地主已达到完全胜利，故地主的力量也厚起来。

最近城乡两战线，益加分明，双方恶感甚深，时有冲突，大约十数日前该县某区区长方庆祥，"方姓地主的亲人"到乡村借查种鸦片烟为名，而暗中勒索，把两个农会会员捕回区去，此时宣传员"农民运动者"彭某，向方区长处保释，区长不准，双方言语冲突，该区长乃扣留宣传员，此事乃呈报总政治部卒把该区长撤职，方被撤后更恨死农会。

本月十一日黄昏时候，该族会赖方汉邱到第一区林惠山乡盗柑，被该乡农会捉获，解交区农会转解县会究办，乃方庆祥唆弄方芝骏诬控林惠山乡农会捉获其女孩（因当时该女孩与盗柑者同行，见农会捉人，警避他县故也，农会是没有捉其女孩），并召集该地之劣绅开会，其议决：（一）谋杀宣传员及职员。（二）推翻农会。

本月十四日上午十一时马头山乡农会会员邱越房到县东门大街方益兴店边卖菜，因该处系从来卖菜地，该店以阻碍为题，引起城人对乡人之愤。擅将邱菜乱抛街上，邱问其理由不恤，竟号召十余人将邱围打，遍体鳞伤，流血满面，距该咫尺之县公署置若不闻，邱家人闻讯，即到县署呼冤请验，长官竟使差役阻拦，久哭无效，更受地主劣绅等之运动，把打得半死的邱越房投诸狱。方庆祥、方其骏、方益兴等劣绅甚为得意。同日下午二时，又集合数百人协同保卫团团勇及第一分所警察，将投市农民殴打抢掠，计第一区会员张添禄、张亚造、张教原、李耀瑞等四人重伤。轻伤者不计其数，被抢物件计柑苗一项有十余担，农民也愤恨起来，欲封锁县域，四路截断交通，并捕有方姓之人即殴打。方廷意等三人，据方略同志"普宁县人在该县党部工作者"报告，谓同日同时又发生农民卖番薯与城里的人，当收钱时农民不识毫子之好坏，屡次问换，买者恶而骂之，农民以其无理，打起架来，投市农民甚多，群起来助自己的农民，此时城内的人也群起有劣绅土豪烂恳保卫团等数百人来打农民，于是战闻就从此开始。农民乃召集八乡武装起来抵抗，双方枪声卜卜互相示威。而未有接触。

十五日，地主集中于水龙寨鸣岗华处距八乡里许。下午三时白厚田岐乡等处乡会开始攻击农民，农运宣传员也集中起来指挥作战，固守不动，一面设法增加武装，以图反攻。十六日地主军仍进迫，"彼枪好农民枪坏"，下午六时岐岗农会被地主军攻破，男妇老幼狼狈逃走，状极可怜。地主军占据岐岗之后，仍积极进攻，希图一网打尽农会。地主军此刻又增加了三四十枝好洋枪，系城内劣坤［绅］庄大泉拿出来的，农民方面武装总数不多，但此刻敌方又增加三四十枝好枪，仍取固守，形势甚危。

以上的报告是根据在普宁工作陈佐邦同志之口头报告，及在普宁县党部中工作者方略同志之口头报告，混合而成的材料。但陈佐邦报告时，不过携报政治部之一本公开的呈文，事实也甚简单，而陈佐邦同志一向不是在第一区工作，也莫明其详细处。此事临时应付办法：1. 请政治部派兵前往弹压制止战争。2. 省协会办事处特派林甦同志前往调查事实。3. 将普农会来呈由办事处转呈省农会。4. 主张双方各自停战，如先违抗即严办。5. 农民地主各派代表二人县公署代表一人办事处代表一人，政治部为主席，在汕解决此事。十七日总政治部乃派营长胡荣带兵二连往弹压，办事处派林甦前往调查。

（原载《犁头旬报》第二期，1926 年 2 月 5 日）

# 普宁农民围攻县城①

## （1926 年 1 月 30 日）

潮州普宁县为农产物富庶之区，八乡之田，多为方姓所有，曩年八乡佃农常拖欠租谷不还，前清时方耀为潮州镇台，权势煊赫一时，曾将佃农严办，一切积欠租谷遂为讨回，从此城乡畛域积怨甚深。十三日，有马头山青菜贩邱某，与东门街益兴瓷店发生冲突，林惠山、坭塘、宝镜院等乡，以邱为乡农会会员，受城厢人欺凌，乃纠集农人百十成群，四出掳掠城厢人。十四日，昌记、义记染布工人，到宝镜石门坑漂布，尽被乡农捉去，并掳麒麟圩小贩数人；十四晚又将附城福安乡之柑林蕉园砍伐净尽，开枪向城厢人示威。十五日，农民更纠集多人，荷枪实弹，在钟堂路上截掳汕头普宁来往行人，并禁止揭阳普宁来往船只，不许驶入。各乡入城购物之人，中途均被阻止。十六日竟邀集海丰、陆丰等县农人七八千围攻普宁城，全城震动，即以十万火急电至汕告急，文云："八乡匪徒本日仍鼓众扬械迫困县城，全城鼎沸，人民生命财产危在旦夕，队警力薄，弹压无效，乞迅电饬附近防军火速来普救护，号泣陈词，不胜迫切待命之至。"十六晚复来电云："十万火急，顷电谅蒙钧。八乡匪已迫城，弹如雨下，全城危如累卵，急盼拯救，竟无一兵抵县，呼吁无门，乞怜县民命在垂危，迅电附近军队，星夜驰县救援，号泣陈词，不胜迫切待命之至。"

十六晚夜深，绥靖委员会公署得普宁县长陈志强军用电话，谓攻城农民有六、七千人，刻恐难守，普宁旅汕同乡闻讯，联同数十人，往见何应钦，请求迅速调兵援救。闻十六晚普宁方姓得棉湖鲤湘［湖］等乡助枪五百余杆，将攻城之农民击败，死伤颇多，农会亦将掳获之城厢人十余戕杀。十七日早县长陈志强亲带卫队多名，出城弹压，何应钦派往救援之兵亦到，农民仍恃强顽抗，是日率众围攻二次，卒未入城。

据海丰农民协会赴普宁宣传代表陈贯中函述肇事原因云：十四日上午十一时，马头乡会员邱越房，到县城东门大街方益兴店边卖菜，该店斥其迁移，邱不肯，方益兴唆使十余人，将邱围殴重伤，家人闻讯到县城呼冤请验，差

---

① 摘录《潮汕工农两界之声势》一文中"普宁农民围攻县城"部分，该文作者署名"锡"。

役阁道，久哭无效，城厢劣绅运动将邱下狱，方某等复将入城农友乱打，重伤四人，轻伤者不计其数。是晚第一区农会据报。急告县农民协会、及各区宣传员开临时会议，议决一面派员往汕头报告省农会潮梅海陆丰办事处，一面武装自卫云云。观此则攻城之举，又若辈所谓正当防卫也（一月十八日）。

（原载上海《申报》，1926 年 1 月 30 日）

# 普宁农民协会敬告田主书
## （1926 年 11 月 28 日）

普宁全县田主诸君：

我农民以人数及生产能力，占最重要地位，农民生活安稳与否，实关系国家安危，故农民与工、商、学各阶级有密切的关系，而尤以田主为最。远者不论，中国近数十年来，受帝国主义之侵略，及其工具军阀等之剥掠，致人民遭种种之痛苦，而尤以兵燹所经之处，我农民之村里为丘墟，生命遭残杀，财产被掠夺，妇女被淫辱，致赤地万里，田园荒芜，流离失所，辗转呼号，种种惨状，因农民之不幸，即工、商、学各阶级胥受其害，而田主则以农村破产，毫无租谷可还而不免随亡，既流离失所。本年春季直、鲁、豫、京兆等省区之惨况，便可为明证。若使农民生活安稳有相当能力，可以捍卫地方，则工人以地方安宁而得安居，做工商人则以农民有购买力而商业发达，学生则以教育经费有所依靠而得机会读书，而田主可享受田租利益，免受变动之危险，于此便可见工、商、学各阶级，应当帮助农民解除痛苦。田主则宜自动酌减田租，及废除苛例，减少自身目前些小利益，使农民生活安稳而得无穷之利益也。

普宁农民历来受种种敲剥之苦，致终年操作过苦而未得以为生，间接影响地主安危之状况，谅田主诸君，老早明白。乃本季则苦上加苦，年冬荒歉，虫蝶为害，致禾苗不能结实而"树白旗"，总括起来，至高只有五成收成而已。此种情况，谅田主诸君也早已明白，而无容赘述。可是在此种情况之下，若由农民自由减租，漫无标准，则难免纷争，若全数倾还则农民以百物俱尽，告贷无门，将何以为生，势必老弱者坐以待毙，强壮者挺［铤］而走险，则地方安宁受其危害，而后方革命基础，因之而动摇，此不独农民之不幸，而工商学各阶级，尤其是田主，则必受绝大之损失。

本会以农民要求减租情况之迫切，为顾全多方面利益起见，特开全县临时代表大会，经多方讨论，决定依照党纲，党政府三次宣言，及最近中央联席会议减轻佣农田租25%，取消苛例，凶年免租等决议案，并农工厅保护农民减租之动令，而实行减租25%，并取消苛例。此种办法为巩固革命基础，维持地方安宁，杜绝主佃纷争之唯一办法，为有纪律有组织之行动，劝谕各农友，强勉遵照此办法还租。而田主方面，此次减租25%，不至致累生计，而于农民方面，以减租所得之数，尚不足抵偿荒歉损失之半数，所谓"减少地主一点福，救得农民千万苦"是也。愿田主诸君，对于本会此次为顾全多方面利益，出于迫不得已之减租苦衷，加以相当之谅解，则幸甚，临诸不胜诚恳之至。

普宁县农民协会

一九二六年十一月二十八日

## 焦其恺关于"八·一"南昌起义后行军广东经过的报告（摘录）
### ——起义军在普宁云落战役及其失败原因
### （1927 年 10 月 25 日）

（上略——编者）

（4）云落流沙之役。汤坑败后，绕路炮台关埠，第三日行军至流沙附近，前左右三面皆为高山，汤坑作战第十师又复早到，埋伏前左右高山一带，待至下午五时我二十军之一、二、三、四、五各团皆通过了，大行李辎重队将至敌有效射击地，敌始开枪出现。我行李辎重队一时纷乱至极，各伕皆弃担向后拥挤乱跑，不可收容。后方之二十四师不明真相，又见四面发现敌人，乱跳的伕子收容不住，军队又散不开，敌从高地四面冲锋而来。我军在此重重包围之中，各团营连多失连[联]络，给敌一良机。战至晚，我军被敌缴械约一团余人。贺总指挥、叶军长、革命委员等带领千余杂兵，由后方大道冲出。此役二十四师消灭殆尽。被截断之［于］流沙前方之二十军，走至流沙［云落］前方约六、七里高地一带，其后卫，即听得最后方有枪声，然以为无大敌人，待敌将与二十四师连［联］络道路截断，一点消息又得不着，迟疑不去救应，至晚始派一团搜索前进。此役若二十军早来救应，绝不能失败、损失至如是之大。于是等到明早，敌又追击二十军，我军随令敌各个击破。

（中略——编者）

## 失败中的观察

从上面报告看来，我军到处都是胜仗，到处敌人都被我们打败，举例来说：（1）会昌头次击破钱大钧全部，二次击退了黄绍竑全部，然都不追击，使敌得有空暇整顿，到后来再来各个击破我。三河坝之败，潮州之失守及影响到汤坑我军主力之退却，也可说我全部失败，都是这次战略上"只知后退，不知前进"，正与战斗原则"只知前进不知后退"矛盾起来了。若当连续将敌击败之时，分头追击，打他个落花流水，使他无空整顿，全部扑灭了他，到广东后我们解决敌之东路军及王俊部，真是最容易的事。（2）入粤时追敌至留隍，敌疲劳不堪，敌不向潮汕退，向西汤坑退，我军只知强取潮汕，不去追击，使该敌（王俊之补充一、二、三各团及第一补充团）得到汤坑数日休养，并与敌东路军联合，势力增大，给我军一大不利。若当时在留隍派一师跟踪追击，定可扑灭无疑，此一战略上失败也。（3）汤坑之役打了胜仗，又去想救潮州。潮州失了，又绕路三天才走离揭阳三［四］十里之流沙，终了汤坑失败，敌人追来，只走几十里又在流沙包围击破二十四师。本来谁都知道潮州无险可守，我军汤坑战争还没结果，就全部返来救应，两头皆失了利。汤坑、潮州、流沙三方失败是当然的事。若是当时汤坑再有二小时相持，将敌击破，直往海陆丰，再找出路，绝无这样大的损失。［这］也是战略上的失败。

## 现保存势力

我来时二十军一、二、三、四、五各团向海陆丰去了，闻得二十五师之七十三、七十五［团］向福建去了。报纸上登的叶军在闽被人收编，听说乃是朱德收编的民军，七十三、七十五两团想来尚在闽。贺、叶带有千人冲出流沙，但不知到何方去了。

十月二十五日于汉口

# 中共普宁县委给叶巡视员的报告
——关于最近武装暴动的情况
（1928 年 1 月 16 日）

叶巡视员①：

一月七日已将此间情形详细报告，兹再报告如下：

旧历十二月十一日攻果陇后，二、九两区以不能得到胜利，恐该乡反攻，均呈恐慌。同日第一区各乡因截击城内援救果陇乡武装，得到胜利，革命空气高涨几倍。第八区因能够攻破坛墩，各乡农友也高兴起来。旧十三日城内反动武装百余人，合同揭阳保安队帮助坛墩反攻第八区赤窖等乡。该区因为力量薄弱，被焚去数乡。又第一区各乡武装，因十一日攻至城脚，个个急于攻城。是以城内出武装攻第八区，乡即响鼓攻城，将古份鸣岗等未烧之房屋烧光。在城看第一区攻城厉害，即将开往攻第八区武装抽回。所以两方激战多时，［是］日上午八时开火，至下午四时始停战。是役计城内死伤四十人以上，我方轻伤三人。旧十四日十二时逆兵五六百人——陈济棠部下由揭阳第二区向第八区进攻，在赤窖等乡焚烧。下午四时半逆兵分为两路：一路三百余人入普城；二路二百余人由钟堂山向蓝兜等乡出发。其行动欲将第一区包围。接近第一区八乡之第四区会，于旧十一日被该区茅［望］寮等乡反动武装攻破。同时组织保安队一百名将一、四两区交通断绝。在此种情形底下第一区已给敌人完全包围，故于旧十四晚决定退队，各乡武装着其分组收回。

---

① 叶巡视员指中共广东省委特派到东江地区的巡视员叶浩秀。

旧十四晚二时，逆军百余人由沙头［陇］到贵屿，于十五早七时合同桥柱、埠塘等乡反动武装三百余人进攻第九区农会及［定］厝寮乡，定厝寮与敌应战，因众寡不敌，即退上山，该乡被抢尽，耕牛被牵去二十余头，北山第九区农会被占据。同日反动武装，同逆兵向第一区进攻，八乡没有抵抗，被烧去歧岗草堆数十个。敌人又向毫［雨］堂进攻，给该乡农友枪毙二人即退。逆兵又一方面向第一区西洞等乡进攻，该乡因能力薄弱，抵抗没有几久即退却。西洞等乡被抢及烧特别厉害。旧十七日城内反动武装三百余人，因攻第六区贡山乡，被房农友十余人，逆兵围攻贡山乡后，复上上村、月堀寮［寨］、杜吉［香］寮三乡围攻，被房去农友十余人，均遭洗劫。同时桥柱、埠塘、和尚寮等乡，反动武装——持枪及尖串者共五六百人，向汤坑及十八乡进攻。初我方稍退却，汤坑及十八乡被烧去祠堂及房屋百余间，后各乡响鼓群众出援应，当场毙敌十五人，生擒三人，将其斩头巡行示威，敌大溃散。旧二十二日第二区乌石周海星等新组织保安队五十余人，开往寮园下吊［市］等乡烧农友祠堂及房屋数间，又到流沙圩房去大商店黄顺［等］五人。昨日第五区保安队长陈龙波、章烂崽百余人到西社烧去黄昌盛房屋及会宗祠。自前十四日起［赶］来普逆兵至昨日已完全开回汕头揭阳。自十四日逆军到普后，反动分子多回乡活动，各大乡多加联络集中武装来攻第九区，逆兵系该区北山反动分子陈［许］连顺运动的。张凌云也来普活动，威吓各乡加入乡联会，组织保安队。各乡以我方无力抵抗，逆兵又时时烧乡房人，大起恐慌，多附白旗，加入乡联会组织保安队，此系农友为环境所迫必然的表现。现在我方已分头派同志反宣传组织联防，各乡虽然接受，但以逆兵大班到普，我方无力抵抗，农民恐慌状态实难减少。许连顺等勒第九区各乡田亩捐，每亩大洋六元，为运动逆兵及组联乡会保安队费用。现在住在北山逆兵虽已离普，该乡仍存保安队数十名，拟解决之事。自此次逆兵到普后各大乡封建势力更加团结集中，有时时向我们进攻之势。农民畏其气焰时起恐慌，多避居山上或亲戚家乡，农会职员及农友过洋者数值［达］千人以上，同志过洋者亦不少。揭阳、潮阳两县工作做得不好，革命空气极沉寂。揭阳第三区差不多成为普、揭两县反动派大本营。该区反动武装时时勾结普宁反动武装向第八区进攻。揭阳县长又分派委员到揭阳第三区各乡光顾购枪弹。所以潮、揭两县工作做得不好，影响普宁极大，请潮、揭两县负责人注意！潮逆兵时时向普宁压迫，这里又无力量抵抗，农民受摧残多次，已发生畏难心理，工作已入困难时期，请示办法！

关于党的文件及各方消息，此间完全没有收到。叫此间同志"土想"去做工作，怎样做得好？这是你们应大注意特注意的！！！

普宁县委

# 中共普宁县委的报告
## ——政治状况及党的工作情况等
### （1928 年 8 月 4 日）①

# 一、政治状况

（一）王炯登台后统治群众策略

1. 蒋光焕［鼐］派王（县长）登台后为要讨好豪绅地主以巩固其地位，即继续搜索"共匪""农匪"。月来警卫队随时落乡拿缉同志，恐吓农民，二区增加通缉名单一百二十名，七月三十日派二百多警卫队进攻南山，并假色水②的全县总搜索。

2. 加紧进行保甲制，督促各乡清查户口，钉门牌。

3. 整顿警卫队，督促各乡组织警卫队后备队，并促组织普通一方准备基干队，这是因普十余警卫队缺乏训练，战争力薄弱，且经济成问题又难维持，而且不普遍。

4. 敌人经济无法维持只有增加捐税，六区增加一倍，二区每亩增加二毛。警卫队伙食更成问题，八区伙食欠人一千七百元，二区每月派警卫队费一元以上、田亩捐每人口钱三毛，逢凶无减。去年失败至今，每亩田摊派几十元已成普遍现象。

5. 豪绅地主借端勒款群众及利用流氓烂徒抢掠赤色乡村产物家私，月来层是累出。

6. 治安警卫保甲概状：（1）有许多乡组织过治安会，但有许多治安会没有警卫队，赤色乡村的治安会，有的是等于为要与反动政府讲案件而成立，

---

① 年份是根据文件内容判定的。

② 潮汕方言，即装模作样之意。

与反动派说话减少许多生命危险。（2）全县警卫队一千四百人，最多二区、五区，二区占了全县的一半。这些大部分受豪绅地主领导，一部分乡村警卫队兵倾向我们，且有多少来与我们接近。（3）警卫队经费非常成问题，如八区欠伙食一千七百元，现日益增加，二区每日［月］派田亩［捐］一元以上每人仍要三毛按月缴收，逢凶无减。（4）这些警卫队没有什么训练，战争力薄弱，且不易调动，如进攻南山只能调二、三百人（当然不能攻下南山）。且南山红军三次打败逆军一营，风声鹤唳，五区警卫队非常恐慌，私逃者不少（经济问题也有一部分）。但二区在一、二月内增加至二百人，并加防范。（5）后备队各乡尚未组织，但自动巡夜者则多在黄色（反动派统治不是群众绝对反对的）乡村则为提防赤派，赤色乡村则为防白派，同时借以防土匪。（6）保甲之几个月来极力督促各乡进行，一部分已调查清楚再钉了门牌，一部分才清查户口，大部分正在催促而未开手清查。

## 二、群众概况

（一）群众生活状况

1. 农民方面：夏收粮食不够维持到秋收，因为：（1）剥削太厉害，去年失败至今普遍的每亩田摊派几十元。（2）夏收不好，全县平均只有三成。（3）南洋入口减少。（4）农产品（除米薯外）便宜，影响农民收入。如麻皮去年每斤二毛多，现一毛多；豆（农民副产）去年每元十个，现在二十个；其他生果、花生也减许多价。（5）米薯较去年腾贵。因此农民生活困难极点，日益赤贫化。

2. 工人生活与农民生活一样痛苦。因为农民生活困难，购买力薄弱，商业冷淡，影响到工人，失业日渐增加。如建筑工人有许多找不到工做，一区（县城）通塔脚的工人挑夫，一百人中减少至二三十人，而且工钱要减少。

3. 群众组织情形：（1）农民方面：二月来组织发展异常迟滞，仍然一千多会员。好几区差不多停止了发展，有些乡会不能按期开会，几个乡会［还］没有成立乡会，乡会工作由区委负责同志执行农会职责。（2）工人方面：有决定计划与预定经费，但不能进行工作成事。

4. 武装组织：驳壳队二十名，已加入四十七团，准备成立一连红军，赤卫队有多少组织，而没有训练。

5. 群众斗争情绪：在国民党铁蹄淫威下讨生活的群众虽然对统治阶级仇

视已达极点，但仍不敢公然反抗，惊兵心理异常普遍，还是敢怒而不敢言，至多只能做至图赖拖缴。赤色乡村的捐税款往往比黄色乡村先缴，多少比［较］勇敢坚决的群众，虽然表示要与敌人拼个你死我活，也是一时之冲动，消极的表示，如说："丢他妈，来骗敌人干，干了来散，人过南洋……"① 但党不能从实际去领导小的斗争、对封建斗争思想已有逐渐纠正，黄色乡村已逐渐分化，如赖捐税成为黄色乡村普遍现象，但党的工作未打进，不能领导斗争。

## 三、党务方面

（一）县委本身情形：这月来不能尽到集体指导，二个常委到东委出席代表［会］回来，一个因病，一个出发各区巡视，现已变更组织。

（二）各区情形：因负责多是农民同志，在县委本身工作又是不能普遍到各级巡视，对县委的一切指示信，已成为农民同志眼中的电文，而且能活动的同志只有一二个，故各区都很不健全。如一区只有崇三同志独脚戏的活动。现崇三同志调了，更要成问题；四区负责同志因调动后人地生疏，一人往洋了，只存一人。原有十多个支部，也不能按期恢复。八区工作算比较有基础，但在一次拜祖，一次捐丁情形之下，前所有工作至今仍不能恢复过来。发动游击后因受勒索更加恐慌，工作难做，不过能逐渐打进平洋工作。六区因鸿杨常到县委帮助工作，月来没有什么进展，支部与农会多不能按期开会。其他都是同样的不健全。

（三）支部情形：全县虽有五十多个支部，但能起核心作用的很少。在县、区委工作情形底下，许多支部许多［久］没有开会。一月来支部不但不能增加，而且更加散漫。

## 四、宣传工作状况

（一）宣传要点：发动斗争，反对军战、反治安警卫保甲、反改良主义，［拥护］党的十大政纲，反世界大战为目前主要宣传原则。

（二）工作情形：因人才关系没有建立宣传机关，且没有印刷的［树皮

---

① 原文如此，下同。

刷]，在文字宣传不能经常出版定期刊物，只能做到应付时局发出宣言、传单、口号等工作，其他便是口头宣传。

（三）在口头或文字宣传虽有发生效力，或在市场发散宣言、传单影响比较大，还不能扩大与深入群众。

## 五、巡视工作

巡视工作都是由县常委兼，但常委中工作能力又差，往乡派出的不能完全执行巡视工作。现在还不能找到巡视员负责巡视。

## 六、CY 工作情形

党团县委分化后，一个委员兼党的工作，一个工作能力太差，故只有一个书记负责，团县委工作由此可见。现在分化有三区二十余支部，成立了两个区委。

区委也很不健全，支部会仍要党负责召集，这是团负责［人］缺乏之关系。

普宁县委
八月四日

## 中共普宁县委致东委报告（第四号）
### ——双十节工作状况
### （1929 年 10 月 16 日）①

东兄：

关于双十节工作状况：

我处在省委东委正确指示底下为冲破群众沉闷的暮气，对于双十节这一工作的布置，坚决的动员同志动员会员执行开［展］武装示威运动，兹特将

---

① 年份是根据文件内容判定的。

事前的布置开会的情形，文字宣传的状况，事后的影响，分别报告你处：

一、事前的布置：县委接到上级双十示威的指示后，当面决定全县的布置，一面经常在参加下级级会议中提出报告这一工作之重要，鼓舞同志执行之勇气。其布置之情形，详通告各区委支部的普字通告第十一号"关于双十节工作"通告内，兹将该通告附上以资参考。

二、会议中的情形：各区接到县委通告后，当各分别举行，方式多样，其详情录下：

（1）一、六、八、九等区俱举行群众大会。一区于十号晚举行，到会群众三百余人，没有武装，内有未组织农民数十人参加；六、九区于九号晚联合举行，到会群众五百余人，武装六十余人，内有未组织农民十余人参加，未开会前有六区童子团七十余人列队操练唱歌，到会农民甚为兴奋；八区于十号白天举行，到会群众四十余人；四区于十号晚举行，到会群众六十余人。

（2）二、十区因在反动派进攻南山未久时间，负责人恐慌心理尚未肃清，故不坚决的照县委指示去召集群众大会，而改为代表会议四十余人，十区到会代表三十余人。

（3）三区因负责人逃跑，无人负责召集；五区究［竟］情形如何至今尚未报告区［县］委；九区亦有一部分另外举行的，无报告来，故未详。

（4）这次各地会议，CY领导，来参加的青年群众约占全数十分之三。

（5）各区在这［次］会议中的议事日程普遍是：A. 详述召集这个会议的意义；B. 报告彭、杨牺牲的经过与志哀；C. 揭穿国民党的罪恶，联系到反帝国主义，反第二次世界大战拥护苏联；D. 特别报告目前军阀混战局面与秋收斗争的工作方针；E. 高呼口号。

（6）到会的群众因为在盲动主义失败后，久未过此生活，都感觉到十二分兴趣，精神奕奕，而在高呼口号时，虽有少数人恐怕"惹入"，但经鼓动后及大多数人之反对，非常热烈。

三、文字宣传状况：县委事前印出"纪念彭杨宣言""纪念双十宣言""县农［会］纪念双十宣言""主要口号"（备发贴及炭笔队依样书写）共一千三百张分发到区委，并指示各区委应如何分发粘贴，各区委自己也依照主要口号写成标语，大约每区一百张，这次标语宣言之分发、粘贴颇为普遍，重要地方如在城、棉湖以及各黄色乡村、城市及交通孔道，均五光十色，红绿纷纷，大有从前公开宣传时之状态。

四、事后的影响：据各区委调查所得汇集如下：

（1）反动派方面：因我们沉寂已久，今日异军突起，并不表现恐慌，各地加紧戒严，尤其是在城、大坝、棉湖尤为严重，且多说："秋收将到农匪又将生事了？"

（2）群众方面：有组织群众在这次会议后，都说这样公开号召才好，不然我们做到死都是无用、不能发展的，精神兴奋了许多。在未有组织的［群众］则以为红军又要来了，赤派才有这样的贴标语，开大会（外面传一区到会有千余人）都想要来找农会。

（3）同志方面：同志方面最初未开会时，恐怕"惹入"，尤其是一部分负责同志尤为甚迫，开会后受着群众的刺激才明暸这样公开号召策略是对的，工作精神也相当的提起；其次县委对这一次的结束［果］，除一面纠正负责人不坚决执行这一次工作之错误观念外，一面指示各区应乘此时机加紧工作，尤其是扩大［到］黄色乡村中去，但同时却不要忘记了秘密技术。

普委

# 中共普宁县委给东委报告（第五号）
## ——朱毛红军进东江后的形势，县委对秋收斗争的布置
### （1929 年 10 月 31 日）

东兄：

十月二十号发来的第一号紧急通告及第二次捷报等均已收到，勿念！我处情形本来预备作一较详细的报告给兄，嗣因常委多数出发，存在县委又忙于应付日常工作，现在常委有的又是出发各区去布置和督促工作，同时各区又没有详细的工作结束［果］之报告寄来，所以目前只能把较重要的几点情形报告你，呈整个总的报告，候多数天斗争做就报告去。

1. 政治情形：自两广战争爆发，普守防军调动，特别是朱、毛红军移向东江的消息传来之后，和各处普遍宣传品之分布的影响，敌人确实起了相当多的恐慌，各地反动［派］逃跑时有所闻，五区龙［陇］头警卫队同潮属大长陇与陇头乡界械斗，要使该警卫队参加作战，警卫队不愿加入战争旋涡而解散。八区警卫队亦各自逃散，队长因看队伍已解体，自己胆怯亦逃之夭夭（现在当地主土劣虽有压迫各乡重新集中组织，结果到者寥寥）。云落区警卫

队因我们派人到该处贴标语时,空放二枚冷枪,惊得自己爬上屋顶去,也是其动摇之一般［斑］。普宁城内在这风云紧张中也起多少动摇,听说有一部分人在准备如果红军真的来时,组织欢迎局,筹备军需来欢迎我们。此中情形自然因我们工作不能打进去,而得不到确实之真相,但从此可以看出城内已起了多少变化,可是敌人虽有起了相当的恐慌、动摇,但他们向我们进攻仍是异常坚决,最近二次到一区八乡之马头山乡、宝镜院内部围捕群众(派去武装一次二十余人,一次四十余人),几次到六区赤色乡村示威(每次人数至多也是二十余人)。二、八、九、四各区也有反动武装到赤色乡中摇头摆尾,借故恐吓和重勒的事发生。上面所说的几十个人来包围赤乡,固然说不上有什么计划的包围,但视敌人的一举一动中,可以看出敌人在动摇中还要做他最后的挣扎而进攻我们。

最近又听说城内反派于本月二十日召集桥柱、埔塘、果陇等乡豪绅开会讨论进攻南山及赤色乡村,二十六日流沙及反动［派］也召集各乡豪绅讨论进攻南山事,是否成为事实,还未等［得］到当地党部的报告,又据报城内最近组织加冬防队二百名,分配在各城门原有的警卫队及附城黄色乡村中合同防止共匪?[①] 之来源,这种组织据说每年到这个时期都有,名义上是冬防队,事实上是保护在城豪绅地主,各乡收租收债的,过去历史上固然是如此说,但有无别种用意,我们还不能确定。

2. 斗争布置:我处对整个斗争计划,已在前次寄到兄处,这里可以不必再述。我处根据这种决定除了加紧我处本身应有准备的工作外(如宣传品等),对各区则加紧巡视及督促工作。特别是催促贫农的武装组织之建立与扩大,除了秋收的工作以外,我处为促成"秋斗"能够扩大,所以在这个期间中则着重于普遍游击战争的布置,以期与"秋斗"相配合,关于游击战争发动的地点,已在四联会中决定了,△△兄谅有报告你处,我处对于四联的决定,完全同意,且根据这种决定开始布置了。现在已先通信给各有关系的区委,先执行调查侦探及应准备的一切工作,县委并准备最近派员到各有关系的区委去召集区委会详细讨论布置的计划,务使最短期间实现出来,但这种斗争的发动还需要与邻县的布置,互相配合而动作的,一方面布置,另方面我处更接受四联会指示"各县在斗争中剧烈中要先造成一部分基本的武装力量"——组织第四十七团第二营第八连事——的决议开始进行这一工作,现

---

① 原文如此。

在已先通信各区限定七天内找寻强壮勇敢的工农分子来集中，并将所存长短枪追齐，连部最近亦拟成立。

普宁县委

# 普宁青年救亡同志会成立大会宣言

（1937 年 12 月 15 日）[①]

亲爱的同胞们！！

普宁青救会已经成立了，它是由我们几百个青年，在"抗日救国"的立场上，在全面抗战［的］号召下建立起来的。

普宁青救会的成立，正当日本法西斯成立"战时大本营"加紧灭亡中华民族的时候，正当国府西迁，决计抗战到底的时候，正当敌机敌舰积极进犯华南，威胁着我们家乡的时候，普青在这时候成立，是表示我们协助政府抗战和保卫我们家乡的决心更加坚决与具体。

特别在这个时候，因为前线军事略受顿挫，使部份认识不够的人们悲观失望，动摇退缩，再加上汉奸的乘机活动，在后方上，甚将形成一种张惶失措的现象，此种现象的滋长与蔓延，不但足以啮噬着少数不坚定者的心灵，销磨他们的民族自信心与勇气，而且进一步可以影响前线军心，动摇我国人抗战到底的决心与意志。为要克服此种现象，扫荡一切失败主义的情绪与思想，造成坚强不拔的民族自信心；此种民族自信心，是我们战胜敌人精神上的保证，基于这个迫切的需要，所以普宁青救会便决然的成立起来了。

亲爱的同胞们！！我们不能否认，中华民族的兴亡，今日是遭遇着绝续的严重试验。不生则死，不存则亡，还能希望苟安以图存，侥侥以求生吗？今日不是我们驱除了敌人，就是敌人杀绝了我们。为民族的生存，其实就是为自己的生存！！

从"九一八"起，我们请看，在敌人的炮火下，东北四省同胞陷入了十八层地狱，失却了自由，失却了一切生存权利，黑暗与屠杀，夺去了他们的

---

[①] 1937 年 12 月 15 日为署在原件上的日期。至于普宁青救会正式成立时间，在纪念普宁县青年抗敌同志会成立五十周年暨老同志学术研讨会上，定为 1937 年 11 月 14 日。

光明和生息。如今华北和华东的同胞又尝到了血腥滋味，陷入了火坑，绞杀与奸淫，轰炸与焚毁威胁着每个人的生命，是死是活，谁都预料不到一时一刻以后的遭遇。而这危运这凄惨现在是临到每个同胞的身上了，沿岸的被封锁，切断了我们的外援，飞机的轰炸，到处是血肉横飞，房舍皆毁。这惨痛我们能够忍受吗？这凶暴我们能够宽容吗？而且，就是提起从前，要不有敌人的挑拨离间，中国连年何从会继续着惨烈的内战？要不有敌人杀人不见血的经济侵略，中国的农村何从会破产？工商业何从会无法振兴？中国的灾情中国人的贫困，苛捐什税的繁重，压到我们这等凄惨的，哪一件不是直接间接出于敌人的毒手？今日我们整个民族，已到只有作决死的搏斗，才能争取生存的境地，再不能有屈服和退让，我们假如要活下去，一定要争取最后胜利，获得自由解放!!

我们坚信顽强的敌人不是一朝一夕可以击退的，民族解放需要很大的牺牲去争取，因此吾们的抗战，是长期的全面的，在长期抗战中歼灭敌人极大的力量，要以全力，争取最后决斗的胜利。

我们尤其坚信，在目前，并不是因为太原的和南京的失守，便以为抗战不能获得胜利，以为没有力量抵抗暴日的侵略。军事上一时的胜败，国土上一时的得失，原是长期抗战中所不能免的事，决不足以动摇我们誓死抵抗的决心，减灭我们对于最后的胜利信仰。

但我们却又不应抹杀的，在这几个月的抗战当中，不但全面的抗战没有展开，而且充分的暴露出政治的落后，民众的没有组织，汉奸的跋扈跳梁；军事和政治脱节了，人民和军队又脱了节。以单纯军队的作战，前有暴敌，后有汉奸，这怎能免遭挫折。如果这些缺点和错误，不立刻设法纠正和补救，抗战的前途，自然是很危险的。为挽救这种危险，保证抗战的最后胜利，普宁青救会谨提出：孙总理的三民主义做我们奋斗的总目标。这就是：

（一）民族方面：全国民众起来参加争取中华民族的独立自由与解放。我们全国民众应该自动组织起来，动员起来!!我们要十分恳切地和政府合作，和军队合作，实现全面的全民族抗战。

（二）民权方面：实现民权政治。政府应迅速而诚意的给与人民以民主的权利，给与人民以集会、结社、言论的自由。

（三）民生方面：安定民生，发展国防经济，解除人民痛苦。要切实地实现，[有钱出钱，有力出力] 的抗战口号。

亲爱的同胞们!!在孙总理的三民主义的指示下，在蒋委员长坚决抗战的领导下，普宁青救会谨以最诚恳和迫切的态度，愿与全国同胞为彻底的实现三民主义而奋斗!! 为争取中华民族的独立自由幸福而奋斗!! 同胞们!! 起来! 一致的团结起来!! 我们要坚决的抗战到底!! 胜利是属于我们的!!

普宁青年救亡同志会启
二十六年十二月十五日

## 普宁县青年抗敌同志会给各地友会的一封信

(1938 年 8 月 11 日)[①]

亲爱的同志们：

我们谨以至诚代表普宁全体青抗同志向忠诚勇敢的你们致真挚的热烈的兄弟的敬礼！

同志们! 我们能生长在这伟大的时代里，并且在同一的战线上结合起来成为亲密的战友，实在是幸运不过的事情! 为了完成这时代所赋给我们的任务，在过去，我们已竭尽我们的力量来从事我们的工作，把我们这光荣的名字——青抗带到每个僻静的角落里去，放出灿烂的光辉，把雄壮的歌声灌进草舍牛间里去，震荡了整个的乡村的空气，并把我们这些年青的心密密地连串在一条线上！

但是，同志们! 一直到现在，我们间却还没有建立起密切的联系来，步调不一致，发展不平衡，处处都表示我们的团结还没达到应有程度，这实在是一个不能忽视的缺点。为了巩固和加强青年的统一战线，我们今后必须切实注意这问题并为完成它而奋斗！

普宁在过去虽不至成为一个救亡运动中的孤岛，然而这里的一切情况，也非各地一般同志所熟知，为了使彼此能更互相了解，并交换工作经验与意见，我们现在诚恳的［地］写了这一封信给你们，请你们批判［评］，并请同样地给我们写信。

普宁青抗会是由青救会改名而来的。青救会产生于去年十月间，而那时刚好是军委会政训处工作队来普工作的时候，因此在工作队中的两三位汕青

---

① 年份是根据本文内容判定的。

救同志推动与帮忙之下，经过了个多月的筹备的时间，就宣告成立了。因为那时正是抗战形势极端紧张，普宁剧运随着客观形势像雨后春笋般的发展的时候，所以青救的宣传工作就一时表现出蓬蓬勃勃、怪有生气的现象来，直把整个普宁都捲入救亡的热潮中，成为一股有力的支流。这一高潮一直至流沙全县剧社联合大公演以后，才逐渐低落下去。以后感觉到宣传工作已有一点基础，随着抗战形势的发展，工作必须转入更切实更深入的组织阶段，于是便在各乡尽力开办民众夜校和妇女识字班，提高他们的文化水准和政治认识，奠定了自卫团的组织基础。不久，学期结束，寒假开始了，因为人事上起了一番变动，所以工作中心就转到自我教育方面来，有些地方则尽可能继续办民夜，直至今年一月间，接到后援会的命令，才改名为青抗会。此后一学期来，工作中心都注重在协助自卫团、加强农民政治教育、完成武装家乡的任务。至于本身组织方面，则注重向较为落后的地区发展，成立青抗会。这一期中因为潮汕形势的紧张，所以宣传工作也非常活跃。不过有些地方，因为领导人对潮汕形势估计的不正确，致在工作上犯了急性病，产生了不良的后果。组织方面则因为领导机关不健全而呈现了散漫、上下脱离、情绪低落等不良现象。至这个暑假来，因为感觉不调整和健全组织，必至不能开展工作的境地，因此特别注意于健全组织的工作。另一方面，则大规模开训练班，培养干部，但是因为领导机关自己都并不健全，无力整顿各区组织，所以这项工作，一直到现在还停留在计划阶段。

这就是我们十月来工作的概况。

在这十月当中，我们全体会员的努力，究竟换取得些什么代价呢？第一，我们提高了一般民众的抗敌情绪；第二，我们协助政府，把一些热情的青年农民和小孩子们组织起来；第三，帮助自卫团一些工作；第四，帮助乡公所提高壮丁政治认识；第五，提高会员政治认识和工作技术。但是因为普宁地域辽阔，交通不便，人力缺乏，不够分配，以及一些政治上的原因，所以在工作上和组织上还表现了不少的缺点，如：1. 领导机关不健全；2. 没有提高政治警惕性；3. 工作计划性还提得不够高；4. 工作发展不平衡；5. 对统一战线运用没有整个计划；6. 对民众组织工作做得不够；7. 忽视了青年本身的特殊要求；8. 工作作风不切实、不沉着、不深入；9. 忽略了干部的培养和教育；10. 部分地方犯了左倾关门主义的毛病等是。而这些缺点中表现得特别严重的是领导机关的不健全！

同志们！有了上面这些缺点，可知我们本身对于理论的修养和工作的技术与经验还多么不够啊！但我们并不因之而消极而灰心，我们知道这是工作过程中必然会发生的现象，要消除去这些缺点，也只有在不断的工作中逐渐地去克服。因此，为了我们今后的工作，我们在本月十日召集了一个热烈的盛大的全县各区中队联席会议，对过去工作来一个痛快的严格的检讨，并决定以后的工作。结果决定现阶段工作中心任务中心口号："团结全普宁青年，在政府领导下，为保卫潮汕、保卫武汉、争取抗战的最后胜利而奋斗"，并规定了工作方向八点：1. 用竭力协助政府工作的方式去争取合法地位；2. 争取社会同情；3. 注意工作技术的改进，反对过左过右倾向；4. 注意青年本身特殊要求；5. 实行民主集中制；6. 应在自己的岗位上来开展工作；7. 团结互助，发扬自我批判［评］精神；8. 提高工作热情，严肃私生活。

同志们！目前的铁蹄已踏到我们的腹心。抗战形势困难一分，我们的责任也增重一分，目前第三期抗战，已转入一个更严重更困难的阶段，压在我们两肩的任务是多么重大啊！为了保卫潮汕，保卫大武汉，争取第三期抗战的胜利，我们必须赶快更亲密地团结起来，为巩固和扩大潮汕青年的统一战线而奋斗，为动员千千万万的民众起来保卫自己的家乡而奋斗！

此致

民族解放敬礼！

普宁青年抗敌同志会启

八月十一日

## 《普青》发刊词[①]

### （1938 年 9 月 1 日）

日本帝国主义的进攻，威胁着整个中华民族的生存。为了战胜敌人，争取民族的自由与解放，必须全国大团结、总动员起来参加抗战。

我们，是一群活泼的青年，有一颗热烈为人类的心，有火样的热情。为了抗战，我们在抗日救国的旗帜下团结起来；为了抗战，我们刻苦工作，把

---

① 《普青》是普宁县青年抗敌同志会宣传部编辑出版的小报。每期四版，逢一、十五日出版。

一切都供〔贡〕献给民族解放事业！

但是，因为我们是一群血气方刚的青年，在工作上有时不免要犯了一些错误，因此，我们诚恳地迫切地请求翁将军、王县长、方特派员以及各当地的长官来领导我们，指示我们工作，使工作能顺利开展，使我们能协助政府动员民众，保卫潮汕。其次，我们热烈地希望各机关团体、各界人士，多多给我们批判〔评〕和指示，把对于我们工作上和组织上的意见提供〔给〕我们，使我们能在错误的克服中逐渐生长。

最后，我们希望全普宁以至全潮汕的青年同志迅速地和我们拉起手来，消除一切成见和界限，在抗日救亡这个共同的目标下，共同工作，共同学习，共同研究，把千万颗赤诚的心合成一颗伟大的为民族求生存的心；把点滴的力量汇成战胜一切的力量，在最高领袖领导之下，为驱逐日寇，争取抗战的最后胜利而奋斗到底！

（原载《普青》第 1 卷第 1 期，1938 年 9 月 1 日）

## 抗战后普宁的小学教师

（1940 年 2 月 1 日）

山 丁

### （一）在饥饿线上的教师生活

敌人残酷野蛮的侵略与屠杀，骚动了我们各阶层各角落的人民的生活，加紧把中国优秀的儿女迫入支离破碎、疾病死亡、惨绝人寰的境地。同样的，这个荒僻的山县——普宁的小学教师也跟着总的情况而走到饥寒线上。

先从他们的收支说起，他们的薪水，每年最多的是大洋券三百元至三百六十元，其次，是二百元到三百元，再其次是几十元至百几十元。前两项是代表学校经费充足规模宏大最少数的高小校长及一些部务主任，后者是代表最纯洁最积极占全数百分之八十以上的一般小学教员。他们的收入，除了这些微薄的"硬工资"以外，就没有别的了。

但，他们的支出呢？最低有哪几种类到底需要多少钱？在一般的学校，烟茶油炭要自己出，笔墨纸也要自己出，衣服费零用费膳费当然更要自己出，其余还要应酬校医董乡人朋友及医药等用款。膳费在过去每月最高不过 9 元，现在却非 15 元不可，米价的腾贵，实在令人可怕。在抗战前每斗是一元左右，抗战后特别"六二一"以来，就由一元二元三元直升到四元五角，平均每人吃稀饭单算米钱就要九元，此外柴盐油茶都涨价几倍。这样一来，教师们由吃饭转到吃粥吃蕃薯，每人由三餐不得不变为二顿，挨着肚子克苦过活。许多学校不得不提前结束，许多教师不得不回家取款来应付伙食，赊借来应付伙食。

一个教师极力俭约，只顾自己的生活，就已入不敷出，无法维持，何况他们大批是贫苦的子弟，大部分有父母弟妹妻儿的系累，等待着他们钱去奉侍［侍奉］抚养呢?!

在普宁第×区一带，有许多教师是从沦陷区逃出来的。他们没有钱又没有衣服；没有亲戚朋友也没有产业；只带来赤手空拳，带来一大批妻儿弟妹；你想这每月十几块钱的"硬工资"将怎样生活呢?

笔者有一个朋友，因为自己的薪水用光了，而家庭又很穷苦，父又很严厉，妻儿又多，他骇怕被家人谴责，结果虽学校放假了也不敢回去。

一些经济支绌，环境恶劣的学校，更有发生欠薪岐［歧］视教师、侮辱教师骇人听闻使人痛心事情，简直，他们就把教师当做奴仆，把学校当做养活"教书人"的收容所。学校现在还欠着上学期的教薪，如××小学不发膳费，不发零星用款，教员抚腹上课等都是模范的例子。

教师在一般别有用心和一些对教育没有认识者的眼里，真是半文钱也不值，这固然有由于过去教育的失败及少数不自爱的教师的坠落，招致他们的轻视破坏，但同时最主要的，还是顽劣者骇怕青年进步团结别具用心的具体表现：因此，有好多克苦努力的教师，无端被革职，无端被诬蔑，被套上了高帽子。群众虽爱戴他们，挽留他们在一起生活工作，但总要受到恶势力的打击而不得不割爱。

## （二）是一支打击敌寇有力的队伍

神圣进步的自卫战争发动后，特别是"六二一"以来，这个山县的教师们就是一支有力铁的队伍，他们在前线在后方都表现了英勇的姿态，他们在每一个角落站在自己的岗位上叫醒了千万沉醉的同胞，做了无数为民族为国家的严正工作，奠下了创造三民主义新中国不可磨灭的基础。

他们的目标只有一个，驱逐日寇建设祖国，纯洁求真热情坦白是他们的本性，除了这些，就没有别的居心，这是可质天日的。虚荣利禄是他们的公敌，他们只知工作奋斗，丝毫也没有别的不正当的欲念和企图。

极困难的生活条件，恶劣的环境，与慈母的热爱，娇妻的温柔，是不能阻止他们前进的，不能放松他们工作的。

他们除了经常努力儿童教育，执行教师任务之外，在百忙中要挤出时间来举办民众夜学，做时事广播演剧宣传，进行慰劳抗属，社会服务，征集寒衣、募捐、助耕、冬收、肃奸等有益社会国家的繁重工作。

去年下学期，在教师们的领导下，只×区就办了八十几个民众学校，受学的民众就三千多名以上；时事讲座十几个，每三天或每周讲话一次；岭青一万封慰劳信运动，普宁就完成了一万二千封；余如救济金，棉衣捐款，更有惊人的成绩。

社会服务是最实际有益于社会的运动，在这里是一件新兴的最博得群众们热烈称赞的工作。本学期在×区有好几个学校破天荒地做了全乡大扫除、补路修桥，破除迷信、帮助抗属及贫苦人家秋收冬耕，在工作中团结了许多群众，发现了好多爱民族爱国家优秀的农民学生，大大地提高了学校和师生的威信，打破了学校和社会界隔膜，树立了教育界在群众中的模范领导作用。而且在无形中扬弃了旧的坏的教育方式方法，真正的体验出"做教学合一"的正确性；在无形〔中〕坚定与提高了群众们抗战建国的信心，最后还组织了他们。

政府的每一个号召，他们都异口同声地响应执行，如上述的许多工作，就是他们服从政府执行法令具体的例证。余又好象帮助乡保甲长调查米谷户口物价，调停各种纠纷械斗，说服顽抗法令的奸商土豪及帮助解决种种困难的问题。总之，无论是对上层对中层对下层，只要有利民族社会，他们都竭尽心血热诚，克苦服务。

有的为了直接打击敌人，保卫家乡，毅然脱离了职业，抛弃了家庭，情愿去做着那最艰苦的工作，过着那最辛涩的生活。有的因营养不良工作操劳过度，把身体弄坏了，甚至于牺牲了生命。

这种种坚苦卓绝、正义凛然的精神，凡稍有心肝的一切同胞（汉奸除外）闻之，都要肃然起敬，感动到流泪的！

**（三）他们还有严正虚心的学习态度**

这里的青年教师们，在饥寒线上奋斗着神圣的工作之外，还以严正的态度，警觉的眼睛，正视着青年的重要任务——学习。他们正确认清了学习就是武装自己跟着时代，推动社会的革命武器；要做一个进步的教师，对自己的事业有所贡献，就非不断学习不可。

首先，他们积极虚心学习了抗战建国的理论——三民主义、抗战建国纲领、抗日民族统一战线的怎样实现，怎样不受汉奸们诬蔑歪曲，怎样和教育及生活联系起来。

其次，他们学习如何专一技之长，如何执行教师的实际任务，对自己的事业有更深长伟大的贡献，这也就是说，他们尽力地研究儿童心理、教育方针方法特别是推行抗战教育实施的具体办法，力求"做教学"合一。

再其次，他们以纯洁求真的精神，探讨与研究前进的革命理论和实践，迫切地追求着一切真理。

最后，他们不仅在理论上学习，而且还在工作中学习。他们诚恳虚心地去接近群众，去倾听群众的呼吸；学习如何团结群众动员群众组织群众；如何待人接物，如何感化顽固分子减少抗战的阻力；他们把理论在工作中体验，证明理论是否正确，在工作中吸收经验教训，充实理论。

他们利用一切的时间去进行学习，早上晚上课暇的每个时刻，都是他们学习最好的时机，他们利用一切的形式去进行学习。室内野外读书会、讨论会、辩论会、议事会、自修、请教朋友等等集体的个别的方法。

## （四）教育界还存在着一些荒淫与无耻

上述的许多事实，是说明大部分的教师们受了战争的提炼是大大地进步了，但这决不是代表全数的。相反的，一部分不自爱已经死了心的，还在硬着头皮执迷着过去守旧腐化无耻的生活。

×区××乡的校长，上学期开学不到半个月就赌输了校董们几十块钱，继续下去，整个学年就在"打竹城"的生活里过了一年，最后拐了女教员提先逃之夭夭。最近，某地演梨［戏］，也因赌博被捉去十三人，内居教员校长八名；其他还有好多公私立学校也是这样胡里胡涂地结束他们去年的教书生活，但他们仍然收了学生的学费，赶完了教本，学生是否进步，家长是否同意，似乎当教师的都忘记了。

除了赌，还有嫖。××乡校窝藏了妓女，在附近过了好几夜。简直，这些人们就忘了自己是个教师是个公民。同时更忘记了日寇在穷凶极恶的屠杀与奸淫我们的同胞，在进行掠夺我们的一切生机，要致［置］我中华民族于万劫不复的境地。

一些是不赌也不嫖，抱了得过且过不负责任的态度，除了"教死书、死教书、教书死"之外，什么工作，都和他们不相干。此类教师在这里为数颇有可观。

还有一部分是顽固执谬，这些人不仅不努力工作，还要整天整夜评东击西，挑拨离间，简直就等于汉奸。

这些不良的现象，在封建势力牢固的地方表现得最厉害，而且，最难改造铲除，因为他们和地痞土劣狼狈为奸，互相勾结，互相利用。

"七七"前，正是满目疮痍使人惊心随处布密［满］此种现象，今天，是大大地减少了，在普宁只有少数人昧着良心在继续着。自然，这个进步的神圣战争坚持下去，一直到把日敌［寇］赶过鸭绿江的对岸，收回一切的主权及继续建国，教育界这些违背时代的荒淫无耻，无疑地是可以肃清的。

（原载《抗敌导报》新一卷第五期，1940年2月1日）

## 潮汕人民抗日游击队成立宣言

（1945年3月13日）

潮汕全体同胞公鉴：

自中原湘贵正面战场相继溃败后，潮汕也跟着沦陷了。纵横数万里的地方，敌军正在扩大和巩固他的占领。我们的正规军，非被击溃驱逐，即自行退走，甚至叛变投降。伪组织正在各地产生。数百万同胞已身为奴隶，生命财产毫无保障，将被敌人任意宰杀掳掠，荒乱饥馑的恶象繁生，数万万里的锦绣河山，如今变成火城泽国了。

同胞们！应该认识，今日这种惨祸，是多年来政治不良的结果。军队的无能，政府的贪污，捐税的繁重，物价的飞涨，人民饥寒转徙，陈尸道路，抗日青年，进步人士被捕杀，人民各种自由权利被摧残，种种原因，不独使抗日力量不能生长，反而削弱。我们的家乡，遂转瞬沦陷，本队同志原自卢沟桥抗日爆发之日，即奋起呼号，为团结与组织潮汕人民共同抗日而斗争。汕头沦陷后，我们也曾手执武器与独九旅在前线共同作战。可惜当时政府不能相容，横行压迫。一切抗日组织被解散，我们不得已分散各地，逃藏在危险艰难的境况中从事抗日救国工作。时至今日，政府和军队，已遗弃我数百万同胞于敌手。本队同志不愿做亡国奴，所以组织武装起来和敌人搏斗，我们不顾自己的身家生命，决心作战到底，直至把敌人赶走，把家乡收复，把同胞解放，建立自由幸福的新潮汕而后已。

今天，当本队成立之日，本队同志，谨掬至诚郑重宣言：我们要驱逐敌人，恢复家乡，最主要是依靠潮汕人民的民主团结，组织武装和坚决斗争。各抗日党派、各阶层、各武装部队，必须精诚联合一致，对日寇作战。我们有数百万敌忾同仇的同胞，有充裕的民枪，有复杂的地理环境，只要能够团结和武装起来，一定能够打击敌人，也一定能够配合盟军的反攻把敌人赶走。

我们仅郑重诚挚宣布：只有日寇和真正的汉奸民族叛徒是我们的死敌。一切抗日党派、抗日武装部队、抗日人民团体，以及一切不愿做奴隶的人们，不论过去对我们如何，今天都是我们的战友。我们不仅和敌人汉奸作战，维持地方治安，保护公众绅商利益，也是我们的责任。我们愿意和一切抗日力量互相合作，共同奋斗，直至最后胜利！

全潮汕人民团结起来！

武装驱逐敌寇！

队长：王武

三十四年三月十三日

# 潮汕人民抗日游击队反对内战宣言

## （1945 年 5 月）

各抗日党派、各武装部队、各地方绅士、各界同胞公鉴：

当此蟊贼周英耀疯狂攻击本队之际，本队特郑重宣言，反对内战！

日寇三次进攻普宁，周英耀三次逃跑，本队于县境最后陷落之日，奋起抗战，打击日寇，消灭汉奸，周英耀专制一县之时，压迫人民，逃跑之后，贻人民为日寇奴隶，本队决死斗争，不仅欲解放人民于日寇之手，也且欲解放人民于专制者之手，周英耀私党自为，贪污自利，本队推诚待人，团结抗日力量，自我牺牲，维护群众利益，两相对照，周英耀疯狂攻击本队，其用心可明若观火。

内战即危害抗战，乃地方之灾祸，社会之危难，人民之痛苦，而周英耀竟丧心病狂，不顾一切，悍然挑动内战。本队为维护抗战，顾全地方社会人民之安宁，刻苦忍让，紧急呼吁和平，人不犯我，我不犯人，人若犯我，我必犯人。此乃本队严肃之立场。

本队最后忠告周英耀，停止一切攻击本队之军事布置与行动，接受团结民主之主张，减轻人民负担，改善社会生活，发动群众抗日力量，积极准备反攻日寇，否则，如仍冥顽不灵，本队为自卫计，决予还击！

国民党中进步人士，各抗日党派人士：本队谨向你们宣言，为坚持抗日民族统一战线而奋斗，为实践中国民主同盟宣言所主张而奋斗，本队提议，民主同盟之组织应扩展于潮汕，方能巩固团结，实现民主，积极反攻日寇。

各武装部队士兵兄弟：本队谨向你们宣言，本队与你们，实负共同之任务，即抗战建国是也。本队与你们，唯有携手并肩，互助互匡，协助反攻日寇之亲爱友情；内战罪人，欲你们与本队相残杀者，本队与你们均可杀之。

各地方绅士：本队谨向你们宣言，桑梓安宁，社会幸福，不容他人破坏，本队同人，大多普宁子弟，爱护桑梓，服务社会，往迹可稽，今日奋不顾身，目的唯在创造民主自由快乐幸福之乡邦。对于企图内战，危害桑梓者，本队与你们均可驱逐之。

各界同胞们：你们是普宁的主人，你们如果热望抗战胜利，热望建设民主自由快乐幸福的新社会，你们如果痛恨内战，你们必须团结在本队周围，共同反对制造内战的蟊贼！

各抗日党派联合起来！

各地方绅士联合起来！

各抗日武装联合起来！

各界同胞联合起来！

团结抗日！

积极反攻！

反对内战！

立即实行民主政治！

改组国民政府，成立各党派联合政府！

改组统帅部，成立国共联合统帅部！

1945 年 5 月

# 潮汕人民抗日游击队反对内战第二次宣言

（1945 年 6 月 18 日）

六月十四、十五两日，本队于普宁的赤水、乌石、西陇一带遭受反动派周英耀所部一再围攻，内战爆发矣！潮汕抗日事业，地方社会安宁，自兹遭受破坏，人民痛苦，自兹开始矣！

本队为青年队伍，工农学商与殷户子弟，本队出没敌后，对敌伪斗争，颇著功绩，然竟被诬为"奸匪"，必欲"剿灭"，当内战危机，如箭在弦之际，本队曾郑重宣言，恳切反对内战，事实昭彰，故于被迫应战之下，谨向各界指明，反动派、专制主义者周英耀及其上峰，乃制造内战之罪人。

周英耀之发动内战，全为遂其横暴掳勒之私欲。西陇、赤水之民众何辜而遭劫掠？且同室操戈，徒速寇患，内战专家自投日寇诡计，祸国殃民，罪大恶极！

战斗之中，本队有赖民众之拥护，各界之同情与我战士之英勇，卒将周英耀所部击碎。然而纵目所及，尸横遍野，生灵涂炭，劫后村舍，家室一空，心怀为之沉痛。再若总观粤东战局，危危岌岌，潮、梅危急，尤为迫切隽煎。局势如此，要当发动抗日民众武装集中一切抗日力量，共赴时艰。于是本队谨向各界再次宣言：坚决反对内战，要求团结抗日。

内战固已发矣！将何以消灭之，以维护抗战，以恢复地方社会秩序，以解除人民痛苦，乃潮汕各界当前共同之紧急任务也！

本队为此再次发出号召：

各抗日党派团结起来！

各武装团体团结起来！

各界同胞团结起来！

反对内战的军令政令！

反对一切内战负担！

消灭内战！

争取抗日民主自由！

# 潮汕人民抗征队告各界同胞书

## （1947 年 12 月）

各界亲爱的同胞：

日本投降以后，我潮汕人民，正切望和平民主，以图复兴建设，安定民生，不料蒋政府竟叛依美帝国主义，出卖国家民族，撕毁政协决议，实行内战专制政策，两年以来，征兵、征粮、征税，苛重无以复加。保甲管制，进乡进剿，事事以民为敌，生杀予夺，为所欲为，迫得商贩裹足，鸡狗不宁，人民骨肉离散，饥饿冻馁，转徙流亡。八年抗战浩劫之后，复受如此荼毒，国家元气，民族命运，将何以堪！

同人等深感在蒋政府苛政迫勒之下，饱受凌辱恐怖和饥饿死亡之威胁，已无生存自由之可言，计自其执政廿年以来，国家民族日陷绝境，人民无时不在水深火热之中。时至今日，反动派业已走向政［众］叛亲离，天人共愤之绝境。同人等为求得自由解放，乃高举义旗，出而组织本队，反抗三征，借以达到改善民生，结束内战，实现和平民主独立自由之目的。半年以来，深得各界同情拥护与支持，感幸无似！兹谨略陈本队态度主张于各界同胞之前，希维亮鉴：

蒋政府反人民反民主之内战独裁政策，已严重威胁各阶层人民的生存，故乃争取和平，结束蒋政府四大家族专制统治，乃为全民的共同任务。在此共同目标下，本队同人除对特务及反动分子之外，愿与一切民主党派、地主绅商、工人、农民、学生、市民、知识界、自由职业者、公务人员、退伍官兵等，真诚密切合作。争取和平民主的最后胜利。

我们主张不分地域、阶层、性别、宗教信仰，团结一致，维护各阶层人民利益，共同反对三征与清乡进剿的一切反动措施：举凡地方治安、社会福利、商旅维护、乡里守望、纠纷调解，本队同人必竭力以赴，深望地方人士通力合作，共同推［维］持，尤望各界着重生产救济，实行减租减息，确保佃权，照顾债权债务业佃双方利益，救济失业饥饿和被［避］难的人民，使免于转徙流亡，庶我潮汕同胞痛苦得以减轻，社会得早日趋于安定。

同胞们！时机到了，大家应迅速奋起自救，目前反动派前线军事已遭受严重挫折，后方政治经济危机日形尖锐，全国大规模反内战反饥饿的运动，风起云涌，这一切表现民主革命高潮快要降临，反动派自食其果，已为期不远。愿各界同胞迅速奋起，争取真正和平民主日子的到来！

一切被蒋政府压迫剥削的人民联合起来！

反对三征，反对内战独裁！

反对美帝国主义干涉中国内政！

消除敌［特］务分子，反对勾结蒋政府戕害地方的歹徒！

减租减息，确保佃权！

争取和平民主独立自由！

潮汕人民解放军万岁！

中华民族解放万岁！

潮汕人民抗征队

# 大南山人民打胜仗（韩江通讯）
## ——粉碎敌五路"围剿"
### （1948 年 4 月 10 日）
### 文　南

是杏花怒放的时候，滔滔的潮水冲激着大南山男女英雄的心，松涛有节奏地咆哮着，虽然只是初春，这几天气候特别热，热得战斗员们的手心发痒，预示着一个新的战斗的到来。

三月十五日，晨风正兴奋着战士们民兵英雄们，敌人的尖兵突然在枪声里钻出来，一个激烈的战斗开始了。

敌人屡窥大南山，妄图一鼓剿灭，以遂其稳定潮普惠南的血腥统治的美梦，在伪指挥官林贤察策划领导下，倾其四县局所有的兵力，发动五路进军，并从汕头调来伪保警二中队，作为主力，进攻锡坑；第二路为林达部清剿大队，由云落突入樟树棚［坪］；第三路由圆堆北溪；第四路由林樟河田；第五路由鸭母岭，其总兵力约在五六百人以上，打算对南山大扫荡后即会师锡坑。哪知好梦不成而首先损兵折将，其主力被阻于下湳剧战终日，未能越雷池一步，于是第三四路在梅仔坜、白沙溪迟迟不前，不敢轻进，第五路又被我阻于白马仔而会合不得，慌乱不堪，在我军分路伏击下，四面枪声人影，使敌望而却步，全无斗志。直至暮霭迷蒙时分，人民部队始作主力转移。次日，敌仍在各村庄各山头搜索，但民兵英雄的韧性战斗，予敌严重威胁，使他们心惊肉跳，在死伤惨重下，第三日也被迫全部撤走。

此次大南山人民部队在民兵英勇配合与民众高度热情的协助下，充分发挥巧妙的战斗艺术，予敌严重打击——是役计敌死十余人（内有汕头升平路派出所所长一名）伤十余人，共三十二名，逃散者二十余人。人民部队则仅战斗员二名轻伤。

敌人大围剿的美梦被粉碎后，喻英奇、周英耀等反动匪首大为震恐，潮普惠南民众则额手称庆，沸腾着人民胜利的信心，准备打垮敌人势必再来的攻势。

（原载《正报》84 号，1948 年 4 月 10 日）

## 潮汕人民抗征队告农民书

（1948 年 5 月 20 日）

亲爱的农民同胞们：

我们屈指算来，在社会上一百人当中有八十个以上是农民，你们每天握着锄头，从天亮做到天黑，每年以无数的血汗劳动，换取到成千成万担谷米，你们对政府纳税，当兵是最多的，对国家民族的贡献也是最大的，但是你们虽然出了那么多的谷米，结果是受着饥饿寒冷，你们虽然是纳税当兵，结果得不到政府保护，且还要受政府压迫摧残，这些是什么道理？

很明白的，第一是因为目前潮汕的政府，为蒋介石的专制独裁的政府，不是农民有份的多数人的民主联合政府。第二是这个蒋政府，是保护少数封建的反动地主的，帮助封建地主剥削农民，使农民失去了土地，没有土地耕种，即使（得）到了多少土地，租息也很苛重，收割到的谷米，不够给地主债主。因此，你们没有保护自己的民主政府，又没有土地耕种，你们永远就要被人压迫和饥饿的！

所以现在你们坚决的去反对内战，打倒蒋政府，建立保护自己的民主联合政府，废除残酷的剥削，实行减租减息，进一步争取实现耕者有其田的土地改革，就是为你们目前改善生活及今后子孙的解放道路，没有得到土地革命，你们一生也没有出头的日子！

"耕者有其田"在中国古时就有人提倡过的,孙中山先生也主张"耕者有其田",所以孙中山先生在民国十三年就决定联俄、联共、扶助农工的三大政策,和共产党合作一齐干,不久,打倒陈炯明,统一广东,顺利的北伐,但在各省正在进行建立民主政府,实行分田时候,蒋介石就背叛了孙中山先生的三大政策,反转枪头来反共,屠杀农民,蒋介石依靠农民力量,升官发财,倒转来忘恩负义,是最可耻的。蒋介石僭位二十年来,是最仇恨农民、杀农民是最多的!比任何朝代的农民也没有象今天这样的痛苦!

我们在蒋介石专制统治二十年来,既得到了惨痛的教训,深知欲达到自己的解放目的,非广大农民组织起来,武装起来,勇敢反抗三征斗争,是不能实现的,在北伐时期,革命所以遭受挫折,农民所以被欺侮杀害,就是因为农民自己还害怕蒋政府的残暴,没有坚强组织,没有坚持斗争的结果,现在情势不同了,广大农民已经觉悟了,在东北、华北华中千千万万农民,在共产党领导之下,英勇地抗击蒋军的进攻,现在他们已建立了自己的政府,实行耕者有其田,建立数百万强大的人民解放军,且在全国大举反攻,蒋政府的失败,我们的胜利是决定了,广大农民大翻身日子到来了!

我们潮汕农民,在过去有了光荣的斗争历史,曾表现自己的伟大力量,现在各地反内战三征,反对蒋政府的专制统治,正风起云涌,你们应更大胆起来,参加战斗的时候到了!你们要学习解放区的英勇斗争气概,迅速地抛弃害怕畏缩的现象,团结起来,摆脱自己的痛苦锁链!

我们抗征队是人民的队伍,反抗三征,主张减租减息,都是为了农民。你们在此时期应立即组〔织〕起来和本队配合斗争,因此我们为你们提议:

(一)在各乡立即组织农民团体,立即组织建立自卫的武装队伍,坚决和本队配合作战,粉碎宋子文进攻人民的阴谋计划!

(二)在各乡村应立即起来,推拒蒋政府内战摧残,反三征抽剥的法令,在蒋政府统治势力薄弱地方,立即取消乡公所,取消联保办事处,取消伪联防反动武装,立即建立由人民选举的乡政村政,人员实行和平民主自卫斗争一切设施,处理乡民日常生活福利事业,为争取民主联合政府而奋斗!

(三)积极动员人民参加本队,协助军队解决军粮给养,使自己的部队加速壮大起来,使为人民争取自由解放工作上一个有力的保证。

(四)广泛协助本队交通情报工作,捕捉特务奸细特务活动,清除土匪抢劫,保护地方治安!

亲爱的农民同胞们:害怕退缩依赖是痛苦的延长,团结奋斗,是争取解放的正确道路！大家果敢起来，为争取生存道路而战斗！

民国三十七年五月二十日

## 潮普惠南人民行政委员会赎业清债暂行办法

（1949 年 1 月）

一、废除各地限期每年于冬节日或二月春分日为期的旧例，准各地□□□□期之前取赎。

二、取赎期限可缩短如下：

甲、三年以下者照期限取赎。乙、六年以下者三年即可取。丙、十年以上者五年即可取赎。

三、期无论远近，其赎额以按契面价额值折算，□□千折一□□□并得依据双方贫富情形酌量增减（如取赎人家庭富裕被赎人或债主家贫者，可增高利息一成至二成。如取赎人家贫，而被取赎人家属留分者可减为□□□□成。如双方生活相当，则照一成取赎）。取赎时即收回原契约及抵押品。

四、取赎时如有积欠谷利银利，可清算历年□□□如已超过原本一倍者，照本办法第三条取赎，如超过原本二倍者，母利免还，因贫困无条件收回其契约及抵押品，如未及一倍者，则应还至原本一倍后，以本办法第三条取赎。

五、凡民国卅四年以前（卅四年在内）的债务，如债主是地主富农已一律停付本息，其抵押品应无条件交还债户。

六、凡利用高利盘剥，及利用积欠田租复利，强迫债户将产业抵偿，经债户向农会或政府投诉证明属实，如该项产业历年收入而足抵偿其债主的原本时，该项产业应无条件交还债户。

七、如取赎人家庭富裕，被取赎人家庭困苦无法生活者，该赎取之田，应让予被赎者批耕纳租。

八、取赎时如再有曲折纠葛，或强迫情事，可报告乡政府或本会委派之政工同志，召集双方取〔处〕理之。

九、凡工商业货品买卖来之账项，由人民自行处理，概不在清理之列。

十、农民与农民间之债务，应本互助团结原则，由农民自行处理，如有纠纷，由农会政府照顾双方生活情形调解之。

民国三十八年一月

# 大南山清债赎业办法

## （1949 年 3 月 10 日）①

一、凡民国三十四年（三十四年在内）债务，如债主是富户一律停付本息，无条件交还产业、契约和抵押品。

二、凡利用高利贷盘剥及利用积欠田租复利，强迫债户将产业抵偿，经债户向农会或政府投诉者，该项产业应无条件交还农民。

三、凡三十五年以后（三十五年在内）借实物者，其历年所付利息已满母本及每年百分之三十之利息者，得无条件收回其契约或抵押品，未满母本及每年百分之三十之利息者，则还满此数后即可收回。

四、赎业和借债的利息（指三十五年以后的）原契约定以实物计算者还实物，如伪币者，则按契面钱额折合当时之谷物若干按一成为标准，再依据双方贫富情形，酌量增减，取赎和清还（如取赎人或债户家贫者，可减成一成以下至半成，如取赎人或债户家为富裕家庭，被赎人或债主家贫者，则应以一成半至三成清还）。

五、凡以农产品先行定价之买卖，贷款（如放菁苗），其先定之价无效，应照借贷时之市价折算谷物，再另行补息百分之三十。

六、凡工商业货物，买卖往来之账项，由人民自行处理。一概不在清理之列。

七、农民与农民间之债务，应本互助团结原则，由农民自行处理，如有纠纷由农会政府照顾双方生活情形调解之。

八、赎业时如遇有曲折转卖者，向原转手人取赎。

九、被赎人如家庭困苦无田可耕者，则该田应与本赎者批耕。

十、本办法公布以前已有清赎者，则不在此例。

---

① 本办法于 1949 年 2 月 27 日传达，3 月 10 日公布，并在大南山特区实行。

## 我军扫荡普宁境内反动联防

### （1949 年 4 月 11 日）

（本报讯）我人民解放军某部，乘张凤耀连部起义反正后，继续扩大战果，于 4 月 11 日（农历三月十四）晚前往普宁属围缴十赤乡反动联防。该联防起初尚企图顽抗，经我军略加打击和政治教育后，才全部放下武器，计缴获白朗林轻机一挺，榴弹枪一枝，步枪十八枝，子弹一千八百六十四发，枪榴弹四颗，手榴弹二十二枚，电话机二架，军服十三件，子弹带二十二条。俘虏经政治教育后，全部释放。

（原载《团结报》，1949 年 4 月 20 日）

## 欢迎起义官兵书

### （1949 年 4 月）①

## 南山圩各界欢迎起义官兵大会

光荣起义的官兵们：

你们识时务明大义，毅然在流沙起义，枪杀了反动长官，投向我解放区，把武器放下，接受我们的整编，我们为你们祝贺，因为你们解放了，你们脱离了苦海，踏上了光明大道。你们过去跟着喻英奇、张凤耀走，他们把你们带上反人民的道路，这条道路的前面就是坟墓！二年多来在那坟墓里面埋葬了成千成万的屈死鬼！那些屈死鬼都是为蒋介石陪葬的，他们太冤枉了！但也有成千成万象你们一样解放了，他们回过枪口，就向蒋介石的走狗们打！为人民立了许多功劳！人民是宽大的，不管他们过去做了多少罪恶，只要他们反对蒋介石，投向解放军，人民就热烈的欢迎他们，优待他们，就是曾经杀害了成千成万人民的战犯傅作义，人民也宽恕了他。今天，我解放军已浩

---

① 年、月是据文件内容判定的。

浩荡荡准备渡江，向华南进军，解放全华南人民！大军所至，将无坚不克！薛岳、喻英奇的死日已经不远了！你们今天离开他们，就是解放了自己，也为人民立了功，我们全解放区的党政军民都热烈的欢迎你们，为你们庆祝！

如果你们还有朋友在当蒋军，你们应该写信告诉他们赶快离开苦海，能起义的就起义，能拖枪的就拖枪，否则就逃走也好。蒋介石、薛岳、喻英奇的死日就要到了，你们应该警告你们的朋友，大祸临头，从速打算！否则，悔之晚矣！起义的兄弟们，我们现在站在同一战线上了，让我们拉起手来欢呼吧！

中国共产党万岁！

中国人民解放军万岁！

华南人民解放万岁！

全中国人民解放万岁！

## 中共闽粤赣区党委关于解放里湖棉湖的贺电

（1949 年 5 月 1 日）

刘司令、铁副司令、林主任转参加出击里湖及阻击流沙敌援的全体同志们：

正当我边区党政军民热烈庆祝大军渡江解放南京，占领太原的时候，你们于二十八日一天之内全歼保警联防二百余人，击溃匪伪二百余人，并解放拥有万余人口的里湖和进驻三万余人口的棉湖两大市镇，捷报传来，全区振奋！尚望坚决执行毛主席朱总司令"奋勇前进"命令。彻底、干净、全部歼灭敢于持枪抵抗的国民党反动团队及争取一切愿意和平的坚决签订地方性的协定。

中共闽粤赣区党委

五月一日

（原载《团结报》，1949 年 5 月 8 日）

# 普宁县人民政府为征收公粮告普宁同胞书

## （1949 年 6 月 18 日）

亲爱的同胞们：

我人民解放大军于四月二十一日渡江之后，所向无敌，四十日之内，解放了南京、上海、杭州、南昌、武汉等重要城市。席卷了苏、浙、皖、赣而深入闽中，横扫东南蒋匪之残余，反动力量已土崩瓦解了！全潮汕全中国之解放，很快就会到来，和平民主的新中国，就要实现了！

为争取全面解放早日实现，我党政军民应当加倍努力，共同奋斗。我人民解放军正在前线奋勇消灭残敌，后方广大民众就得动员一切人力物力，来支援前线，完成艰巨之任务。

过去我们之军需给养，除局部地区征收公粮之外，大部分是依靠殷商富户之捐献。现我普［宁］即将全面解放，普遍征收公粮，是公平合理的负担，也是我解放区全体人民应尽的义务。

我们征收公粮，与反动政府征收地税，是截然不同的，我人民解放军及一切工作人员，无不刻苦俭朴，廉洁奉公，全心全意为人民服务，人民的利益就是解放军的利益，解放军的利益亦就是人民的利益，我们是取之于民，用之于民的。

我们是摧毁了万恶的反动统治改善人民生活之后，才酌量人民的负担能力来进行征收的。伪政府呢？那还了得，新兵地税，横征暴敛，百般苛勒，不顾人民的死活，要钱要命，贪污舞弊，巧取豪夺！弄得民不聊生岁无宁日，而我们征了公粮之后，便无其他摊派了！

同胞们，我南下大军已直指闽粤而将与我地方解放军会师了，为了迎接全国胜利和解放大军的南下，为了巩固我解放区养军建政的基础，为了我们自己的解放，我们当尽一切的努力，坚决的［地］干净的［地］彻底的［地］消灭敌人，希望我全普宁的同胞，热烈来响应这一号召，完成支前拥政的光荣任务，建设新普宁，解放全潮汕，自由幸福的日子就［要］到来了。

普宁县人民政府
1949 年 6 月 18 日

## 普宁县人民政府通告

（1949 年 7 月 31 日）[①]

在潮汕全面解放前夕，面临绝命运的残匪，为要在最后一刻抢夺一毫逃命资本，流窜我普宁各地，奸淫、掳掠，鸡犬不宁，其中以流沙、大坝、大圩（南阳山区）周围为最甚。各地同胞，目击此情形，莫不恨之入骨。现普宁县人民政府为了抚慰被蒋匪劫掠蹂躏的同胞，特于二十六日发出"抚慰被蒋匪劫掠同胞通告"，并发动一元抚慰运动。办法如下：（一）凡是受蒋匪军劫掠的同胞一律登记，以便分别抚慰。（二）各地发动一元抚慰运动，党的同志应起带头作用，在支部展开讨论，然后由支部到群众团体，到一般热心革命的群众，部队中尽量来节俭，造成捐献热潮。政权机关由乡村政府号召，开会讨论，发扬互助互爱的精神，学校、新青团等必要可以组织抚慰募捐队。（三）迅速建立各区乡支援前线委员会（乡叫支会）即时展开支前工作。（四）这个一元捐献抚慰运动应是群众性的深入而普遍的。（五）各区各乡建立竞赛制度，成绩最好者得奖励。（六）这项工作［应］于十日内完成。

（原载《团结报》，1949 年 7 月 31 日）

## 潮汕我军再获胜利
## 流沙军管会成立

（1949 年 8 月 5 日）

（本报讯）潮普惠南的交通中心和军事重镇流沙圩今日宣告解放，守敌伪潮阳保安第一营、伪普宁保安第一营第二连、第二营第三连、伪流沙警察所等部匪军 210 余名，弃下物资无数，于昨夜向潮阳方面怆惶逃跑，我解放军于上午 11 时半分三路在嘹亮进军号声中浩浩荡荡开入流沙市。沿途围观群众人山人海，欢喜若狂。我军进入流沙市后，当即宣布成立流沙市军事管制委员会，委任黄友同志为军事管制委员会主任，委员即日进行接管市政，清

---

① 这是文章发表的时间。

理敌产及维持治安工作。

（原载《团结报》，1949年8月5日）

# 中共普宁县委和普宁人民政府
# 关于搏节办法的决定
### （1949年9月1日）①

中国共产党普宁县委会暨普宁县人民政府为响应地委"搏节"号召，发扬廉俭劳苦的精神，昨特召开所属各机关，举行会议，讨论"搏节"财粮办法，并决定如下：

一、日用开支检讨：（1）各单位日用开支，有部分尚欠"搏节"，如火油、火柴、烟、茶等；（2）各单位对于膳食部门，未能按〔定〕额执行管制，以致有超过制度；（3）公用单车有些同志不小心保护。

二、"搏节"办法：（1）关于膳食方面，除早晚两餐外，不设午膳招待客人，有特殊情况者应经首长许可；（2）切实废除公家烟、茶等不必要之消耗；（3）各单位如无特别事故，不准随便使〔用〕手电，以节省公帑；（4）各单位不按期结账者不发给伙食费。

（原载《团结报》，1949年9月1日）

---

① 此为文章发表的时间。

# 第二节　大事记

## 一、党的创立和大革命时期

（1919 年 5 月—1927 年 7 月）

### 1919 年

5 月 7 日　普宁县学生联合会成立，方思琼（方方）当选为会长。

5 月 14 日　普宁县学生联合会派方思琼、伍治之为代表，出席岭东学生联合会。

### 1920 年

3 月　进步学生杨石魂、方达史、方临川等分别毕业于揭阳榕江中学和汕头礐石中学，并考入广州铁路专科学校。

### 1921 年

12 月 2 日　普宁县第一个民选县长张五云（流沙秀陇村人）到任。

### 1922 年

春　方思琼、伍治之被聘为县立平民小学教员，宣传反帝反封建的新思想、新文化。

### 1923 年

四五月间　普宁二区（流沙）有部分农民参加彭湃领导的海丰县总农会。

6 月 17 日　杨石魂等以成员身份在广州参加省新学生社成立大会。

12 月 1 日　县农会筹备会经省农会批准，在流沙前蔡村陈氏祖祠成立，全县农会会员约 500 户。

12月　杨石魂任广州新学生社第三届执委宣传委员；寒假回县和方思琼、伍治之倡议组织"洪阳集益社"，参加该社的青年学生有30多人。

### 1924 年

5月5日　杨石魂当选为团广州地委候补委员。

7月　伍治之、黄中坚、罗绩等进步青年仿效湖南省做法，成立普宁农村成人教育促进会，在大坝的白坑、铁山洋和赤岗等村办夜校3所。

8月　杨石魂回县邀方思琼、伍治之、杨慧生、黄中坚、谢培芳、张清江等6人到广州第二届农讲所学习。

9月　县农民协会在流沙成立。全县会员达4 000多户。

10月　方临川以国民党中央农民部特派员身份回县开展农运。方思琼、伍治之等从广州回普，在农村宣传发动农民参加农会。

11月　普宁新学生社支部成立，书记为方思琼。

### 1925 年

2月　广东革命军东征潮汕、兴梅，讨伐陈炯明。中央农民部秘书彭湃派陈魁亚为队长，彭奕、陈颂为副队长，带一支10多人的宣传队到普宁协助开展农民运动。

2月15日　共青团广东区委召开临时大会，杨石魂在会上当选为团广州地委执行委员，任宣传部主任。

3月5日　东征军路过普宁，夜宿洪阳。周恩来住洪阳"满记"绸庄二楼，并在县召开的商民大会上作演讲，还派人筹集军饷。

5月　普宁县第一个共青团支部在洪阳普宁学宫后的惠风亭成立，团员5人，方思琼当选团支部书记。

5月中旬　国民党普宁县党部筹备处在洪阳成立，方临川为主任，方思琼、方家悟等为委员。

7月14日　普宁县农会就防军压迫一事致电国民党中央执行委员会等机关，要求派员前来处理。

9月　潮汕再陷于军阀陈炯明之手。方思琼、方惟精组织工农自卫军独立营，方惟精任营长，方思琼任秘书长兼团支部书记。

10月下旬　方惟精、方思琼率工农自卫军独立营袭击潮阳县关埠陈炯明辖下的谢文炳师部留守处，有力配合第二次东征。

11 月 2 日　东征军总政治部主任周恩来亲笔委任方展英代理普宁县检察分庭检察官。

11 月 5 日　共青团普宁支部恢复组织活动，团员 5 人，团支部书记为方思琼。

12 月　方思琼调至潮安县大寨搞工农运动，方书略继任共青团普宁支部书记。

### 1926 年

1 月上旬　中共普宁支部在洪阳塔脚南山顶上成立，参加第一次党支部会议的党员有 20 多人，选举产生党支部领导机构，陈魁亚为支部书记。

1 月 11 日　普宁一、八区十万农民在党的领导下，开展了第一次围攻县城地主集团的斗争，战斗坚持了 5 天。

1 月 16 日　东征军政治部派员带兵二连来普调处农民与地主集团的对峙战斗。

1 月 19 日　农民与县城地主战斗暂停。

1 月 23 日　城内地主派方卧云成立普宁县孙文主义协会，与县新学生社对抗。

2 月　中共普宁支部吸收 50 多名在围城战斗中勇敢的农会骨干入党。在塔脚开辟自由集市，县农会办事机构移往塔脚。

2 月 6 日　农民第一次围城斗争获胜，城内地主答应惩凶赔款。彭湃代表省农会来普慰问农民，受到 7 000 多名农民会员、500 多名农军的夹道欢迎。

2 月 8 日　彭湃到占陇的西社检查五区农会工作，并命人拘办投机分子陈若珍，着手改组县农会。

3 月　国民党普宁县党部在洪阳正式成立，共产党员方家悟等为执行委员，共产党员卢世光等为监察委员。

3 月 29 日　县长陈志强因反对农民运动被轰下台，熊矩任普宁县县长。

4 月 18 日　普宁县农会第一次农民代表大会在塔脚召开，会议为期 3 天，到会代表 300 多人，选举陈魁亚、何石、吴棣伍、陈颂、陈宇任等为县农会执委。

4 月 26 日　全县共青团员 12 人，团支部书记为方书略，分两个团小组，在城组组长为陈佐帮，马栅组组长为黄雅修。

5月1日　省农会召开第二次农民代表大会。据大会公布，普宁全县有7个区、144个乡建立了农会，会员达14 944人。

7月9日　国民革命军誓师北伐。县农会发动群众募捐钱物，支援北伐。

9月　普宁县妇女协会在塔脚成立，主任为邱琼英。

9月中旬　东江教育改进会普宁分会成立，罗俊三、杨少英、吴棣伍为常务理事。

9月19日　普宁县45 000多名农民及各界人士集中在大坝葫芦地村的旗北虎广场召开"驱熊大会"，会后举行示威游行，贪官县长熊矩畏罪潜逃。

10月　普宁县劳动童子团总部在塔脚成立，团长为黄寿山；普宁县商民协会在洪阳成立，会长为黄岳。

10月22日　普宁县农会在塔脚召开全县农会代表会议，到会代表292人。会议通过"二五"减租和扩建农民自卫军等决议，成立全县减租委员会，发布减租宣言，并编印减租特刊《普宁周》。同日，普宁县农会在塔脚举办农民自卫军训练班。

11月　普宁县党组织迅速发展壮大，建立了25个党支部，党员350人，中共汕头地委决定成立中共普宁县部委，部委书记为陈魁亚。

11月7日　普宁县农会在大坝葫芦地村的旗北虎广场召开庆祝苏俄革命成功十周年大会。

11月12日　普宁县农会在大坝葫芦地村的旗北虎广场召开庆祝孙中山诞辰大会。

12月　普宁县总工会成立，主任为张清典（张中耕）。

12月5日　县农会建立农民自卫军基干大队，下辖两个中队，大队长何石。党派黄埔军校生林本、余立寰来帮助训练农军，并分任第一、二中队长。省农会潮梅陆丰办事处呈报警备司令部，同意拨给普宁农军基干队200人伙食费。

12月12日　二区农会召开公民大会，严惩拦路抢劫的盐警奸商。

12月15日　第七区党部电请查办殴打区执委干部的新国民社头子陈夫。

12月31日　县农会在南溪的钟堂渡口截获洪阳城内方姓地主从汕头运来的大炮轮5个、子弹2箱、制弹机1架。


### 1927 年

2月23日　潮梅海陆丰第二次农民和劳动童子团代表大会在汕头市召

开，出席会议的农会代表 212 人，劳动童子团代表 253 人，会议为期 4 天，会议内容主要为整饬内部、纯洁组织、加强团结等问题。普宁派陈魁亚、黄中坚、黄寿山等为代表参加会议。

3 月中旬　中共普宁县部委选派黄雅修等 2 人赴省参加军事训练，并在塔脚举办第二期农军训练班。

4 月 16 日　普宁党组织派陈魁亚冒雨往海陆丰地委请示对付反革命政变的方法。

4 月 19 日　中共汕头地委委员杨石魂、潮梅海陆丰办事处委员林苏等人从汕头撤退来到普宁塔脚。

4 月 20 日　根据海陆丰地委的指示，在洪阳的林惠山村成立潮普惠三县军事委员会，以李芳岐（李运昌）为主席，杨石魂、林苏为副主席，陈魁亚、何石等为委员，调集各地农军，准备武装暴动。并在大坝九江村的陈氏祖祠成立普宁县临时人民政府，由李志前任县长。县人民政府发布"讨蒋宣言"和减租减息等施政纲领。

4 月 22 日　洪阳城内地主雇用揭阳凤湖 60 名枪手进城准备对付农军。

4 月 23 日　党领导 4 000 名农军发动声势浩大的武装暴动，围攻县城洪阳。第一天战斗毙伤敌数名。

4 月 26 日　普宁县农军大队及八乡、十二乡上万农民，在南溪的钟堂平径山上全歼汕头派来增援的国民党正规军队尤振国连 117 人和带路的"地主狗腿"方修飞等 8 人。

4 月 27 日　普宁县农军大队和一、八区农军在洪阳的陈洞径击溃第二路援城敌军周潜保安队，在赤岗杨姑山阻击敌第三路援军。

4 月 29 日　普宁县人民政府委派黄光甫为流沙区长，陈新吾为大坝区长，于当日到任。

4 月 30 日　流沙的北山村农会会长许光镐率农军缴新国民社枪支和旗帜。

5 月 3 日　何石率普宁县农军大队在大坝的顶深水与汕头派来的国民党军队展开激烈战斗。

5 月 4 日　汕头国民党军队在赤岗的仙洞、赤岗山、青屿、五福屿焚烧农民厝屋。

5 月 5 日　普宁县农会驻地塔脚失陷，厝屋、市场被敌焚抢一空，周围革命乡村也遭烧杀，杨石魂等领导人退到流沙白塔秦祠堂。

5月6日　海陆丰农军200余人到普宁援助农军，在大坝与敌展开战斗，县长戴恕逃往汕头。

5月7日　潮阳县的沙陇农军100余人抵大坝，协助阻击敌军。

5月11日　农军分别在流沙的白马墟、军埠墟枪毙反动盐警2人。

5月13日　汕头警备司令何辑五派团长陈泰运率800余兵抵麒麟，焚烧南陂和南径的大埔寮等革命乡村。参加普宁武装暴动的领导人和农军撤往陆丰县的新田，组织惠潮梅农工救党军。

6月上旬　方家悟、何石、卢世光等根据党在陆丰县新田召开的会议精神和中共东江特委的指示，率部分农军转回普宁，到大南山坚持革命活动。

7月　党组织通过方惟精、许光镐与周潜（潮普惠保安总队长）的私人关系，在流沙的白马墟组织一支100多人的"保安"分队，保存武装实力，伺机再起。


# 二、土地革命战争时期

（1927年8月—1937年6月）


### 1927年

8月下旬　在中共东江特委委员杨石魂的指导下，于占陇的三都书院召开干部会议。会后，普宁党组织领导人、农军大队长何玉山（何石）根据三都会议部署，集中各区农民武装300多人驻扎于流沙白塔秦祠堂，准备迎接"八一"起义军入境。

8月31日　普宁、潮阳农民武装协同攻打潮阳县城，歼敌及释放监狱的革命群众，后即转移。

9月2日　县农民武装攻陷敌大坝警署。同日，击毙横溪区区员潘伟公（县长陈逸川妻舅）。流沙区区长庄彩成闻讯弃职潜逃。

9月3日　何石亲自带领短枪队20多人，枪决十八乡乡长陈厚爵。

9月24日　"八一"起义军入汕头。县农民武装第三次围攻普宁县城。

9月28日　叶挺派起义军一个营300多人前来普宁助战。城内驻敌竖白旗投降，普宁县城被革命武装占领。

10月1日　从汕头、潮州、揭阳等地撤离的起义军领导人及主力部队，陆续由揭阳炮台过渡，经贵屿转道到达普宁流沙。

10月2日　撤至流沙的前敌委员会、革委会、部分党中央领导同志有周恩来、李立三、彭湃、恽代英、刘伯承、谭平山、郭沫若、吴玉章、林伯渠、张国焘、张曙时及地方党负责人杨石魂等，分驻于流沙天主教堂、白塔秦祠及珍珠娘宫等地。停留流沙期间，按照中共中央指示精神，领导人大体上已商定了取消国民党旗号，准备作长期斗争，武装人员撤往海陆丰与农民运动结合，领导人员撤离战区，转道香港、上海另行分配工作等重大决策。

10月3日　贺龙、叶挺、聂荣臻等军事指挥员抵流沙，由周恩来主持，在流沙天主教堂侧厅举行指挥部军事决策会议，从政治上和军事上总结经验教训，贯彻已经商定的决策，并在军事上作具体部署。同日，张国焘、李立三、恽代英等领导人聚集于平湖读书楼，与杨石魂等地方党的负责人举行会议，具体部署护送领导同志撤离战区工作。

当天下午4时左右，领导机关接获敌军前来截击情报后，领导同志即分头从流沙出发，按预定计划撤走。前头部队第二十军第一、二师已从流沙越过云落，向陆丰方向转移。第十一军第二十四师行至距流沙3.5公里的钟潭村后，即遭由果陇村庄大泉地主武装所带引的敌第四军第十一师陈济棠部的突袭，双方在莲花山（钟潭村后）一带激战至黄昏。

10月15日　普宁党组织领导人何玉山在中共南方局与广东省委举行的联席会议上，被任为中共广东省委委员。

10月　普宁党组织按原来部署，一方面派员护送周恩来、叶挺、贺龙、林伯渠、刘伯承、恽代英、李立三、谭平山、聂荣臻、郭沫若等领导同志转移到香港，另一方面派何石安置起义军流散人员和收集失落武器，做好善后工作。起义军有一批人员驻留普宁，其杰出代表有第二十军炮兵连连长邓宝珍及绘图师贺志中等。

11月初　普宁党组织领导人方家悟等在九区（大坝）渔新村成立全县党的临时领导机构。

11月中旬　中共东江特委书记彭湃派陈魁亚等从海丰到普宁工作，建立中共普宁县委会，陈魁亚任县委书记。县农会也恢复机构，开展活动。

11月17日　中共广东省委指示东江革命委员会及工农革命军第二师及海陆丰同志，必须协助五华、普宁、潮阳等县工作，根本覆灭地主阶级之势力，促成全省大暴动的实现。

11月28日　中共普宁县委派何石带队到八乡处决参与阴谋破坏农会活动的国民党士绅张日升、蔡协兴、高蓬莱、黄乐永等。

11月底　在县、区革命武装的协助下，农会揭开年关斗争序幕。

12月7日　敌第十一师余汉谋部第二营（彭林生）200余人围攻洪阳宝镜院的中共普宁县委。

12月8日　县农民武装遭果陇村庄大泉地主武装截击，农军被迫还击，称"一打果陇"。

12月中旬　按上级指示，县农军300多人编为"广东工农革命军东路第六团队"。团长为何石，参谋长为邓宝珍。各区相继成立赤卫队。

12月18日　中共广东省委指示普宁应实行土地革命，并成立苏维埃政权。

12月下旬　中共东江特委通令各县举行年关暴动。

12月30日　中共普宁县委决定从30日起至1928年1月2日连续3天为农民总暴动日期，举行全县总暴动。


## 1928 年

年初　中共普宁县委成立后方委员会，主任为何石。后方委员会驻三坑村，着手进行发展党员，建立健全农会组织，开设军事训练班、拘留所、后方医疗所，搞好大南山西部的开辟等工作。

1月3日　工农革命军第六团队会集各区、乡赤卫队和"尖串队"共5 000多人，分南、北、东三路"二打果陇"。此役南路总指挥何开云和北路总指挥周犹虎在激战中阵亡。

1月6日　敌陈济棠部等六七百人，会同果陇等乡地主民团，一连4天洗劫革命乡村并进攻驻大南山陂沟村的普宁县委会、县农会。

1月下旬　中共陆丰县委委员、大坪镇人魏荫亭，在22日和24日两次带领农军攻克大坪驻敌钟晓东部。

1月31日　彭湃执行省委指示，亲自率领红四师第十一团300多人进抵普宁，指导和协助全县开展暴动和夺取政权工作。

1月至3月　1月，全县九个区除七区（贵屿区）外，都建立了区委，辖59个支部，党员由原有350人发展至910人。3月，增加云落区委会，支部发展至80多个。成立县苏维埃政府后不久，县委书记由彭奕接任。

2月上旬　在大南山的陂沟村召开全县党、团支部联席会议，决定成立县苏维埃政府，实行土地革命和发展党团组织。

2月1日　以红十一团为主，会合县团队和二、九区赤卫队及各乡"尖串队"数千人,"三打果陇"。

2月3日　敌果陇据点被革命武装攻克。

2月6日　革命武装攻陷下架山的和尚寮村敌据点。

2月7日　红四师及红二师部分兵力会合县革命武装,连续进攻敌横溪、陇头、埠塘等据点。

2月13日　普宁县第一次工农兵代表大会在陂沟村振声学校举行,到会代表300多人,选举产生县苏维埃政府执行委员会,陈开仪当选执委会主席。

4月6日　县第六团队参谋长邓宝珍在陇头战斗中牺牲。

4月7日　敌黄旭初部3 000兵进驻县内二区四十股、湖心洋、钟潭等乡村。

4月18日　敌徐景棠部2 000兵进驻流沙、新坛一带。

5月5日至12日　彭湃在大南山的林樟村主持召开潮、普、惠三县县委联席会议,制定三县暴动计划,集中三县武装,成立工农红军第五师,准备夺取三县政权。

6月　彭湃和东江特委同志一起,在大南山的白马仔村,总结潮、普、惠三县暴动失败的原因,制定三县党组织整顿计划。

夏秋间　二区区委书记陈宇任、团县委书记翁时光、县委书记彭奕、妇女干部杨德秀等先后牺牲。继任县委书记方家悟,为开展平原工作而离开大南山,到六区六乡仔一带活动。

10月　彭湃奉命离开大南山赴上海,东江特委机关转移到潮安,特委与县委失去联系。

11月　县委书记方家悟在上村病逝,除何石带领部分武装隐蔽于大南山上进行游击活动外,党组织工作基本停顿。

12月10日　临时东江特委在八乡山开会,根据党的"六大"决议精神,作出恢复党组织、发展武装等决定。会后,东江特委委员方汝楫来大南山开展工作。

## 1929 年

1月　经方汝楫联系后,普宁党组织恢复活动,县委重新建立,书记为杨少岳。

春　经过贯彻执行党的"六大"决议精神,普宁党组织和武装力量逐步恢复和发展,群众斗争要求也高涨起来。

3月9日 东江特委在给广东省委的报告中，对普宁工作的评价是："最近进行也很进步，革命现状已由静久思动的局面。"

3月21日至4月6日 东江特委为贯彻党"六大"及省委第二次扩大会议决议精神，在八乡山办训练班，9个县派党、团干部参加学习，人数共30人。普宁派郑国钊等同志参加学习。

4月1日 潮、普、惠三县敌3 000人，分三路"围剿"大南山，普宁革命武装联合惠来、潮阳革命武装进行伏击。

6月18日至7月 东江特委于丰顺召开东江党第二次代表大会，系统贯彻党"六大"会议精神，并作出东江党的中心任务和策略、组织路线和宣传工作、群众工作等决议。普宁县派党、团负责同志参加。

7月 普宁党组织发展到区委9个，党支部50个，党员520人，县委书记为张家骧。

7月中旬 潮、普、惠三县在大南山的林招村建立红军第四十七团（初归东江红军总指挥部指挥，后属中国工农红军第六军第十六师），团长为何石，政委为陈开芹。同时，县建立大队（或连），区为联队（或班）。普宁为51人的第三大队，也称驳壳连。

9月 县委书记张家骧上调，由方思琼继任。

夏至冬 中共陆丰县委指派温达初等3人深入南阳山区开展重建发展党团组织、农会、赤卫队等工作，并成立南塘区苏维埃政府，主席为陈荫南。

10月9日至10日 中共普宁县委组织各区开展"双十"节活动。全县7个区，将近1 000多名干部、群众参加。会上报告彭湃、杨殷牺牲经过并致哀后，报告政治形势及布置秋收斗争任务。会前会后散发宣传品1 300份。这场活动既震慑了敌人，又鼓舞了群众，受到省委肯定。

10月中旬 潮、普、惠、揭四县在大南山成立西南四县联席会议机构，称"施联辉"。

10月中旬至11月中旬 东江特委为策应红四军的斗争，由古大存指挥第四十七团北上与第四十六团及当地赤卫队转战于丰顺、梅县、五华等地。

10月11日 东江特委召开扩大会议，决定成立西北、西南、东南联席会议机构，由东委代表任主席，各县派一人参加。

10月20日 朱德领导的红四军一部到达梅县，准备帮助东江的斗争，扩大根据地，使与闽西、赣南连成一片。

11月中旬 普宁于大南山锡坑村召开全县农民代表大会，成立普宁县革命委员会，主席为李崇三，副主席为何石。

11 月 26 日　红军第四十六、四十七团向坪上敌据点进攻，在捣敌营战斗中，团长何石、连长许炳阵亡。

冬　大南山除全面抗租外，还在部分乡村进行土地分配试点工作。

12 月 15 日　在南阳山区樟树仔村成立陆丰县第六区船埔乡苏维埃政府，主席为朱荣。

## 1930 年

年初　红军第四十九团在南阳山区樟树仔村扩编第八连 80 多人。

2 月　红军第四十七团团长陈开基在率队攻打揭阳新亨回师途经埔仔寨时，遭敌民团伏击阵亡。

2 月至 4 月　红军第四十七团回师潮、普、惠后，积极配合地方赤卫队，扫荡大南山周围的敌据点，不断壮大力量，该团发展至 300 多人，扩编为 2 个营、7 个连。

4 月初　东江特委在八乡山举行扩大会议，各县负责同志参加，决定积极组织暴动。

4 月 25 日　红军第四十七团配合惠来武装，再度攻打惠来县隆江镇。是役，团长李斌牺牲。

4 月 28 日　红军第四十七、四十九团紧密配合，击溃敌毛维寿部的戴戟团、警卫队共 2 000 多人向大南山林招的进犯。

5 月　方思琼他调，何丹成接任县委书记。

5 月 1 日　第一次东江工农兵代表大会在八乡山滩下举行，出席大会的有 19 个县代表和全省各地区代表共 300 多人。会上选出东江苏维埃政府常务委员 15 人，执行委员 45 人，候补委员 16 人。陈魁亚为委员长，古大存、陈耀潮为副委员长。同时成立红十一军，古大存为军长，颜汉章为政治委员，罗欣然为政治部主任。

5 月初　潮、普、惠、揭等地革命武装成立第三军区，司令为蔡端，政委为李良清。

5 月 8 日　红军第四十七、四十九团，在地方武装的配合下，攻陷流沙。

5 月 23 日　红军第四十七、四十九团攻陷麒麟。

7 月　县委在九区夏地村召开全县党、团联席会议，布置夺取全县政权工作，东江特委代表刘琴西出席会议并讲话。

7月后　为执行省委暴动计划，以颜汉章为书记的中共东江特委移驻大南山。及后，东江军委及东江苏维埃政府也先后移到大南山。

9月22日　第三军区100多人，配合地方武装，攻打棉湖镇。

10月10日　普宁县委集结一、四区区联队及赤卫队共100多人进攻普城。

夏收后　大南山根据地全面铺开分配土地工作。

10月末至11月初　中共广东省委常委、组织部长李富春及中央代表邓发等到大南山大溪坝村召开中共闽粤赣边区第一次代表会议，会上选举产生以邓发为书记的中共闽粤赣边区特别委员会。方方任大会秘书长。会后，成立西南、西北分委分辖东江地区，由闽粤赣边区特委直接领导。

11月中旬　潮、普、惠三县党组织合并，成立中共潮普惠县委，县委书记为陈醒光；同时在大溪坝村召开三县工农兵代表大会，成立潮普惠县苏维埃政府，县苏维埃政府主席为方光庆。县以下建立区委及区苏，领导各乡开展工作。

11月22日　驻流沙普宁警卫大队的一个中队，在中队长庞柱率领下，向大南山红军投诚。

秋收后　大南山等区土地分配工作进一步开展，到1931年春耕前，完成土地分配工作的共130多个乡，35 000人口。

12月　红十一军遵照上级指示精神，改编为中国工农红军第六军第二师（后改为东江独立师），以四十九、四十七团与四十六团部分武装，编为第一团和第二团。及后，第一团开往海陆紫苏区，第二团留守大南山。

同月，陆丰、惠来县部分地区合并为陆惠县（南阳山区）。


1931 年

1月1日　中共东江军委发布三个月工作计划。及后，对红军第一、二团及县、区游击队、乡赤卫队的组织领导及思想政治工作有所加强，对后勤建设有所促进。

春　成立中共南山特区委员会、特区苏维埃政府，管辖有190个乡、50 000人口、1 500平方公里的苏维埃区域。

3月初　红军第二团第一、二连在大南山的鹅地伏击敌一个排。

3月23日　红军第一、二团联合地方武装，袭击流沙敌骆凤翔团黄启良营驻地。

3月　敌张瑞贵独立旅的骆凤翔一个团进攻大南山。

5月18日 东江召开干部扩大会议,决定按照中央土地法草案原则,深入开展土地革命运动;同时决定取消西南、西北两个分委,恢复东江特委,重归广东省委领导。

潮普惠县在完成了60个乡的土地分配工作的基础上,实行山林、果树、特产全面分配政策,巩固和扩大土地革命的成果。

5月 全县建立区委会12个,支部260个,党员1 400人。

6月 中共陆惠县委成立,书记为陈醒光。

8月 大南山根据地在袁策夷(军委主席)领导下,大规模开展反"AB团"斗争。"肃反"中,错杀伤害了大批干部、群众不下500人。运动期间,执行中央组织决议,潮普惠县委暂时停止工作,县委委员分配到各区巡视,各区直接由东江特委领导。

10月 东江特委在大南山召开东江党员代表大会,出席代表50余人。省委代表到会作指导。会议贯彻中央王明"左"倾教条主义的所谓"国际路线"。

## 1932 年

1月 敌第二军第五师张达部联合独立第二师张瑞贵部及各地联团、警卫队,准备向以大南山为中心的根据地进行有计划、有规模的"围剿"。

1月10日 中共陆惠县委在南阳山区船埔头举行400多人的武装大检阅。

3月12日 敌张瑞贵部集中了4个团的兵力配合地方警卫队共4 000余人,分三路进攻大南山。

3月25日 潮、普、惠三县"剿匪联防委员会"召开绥靖会议,实行"三光"政策和"移民"政策,迫限大南山所有居民,于4月12日前全部移往平原,大南山根据地人民受到敌军严重摧残。

4月18日 中共东江特委在大南山锡云路召开扩大会议,讨论冲破敌人"围剿"与发动群众为解除春荒而斗争等问题。会上改组特委,潮普惠县委书记周大林当选为东江特委委员。

4月19日 敌独立团陈腾雄(又名陈东中,绰号陈叮咚)率部进犯锡云路。东江军委集中兵力,于牛牯尖峰下发起围攻,歼敌近百人。

春耕时 在红军打胜仗消息鼓舞下,60%逃往平原的群众回归大南山,根据地党政机关恢复正常工作。

8月 敌人实行"围剿"与"驻剿"相结合的办法,对大南山根据地发起新的进攻。

8月20日　东江特委全体会议决议对敌采取积极进攻。

8月　成立中共潮普揭县委（1933年2月改为县工委），书记为张锄（浦昭）。

10月　成立中共揭普惠县工委，负责人为李彤、林汉希。

10月1日　潮普揭第一大队伏击敌警卫队，歼敌22人。

11月28日　红二团团长古宜权率100多人开赴石牌汤头，协助开辟揭普惠新区，遭敌张瑞贵部1 000多人围攻，古宜权在血战中阵亡。


## 1933 年

1月10日　东江特委召开常委扩大会议，批判军委主席袁策夷个人错误，改组军委，朱炎接任军委主席；决定潮普惠县委改为县工委，陈达任县工委书记。会议号召全体同志节衣缩食，依靠群众，打破敌人的封锁，粉碎敌人的"围剿"。

1月13日　东江特委为林樟八乡反动分子组织联团、筑炮楼一事给潮普惠县委及各级党部发信，指示各级党组织和武装队伍，加强对群众宣传工作，发动群众与之斗争。

2月　红一团进攻大坪墟，消灭敌警卫队。

3月　东江特委调派潮普惠、潮普揭的第一、三、四大队充实第二团，并以一团、二团为基础及联合各游击队，编为东江工农红军第一、二路军。第一路总指挥为古大存，第二路总指挥为卢笃茂。

夏　古大存和卢笃茂带领红军300多人配合南阳山赤卫队，开展斗地主、打土豪劣绅的斗争。

10月　东江游击总队成立，总队长为周友初（中央军委派来的），政委为古大存，参谋长为卢笃茂。


## 1934 年

1月2日　由卢笃茂率领红军队伍，袭击里湖冷水坑警卫中队。

3月5日　原在泰国办"崇实学校"的许宜陶、黄声等进步教师回国，在埔塘兴文中学应聘任教，宣传抗日。

3月20日　中共潮普惠县委发布"为春荒而斗争"的号召书。

4月23日　潮普惠县苏维埃政府发出《红军及工农武装优抚条例》。

6月11日　东江游击总队参谋长、红二团团长卢笃茂率红二团及卢秋桂带领的潮普揭第一游击大队100多人队伍，于揭阳与五华交界的胡头山（现属揭西）遭敌邓龙光部及当地反动自卫团1 500多重兵包围，苦战中卢笃茂负伤被俘，1935年2月3日就义于广州黄花岗。

12月　经东江特委决定，东江红军游击队总指挥部于大南山松树坳村成立，张木葵任总指挥。

12月31日　张木葵带领一、二中队，于下架山碗仔村附近的鲈鳗洞伏击张瑞贵部驻潘岱的一个连。

## 1935 年

3月　兴文中学创办一周年，邱秉经、马士纯等一批土地革命时期党员、团员和进步教师先后聚集兴文，致力于把兴文办成革命学校。

4月　广东军阀调第三军第九师邓龙光接替张瑞贵。邓设师部行营于流沙，以4个团兵力，联合地方武装布防于潮、普、惠、揭、陆各县要口，对大南山形成包围之势，发起进攻。

5月　中共东江特委于大南山的大溜召开最后一次会议。会后，除留少数人员继续在大南山坚持隐蔽斗争外，古大存带队转丰顺、大埔坚持斗争；张木葵率队转移到揭阳五房山一带游击；卢秋桂率队转移到潮澄饶澳一带活动。

5月16日　中共潮普惠县工委秘书黄茂，在大南山鸡心山与敌战斗中牺牲。

5月底　中共东江特委机关驻地云落黄竹坑遭敌破坏，东江特委书记李崇三被俘后投敌。东江特委组织机构至此停止活动。

6月　红军西南医院10多位同志在共产党员、医官贺志中带领下，转徙于望天石附近山峰石洞，坚持斗争。

6月7日　西南医院人员在大南山的鸡心山上遭敌袭击，贺志中等被俘，后于惠城就义。

10月1日　敌在林招成立南山管理局。大南山革命根据地人民又被国民党统治。

## 1936 年

3月　共青团江苏省委派周志铭（陈勉之）回潮汕进行建团活动，他通过曾参与土地革命斗争活动的共青团员张重仁的关系，来普宁泥沟乡群众学校任教员，开展革命活动。

3月29日　坚持斗争的中共潮普揭县委书记张锄及工作人员3人被敌邓龙光部所俘，不久后牺牲。

4月　周志铭联系兴文中学党员马士纯，在开展活动的基础上，在泥沟群众学校和兴文中学发展共青团员，建立2个团支部。

7月　共青团员邱秉经等配合进步教师，在梅峰公学开办传播革命思想的暑期补习班。以后在任校董邱秉经等的努力下，聘请进步教师，逐步把梅峰公学办成与兴文齐名的革命学校。

下半年　在兴文中学、泥沟群众学校及梅峰公学团员、进步教师的带动下，全县以学校为基地，建立华南抗日义勇军及众多进步社团，开展"新文字""新文化"及抗日援绥等运动，掀起抗日救亡运动热潮。

1937 年

年初　周志铭把普宁团组织介绍给驻汕的中共韩江工委。

3月末　陈初明受韩江工委派遣来普宁，在梅峰公学以教员身份作掩护开展党的工作，在团组织的基础上发展党员，建立党组织。

7月　中共普宁特别支部在梅峰公学成立，陈初明任特支书记。

# 三、抗日战争全面爆发时期

（1937 年 7 月—1945 年 9 月）

1937 年

7月　卢沟桥事变后，中共普宁特别支部以学校为据点，组织全县抗日救亡团体和群众进行示威游行，要求实行全面抗战，积极开展抗日民族统一战线工作。

8月　中共普宁特别支部贯彻党中央"洛川会议"精神，宣传《抗日救国十大纲领》，领导人民开展以拒运日货、募捐抗日经费为主要内容的抗日救亡运动。

同月，在梅塘的梅峰公学，中共普宁特别支部组建为中共普宁县工作委员会，书记为陈初明。

9 月下旬　汕头青年救亡同志会一五五师随军工作队的工作组到普宁进行抗日宣传，协助筹建青年抗日救亡组织。

10 月　在北平参加"一二·九"运动的罗天回普宁，立即扎根农村，发动群众开展生产互助、减租减息、革除旧风俗的斗争，并加强了对青救会工作的领导，为普宁党组织的工作打下了扎实的基础。

10 月上旬　普宁青救会筹备处在流沙成立。

11 月 14 日　在中共普宁县工委领导下，于流沙教堂成立"普宁青年救亡同志会"（简称"普宁青救会"），县设干事会，各区成立区委员大会，办事机构设区理事会；区以下设若干中队、小队。

12 月 15 日　普宁青救会发表《普宁青年救亡同志会成立大会宣言》。

## 1938 年

1 月　全县先后成立 3 个中共区委会，二区区委书记为罗天，三区区委书记为郑淳，五区区委书记为王琴。

1 月 15 日　普宁青救会改称"普宁县青年抗敌同志会"（简称"普宁青抗会"）。

春　在中共普宁县工委领导下，第二、三、四、五区及其他一些地区的青抗会共创办民众夜校 100 多所，识字班 300 多个，参加学习的有 2 万多人。

4 月　中共普宁县工委书记陈初明调至中共潮汕中心县委工作，工委书记由马士纯接任。

同月，汕青抗与各级党组织派蔡瑜等一批女党员和青抗会女会员，参加了国民党翁照垣在洪阳举办的"广东省第八区民众抗日自卫团统率委员会妇女干部训练所"训练，并在该所建立中共党支部，发展党组织。

5 月　中共普宁县工委贯彻上级党委的建党指示，向全县党组织发出"为扩大到上百个党员而奋斗"的号召，使党组织迅速发展。至 1939 年下半年，全县党员达 1 450 多人，成为潮汕地区党员最多的县份。

6 月　在潮阳县的两英召开潮阳、普宁、惠来三县青抗会联席会议，发出通电声援和支持惠来县青抗会进行反迫害斗争。同时，中共普宁县工委派出工作队深入大南山开展抗日救亡工作，发展党组织。

6 月下旬　中共普宁县工委在流沙创办"合利书店"。

同月，中共普宁县工委书记由罗天继任。

8 月　在兴文中学以任教作掩护的中共普宁县工委宣传部长马士纯及一

些共产党员、进步教师被埔塘乡的"土山皇帝"陈益斋解聘。他们秘密带一批进步师生到揭西县的石牛埔,创建了一所由中共潮汕中心县委领导的"西山公学"(后改称"南侨中学")。

8月29日　普宁党组织和青抗会为响应武汉慰劳前线将士委员会发起的"关于征集三十万封慰劳信"和汕青抗发起的"保卫武汉,争取抗战最后胜利的三十万人签名运动"而发出通告。仅20多天,全县征集募捐了35 000多封信,慰劳品装满200多个包装袋,获得全潮汕最高成绩的荣誉。

9月1日　普宁青抗会宣传部主编的半月刊《普青》创刊。

9月下旬　中共普宁县工委书记罗天出席了由中共闽粤赣边省委书记方方亲自主持的中共潮汕中心县委扩大会议。

10月12日　在流沙的白塔秦祠成立"普宁县妇女抗敌同志会",钟淑华为主席。

11月　成立中共潮普惠南分委,书记为陈初明,机关设于流沙的合利书店。同时撤销中共普宁县工委。普宁县属的区委直属分委领导。二区委书记为杨璞轩,三区委书记为罗彦,五区委书记为黄光武。

11月11日　在普宁第一中学成立"普宁县教师抗敌同志会"。之后"普宁县华侨抗敌同志会""普宁县少年抗敌工作队"等组织及乡村群众团体也纷纷成立。

12月　中共潮普惠南分委在流沙举办第一期妇女干部训练班。

12月下旬　中共潮普惠南分委在流沙创办天和印刷厂,大量翻印党内文件、革命书报和抗战教材。

冬　普宁党组织派员参加国民党翁照垣举办的自卫团教导队军事干部训练班。

### 1939 年

1月　中共潮普惠南分委在流沙举办党员干部培训班,对外称"寒假青年学术讲座",为期20多天。学习后组织一支27人的宣传队,下乡开展抗日救亡宣传。

1月上旬　普宁党组织派员参加"岭东青抗代表会议"。

4月　普宁青抗会主持召开普宁县纪念"五四"青年节联欢大会。中共闽粤赣边省委书记方方参加大会并讲话。

5月　岭青通讯处在流沙教堂召开岭东各地青抗会临时代表会议,出席会议的有潮梅地区 16 个县、市的青抗会代表。会议通过了《岭东各地青抗会工作纲领草案》。

7 月　普宁党组织派王武、吴秀远等一批党员和优秀青年参加汕青抗武装大队。

7 月 1 日　中共潮普惠揭中心县委机关报、三日刊《青报》在流沙创刊。

同月，普宁党组织成立一支工作队，开辟大南山区游击基地，建立中共潮普惠南边区委，书记为曾绍宽。

9 月 28 日　普宁县妇抗会在流沙召开追悼吴秀远诸同志殉难大会，会后印发《青报》增刊。

秋　中共潮普惠揭中心县委在流沙举办第二期妇女干部训练班。

冬　县委在里湖开办农村工作干部训练班。

年底　普宁党组织贯彻党中央《关于巩固党的决定》，全面开展审查党员、整顿党组织的工作。


## 1940 年

1 月　国民党普宁县党部借口"整顿"青抗会，企图强行接管普宁青抗会。青抗会县干事会据理力争。

2 月　中共潮普惠揭中心县委建立一支武装小组，着手开辟南阳山区抗日游击基地。

2 月 10 日　普宁青抗会在流沙召开全县第二次临时代表大会，通过宣言，拒绝"整理"青抗会。

2 月 20 日　普宁青抗会在流沙召开全县第三次临时代表大会，抗议国民党当局强行解散、迫害青抗会。

2 月 21 日　《青报》被迫停刊，合利书店和天和印刷厂被查封。此后转入地下出版发行。

3 月　党组织领导的普宁青抗会，派出会员代表 200 多人赴普城"请愿"，并进行抗议国民党县当局解散普宁青抗会的示威游行。

4 月　撤销中共潮普惠揭中心县委，新成立中共潮普惠县委，县委书记为罗天。

5 月　普宁党组织发动群众进行大规模的抢米斗争。

7 月　汕青游击队的游击小组与南阳山游击小组会合建成一支游击队伍。

8 月　中共潮普惠县委书记罗天亲自组织和指挥梅塘鸡笼山锡矿的矿农

开展"偷矿"斗争。斗争坚持一年之久。

11月 普宁党组织在锡坑、马泗等地创建大南山区游击据点。

同月，党组织在梅塘的藏宝堂村创办"利民合作社"，解决地下党活动的给养问题，该社办至1942年底。

12月 中共潮普惠县委撤销，新成立中共揭普惠边区工委和中共普宁县委，工委书记为罗天，县委书记为杜修田。

## 1941年

1月 普宁党组织派员打入国民党县妇女新生活委员会举办的"女社训队"工作。

2月 普宁党组织调整县委、区委机构和干部。

3月 中共普宁县委组织大量印发党中央关于"皖南事变"的快邮代电传单，并在各地散发，全县掀起一个声讨国民党顽固派罪行的热潮。

7月 中共潮梅临时特委罗天，普宁县委罗彦及里和特区区委负责人在藏宝堂村召开会议，研究开辟南阳山根据地等问题。

9月 各级党组织从委员制改为特派员制，杜修田为普宁县特派员，林川为普惠陆边区特派员。

## 1942年

2月 中共潮梅特委决定由罗天担任管理潮阳、普宁、惠来、揭阳、丰顺等县党组织的特派员。

3月 吴南生调任普宁县党组织特派员。

9月 普宁党组织贯彻党中央关于在国统区实行"荫蔽精干，长期埋伏，积蓄力量，以待时机"的十六字方针和中共南方局关于"勤职、勤学、勤交友"三勤任务的指示，稳妥地转移已暴露身份的党员干部，安排未暴露身份的党员干部找到社会职业作掩护，以度过艰难岁月，待机再起。

## 1943年

春 全县大旱，受灾农田36万亩，造成饥荒，霍乱流行，全县饿死、病死、逃荒共约10万人。

## 1944年

10月 普宁党组织传达党中央复示：同意潮汕地区党组织恢复活动，开展抗日武装斗争。

12 月　被国民党捕获关押在梅塘溪桥村临时监狱的 40 多位同志，乘日军窜扰、国民党军警逃命之机安全解脱。

12 月上旬　潮汕地区党的骨干林川到梅塘的四方园村王武家里，主持召开七县骨干代表会议。会议决定全面恢复党的组织活动和筹建潮汕人民抗日游击队。

12 月 15 日　日军窜入洪阳，普城首次沦陷。

### 1945 年

1 月 28 日　日军窜入洪阳，普城第二次陷落。

1 月 30 日　日军 100 余人窜扰里湖，被周围乡村上千群众包围击退。

2 月 12 日　抗日武装小组化装为国民党官兵，到大南山的什石洋村，缴获普宁国民兵团解散后寄藏在保长家里的一批枪支弹药。

3 月　根据党中央对潮梅工作的指示，在逐级负责对隐蔽的党员进行审查、恢复党的组织活动的基础上，建立中共潮普惠县委，书记为林川。

3 月 8 日　日军窜犯普宁，普城第三次沦陷。

3 月 9 日　"潮汕人民抗日游击队"在南径的白暮洋村杨氏祖祠宣告成立，党代表为林美南，队长为王武。13 日公开发表《潮汕人民抗日游击队成立宣言》。

同月，普宁党组织配合抗日游击队收编流窜麒麟的土匪武装黄炳光部 40 多人，改编为义勇军第一中队。

4 月 2 日　潮汕人民抗日游击队第一、二突击队在梅塘的高埔村、藏宝堂村打击国民党特务组织官浩经"别动队"。

4 月 15 日　潮汕人民抗日游击队第一突击队在流沙的晖晗桥处决日伪汉奸、流沙维持会会长许泽新。

4 月 20 日　潮汕人民抗日游击队第一突击队在流沙的马栅村围击日军一个小分队；在麒麟的大寮村活捉日军守田炮兵队中士界正则。

4 月下旬　潮汕人民抗日游击队第一突击队在洪阳的陈洞径截击日军运输队。

5 月上旬　潮汕人民抗日游击队在流沙的郭厝寮村进行扩编。

5 月 7 日　驻普日军全部向海陆丰溃退，普宁光复。

同日，潮汕人民抗日游击队第一、二突击队分别袭击国民党麒麟警察所和四区区署自卫班。

5月中旬　潮汕人民抗日游击队同流窜南径的土匪武装张虎、张龙一伙谈判成功，张部30多人被收编为抗日游击队。

5月19日　潮汕人民游击队在普宁平原地区举行武装大巡行，当队伍进发到大坝的平林山时，同国民党县自卫队和雷队发生遭遇战，敌败退。

5月下旬　潮汕人民抗日游击队发表《反对内战宣言》。

6月14日　潮汕人民抗日游击队在流沙赤水村以及次日在流沙的西陇村至燎原的乌石一带，粉碎普宁反共顽固派向游击队发起的第一次"围剿"。是役，队长王武在战斗中负伤，于翌日牺牲。

6月18日　潮汕人民抗日游击队发表《反对内战第二次宣言》。

6月下旬　根据中共广东区党委指示，潮汕人民抗日游击队改称为"广东人民抗日游击队韩江纵队"（简称韩纵），韩纵司令员兼政委为林美南。潮普惠方面的游击队伍，改称为韩纵第二支队（简称韩纵二支），支队长兼政委为林川。

7月8日　韩纵二支在里湖粉碎普宁反共顽固派第二次"围剿"。

7月16日　韩纵二支开赴揭西的棉湖，接应国民党揭阳县后备队指挥所"河山部"起义。同时派出队伍进攻区署、警察所、银行、揭阳县第三政警中队，战果显著。

7月17日　韩纵在流沙大操场召开大会，欢迎河山部的起义部队，庆祝胜利，并举行武装大检阅。

7月24日　韩纵二支进抵军埠的陇头村，向敌军发起反击，顽军的第三次"围剿"又宣告破灭。同日，在流沙成立潮汕地区抗战时期第一个抗日民主政权——流沙区抗日民主政府，区长为张珂健。

8月5日　韩纵二支第二大队两个中队100人左右，在池尾的多年山村后山上阻击敌挺进队800多人的大规模进攻，胜利地掩护了主力部队司令部和抗日民主政府人员安全转移。此役，陈欣丰等18位英雄壮烈牺牲。

8月9日　普宁党政军民传达贯彻党中央致电闽粤赣边党组织的指示：潮普惠大队除巩固南山工作外，应加强南阳山梅林一带工作，以便取得与海陆丰支队联系，并向潮揭丰边放点……这些地区的星罗棋布，以一年为期，打下基础，准备在大规模内战时，能起华南一翼的牵制作用。

8月14日　驻扎于流沙西陇村的韩纵二支第二、三大队突遭敌挺进队、普宁保安队的围击，战况危急，游击队处于不利地位，突围撤移至里湖的竹林村。

9月23日　韩纵二支在大南山的跳坑伏击敌挺进队一个主力大队，挫败敌军的猖獗进攻。游击队遭受一定损失。

9月27日　8月15日日本天皇广播《停战诏书》，宣布无条件投降后，驻潮汕日军在汕头市签署投降书，普宁人民抗日战争至此结束。

# 四、解放战争时期

（1945 年 10 月—1949 年 10 月）

## 1945 年

10月　敌挺进队调离普宁，由 186 师一个营约 500 人的兵力接防。他们违背《双十协定》，以"绥靖剿匪"为名，继续"围剿"抗日游击队。

同月，韩纵二支和从大北山过来的第三支队一部，集中队伍在大南山的大窝村整编。

11月　游击队整编后，留下 11 人组成特务队，由张希非、杜石带领，继续坚持在大南山开展斗争，主力队伍向揭阳大北山转移。

12月　游击队从大北山派遣一个大队 150 余人，由大队长高风和政委张希非率领，开入普宁、惠来、揭阳、陆丰四县边界的南阳山，开辟新区。

年底　普宁有三、五区和潮普边区 3 个中共区委会，党员 160 多人。

## 1946 年

1月　活动于南阳山的高风大队，先后进行三次整编，由 100 多人减为 40 多人，分 5 个短枪小组，分头到里湖、流沙的平原、乡村活动。

2月　成立中共普宁县委员会，书记为刘大夫（钟声）。下辖 3 个区委会：二五边区，区委书记为冯朝三；二三边区，区委书记为杨杰光；五区，区委书记为方明生。

5月21日　中共代表与国民党广东当局谈判达成广东中共武装人员北撤山东的具体协议。

6月　成立中共潮汕地委的直属武装——特务队，队长为林震（许杰），政委为陈彬。

6月初　在普宁活动的韩纵骨干林川、张希非、杨璞轩、杜石、罗彦等

14 人参加韩纵北撤。

6 月底　普宁党组织已有 3 个区委会，29 个党支部，党员 150 人。

9 月初　中共普宁县委书记刘大夫调潮阳县工作，由李习楷继任县委书记。

同月，中共二五边区委改为二区委，书记为陈特础；二三边区委改为三区委，书记为杨杰光。


## 1947 年

1 月 24 日　普宁党组织配合潮汕地委的特务队在流沙的南山村处决国民党普宁县自新委员会主任、流沙八乡联防处主任陈君秀。

1 月 28 日　中共潮汕地委的特务队队员颜经木叛变革命，党组织将其扣押。

2 月 2 日　叛徒颜经木逃脱。

3 月　中共普宁县委在梅塘的高埔村组成一个短枪武装小组，组长为孔嘉。

春　普宁党组织在大南山的樟树坪、三坑、锡坑、坪坑、刮狗坷等村新建 5 个党支部。

4 月　中共潮汕地委调王家明任中共普宁县委副书记。

5 月 24 日　普宁党组织、短枪武装小组和地委特务队组织群众破开国民党县政府的横溪粮仓，夺粮 3 000 多石。

6 月 14 日　中共潮汕地委在揭阳大北山天宝堂成立潮汕人民抗征队，大队长为林震，政委为陈彬。下辖一个中队，中队长为邱志坚。

8 月 24 日　潮汕人民抗征队袭击普宁里湖镇的敌警察所，解决全部集结队。

9 月　潮汕人民抗征队在五峰山清泉洞组建南阳山武工队，政委为詹泽平，队长为黄友。

10 月　潮汕人民抗征队司令部（司令员刘向东，政委曾广）把普宁短枪武装小组编入南山队，共 100 人左右，并以此为基础，成立第三大队，大队长为李习楷，政委为陈彬。

10 月 22 日　第三大队到达大南山，开辟大南山和南阳山根据地。

10 月 31 日　潮汕人民抗征队第三大队在南阳山武工队及大南山锡坑党组织的配合下，解散了大南山的锡坑乡公所。

11月5日　潮汕人民抗征队发布《减租减息暂行办法》，党组织和抗征队在大南山、南阳山领导人民开展减租减息斗争，并在斗争中建立过渡政权自治会，成立农会，组织游击小组和民兵。

11月12日　第三大队化装智袭五区占陇警察所。

11月24日　抗征队第三大队在南阳山武工队配合下，摧毁南阳山的梅林警察所，拘捕督察黄碧湖，枪决征收员吴祖荫，没收税务头子吴汉元的财物。

12月　大南山武工队在大南山的樟树坪村成立，队长为郑流阳。

同月，李习楷调中共香港分局学习，第三大队长由张希非负责，县委书记由王家明继任，全县党员300多人。

## 1948年

1月　国民党广东省第五区督察专员兼"清剿"区司令喻英奇叫嚣在一个月内"剿灭"大南山人民抗征队，并在大南山、南阳山内建立乡村联防武装，复建梅林警察所。

2月　五峰山武工队在石牌的土地坪成立，队长为林挺英。

2月7日　三区武工队在里湖的竹林村成立，队长为郑苏民，政委为许士杰。

3月15日　敌喻英奇"清剿队"800多兵力分五路"围剿"大南山，由流沙向大南山锡坑进犯的汕头保警主力一路，在下湳云盖月山下遭抗征队第三大队的伏击。敌第一期"清剿"计划破产。

3月18日　二区武工队在大南山的下岭仔村成立，队长兼指导员为李少雄。

4月1日　中共二区区委书记杨杰光和曾满在流沙的东埔村被敌捕获。

4月20日　杨杰光在流沙惨遭杀害。

4月下旬　喻英奇调集普宁、惠来、揭阳、陆丰四县保警1 000余人，分四路向南阳山的抗征队"围剿"追击。对此，抗征队留下南阳山武工队牵制敌军，主力出击敌后，迫敌回窜。挫败敌第二期"围剿"计划。

5月　党组织和抗征队在大南山、南阳山区发动群众，开展退租、退息，镇压地主、恶霸、敌特的斗争。

同月，大南山锡坑乡民主政府成立，进行革命根据地建设工作。

6月　活动于潮普惠县的抗征队改称为大南山团部，团长为陈振华，政委为吴坚。

同月，成立中共南阳山工作委员会，书记为詹泽平，机关设在黄沙。

同月，南阳山连队扩建为南雄大队，大队长为陈华，政委为詹泽平（兼）。

6月中旬　一区武工队在梅塘的社山村成立，队长为刘百洲。

6月11日　五区武工队在大南山白马仔村成立，队长为詹玉波，指导员为杨少雄。

同月，四区武工队在麒麟的径水村成立，队长为赖仰。

7月　潮普惠南行政委员会在大南山成立，主任为吴坚。

同月，中共南阳山工委领导成千民兵，艰苦奋战五昼夜，挫败敌军300余人入山抢粮的计划。

7月15日　第三大队在武工队的配合下，拔去云落联防队据点。

8月　抗征队大南山团部扩建为潮普惠南抗征队指挥部，指挥员为张希非，政委为吴坚。

同月，三区连队扩建为西山大队，大队长为罗德，政委为王家明（兼），教导员为李乔生。

8月5日　第三大队在武工队配合下，连续10天扫荡南阳山的坪上、梅田、天青湖、大坪、大坪新圩等五处联防武装。

9月上旬　在南阳山成立普惠揭陆边区人民行政委员会，主任为詹泽平。

9月中旬　云落武工队在五榕的钟厝寨成立，队长为方修亮。

9月15日　三区、五峰武工队配合抗征队在里湖联亨布店镇压国民党省参议员、第五"清剿"区参谋林石平。

9月17日　抗征队第三团和一团出击普城之敌。

9月18日　第三团和一团于麒麟的蔡口与敌战斗。

9月19日　抗征队第五团在坪头岭巧诱流沙敌军出战，击毙敌10多名，晚上攻占流沙。

9月22日　第五团摧毁汤莲乡公所，焚烧全部三征文簿。

9月23日　第五团再与占陇来犯之敌作战，毙伤敌20余人。

11月　喻英奇升任"粤闽边区总指挥官"，原职由莫希德继任。

11月13日　锡坑民兵配合第三团在云落的后陂村，伏击押送250名新兵过路的敌陆丰团管区第八中队和援敌潮阳保警。

冬　大南山区、南阳山区和三区的山地边缘乡村全面进行减租减息；蒋管区的一区、七区部分乡村也逐步开展减租减息。

年底　全县有党支部60个，党员约400人。

## 1949 年

1月1日　"五峰四社"在宅营村成立"五四"乡民主政府，乡长为杨良。这是解放战争时期普宁解放区第一个人民政权。

1月21日　中国人民解放军闽粤赣边纵第二支队的第三、五团和西山大队在第二、三区武工队的配合下，一连5天，先后解决安溪、梅峰、平寨、冷水坑、乌石、果陇、六仁、泥沟8处的联防队和乡公所。

1月下旬　中共普宁县委在梅塘桥头村召开会议，作出尽快壮大武装力量，大力加强民兵、武工队的建设，筹建第九团的决议。

2月　中共普宁县委书记王家明调潮汕地委工作。中共南阳山工委并入普宁县委，书记为詹泽平。

2月1日　在云落湖寨村建立中国人民解放军闽粤赣边纵队第二支队第九团，团长为陈扬，政委为王家明。

2月18日　第九团于云落的湖寨村阻击保安第十六团第三营张凤耀部。

2月28日　龟守梅林之敌在我军的震慑下仓皇撤逃。

3月　在梅林圩成立中共南阳山特区区委，书记为黄友。

同月，成立普宁县青年妇女工作委员会，书记为陈斯鸣。并通过党组织，发展团员。

4月2日至7日　中共潮汕地委召开首次青年工作会议。会议决定各县建立统一的新民主主义青年团筹备机构。建立青联、妇联组织，并指定普宁、揭阳作为建团的试点县。

4月10日　驻流沙敌省保安队第十六团第三营张凤耀部第一、二连200多人举行起义，奔赴解放区。

4月11日　第九团和武工队解决流沙十赤乡联防队。

4月16日　驻流沙平湖的二区八乡联防大队服务队（队长王桂青）举行起义，并充当内应，配合第九团短枪连解决联防大队第一中队及南泗分队，同时破获敌军保安大队后勤处仓库。

4月27日　中国人民解放军闽粤赣边纵队一、五、七团和二支队第一、四、六、九团在武工队配合下，奋战两天，攻克里湖敌据点，解放了里湖。

4月30日　驻流沙守敌仓皇向潮阳逃窜。

5月　中共普宁县委书记詹泽平调惠来县工作，书记由李雪光继任。

5月1日　成立流沙军事管制委员会，主任委员为黄友。

5月6日　第九团配合边纵第五团，二支第一、十一团围歼潮阳县陈店守敌。同日又解决普宁县的埔塘、桥柱两处联防队。

5月8日　第九团一连配合兄弟部队攻下潮阳县两英的南山管理局。

5月14日　第九团同兄弟部队第一次攻打普宁县城洪阳。

同月，第九团在燎原的泥沟村成立团党委，书记为李雪光（兼），副书记为陈扬。

6月　先后成立普宁县青年工作委员会，书记为马梅（兼）；中国新民主主义青年团普宁县筹委会，书记为陈斯鸣；普宁县民主青年联合会，主席为陈斯鸣（兼）；普宁县妇女工作委员会，书记为李雪光（兼）。

6月4日　中共普宁县委召开青年工作会议。

7月1日　普宁县人民政府在流沙成立，县长为陈焕新。

7月　县级的工会、商会、学生会等群众组织相继建立。

同月，县、区党政及各区武工队人员深入农村，领导农民建立基层人民政权，组织农会，开展减租减息运动。

同月，全县各区乡成立支前委员会，开展"一元抚慰"运动。

7月5日　第九团于洪阳的林惠山村击溃普城外出抢粮的敌人。

7月13日　第九团同兄弟部队第二次攻打普城。

7月15日　敌400余名台湾新军进犯流沙镇，流沙又陷落。

7月20日　第九团同兄弟部队在池尾伏击台湾新军。

7月21日　流沙再度解放。

7月26日　普宁县人民政府发出《抚慰被蒋匪劫掠同胞的通告》。

7月29日　第九团在一、二区武工队和泥沟、和安民兵配合下，连续5天袭扰占据大坝、洪阳的台湾新军。

8月上旬　台湾新军撤出普境后，全县各地迅速做好迎接大军南下的准备工作。

8月16日　第九团同兄弟部队第三次攻打普城。

8月27日　县长方国柱率部弃城逃往揭阳，普城首次解放。

8月30日　敌胡琏军窜入普城。

9月2日　胡琏军占据流沙、占陇、里湖等公路要道的据点，奸淫抢掠，作垂死挣扎。

9月19日　边纵二支队突击营于下架山的涂坑一带伏击普宁保安营。

9月21日　第九团于梅塘的长美山至里湖的竹头山一带迎击胡军一个营。

9月22日　边纵二支突击营在下架山的汤坑、顶西埔一带截击胡军。

10月　先后成立新民主主义青年团普宁县工作委员会,书记为马梅(兼);普宁县民主妇女联合会,主席为张英。

同月,中共普宁县委辖有二区、三区、五区、东阳区和西阳区5个区委会,党支部63个,党员450人左右。

10月10日　第九团同兄弟部队在梅塘、涂洋一带山上抗击胡军榴弹炮团。

10月12日　凌晨,胡军从流沙向潮阳县逃跑。早晨,解放军开进流沙,普宁全境解放。

# 第三节　红色歌谣、歌曲

## 颂塔脚自由市

塔脚自由市,交通真便利,
货物如轮转,童叟不相欺。
普城臭奸商,终日如坐禅,
货物生蛛网,结得不见天。
青苔满街路,行走戆戆颠。
输服不输服,玩火自遭殃!

(作于1926年1月)

## 颂普宁县农会

叹思起,当初时,塔脚农会有架势,
大家团结擎红旗,打倒贪官共豪劣,

乜事由俺来主意，抗租抗债又抗税，
称心快意过日子。地主虽然心唔愿，
农会有势欲怎呢?!

（作于 1926 年 11 月）

## 革命民歌五首

张声文

（一）

东畔一点红，走起（起身）即到田。
割有二粒粟，担去还富人。

（二）

透（刮）风落雨天，手牵一牛儿。
富人肚食饱，硗仔（穷人）肚困饥。

（三）

香港本是中华地，轻轻拱手送外人。
红毛（洋人）仗势相欺负，自己同胞受凄凉。

（四）

极好中华国，物产多丰足。
工业不发达，外货来争夺。
通商数十年，损失亿万圆。
金钱原有货，枯竭真惨悽。

（五）

溪照（这）畔，溪向（那）畔，红白在相刣（打仗）。
红军扣下排头火，白军死掉一大坪。


编者注：上面革命歌谣是张声文烈士1931年冬在泥沟乡办民众夜校时自编的识字教材。由当年夜校学员张亚泗口述，张珂杰、张声华记录整理。

# 抗日歌谣二首

## 一、抗敌歌

兄弟姐妹听我言，快来救国勿放松，
现在只有二条路，唔①是抵抗就投降。

谁人愿做亡国奴？谁人愿去做汉奸？
除非无知个猪狗，除非无耻个臭人！

俺大家，唔投降，欲甲②潮汕共存亡；
肉殿殿③，血红红，死在战场心也甘！

编者注：①唔——不。②甲——同。③殿——坚实。

## 二、奴仔歌

恁勿笑阮奴仔鬼，奴仔细细上色水！
衫袖扎凭猫鼠仔①，裤脚扎凭脚大腿！
欲来去，饶②掉日本鬼！
饶呀饶，饶到门脚口，
遇到汉奸大走狗，吠呀吠，跳呀跳，
给我一下踢，死翘翘呵死翘翘。

(作于 1937 年 10 月)

编者注：①猫鼠仔——胳膊。②饶——赶。

# 募集棉背心歌

### 梅峰一分校募征队①

洞景个人上顶好，人哩有来钱又多，有事件件都来做，
无有一件落烧胎。抽壮丁甲克田亩，四厝②个人通呵罗，

咀到好心甲行善，者喱做来愈更好。这一次，欲棉衣，
唔知做年笪捐无，亚是唔愿克出来，反是许内凑遇无。
前方战士在烧台③，个人条枪无乜个。冒霜冒雪个伊干，
照生功劳大母个。战士既然功恩大，来去慰劳理应该，
担④请叔伯婶姆伙，猛猛去内克出来。你块棉花我块布，
凑磨甲仔就一个，若是物无钱也好，铜镭纸票通通来。
凑了送到前线去，战士穿烧会烧台，胆大气壮冲锋去，
日狗一刀就一个。许时中国得胜利，个脸大大是俺个。
这件事，欲亚勿，由在各人去安排，如欲国泰民安乐，
喱着猛猛拿出来。无硬掠，加减好，勿咸涩，勿烧胎，
你也出，伊也出，好心了正有好报，许时节，俺中国，
得自由，得幸福，包领大家笑呵呵叿笑呵呵。

（1938 年 10 月 2 日）

编者注：①1938 年下半年，普宁青抗会发动各区青抗会开展募征棉衣活动，支援在前线作战部队。梅峰公学一分校（洞景村）的青抗会组织了一支募征队，用通俗易懂的潮汕方言编成歌谣，对全村群众进行宣传发动，取得很好的效果。②"厝"应是"处"。③"烧台"是战斗意思。④"担"应是"咀"。

## 潮汕人民抗日游击队队歌

野伙　词　魏生　曲

我们是潮汕的人民，
我们是抗日的游击队，
大伙儿一条心，
在山明水秀的家乡，
和凶残的鬼子拼拼，
用我们钢的意志，
火的热情，
去团结一切抗日的力量，
实施民主消灭敌人，

同志们向前进，

用我们钢的意志，

火的热情去战斗，

变革战斗建设，

把解放潮汕的任务完成。

［原载《军中文艺》（创刊号）］

## 解放战争时期革命民歌一首

马毅友　供稿

### 一

俞英奇，有乜奇，咀破值无半个钱。

夸口三月清"共匪"，至今四月无了期。

上月进攻大南山，汕警死伤三十外。

清明再打沈蔗寮，丧掉一支潮阳兵。

南阳山，反动联防队，

一打如风扫落叶，惊到支辫好晾衫。

"清剿"第一期，你个战绩顶呱呱。

### 二

二月二十七，调动三个正规营，

预定会师戏仔潭，三路剿平大北山。

怎知一战被围蟾田，再战围在戏仔潭，

滩下这条路，有如龟入瓮，

南山一路冒死来救援，

思茅棚，中埋伏，又是送肉上刀砧。

"清剿"第二期，你个战绩更惊人。

### 三

俞大炮，上任至今日日车，

相刣次次是你赢，粗坑一役岂记得，

十日前，你又死伤廿外在长滩。

抗征队，人人自愿一当十，

唔比你，硬逼硬掠豆腐兵，

百姓全欲食你肉，到处有你个死敌，

此番血战十日夜，满山遍野是民兵。

鬼火愈打愈更旺，民众愈"剿"愈敢干，

唔信你就再"剿"看，包你统治愈猛崩。

（作于1948年5月）

# 第四节　重要革命烈士

**杨石魂**（1902—1929）

1902年生，普宁南溪钟堂村人。1919年五四运动时任揭阳县学生会会长、岭东学联会主席。1923年11月参加社会主义青年团，1925年2月转为中共党员。同年3月，任中共汕头特别支部书记。1926年，他在汕头领导学生运动和工人运动，历任共青团汕头特支书记、汕头市总工会执行委员长、中共汕头地委工委书记，是著名工人运动领袖。1927年7月任中共汕头市委书记，重建工农武装，迎接"八一"起义军占领潮汕。同年10月，亲自护送起义军领导人周恩来、叶挺、聂荣臻等安全转移到香港，为革命作出重大贡献。1928年12月任中共广东省委常委兼宣传部主任。1929年2月，党中央将杨石魂调到武汉，任中共湖北省委常委兼秘书长。同年5月，不幸被捕，坚贞不屈，壮烈牺牲，年仅27岁。

### 陈魁亚（1897—1933）

1897年生，海丰县海城镇人。12岁进海丰县第一高等小学读书，17岁考入海丰中学，22岁毕业后在海城第一高等小学任教。

五四运动后，陈魁亚在彭湃的领导下，积极从事海丰县的学生运动、农民运动和教育改革。先后担任海丰县教育局职员、局长和总农会负责人。1925年加入中国共产党。2月，受彭湃派遣与陈颂、彭奕、吴棣伍等10多人到普宁县协助开展农民运动，发展党团组织。1926年1月，首任中共普宁县支部书记，领导普宁一、八区等10万农民围攻县城（洪阳）地主集团，取得围城斗争和减租减息的胜利。1926年11月，任中共普宁部委书记。1927年"四一二"反革命政变后，为了反击国民党反动派的血腥大屠杀，组织4 000多名农军举行"四二三"武装暴动，第二次围攻普宁县城，歼灭了从汕头调来救援的尤振国连117人。1927年11月，任中共普宁县委书记。1928年初，他和县委成员领导普宁农军配合东江工农红军（红四师）举行暴动，并成立普宁县苏维埃政权，后带领武装在大南山区坚持斗争。

1929年秋后，历任东江革命委员会常委、东江苏维埃政府主席、中共东江特委委员。1932年春，国民党军队对东江苏区进行残酷"围剿"，陈魁亚在大南山一带领导反"围剿"斗争。1933年春，东江特委机关在大南山的龟山湾被敌人包围，他在战斗中牺牲，时年36岁。

### 方临川（1899—1928）

1899年生，普宁洪阳镇南村人。在汕头礐光中学读书时，便与杨石魂等人发动学生支援北京学生五四爱国运动，成为岭东学生联合会主要领导人。后到广州铁路专科学校读书，继续参加进步学生运动。1923年11月参加共青团，1924年加入中国共产党。1925年2月，他随东征军回潮汕，任普宁、揭阳特派员。3月在洪阳成立国民党普宁县党部筹建处，任主任。5月，方临川和杨石魂介绍方思琼（后改名方方）等青年加入共青团，并成立共青团普宁县支部。同月调任潮安县特派员，建立中共潮安县支部。他深入各区乡农村，宣传发动群众成立农民协会，开展反帝反封建斗争。在他的努力下，全县农会员达 1 万多人。

1927 年"四一二"反革命政变后,方临川和方方等人组织 100 多人的农民武装开展斗争。后带队到普宁参加"四二三"武装暴动,并任惠潮梅农工救党军前方特委委员。同年 10 月,任中共潮安县委书记。1928 年 2 月 9 日,他到汕头市参加各县党团书记会议时,因叛徒出卖被捕。在狱中,他坚贞不屈,义正词严,同敌人进行顽强斗争。2 月 13 日在汕头遭敌杀害,牺牲时年仅 29 岁。

## 方达史（1902—1928）

1902 年生,普宁洪阳镇德安里中寨人。方达史自幼父母双亡,由庶母陈金菊抚养长大。1920 年考入广州铁路专科学校,后转读广东公路工程学校。1923 年 11 月参加中国社会主义青年团,寒假回家乡与杨石魂等人组织洪阳集益社,传播新文化、新思想。1924 年,遵照青年团广东区委决定,以个人身份加入改组后的国民党。1925 年 2 月同杨石魂一起回到汕头,发动、组织青年学生和工人群众进行革命斗争。"五卅"惨案发生后,为援助上海人民反帝爱国斗争,和杨石魂等人成立汕头国民外交后援会。1925 年 11 月,任共青团汕头支部干事会书记,12 月转为中共党员。1926 年,方达史的公开身份是国民党汕头党部委员、汕头国民外交后援会常委、秘书,并以此作掩护,任中共汕头国民外交后援会支部书记。

1927 年,蒋介石发动"四一二"反革命政变后,方达史被国民党悬红通缉。他和杨石魂带领部分武装,开赴普宁参加"四二三"武装暴动。4 月 26 日在平径山全歼国民党的增援军队尤振国连,后北上武汉。1927 年 8 月回汕头,组织工农武装,攻破监狱,释放政治囚犯,迎接"八一"南昌起义军进入潮汕,后随部队到流沙。1928 年春,调任中共广州市委委员兼工人部长。7 月底任中共广州市委秘书长,在白色恐怖中做党的地下工作。8 月 17 日,中共广州市委机关遭破坏,方达史在石龙火车站被捕后牺牲,年仅 26 岁。

### 杨振世（1896—1928）

1896年生，普宁麒麟镇后山村人。从小思想进步，支持反帝反封建斗争。1925年5月带头发动后山村农民成立村农会，任农会主任，并带动周围几个农村也成立农会和农军队伍。1926年1月带领普宁四区农会和农军队伍参加围攻县城战斗，取得胜利。同时被吸收参加中国共产党。2月成立后山村党支部，担任村党支部书记。在村办起贫民学校，宣传发动群众，并帮助南陂、大埔寮等乡村成立中共支部。1926年下半年到贵屿区开展农民运动，任贵屿区农会主席。1927年蒋介石叛变革命后，杨振世带领农军攻打贵屿，惩办几个反动头子，取得重大胜利。1928年初，杨振世带领农军举行年关暴动，攻打反动据点，并成立普宁四区苏维埃政府，被选为苏维埃政府主席，带领农民开展土地革命。后因敌人大兵压境，"围剿"革命乡村，后山村被敌人烧杀达13次，他本人房屋也被敌军烧毁。

杨振世在艰难环境中带领赤卫队员坚持斗争。1928年9月20日，在一次对敌战斗中，不幸被捕。在狱中，他坚贞不屈，表示生为工农群众解放而奋斗，死为工农群众而献身。10月，杨振世被敌杀害，牺牲时年仅32岁。

### 方家悟（1902—1928）

1902年生，普宁洪阳镇鸣岗村人。1923年11月参加共青团，1924年转为中共党员。他早年投身反帝反封建革命斗争，1926年1月普宁第一个党支部成立时，被选为中共普宁支部农运委员，参与领导10万农民围攻县城地主集团的战斗，并取得胜利。同年10月，中共普宁部委成立，被选为中共普宁部委农运委员。1927年4月，他参与领导普宁"四二三"武装暴动，以革命斗争反击国民党右派的大屠杀，并在大坝成立普宁县临时人民政府，他被选为县临时人民政府委员，为革命作出重大贡献。后坚持带领小型农民武装队伍在大南山区开展革命斗争。

1927年8月至9月，为策应"八一"南昌起义军南下潮汕，他和农军大队长何石等人调集300多人的农军队伍，肃杀区乡反动头子，并在起义军的帮助下，带领农军于9月28日攻陷普宁县城，取得重大战果。后又在流沙设点接待起义军人员。同年 10 月，他和五区农会主席陈开仪一起，护送起义军领导人郭沫若等 4 人安全撤离战区，抵达香港，为革命作出重大贡献。同年 12 月，中共普宁县委成立，他任县委秘书，参与领导普宁年关暴动，并协助成立普宁县苏维埃政府，开创土地革命斗争新局面。后革命转入低潮，他仍带领农民赤卫队坚持在大南山开展斗争。1928 年 7 月，他在革命危难中任中共普宁县委书记，并带领部分农民赤卫队坚持在棉湖、大坝一带开展斗争。同年 11 月，在恶劣环境中，因事繁食少，患病乏医，为革命鞠躬尽瘁，不幸在大坝上村因病殉职，年仅 26 岁。

### 杨德秀（1907—1928）

女，1907 年生，普宁占陇定厝寮村人。

1926 年春，她在进步学生黄光成的启发下，进普宁二中高小部六年级读书，成为全县第一批到二中就学的女生之一。同年 9 月，她在学校参加共青团，为普宁县首名女团员。1927 年 10 月，她配合杨石魂等人接待到流沙的"八一"南昌起义军，并接应在莲花山战斗中被冲散的周恩来、叶挺、聂荣臻等领导人，帮助他们安全脱险。11 月，她到中共普宁县委驻地洪阳宝镜院村从事妇女工作。12 月，光荣加入中国共产党。她经常深入农村，发动妇女投身反帝反封建斗争。1928 年 2 月，她深入大南山区，宣传发动妇女投入土地革命，建立苏维埃政府。还创作"童子团"歌谣，发动少年儿童参加革命斗争。

1928 年 8 月，敌军疯狂"围剿"大南山，杨德秀在樟树坪一个山寮不幸被捕，被囚于惠来监狱。在狱中，她大义凛然，守口如瓶，表现了一个共产党员坚贞不屈的革命气节和视死如归的英雄气概。敌人气急败坏，将她杀害于惠来城郊，牺牲时年仅 22 岁。

## 何　石（1895—1929）

　　1895年生，普宁流沙南园村人。1923年参加农会，为县农会筹备委员。1926年1月，参加中国共产党，任中共普宁支部军事委员，领导全县农军围攻县城地主集团，并取得胜利。4月，被选为县农民协会执委。5月，当选为省农会第二届执委会候补委员。11月，任中共普宁部委军事委员、县农军基干大队长。1927年4月，他参与领导普宁农军举行"四二三"武装暴动，并带领农军歼灭敌正规军一个连。10月被选为中共广东省委委员。12月，任广东工农革命军第六团队长，组织农民武装举行年关暴动，成立普宁县苏维埃政府，着手开辟大南山革命根据地。1929年7月，任红军第四十七团团长，11月，任普宁县革命委员会副主席。为迎接朱德带领的红四军进东江，他率红军第四十七团进军五华县。11月26日，在攻打坪上敌军据点时，不幸中弹，壮烈牺牲，时年仅34岁。

## 陈开芹（1905—1933）

　　1905年生，普宁军埠镇大长陇村人。1924年在汕头商业学校读书时，受到革命思想熏陶，1925年在校参加共青团，1926年加入中国共产党。1927年"四一二"反革命政变后，他回家乡以教书为掩护，在大南山一带开展革命活动，组织农会，建立农民自卫军。1928年1月，被选为中共潮阳县委常委。同年秋，革命趋于低潮，他仍坚持在大南山中开展斗争。

　　1929年初，他根据上级指示，重建中共潮阳县委，任县委书记，带领贫苦农民与反动势力作斗争。1929年7月，潮普惠县的农民武装成立红军第四十七团，他任团政委。此后，他和何石团长带领红军与敌军展开斗争，多次击退进犯大南山之敌，打了多次胜仗。1930年12月，红军改编，他先后任红二团、红一团政委。

　　1933年1月，陈开芹任中共东江军委常委。时国民党军队加紧"围剿"大南山革命根据地。为了引开敌军，他和红一团团长彭桂，率领红一团，转战陆丰县的深坑、芹菜洋和激石溪一带。4月，为掩护中共海陆紫县委机关转移，他带领红军在激石溪黄狗地与数倍于我的敌军展开激战，在血战中他不幸中弹，壮烈牺牲，年仅 28 岁。

### 李存穆（1905—1931）

1905 年生，化名天海、王良，普宁里湖富美村人。

1918 年，他先后就读于里湖上社书院、三都书院、厦门集美师范学校。1927 年初在集美师范学校参加中国共产党，同年 9 月毕业后回普宁，在梅峰公学任教。1928 年 2 月，在领导年关暴动中，任中共普宁县第九区区委书记。1929 年 8 月任普宁县黄色乡村工作委员会主任。1930 年，应聘到泥沟乡弥高公学任教导处主任，向青少年灌输革命思想。泥沟乡反动士绅要辞退他，他奋笔写下一联"不敬师长，天诛地灭；误人子弟，雷击火烧"。1930 起任中共大坝区委书记，组织农民武装，成立区联队，开展革命斗争。

1930 年 10 月，李存穆到大南山大溪坝村参加中共闽粤赣边第一次党员代表大会，被任命为东江革命委员会经济委员兼印刷局长。11 月，被选为潮普惠县苏维埃政府委员，挑起为大南山红军集资筹粮的重担。1931 年 8 月，他前往定厝寮村筹集资金粮食时，因叛徒出卖被捕，被囚于洪阳监狱。他受尽严刑拷打，被砍去五只手指，仍坚贞不屈，怒斥敌人的罪行。同年 10 月 7 日，李存穆在洪阳被敌杀害，年仅 26 岁。

### 魏荫亭（1899—1928）

1899 年生，普宁大坪塘唇村人。1924 年，他毕业于陆丰龙山中学，后发动群众集资创办振文学校，让贫苦农民子女入学读书。1925 年 3 月，他参加农会和农民自卫军，活动于大坪、后溪一带乡村，发动农民成立农会，开展反帝反封建斗争。他在斗争中参加中国共产党。1926 年 9 月，他被选为大坪地区农会筹委会主席。

1927 年，蒋介石发动"四一二"反革命政变后，魏荫亭带领一批农会骨干转移到陆丰的南塘、碣石一带，秘密开展工作。同年 11 月，他被选为中共陆丰县委委员，并被彭湃派回南阳山区成立苏维埃政权。他到船埔镇樟树仔村，指导南阳山各地恢复区、乡农会，成立赤卫队，开展武装斗争。1928 年 1 月 23 日，他在大坪圩主持召开各乡村农会会员、赤卫队员共 400 多人参加的集会时，遭陆丰县保安队突然袭击，他带领 10 多名赤卫队员英勇迎击敌人，掩护群众撤退。由于寡不敌众，他在战斗中身负重伤被捕，后被肢解杀害，时年 29 岁。

### 温达初（1898—1930）

1898 年生，普宁船埔樟树村人。1925 年参加反帝反封建的农民运动，同年 7 月参加中国共产党。历任船埔区农会主席、农军大队长、中共陆丰县委委员、中国工农红军第六军第十七师第四十九团第八连副连长、惠来县第六区高埔乡苏维埃政府主席等职。1930 年 6 月 26 日，他带区委刘乾坤和赤卫队员在高埔乡坪上村东门的洋道隆温氏祖祠住宿，因叛徒温继周出卖，遭葵潭敌军 60 多人围攻。因敌众我寡，温达初带领 10 位同志突围时，在激战中不幸中弹，壮烈牺牲，年仅 32 岁。

### 黄香莲（1912—1935）

女，1912 年生，普宁大南山灰寨村人。因家贫，从小就给大南山溪尾村农民李阿山的儿子李娘之做童养媳。尔后，李阿山、李娘之相继病逝，她与婆婆相依为命，度过 18 个艰难困苦的年头。

1930 年，中共东江特委领导建立了大南山苏区，开展轰轰烈烈的土地革命。同年 9 月，黄香莲入伍参加革命工作，住在潮普惠南山特区锡云路办事处，从事妇女工作，并与负责特区党组织工作的李应结婚。她原本文化水平低，便在工作中刻苦学习，并用革命歌谣宣传发动群众，在她的教育下，大南山梅石柯村的黄林妹、益岭村的江凤玉等妇女也入伍参加工作。1931 年，她光荣参加中国共产党。1932 年，在敌兵"围剿"大南山时，她协助党组织建立供应站，组织秘密运输，使红军队伍所需粮食和物资得到补给，出色完成党组织交给她的任务。她革命警惕性高，协助党组织清除了敌人派进大南山的女特务。1932 年底，黄香莲任潮普惠县宣传队队长，经常带队下乡做宣传工作。1934 年，丈夫李应在反"围剿"战斗中壮烈牺牲。黄香莲强忍丧失丈夫的痛苦，坚强地为党做更多的工作。1935 年，敌邓龙光带兵围攻大南山。同年 5

月4日，她和8个女宣传队员住的盐岭老仑石洞，受到敌军重兵围攻。她带领女宣传队员英勇顽强地战斗，直至弹尽粮绝，在冲出重围时不幸被捕。她与8位女队员被禁押在惠来县城的监狱中，敌人对她们软硬兼施，收买加酷刑，都不能使她们屈服。7月，敌人无计可施，将她们押往惠来县城西门外枪杀。在枪杀的路上，她们坚强不屈，沿街做宣传工作，唱革命歌谣，高呼"中国共产党万岁"的口号，最后壮烈牺牲。

**卢笃茂**（1903—1935）

1903年生，普宁洪阳新铺村人。1917年起，先后就读于汕头职工中学、省立商业学校，组织师生成立社会科学学习组。1923年秋参加共青团。1924年，在普宁县麒麟、广太一带乡村组织农民协会。1925年冬转为中共党员，11月任中共揭阳县特别支部组织委员。1926年3月，任中共揭阳部委组织部长。1927年"四一二"反革命政变后，他组织揭阳三区农军，参加普宁"四二三"武装暴动。同年冬任揭阳县委巡视员。"八七"会议后，接任揭阳县武装团队长，带领工农自卫军开展土地革命。

1929年8月，他被选为潮汕七县联委委员，后任中共东江特委农运部长，多次带领武装配合古大存攻打揭阳新圩。1931年春，任红军独立二团政委。1932年1月，被选为东江军事委员会委员。1933年9月，任东江红军第二路总指挥。不久，东江红军改编为东江游击总队，任参谋长。1934年，调任东江红军第二团团长。同年6月，他带领一支190多人的红军队伍，转战揭、丰、华边山区。6月11日，红军遭敌重兵围攻，伤亡惨重。他在大腿负伤的情况下，命令部队从小道突围，自己留下断后。后被一农民接到家中治伤。因流氓告密被捕，囚禁于汕头石炮台监狱。敌人对他软硬兼施，都不能使他屈服。后被押到广州感化院，但他立场坚定，决不屈服。1935年3月7日在广州黄花岗英勇就义，时年32岁。

### 张浦昭（1894—1936）

1894 年生，曾用名张锄、张标，普宁县南溪村人。1925 年 11 月，参加中国共产党。他深入南溪、潮来港、仁美等村，组织农民参加农民协会。

1926 年，他到仁美村、广新村领导农民开展"二五"减租斗争和扩建农军工作，不久，全区有 2 000 多名青壮年参加农民自卫军和赤卫队。11 月，任中共普宁八区区委书记。12 月 31 日，张浦昭率农军在钟堂渡口截获地主方十三大炮轮五个，子弹二箱，制弹机一架。

1927 年 4 月，他率领八区 2 000 多名农军参加"四二三"武装暴动，围攻普宁县城，并与何石率领的农军，在平径山顶围歼来援普城的国民党军尤振国连。后因众寡悬殊，武装暴动受挫。9 月 28 日，又和何石、卢世光率农军发起第三次围攻普宁县城的战斗。他率 700 多名农军主攻南门，在南昌起义军叶挺部一个营的帮助下，激战 3 个多小时，毙敌 20 多人，终于迫使县政警献城投降。

1928 年 1 月 7 日，他率领农军攻打坛墩地主武装，缴步枪 7 支。2 月 12 日，又率领农军 200 多人攻打钟堂保安队，击毙队长刘柱石。5 月，他担任普宁第八区苏维埃政府主席，指导各乡建立苏维埃政权和进行土地革命工作。

1929 年 7 月，张浦昭被选为中共普宁县委委员，调任一区区委书记。11 月，因病隐蔽于林惠山治疗。他边治病边坚持工作，编写民谣、童谣，宣传革命道理，鼓舞群众斗争。

1932 年 8 月，张浦昭任中共东江特委委员、潮普揭县委书记。他和卢笃茂等一起带领红军和苏区人民，坚持反"围剿"斗争，给敌人以沉重的打击。10 月 1 日，他率领县赤卫常备队埋伏于七亩坎地方，伏击从县城返麒麟的国民党军，击毙和俘虏共 22 人，缴获步枪 9 支，手枪 4 支。

1933 年秋，国民党军队调集重兵对潮普揭苏区发动"围剿"，张浦昭组织红军第一、三游击大队进行英勇反击。由于力量悬殊，游击队伤亡严重。在异常艰难困苦的情况下，他机智勇敢地与国民党作斗争。1935 年，国民党对他绑花红银 1 300 元，他家遭迫害，但他革命意志没有动摇。5 月底在同上级党组织失去联系的情况下，仍带领部分游击队员坚持在潮普揭边区开展斗争。

1936 年 3 月，他带领两个游击队员到西胪一带开辟革命新区时，因叛徒告密被捕，因于流沙监狱。国民党军团长何宝书以高官厚禄劝降，遭他严词拒绝；又用烧红的铜板烙他的身体，他始终坚贞不屈。3月29日，于流沙操场就义，牺牲时年仅42岁。

### 陈开基（1907—1930）

1907年生，普宁洪阳镇宝镜院村人。1923年底，他在杨石魂、方方等人的教育下，参加了村农民协会。他积极参加反帝反封建的斗争，参加了村农军队伍。1926年1月，积极参加普宁党组织领导的围攻洪阳县城地主集团的战斗。他在围城战斗中表现英勇顽强，始终冲锋在前，不久即被中共普宁支部吸取参加中国共产党，并被挑选参加县农民自卫军大队。由于他机警灵活，智勇双全，1926年6月，他被挑选为县党组织领导人陈魁亚的保卫员，担负保卫县领导人的重任。

1926年9月，他参加了驱逐贪官县长熊矩的斗争。同年冬，又积极参加县农会领导的"二五"减租斗争，严厉打击那些对抗运动的地主劣绅，确保减租斗争的胜利。

1927年，蒋介石发动"四一二"反革命政变后，他积极参加党领导的"四二三"武装暴动。他在战斗中多次负伤，但经过治疗，继续参加对敌战斗。1929年春，陈开基在中共普宁县委领导下，上大南山参加东江红军队伍，经过学校培训，他成长为红军的军事骨干。同年7月，红军第四十七团成立，团长为何石，政委为陈开芹，陈开基任团参谋。他协助团长何石指挥红军队伍扫清大南山周边的地主民团据点。1929年11月26日，红军第四十七团在北上五华郭田村迎接红四军南下、攻打敌据点的战斗中，团长何石不幸中弹牺牲。上级任命陈开基任四十七团团长。他继承老团长未竟事业，带领红军打击反动军队和地主武装，为夺取土地革命的胜利而英勇战斗。1930年2月，陈开基率红军第四十七团攻打揭阳新亨守敌，取得重大胜利，在回师八乡山时，途经丰顺埔仔寨，遭到地主武装伏击，他指挥部队进行英勇反击，在激战中不幸中弹，壮烈牺牲，时年23岁。

### 杨少岳（1901—1930）

1901年生，海丰县红草区新村乡人。他少年勤奋好学，追求进步，积极支持彭湃领导的海丰农民运动。1924年，杨少岳被彭湃选派到广州工人运动讲习所学习，1925年参加中国共产党。1926年夏任共青团海陆丰地委委员兼任中共红草区组织委员，继任中共田墘区部委书记。

1927年"四一二"反革命政变后，杨少岳积极参加党领导的六次武装起义，为建立海陆丰苏维埃政府作出贡献。1928年2月13日，在彭湃的指导下，普宁年关暴动取得胜利，并在大南山陂沟村成立普宁县苏维埃政府。为了加强对普宁土地革命斗争的领导，杨少岳受彭湃的委派，任中共普宁县委委员。在敌人派重兵"围剿"大南山的艰难困苦的斗争环境中，普宁县委书记彭奕于1928年7月11日在云落战斗中牺牲。继任县委书记方家悟也于同年11月在大坝上村殉职。这时，由杨少岳接任普宁县委书记。此后，他带领小型武装队伍，继续开展革命斗争。1929年，经过杨少岳艰苦细致的工作，普宁县的革命队伍和党团组织得到很大恢复和发展，受到中共东江特委的表扬和肯定。

1929年9月，杨少岳出席中共东江特委第二次全会。会后被派往潮安县任县委书记。1930年5月，杨少岳出席东江地区第一次工农兵代表大会，成立东江苏维埃政府。同年9月，他奉命领导12名骨干，潜入南澳岛领导武装暴动，攻占南澳县城。后汕头敌军赴岛增援，暴动遂告失败。10月初，在撤离海岛的对敌战斗中，杨少岳不幸中弹，壮烈牺牲，时年29岁。

### 古宜权（1904—1932）

1904年生，五华县梅林优河村人。1919年五四运动时，他积极参加反帝爱国学生运动，被选为三江书院学生会主席，并组织学生开展反对贪官校长的斗争。1925年，他到广州考入黄埔军校（第三期），在周恩来、叶剑英的教育培养下，在学校参加中国共产党。1926年，参加北伐战争，任第三路第三军中左翼军的党代表。1927年，他调回五华县任县农民自卫军教导队的教官，协助县农会会长古大存开展工作。他积极培训工农武装骨干，为五华县工农武装的建立和发展作出重大贡献。1928 年初，他带领工农革命军第七团队积极开展武装斗争，狠狠地打击了敌人。后和古大存等领导人进入八乡山。1929 年夏，古宜权任中国工农红军第四十六团团长。1930 年 5 月，红十一军成立后，他任教导团团长。同年冬，他率教导团 300 多从内线转到外线作战，与敌周旋，有力地支援八乡山和大南山的反"围剿"斗争。1931 年初，古宜权带领红军游击队，运用灵活机动的战略战术，狠狠地打击敌人，巩固苏维埃政权。

1932 年 4 月，古宜权率红军第二团在大南山开展武装斗争。4 月 19 日，他指挥红军在大南山锡坑村的牛牯尖下，痛歼敌陈东中一个独立团，经 6 个小时激战，毙伤敌副团长以下近百人，缴枪 100 多支、迫击炮 1 门及一大批军用物资，取得重大胜利，保卫了大南山苏区。同年 10 月，古宜权奉命率领红军开拓揭普惠新区，配合地方武装，很快打开了斗争局面。同年 11 月 28 日，敌张瑞贵部派出 1 000 多兵力，围攻古宜权红军驻地汤头、罗坡地、半坑、鹧鸪岭等村。古宜权沉着指挥红军分兵二路，带领排长甘必新等 8 人阻击敌军，另一路红军掩护群众冲破缺口，迅速转移。在激烈的阻击战中，古宜权等 3 人壮烈牺牲，其他红军和群众则安全转移到五峰山一带。古宜权牺牲时，年仅 28 岁。

## 朱 荣（1904—1938）

1904 年生，陆丰县河口区高潭乡人。他家庭贫困，仅读过 4 年书，后当药童。1923 年，他在彭湃的带领下，积极组织农民成立农会。1925 年冬，到海丰农讲所学习，并参加共青团。1927 年，朱荣由团员转为中共党员，后任中共河口区委组织委员。1928 年 3 月，他受县委派遣，到普宁南阳山开展革命活动。当时，革命乡村遭受反动军队的围攻烧杀，革命环境十分恶劣，朱荣以医寓作掩护，勇敢机智深入各个乡村，动员和领导贫苦大众投入革命运动，坚持艰苦卓绝的革命斗争。他与南阳山农会领导人温达初取得联系，互相配合，恢复发展党、团组织。南阳山的樟树仔、大湖里、深水、龙坑、梅田、利坑等村建立了党支部，党员达 100 多人。中共陆丰县委机关也移驻深坑、龙坑等村，使南阳山成为指导陆丰县革命斗争的中枢。

1929 年 12 月 15 日，陆丰县船埔头区苏维埃政府在柏子社村成立，朱荣被选为区苏主席，领导群众开展土地革命，打土豪，分田地，受益的有 14 个村、7 000 多名农民。同时，他配合林基夏在南泗坑村成立一支 12 人的赤卫队，开展革命斗争。1930 年，他发动南阳山革命乡村青年入伍参军参战，壮大红军第四十九团力量，狠狠地打击进攻南阳山的敌军，取得重大战果。1931 年春，朱荣被陆丰县委调任碣石区区委书记，他在新的岗位上也坚持顽强战斗。1938 年 8 月，朱荣在陆丰县河口小学开展抗日救亡宣传活动时，不幸被反动地主叶巽庵雇用的杀手杀害，时年 34 岁。

### 吴秀远（1920—1939）

女，1920 年生，普宁占陇陂头村人。1937 年考进兴文中学读书，是抗日救亡运动的积极分子。1938 年 12 月加入中国共产党。

1939 年 6 月，日军入侵潮汕腹地。6 月 7 日，她参加"汕头南洋华侨战地服务团"，随独九旅参与对日军的战斗。8 月 19 日下午，日机轰炸潮安县黄沙田。吴秀远在疏散中不幸中弹，翌日因伤重不治牺牲，年仅 19 岁。她是抗日战争时期为保卫潮汕而献身的第一名抗日女战士。

### 陈　惠（1919—1941）

1919 年出生于泰国叻丕府一个华侨家庭，原籍普宁流沙赤水村。他少年时期勤奋好学，追求真理，向往革命。1935 年 10 月，参加共青团。1937 年 7 月，抗日战争全面爆发后，带领一批同学回国参加抗日武装斗争，同年 9 月在汕头参加中国共产党。1938 年 2 月，他带领首批泰国归侨青年 12 人到福建龙岩参加新四军。历任新四军《抗敌报》社记者、军政治部青年科长。在对日伪军的战斗中，他始终冲锋在前，英勇杀敌，多次受到军部表彰。1941 年 1 月，国民党顽固派制造了震惊中外的"皖南事变"。面对敌人的重重包围，他带领战友们浴血奋战，奋力冲出敌人包围圈。在战斗中，因不幸头部中弹，壮烈牺牲，年仅 22 岁。

## 邱抟云（1906—1941）

化名林英，1906 年生，普宁梅塘溪桥村人。1929 年，他离开家乡到泰国曼谷，在黄魂学校执教。后又和邱秉经、许宜陶等人创办崇实学校。1933 年，他回国到上海大夏大学学习，结识了共产党员徐扬，在徐的教育下，他先后参加共青团和中国共产党。后被党组织派去开展工人运动。1933 年 9 月，他不幸被国民党特务机关逮捕。在狱中，他坚贞不屈，后经党组织营救，1935 年出狱。出狱后，调任共青团上海法南区委书记。1936 年初，他与从普宁到上海找组织关系的张重仁接上关系，后派方泽豪、陈逸之与张重仁认识，并派他们三人回普宁开展工作，建立团支部，为普宁的共青团建设作出了贡献。

1938 年，邱抟云参加党领导的"八一三"抗日救亡运动。后又参加战时工作队，到武汉开展抗日宣传。1939 年 1 月，他辗转桂林、昆明和重庆等地，进行抗日救亡宣传工作。1940 年，他被党组织派到江苏省海门县东乡工作，化名林英。同年 5 月，他任海门暑假服务团总干事，教育训练海门中学等几十名学生走上抗日前线。1941 年 3 月，他任海门警卫团政治处主任，把这支队伍教育改造成抗日队伍。同年 3 月，国民党反动军队派兵数百人进攻海门警卫团驻地江家镇。为保存有生力量，他带领队伍迅速撤退。由于时间仓促，有一包文件遗忘在江家镇驻地。当晚，他冒着生命危险潜回驻地取文件，不幸被敌哨兵发现而遭逮捕。敌对他软硬兼施，逼他自首。他大义凛然，坚贞不屈，痛骂敌人。翌晨，他被敌人杀害于江家镇南市的麦田里，牺牲时年仅 35 岁。1949 年后，为纪念邱抟云烈士，中共海门县委、县政府将他牺牲前开展革命活动的驻地海洪乡公行村改名为林英村。

## 陈初明（1915—1941）

1915 年生，潮安县黄金塘村人。1930 年秋到广东省立第二师范学校（韩山师范学院）读书。1931 年"九一八"事变发生，他和师生一起投入抗日救亡宣传活动。1933 年夏，他在学校毕业后，到北平参加中国大学组织的"读书会"（10 月改为"反帝大同盟"）。他经常秘密参加抗日讨蒋宣传活动。1934 年 9 月，他和一批同学到上海参加共青团，并到工人中做宣传抗日工作。同年 12 月，他不幸被捕，但坚强不屈，没有泄露团组织的一点秘密，1935 年秋刑满出狱。他回潮汕后，投入到新文化运动中去。1936 年 10 月，他在汕头参加李平同志领导的"人民抗日义勇军"，接着，又协助成立"岭东小学教师救国会"，是该会负责人之一。12 月，他由李平介绍参加中国共产党。

1937 年，陈初明经党组织委派，到普宁梅峰公学任教，并从中发展了一批党员。1937 年 7 月，中共普宁特别支部成立，陈初明任特支书记。8 月，成立中共普宁县工作委员会，他任县工委书记。他积极筹建普宁"青救会"，11 月 14 日，普宁青救会在流沙成立，打开了普宁抗日救亡运动的新局面。1938 年春，他到流沙赵厝寮村敬爱小学任训导主任，以教师身份作掩护，在该村发展组建了赵厝寮村党支部，领导群众开展轰轰烈烈的抗日救亡活动，经常为村民举行抗日形势报告。1938 年 4 月，他调任中共潮汕中心县委书记。7 月，任中共潮普惠揭中心县委书记。1940 年后，因革命形势逆转，他有计划地做好党员的撤退隐蔽工作。1940 年 4 月，他被调到福建任中共龙岩县委组织部长。在反共逆流十分猖獗的情况下，坚持深入群众，做好宣传教育工作。1941 年 1 月 23 日，闽西南国民党顽固派保安团围攻龙岩县委领导机关，陈初明为掩护同志突围，不幸被捕。在狱中，敌人对他软硬兼施，却不能使他屈服。1941 年 12 月 27 日，陈初明遭敌秘密活埋杀害，牺牲时年仅 26 岁。

## 马士纯（1910—1941）

1910 年 11 月生，潮阳县和平里美乡人。1925 年在铜盂中学读书时，就追求进步，学习进步书刊。1929 年上半年，他在汕头市立一中读书时就光荣加入了中国共产党。他在暑假回家乡组织"励志社"，开办农民夜校，传播革命道理。1930 年 5 月，他作为汕头市学生代表，出席在雷岭下厝仔召开的工农兵学代表会议，途中不幸被捕。被捕后立场坚定，旗帜鲜明，与敌人进行针锋相对的斗争，表现了共产党员坚贞不屈的革命气节。后经党组织营救，于 1932 年春出狱。后到上海求学，并参加进步文学活动，不久又被法国巡捕逮捕，并移交国民党政府。他再度入狱，备受酷刑。又经党组织和亲友多方设法营救，终于获释出狱。

1932 年秋，马士纯前往泰国，到崇实学校当教师和教务委员。1933 年底回国,不久后到普宁兴文中学任舍务主任兼语文老师和班主任。1936 年春,他与陈逸之接上关系,在兴文中学建立团支部。1937 年 3 月,他恢复了党籍,并在兴文中学积极开展抗日救亡宣传活动。同年 7 月,他任中共普宁县工委组织委员,在学校发展壮大党组织。1938 年 8 月,他和兴文中学一批进步教师到揭西石牛埔创办西山公学(后改称南侨中学)。1938 年 4 月,接任中共普宁县工委书记,6 月,调任潮汕中心县委组织部长。1938 年 10 月至 1939 年 7 月,他任潮汕中心县委委员兼潮普惠南分委统战部长。1939 年春,他在潮阳和平乡创办南侨中学第三分校,并任主任。1940 年后,由于革命形势逆转,4 月,他调到梅县任梅县中心县委书记。12 月,他被选为中共潮梅特委委员。1941 年 1 月,任中共梅县县委书记。同年春,他由于以前受尽酷刑,积劳成疾,患严重的肺结核病。1941 年 11 月 11 日,因病情恶化,医治无效,不幸逝世,时年 31 岁。

### 王 武(1921—1945)

1921 年生,普宁梅塘四方园村人。1937 年 11 月加入中国共产党,1939 年历任汕头市青抗会战时工作队第三队指导员、汕青抗武装大队第三分队长,他带领队伍,开展抗日锄奸斗争。1944 年 7 月,调任中共揭阳县委负责人,领导行动小组,成功处决了大叛徒姚铎,为党除了一大害。1945 年 3 月,任潮汕人民抗日游击队队长,带领突击队,深入敌后,抗日锄奸,并取得重大胜利。同年 6 月 15 日,王武率游击队第一大队在乌石村伏击顽军,战斗中不幸中弹负重伤,翌日伤重不治牺牲,年仅 24 岁。

### 陈 勃(1922—1945)

1922 年 8 月生,普宁流沙赤水村人。他少年时期读书时,聪明好学,喜爱书法。1939 年,他和本村一批进步青年报考党创办的南侨中学。他在校积极参加抗日救亡宣传活动,同年 10 月,他经陈彬、詹益庆介绍,在学校参加中国共产党。此后他更加积极地学习和工作。1940 年初,他被选为学校学生会干事,负责宣传工作。1940 年 8 月,他回到家乡任赤水村党支部书记。

同年9月，他被党组织调到大南山什石洋小学任教务主任，以教书为掩护，秘密从事党的工作。他在党内任什石洋特支负责人和马泗总支特派员。为了支持县委在石头圩开办"合兴泰杂粮店"作秘密联络站，他说服父亲贷款2万元支持办店，后把这笔钱献给党作活动经费。

1940年春，国民党顽固派制造反共逆流。普宁青抗会被迫解散。原县委主办的《青报》遭查封。县委青工委宣传部长吴健民住在赤水村黄光武家，继续领导编印《青报》，转入地下油印出版，陈勃负责该报的缮写印刷工作。他白天教书，晚上为《青报》刻印，常常工作通宵。他发挥特长，为党的报纸刻印了很多文件和消息，为党的宣传工作作出很大贡献。1942年"南委事件"发生后，党组织暂停活动。他坚决执行党组织提出的"勤业、勤学、勤交友"的指示，隐蔽待机。1943年6月，在潮汕地区发生大饥荒时，他带领家人到江西省泰和县苍岭开荒种田，借此渡过难关。

1945年春，潮汕党组织恢复活动并建立潮汕人民抗日游击队，陈勃回家乡到大南山参加抗日武装队伍，被安排在司令部直属出版组工作。6月1日，他调任韩江纵队第二支队第一大队第一中队指导员。先后参加了围歼里湖、棉湖等地敌人的战斗。7月25日，他奉命带队到陇头村参加围攻敌军的战斗。战斗中他冲锋在前，不幸被敌人的子弹击中，身负重伤。后经送后方医院抢救无效，于7月31日光荣牺牲，时年23岁。

### 张珂敏（1909—1945）

1909年生，普宁泥沟村人。1926年，考进汕头南强中学，常阅读《新青年》等进步刊物，追求真理。1931年，与同村共产党员张声文、进步青年张鸣昌创办寄庐小学，组织新文艺研究社，发动青年到大南山参加红军。1937年10月，加入中国共产党。后以教书为掩护，先后任中共普宁三区区委、澄海县隆都区委书记，发动群众和师生抗日救亡。

1940年，张珂敏受党委派，到里湖圩创办集源书店。因无经费，他卖掉自家1.2亩地和妻子一对金耳环，于3月把书店办起来，传播进步书刊，并把书店当作党的联络点。1945年3月，他参加潮汕人民抗日游击队，负责军需工作。6月，游击队改称广东人民抗日游击队韩江纵队，他任军需处主任。部队给养困难，他千方百计发动群众为部队筹枪筹粮。张珂敏生活节俭，廉洁奉公。家中因缺吃少穿，四个儿女先后饿死，其妻带仅存的一个儿子外出乞讨度生。他从不向组织伸手。1945年10月，韩江纵队在大南山被包围，他奉命带2名战士到潮阳的盐岭、两英一带侦察敌情，准备开辟新区。到盐岭村时，被当地伪保长带领所丁围捕，囚于南山管理局。他受严刑拷打仍不屈服，始终保守党的机密。同年10月17日遭敌杀害，牺牲时年仅36岁。

### 陈国龙 （1906—1946）

1906年生，普宁下架山和寮村人。1924年7月进普宁二中读书，阅读进步报刊，追求革命真理。1926年6月，受中共普宁特支委派，到汤坑平民学校任教，从事农民运动。1927年10月，他到流沙参加接待"八一"南昌起义军工作。不久，参加共青团，1928年1月转为中共党员。大革命失败后，他被迫到南洋一带学习汽车修理、无线电技术，并到学校任校长。

1935年春，他回国从事教育事业，以学校为阵地，发动师生开展抗日救亡工作。1938年1月，他到福建龙岩参加新四军，任司令部无线电总队机务员。1940年初，参加新四军教导队受训，毕业后提为少校机务主任，在战斗中屡立战功。1941年1月，国民党顽固派制造了震惊中外的"皖南事变"。他在激战中不幸被俘，囚于江西上饶集中营。虽备受酷刑，但仍坚贞不屈。1942年5月在迁徙途中参加暴动，冲出牢笼，当年秋辗转回到家乡。

1945年3月，他参加党领导的潮汕人民抗日游击队，任军事参谋，认真抓好军事训练，并动员家乡20多名青年入伍参战。6月，游击队改称广东人民抗日游击队韩江纵队，他先后任韩纵二支第三大队长、第一大队长，带领队伍多次粉碎敌人的"围剿"。1946年12月13日，他从大北山回家乡寻购组装无线电台零件，行至秀陇村时，被秀郭乡公所所丁发觉追赶，双方在陂乌村田间枪战，陈国龙不幸中弹牺牲，时年40岁。

## 张伯哲（1920—1950）

1920 年生，原名张开明，普宁燎原街道泥沟村人。少年在普宁兴文中学读书时，就积极投身抗日救亡运动。1939 年春转到南侨中学读书，不久即参加中国共产党，历任学生党总支组织委员、韩山师范党支部书记。1944 年 9 月参加广东人民抗日游击队东江纵队，同年底回潮汕建立抗日武装队伍。1945 年 6 月任韩纵二支第二大队政委，先后参加西陇、里湖、棉湖、陇头、多年山和跳坑等地战斗，英勇打击日伪军。同年底后历任韩纵第一大队教导员、潮安县工委书记。1947 年 1 月被党组织派往台湾从事地下工作，任中共台中地区工委书记。1950 年 4 月 5 日不幸被捕，在狱中坚贞不屈。同年 12 月 8 日遭敌杀害，牺牲时年仅 30 岁。

## 多年山十八烈士

1945 年夏，中国共产党领导的广东人民抗日游击队韩江纵队第二支队，在抗日反顽战斗中不断取得胜利。7 月 24 日，普宁县流沙区抗日民主政府成立，更使国民党顽固派惊恐不安。

8 月 4 日，国民党广东省第五区保安司令部前方指挥所，命令国民党军普宁兵团和从外地雇请来的由海盗悍匪改编的第七战区挺进队第一纵队共 1 000 多人，分两路从里湖向驻流沙的韩纵二支和流沙区抗日民主政府发动进攻。韩江纵队司令部根据敌情迅速作出对策，决定利用有利地形，痛击顽军，即调韩江纵队第二支队第三大队到赤水、贵政山一线警戒，第二大队的第三、四中队到多年山等前沿阵地监视顽军，准备伏击。

8 月 5 日下午，阴雨绵绵。两路顽军来到池尾的多年山一带，先后与严阵以待的韩纵二支第二大队的第三、四中队遭遇，遭到游击队的猛烈截击，顽军被打得人仰马翻。但顽军凭着人多势众、武器装备精良，调整队伍后，即抢占山头，发起进攻。战斗打响后，韩纵支队司令部发现顽军已占据有利地形，并以优势火力威胁游击队阵地，形势不利，便命令主力部队和流沙区抗日民主政府人员迅速向大南山区转移，由第二大队第三、四中队负责掩护。第三、四中队指战员接受命令后，马上调整队形，坚守阵地，沉着勇敢，以低劣武器顽强阻击顽军的多次疯狂进攻，共毙伤顽军 24 人，战斗一直坚持到夜幕降临，顽军未能越雷池半步，胜利粉碎顽军的大规模军事进攻。陈欣丰、张珂华、方溜、陈克平、汪瑞枝、吴雄、杨进明、叶兴阳、许淑海、许进家、许龙桂、张锡青、肖喜鸿、王如义、李纯金、陈荣山、汪兆水 18 位指战员在阻击战中英勇牺牲。他们用鲜血和生命，胜利完成掩护韩纵二支司令部和流沙区抗日民主政府人员安全转移的任务，为革命作出重大贡献。

多年山十八烈士的英名永垂青史，浩气长存人间！

# 第五节　著名红色人物

### 方　方（1904—1971）

原名方思琼，1904 年生，普宁洪阳镇西村人。1919 年五四运动期间，被选为普宁县学生联合会会长。1924 年到广州农民运动讲习所学习。后回到普宁从事农民运动。1925 年 3 月加入共青团，任普宁县第一个团支部书记，1926 年春转为中共党员。1927 年起历任潮安县委书记兼赤卫军第 3 团党代表、普宁县委书记、汕头市委书记、潮阳县工农革命委员会党团书记。1930年，调闽西苏区工作，历任闽粤赣边区省委职工委员会书记、福建省委常委、福建省委代理书记。参加了中央苏区第二、三、四次反"围剿"。1934 年 10 月中央红军长征后，率闽西南红军和游击队坚持三年游击战争，受到党中央毛泽东、朱德等接见，得到很高的评价。

1937—1942 年，历任闽粤赣边区省委常委兼组织部长、省委书记、南方工作委员会书记。1943 年 5 月，到延安参加整风运动。1945 年 5 月，出席党的第七次代表大会。1946 年 1 月，任北平军事调处执行部中共代表团顾问、军调部第八小组中共首席代表，保证了东江纵队胜利北撤。解放战争时期，历任中共香港分局书记、华南分局书记。领导华南地区党组织和武装斗争，建立了大片根据地，为迎接大军南下、解放华南作出重大贡献。

中华人民共和国成立后，任广东省人民政府第一副主席、广东省土地改革委员会主任。协助叶剑英主持广东省工作和土改运动。

1955 年奉调北京，历任中共中央统战部副部长，中华人民共和国华侨事务委员会党组书记、副主任，中华全国归国华侨联合会副主席等职。他积极协助廖承志主持中央人民政府华侨事务委员会的日常工作，贯彻执行党的侨务政策，创办了几十个国营华侨农场和华侨投资企业、华侨中等补习学校以及暨南大学和华侨大学。他还亲力亲为接待安置从印尼回国的十几万难侨，是国家侨务事业的卓越领导人。

方方曾当选为党的七大、八大代表，第一至三届全国人大代表，政协第二至四届全国委员。1971 年 9 月 21 日在北京逝世，享年 67 岁。

## 苏　惠（1909—1996）

女，又名苏蕙，原名庄启芳，小名庄玉兰。1909 年 4 月生，普宁果陇村人。父庄耀庭举家迁居海丰县田墘做小本生意。1915 年入田墘小学读书。1921 年，庄耀庭参加彭湃在海丰组织的农民协会，秘密掩护革命活动。1923 年 1 月海丰县总农会成立，苏惠在彭湃的鼓励下，于 1925 年 2 月参加海丰县妇女解放协会和农民协会的工作，5 月加入中国共产主义青年团和中国共产党，任海丰妇女解放协会驻会常委。同年夏赴广州参加广东区团委举办的训练班学习。第一次国共合作时期，于 1926 年 1 月和彭湃等一起作为海陆丰地区代表，参加中国国民党第二次全国代表大会。会后被派往惠来县开辟新区，4 月初回海丰，任共青团海丰县委常委兼妇女委员，并任汕尾平民女校校长。1927 年秋至 1928 年夏，历任海丰县苏维埃政府执行委员、五区苏维埃农妇部主任、中共五区区委委员。

1928 年夏，其弟庄启锡在海丰为革命牺牲，苏惠转移到新加坡，在陈嘉庚工厂当工人，一年后到泰国曼谷任光华公学教员。1935 年春到香港参加民族解放大同盟工作。1936 年在中共南方临时工作委员会机关工作。1937 年 2 月受派到上海为驻沪联络站负责人，在潘汉年领导下负责与延安中共中央的联系工作，曾接待过张云逸和方方等。抗日战争全面爆发后，回香港传达中共中央指示。同年 9 月任中共韩江工作委员会潮汕分委组织部长，期间曾领导过美洛孚工厂女工争取年终双薪的斗争。1938 年 3 月调任中共闽粤边区党委妇女部长，先后在闽西、厦门和大埔工作。1939 年 11 月同闽西代表团方方等一起辗转步行抵延安，向中共中央汇报闽西南三年游击战争的情况。后在中共中央高级党校学习，参加延安整风运动。1944年4月在延安同方方结婚，彭真主持婚礼。

1945年12月，国共谈判时抵重庆，在中共中央南方局组织部工作。1946年5月16日抵香港，协助方方组织中共中央香港分局，任中共香港工委组织部长、机关总支书记。

中华人民共和国成立后，历任广州市人民政府委员、妇联主任、监察委员，中共广州市委常委、妇委书记，广东省监察委员、妇联副主任、妇联党组书记和中共华南分局妇委副书记。1955年3月21日至31日，参加中国共产党全国代表会议。会后调任中华人民共和国华侨事务委员会党组成员，先后任中央侨委国内司、人事司和国外二司司长，机关党委副书记。曾为全国人民代表大会代表、全国政协委员，第二届中华全国归国华侨联合会副主席，尔后连任顾问。1996年7月在北京病逝。

### 伍治之（1905—2000）

1905年10月生，普宁白坑村人。1924年9月进广州第二届农民运动讲习所学习。1925年3月任广州新学生社汕头分社社长，11月任共青团汕头地委书记。1926年6月到中共广东区委党校学习，9月任共青团海陆丰地委书记，12月转为中共党员。1927年3月出席共青团第四次全国代表大会。1929年12月被派往暹罗（今泰国）做联络工作，1930年10月同妻子蔡楚吟在暹罗被捕。1939年4月被暹罗当局逐回潮汕，任南侨中学教员，后到上海南屏女子中学任教员兼曼谷《中原报》驻上海特约记者。1940年8月调到重庆中共中央南方局华侨组工作。1941年5月起历任中共香港工委、中共华南分局侨务委员、中共中央统战部东南亚室研究组副组长。

中华人民共和国成立后，历任广东省华侨事务委员会主任委员、中华人民共和国华侨事务委员会生产救济司副司长、中华人民共和国驻越南大使馆参赞兼领事部主任、中侨委国外司副司长、中印（尼）华侨双重国籍问题联合委员会中方代表、华侨大学（址于福州）党委第二书记、福建省革命委员会外事组副组长。曾为政协第二届、第三届、第四届全国委员会委员。1977年离休后曾任汕头市侨联名誉主席。1981年被聘为中共汕头地委党史顾问，先后撰写革命回忆录20万字，部分文章发表于《汕头党史资料》《汕头青运史资料》《广东青运史资料》等书刊。2000 年 4 月于福州病逝。

### 罗　天（1920—2001）

1920 年 2 月生，普宁陂沟村人。1936 年春在汕头海滨中学就读时，响应北平"一二·九"学生运动，发动学生参加汕头市学生示威大游行。暑假回乡发动农民进行抗日救亡工作，并推广拉丁化新文字。后到北平参加中华民族解放先锋队和华北抗日救国会。1937 年 4 月加入中国共产党。"七七"事变后，回陂沟村振声小学任教，从事抗日救亡工作，10 月任普宁青年救亡同志会宣传部长。于陂沟村开展秋收减租斗争，组织农民生产互助队和牵牛队，自任队长；发起重新选举村保长活动，定制每年冬至重选一次；成立陂沟村理事会，民主决定全村的重大事项并监督实施；在开展农民运动与青年学生工作中，挑选、培养积极分子，在村中建立中共支部。

1938 年 2 月起历任中共普宁二区区委书记、普宁县工委组织部长、普宁县工委书记、潮汕中心县委潮普惠分委组织部长、潮汕中心县委执委、潮普惠揭丰中心县委组织部长兼军事部长、潮普惠县委书记、揭普惠边区县工委书记、揭阳县委书记、潮梅临委（后改特委）委员、特派员，坚持敌后抗日工作。1942 年 5 月中共南方工委因姚铎叛变遭破坏，罗天根据中共南方局周恩来和方方的指示，及时组织党员疏散，贯彻在敌后国民党统治区中共组织"荫蔽精干、长期埋伏、积蓄力量、以待时机"的方针，党员做到勤业、勤学、勤交友，实现职业化、社会化，使党员扎根于群众之中，保存革命力量。后调中共南方局工作，并到延安中央党校学习。1945 年抗日战争胜利后，任中共热河省热西地委宣传部长、南下干部中队长兼政委。

1949 年后，历任中共潮汕地委组织部长、副书记、纪检会书记，中共粤东区委组织部长、副书记兼农村部长，中共汕头地委第一书记。1956 年起历任中共广东省委候补委员、委员、常委，广东省副省长兼农业办公室主任、农科院院长。1968 年起历任广东省革命委员会常委、生产组副组长，广东省农林水战线革命委员会主任，广东省革命委员会副主任兼农垦局局长，广东省知识青年上山下乡工作领导小组副组长，中共海南行政区区委书记兼海南行政区革命委员会主任。1977 年后历任中共广东省委常委、广东省革命委员会副主任，第五届广东省人大常务委员会副主任，中共海南行政区区委第一书记，海南行政区革命委员会主任，海南军区第一政委。1983年4月后，历任广东省第六届、第七届人大常务委员会主任、党组书记。1990年离休。曾为全国人大第六届、第七届代表，中共八大、十一大、十二大、十三大代表。1990年9月任广东省第五届侨联名誉主席。1992年后连任广东省老区建设研究促进会理事长。曾建议中共广东省委、广东省人民政府向全省各市、县发出关于加强老区建设的文件，被采纳。尔后不顾高龄，为革命老区建设操劳，跑遍全省老区视察。2001年1月31日（春节后的第一个工作日），在广东省老区建设研究促进会主持会议时心脏病复发逝世。

### 陈焕新（1912—1968）

1912年生，曾用名陈欣诚、陈家茂、陈四维，普宁交丙坛村（今交丙耘村）人。

1928年，他在交丙坛小学任教时，掩护当地的共产党员脱险，被迫逃亡到暹罗曼谷。1930年5月，陈焕新回国。6月，在家乡参加中国共产主义青年团。8月，参加中国共产党。1931年3月，先后在家乡附近乡村小学和桥柱育青小学，以教书为掩护从事革命活动。1935年2月，因叛徒出卖被捕，囚禁于广州第一集团军司令部军法处，备受刑罚而不屈，没有暴露共产党员身份，以刑事罪被判刑两年，解回普宁监禁。1937年2月刑满释放。

陈焕新出狱后，到陂沟村振声小学任校长三年。1937年10月，他与罗天一起，在陂沟村组织生产互助社，领导农民开展减租减息和抗日救亡宣传工作，并在斗争中发展党组织。1938年起，任中共马四乡支部书记、二区支部书记、总支部书记、区宣传委员。他利用星期日和寒暑假回交丙坛村发动和组织群众成立以抗日为宗旨的"同声社"，带动周围各村成立"群声""众声""扬声"等抗日救国团体。1939年汕头沦陷，中共潮普惠揭中心县委把地下"天和印刷厂"搬到陂沟，他为民众夜校编写的语文课本，经铅印后传播到潮汕各地。

1940年2月，他调往潮阳井都神仙和谷饶等地任教，先后任中共潮阳县四区宣委、组织委员。1942年2月，为揭阳县第一、二、四区宣传部长。1942年6月，"南委事件"发生，革命处于低潮，中共潮梅地方组织停止活动，他隐蔽到揭阳东仓村小学秘密开展工作。

1945 年 4 月，他任汕头市特派员。1946 年 2 月，任中共澄（海）饶（平）丰（顺）县委副书记兼宣传部长。7 月，任潮汕特委宣传部副部长。1947 年 7 月 8 日，陈焕新在澄海莲阳村协利锡箔店被警察分驻所搜查，从藤呷哗内发现一些共产党书籍、刊物和党员登记表格，被当作有"共党嫌疑"，押禁于广东省第五区"清剿"司令部。他利用身份未暴露之机，始终咬定自己是锡箔店股东、归侨，籍贯揭阳，从没泄露党的秘密。还暗中成立狱中支部，任支部书记，领导难友进行狱中斗争。1949 年 4 月 18 日，陈焕新终由中共地方组织通过暹罗华侨商会用巨款赎出狱。

1949 年 7 月 1 日，普宁县人民政府成立，他任普宁县县长。1950 年 1 月，任中共普宁县委书记。同年 7 月，调任中共潮汕地委组织部副部长。1952 年 5 月，任中共粤东区委组织部办公室主任、副部长。1957 年 4 月，任中共汕头地委常委、副书记。

1964 年，他到北京中央高级党校学习。从北京回来后，任中共汕头地委副书记兼专员公署专员。

"文化大革命"期间，陈焕新被诬陷迫害，以"莫须有"的罪名非法囚禁，并被带到汕头地区所属各县巡回游斗。他坚持党的原则，每次批斗总是回答"要实事求是""并无此事"，从而保护了广大的干部和群众。1968 年 11 月 11 日 5 时，陈焕新在澄海县被游斗摧残致死。1978 年 4 月 20 日，中共广东省委作出决定，为其平反昭雪。

## 庄世平（1911—2007）

1911 年 1 月生，普宁果陇村人。1934 年于北平中国大学经济系毕业。1934—1941 年旅居泰国，历任新民学校校长、中华中学训育主任、《中原日报》记者和编辑、泰国华侨各界抗日联合会负责人。期间曾奉命考察滇缅公路，支援抗日救国运动。1942—1945 年，在老挝、越南以及中国的柳州、重庆等地从事经济工作，支援抗日。1945 年发动爱国华侨于河内、曼谷等地创办安达股份有限公司，并任曼谷安达公司经理，代理苏联影片在东南亚的发行及苏联轻工、医药、海产等商品的经销工作。1947 年到香港筹办南洋商业银行及澳门南通银行。1949 年配合中华人民共和国中央人民政府接管中华民国在香港的银行、企业和其他机构。其后为中国国民经济的恢复与发展、沟通侨汇、统一货币和肃清外币在国内的流通做了大量工作。1949 年 12 月南洋商业银行成立开张，在香港升起第一面五星红旗，为新中国金融事业的对外窗口，庄世平自任董事长兼总经理。该银行发展至 20 世纪末为亚洲第 6 位最佳银行，在世界 1 000 家大银行中名列 251 位，为香港特别行政区和祖国经济发展作出贡献。1997 年香港特别行政区政府授予其"大紫荆勋章"。1986 年退休后仍为国家事业奔忙。任南洋商业银行名誉董事长、中国银行港澳管理处副主任、华侨商业银行常务董事、集友银行副董事长、侨光置业有限公司董事长。

1959 年起先后当选为第二届至第六届全国人大代表，为第六届全国人大华侨委员会委员。1984 年起任全国侨联副主席。1988 年起任第七届至第九届全国政协常委，并历任中国银行常务董事、中国航空公司董事、中国国际金融学会顾问、中国儿童和少年基金会副会长、中国贫困地区发展基金会理事、汕头大学校董会副主席、华侨大学校董会董事、普宁华侨中学名誉董事、汕头经济特区顾问委员会主任、湖北省人民政府特别顾问、香港文化艺术基金会名誉副主席、香港银行华员会名誉会长、澳门潮州商会名誉顾问、香港潮州商会名誉会长、香港汕头商会顾问、法国潮州同乡会名誉顾问。1989 年被汕头市人民政府授予汕头市荣誉市民称号。1995 年创立香港普宁同乡联谊会，为创会会长，皆功在社稷。有《庄世平传》介绍其生平事迹。2007 年 6 月 2 日在香港逝世。

### 陈辛仁（1915—2005）

又名陈俊新，笔名辛人。1915 年 11 月生，普宁华溪村人。少年期间在村校读书。1928—1932 年先后于厦门集美商业学校、潮州金山中学就读。1933 年进中国大学英文系就读，期间主编北平"左联"机关刊物《理论与创作》。1934 年底到日本，在东京中国"左联"编辑《杂文》杂志，并主编《文艺理论小丛书》，宣传马列主义文艺理论。1936 年于香港编辑《民族战线》月刊。1938 年参加新四军，先后任军政治部科长、宣传部部长，中共华东局宣传部副部长。中华人民共和国成立后，曾任中共福建省委副书记、福建省人民政府副主席。1954 年调任中共江苏省委书记处书记，9 月被委派为中华人民共和国首任驻芬兰特命全权大使。1959 年回国后任外交部国际关系学院院长、外交学院副院长。1971 年 9 月为中国对外友好协会、外交学会负责人之一。1972—1980 年先后出任中华人民共和国驻伊朗、荷兰、菲律宾大使。1981 年 1 月任中华人民共和国国务院对外文化联络委员会常务副主任，1982 年 5 月任文化部顾问，1986 年任中国对外文化交流协会副会长。曾当选为第二届、第三届全国人民代表大会代表。著作有《沧海一粟》《罗炳辉将军》《鸿爪遗踪》（合集），译作有海涅《德国宗教与古典哲学》、吉尔波丁《现实主义论》、倍斯巴洛夫《批评论》等。2005 年 7 月 25 日在北京逝世。

### 柯 华（1915—2019）

原名林德常，1915 年 12 月生，普宁河头村人。童年在本村小学念书，后赴马来亚继续读完小学。1929 年回国，先后于汕头市大中中学、厦门大学附中、北平燕京大学读书。1936 年参加革命，1937 年 12 月任八路军总宣传部干事。1938 年抵延安，先后在陕北公学、抗日军政大学、中央党校学习，同年加入中国共产党。1940 年 1 月起历任中共西北局宣传部干事、秘书、科长、处长。1949 年 5 月任中共西安市委常委兼宣传部长。1951 年 6 月起历任中共西安市委副书记、西北军政委员会文教委员会秘书长、西北行政委员会副秘书长兼机关党委书记等职。1954 年 12 月起历任中华人民共和国外交部礼宾司司长、非洲司司长、亚非司司长、亚洲司司长和驻几内亚、加纳、菲律宾、英国大使。1982 年在驻英国大使任上，为香港回归同英国首相及该国政要沟通，坚持中国对香港主权的坚定立场，参与中英首脑北京首次会谈。1983—1987 年，任国务院港澳办公室顾问。1988 年起历任全国政协常委、中国国际文化交流中心副理事长、中国国际友好联络会顾问、中国扶贫基金会副会长、汕头经济特区顾问委员会名誉主任、北京海外潮人联谊会会长、顾问、名誉会长。2019 年 1 月 1 日在北京逝世。

## 蔡　诚（1927—2009）

原名伍毅鸿，原籍普宁白坑村。1927 年 11 月于澄海县出生，父伍治之和母蔡楚吟为潮汕地区早期革命干部。11 岁随母到上海。1940 年 12 月到延安自然科学院中学部学习。1944 年 1 月任陕甘宁边区政府保安处侦察员、科员。1949 年 10 月任西北军政委员会公安部副科长。1950 年 5 月任广州市公安局副科长。1952 年 4 月调广东省公安厅，先后任科长、办公室主任。1965 年 1 月任广东省公安厅副厅长，曾兼任深圳口岸党委书记。1978 年 5 月任公安部办公厅副主任、研究室主任。1984 年 1 月任中国人民公安大学校长。1985 年 5 月任司法部副部长。1987 年 10 月在中国共产党第十三次全国代表大会上当选为中央委员会委员。1988 年 4 月任中华人民共和国司法部部长。曾担任过《公安学概论》《中华人民共和国行政法规选编》《刑法学大全》《司法行政大辞典》等书的编委会主任或主编。1993 年 3 月为第八届全国人大常务委员会委员，任法律委员会副主任委员，参与立法工作。离休后被选为北京潮人海外联谊会第三届会长。2009 年 9 月 2 日在北京逝世，享年82 岁。

## 张希非（1919—1969）

原名张熙辉，普宁小扬美村人。1919 年 2 月生，1936 年参加革命工作，1938 年 8 月加入中国共产党。抗日战争时期，他先后任中共普宁县定厝寮村支部书记、秀郭乡党总支书记、普宁二区特派员、潮普惠县委委员、广东人民抗日游击队韩江纵队第二支队第二大队政委等职。解放战争时期，他历任潮汕人民抗征队第三大队大队长、南山团团长、中国人民解放军闽粤赣边纵队第二支队副司令员、司令员等职。中华人民共和国成立后，他长期从事部队工作，历任广东潮汕军分区第二团团长兼政委、第一团团长、华南军区独立一团政委、总参情报部参谋、昆明军区司令部情报处广州站站长、总参情报部广州局二处处长等职。1969 年 9 月，他调任广西河池军分区副司令员，同年 12 月 22 日因病在广西南宁逝世，时年 50 岁。

### 杜民锋（1916—1975）

又名杜平、杜光盛，1916 年 5 月生，普宁西陇村人。1924 年就读于西陇村承先学校，在进步教师的启迪下，担任劳动童子团团长，参加革命活动。1937 年"七七"事变后，经汕头青年救亡同志会负责人杜桐的介绍，到福建龙岩参加新四军。1939 年 11 月在新四军教导总队加入中国共产党。曾任新四军军部副官、特务团二营代营长等职。在 1941 年 1 月发生的"皖南事变"中被捕，囚禁于江西上饶集中营，后逃出，辗转回到家乡。1944 年冬，中共潮汕地方组织恢复活动，为建立潮汕人民抗日游击队，他和王武等组织了一支 10 多人的短枪队，伪装成国民党官兵，在普宁县各地征缴两批枪支弹药。1945 年 3 月 9 日潮汕人民抗日游击队成立，任参谋。随后带领第一突击队，深入敌占区抗击日本侵略军。6 月任广东人民抗日游击队韩江纵队第二支队副支队长。1946 年 6 月奉命北撤到山东烟台后，在华东军政大学学习。1948 年 8 月任两广纵队第一团参谋长，1949 年 6 月任中国人民解放军第四野战军独立第二十四师第一团副团长兼参谋长。在解放战争中，参加过睢杞战役、济南战役、淮海战役等 70 多次大小战役与战斗。1949 年 10 月调任中国人民解放军闽粤赣边纵队参谋主任，参加解放潮汕的战斗。1950 年 2 月任汕头警备司令部参谋长兼汕头市公安局副局长。1953 年 8 月调任广东军区战史编辑室副主任，后历任广州市兵役局副局长、广州市人民武装部副部长、广州军分区及广州警备司令部副司令员兼参谋长。同时在地方上兼任广州市民政局副局长、广州市征兵办公室主任、广州市防空委员会副主任、广州市人民委员会秘书长。1967 年 3 月任广州市军事管制委员会办公室主任、广州市革委会办事组组长。1975 年 1 月在广州病逝。

### 杨英伟（1919—1985）

1919 年 8 月生，普宁定厝寮村人。1932 年起先后于汕头市第一中学、商业学校读书。1938 年因日本侵略军有侵占汕头之势，他随汕头市第一中学迁到普宁三都上课，在校时加入普宁青年抗敌同志会。1938 年夏受中共地方组织指派，停学参加革命活动。1939 年 7 月加入中国共产党，任中共定厝寮村支部书记。1941

年1月调任中共北山村总支书记、普宁二区宣传委员,后任二区特派员。先后在东埔、赵厝寮等村小学以教书为掩护,秘密联系中共组织的活动。1945年春任中共潮普惠南中心县委宣传部长,11月调任中共潮揭丰边县委书记。1949年1月兼任中国人民解放军闽粤赣边纵队第二支队第七团政委,5月调任中共潮汕地委宣传部长,10月揭阳县解放,任中共揭阳县委书记兼军事管制委员会主任。尔后历任中共潮汕地委委员、宣传部副部长、粤东区党委办公室主任兼宣传部副部长、中共广东省委讲师团团长、中共广东省委宣传部教育处处长、广州市教育局局长、中共广州市委文教办公室副主任等职。1983年离休。1985年4月在广州病逝。

### 邱秉经 (1905—1990)

又名邱伯钧、邱白匀。1905年11月生,普宁瓜园村人。年少时在家乡读小学、初中。1926年到福建集美师范读书时参加学生运动,任集美学生总会干事。1927年"四一二"事变后转学到上海艺术大学、南华大学。1929年上海各界纪念"五卅"惨案4周年,他负责沪西区学生游行队伍的指挥,受英国巡捕追捕,回广东陆丰县龙山中学任教。翌年到棉湖兴道学校任校长,敞开校门迎接中国工农红军入校宣传。1931年与同学在汕头市创办中专艺校——韩江艺术学园,半年后转至潮阳潮光中学任教。1932年春到暹罗,6月与许宜陶、黄声等在曼谷创办崇实中小学校,加入马士纯、邱抟云的苏联之友社,在学校中开展华侨革命教育。1933年回国到上海中华职校进修日语。

1935—1938年夏于普宁兴文中学任训育主任兼教师,期间先后参加共青团、抗日义勇军、中国共产党,任中共普宁县工委统战部部长。1938年夏同黄声等转至揭阳县石牛埔创办西山公学(后改名南侨中学),先后任南侨总校文专部主任、第二分校校务主任,中共揭阳县三区区委书记。1940年春调任福建永定侨育中学中共支部书记、校长。1942年"南委事件"后,同妻子余天选化名转移到金山中学任教,1943年冬被迫撤离,应聘到老挝寮东公学任校长,后因日本侵略军扩大华南和太平洋战争,妻儿遇难而未成行。1944—1947年,奉命从事中共的经济工作,先后任越南东兴德和公司广州湾利东行副经理、河内—香港安达公司副总经理。1947年下半年参与筹建曼谷南洋中学并任副校长，1948 年夏同一批爱国华侨教工遭泰国当局拘捕入狱，1949 年 3 月被逐出境。回国后，由中共组织安排进入云南参加武装斗争，先后任澜沧专署专员、中共党组书记，桂滇黔边纵整训总队特派员等职。

1950 年 2 月任中共华南分局海岛科副科长、海外研究组组长。1952 年 9 月起历任中国影片公司华中公司副经理、华南公司经理，文化部电影局办公室主任，中国电影出版社副社长。1959 年 11 月调任中国科学院南海海洋研究所所长、党委书记。1979 年 4 月任中国科学院广州分院副院长。1983 年 4 月离休。主要著作有《烟波集》。1990 年 10 月于广州病逝。

### 卢逢生（1903—1989）

1903 年 6 月生，普宁斗文村人。1926 年进北平中国大学就读。1929 年起先后在普宁县秀陇小学、潮阳县东山乡村师范、海丰县立中学任教员、校长。他提倡生活教育，让学生种菜、饲鹅，墙壁上大书"不耕无食"。1933 年在家乡开办田间学园，吸收附近数十里的青年就学。他把家中的书籍搬到学园，还订了《新生》《八月的乡村》等进步书刊，对学生进行爱国主义教育。抗日战争爆发后，他以教育为阵地，帮助普宁青年抗敌同志会办《青报》，宣传抗日救国，引起国民党当局的注意，学校因此被封。尔后到潮阳县的励青、创大等校任教。1938 年起转普宁社山小学、涂洋义方小学、县立第一中学、流沙中学和潮阳沙陇小学等校执教。他曾利用暑假回家乡办夜校，宣讲中共中央抗日救国十大纲领、抗日民族统一战线等问题。1943 年在沙陇小学教书，时逢潮汕荒年，霍乱流行，他带头节食，发动教员捐米救济手脚浮肿的学生，又带领教员下乡调查惨状，设法购买疫苗，出版防疫壁报，引导群众防治疾病。他在学校担任校长期间，常掩护中共地方组织的秘密活动。

1949 年 5 月 1 日流沙解放，中共普宁县委派卢逢生等人接管普宁第二中学，任该校教导主任、副校长。1950 年 7 月 1 日加入中国共产党。1957 年任中共汕头地委档案馆副馆长，参与编写《潮汕人民革命斗争史》。1963 年任普宁县教育局副局长。先后当选为广东省第一届各界人民代表会议代表，普宁县第一届、第二届各界人民代表会议代表、常务委员会委员、审查委员会委员，普宁县第二届人民代表大会代表，政协普宁县第一届常务委员。1966 年退休，1983 年改为离休。1989 年 4 月病故，享年 86 岁。

### 张中畔 （1907—2003）

1907 年 9 月生，普宁葵岭村人。1926 年参加革命，任普宁总工会副主席。1928 年起先后在柬埔寨、越南等地华侨学校任教。1932 年移居香港经营生意。1935 年在香港与友人合股创办亚共祥布厂、潮泰食品公司，尔后任好世界饮食集团董事会主席。中华人民共和国成立后，生意从香港发展到广州。先后为广东省工商联理事、广州市侨联副主席、广东省侨联顾问、政协广东省委员会委员、广东省第六届和第七届人民代表大会代表、暨南大学校董、香港普宁同乡联谊会顾问和永远名誉会长。1990—1992 年共捐资 870 万港元于家乡兴办教育事业，与香港同仁张元利等创建下架山中学、葵岭耕丰小学。普宁市人民政府授予其"铁山兰花奖"勋章，揭阳市人民政府授予其"玉质钥匙"。

### 赖石昂 （1918—2012）

1918 年 1 月生，普宁奇美村人。1927 年旅居泰国，1933 年回国，先后于厦门集美中学、汕头友联中学、香港华侨中学读书。1936 年 9 月加入中国共产党。1931 年 12 月随方方到闽西南革命根据地。1938 年 9 月于新四军军部工作。1947 年任新四军调研室副主任。尔后参与济南战役、淮海战役、渡江战役以及解放上海的情报搜集工作。1949 年 8 月任中国人民解放军华东军区二局副政委。1959 年进解放军政治学院学习，1960 年被授予大校军衔。1960 年毕业后担作总参三部政治部副主任。1962 年到福州军区三局任代理局长。1965 年任解放军张家口工程技术学院副政委。1969 年任解放军洛阳外语学院院长。1978 年调任解放军郑州信息工程学院院长。在军队院校工作 20 年，为军队的现代化建设作出了贡献。2012 年 2 月 11 日在北京逝世。

## 詹泽平（1920—1999）

原名詹前泽，又名詹泽长，1920 年 2 月生，普宁竹林村人。1937 年于梅峰中学读书，参加青年救亡同志会，在家乡组织农民青救队。1938 年秋经梅峰中学校长曾纪炽（曾鸣）推荐，到设于三都书院的广东省第八区民众抗日自卫团干训所受训，1939 年 1 月结业后回竹林村育民学校任教，7 月在学校加入中国共产党。1940 年调任梅峰中学第七分校教务主任，并为中共普宁县三区区委青年委员。1941 年调任中共潮普惠揭县委南阳山区特派员。1942 年任中共普宁三区普惠边特派员，负责在梅林、葵潭、甲子一带发展党员的工作。1942 年"南委事件"后，于战时迁在流沙的汕头海滨中学高中部就读。1944 年 10 月中共潮汕地方组织恢复活动后，于 1945 年春创建以竹林为中心的农村抗日据点，配合潮汕人民抗日游击队抗击日本侵略军。1946 年任中共惠陆边特派员，开辟惠（来）陆（丰）沿海通道，开通广东人民抗日游击队东江、韩江两个纵队的联系通道，掩护张希非等一批抗日武装骨干经惠陆边出香港后北撤。1947 年 6 月潮汕人民抗征队成立，负责开辟南阳山区根据地，任南阳山武工队政委。1948 年 6 月任中共南阳山县工委书记兼潮汕人民抗征队南雄大队政委。1949 年 2 月任中共普宁县委书记兼中国人民解放军闽粤赣边纵队第二支队第九团政委，5 月惠来县城解放，任中共惠来县委书记兼惠城军事管制委员会主任，10 月任惠来县县长。

1952 年 12 月调任粤东区百货公司经理，1953 年任粤东行政公署商业处处长。1956 年任汕头专员公署副专员、中共汕头地委委员，分管财贸工作。"大跃进"和人民公社化时期，坚持实事求是，向上级陈情请命，因而受到不公正对待。中共十一届三中全会后，1979 年落实干部政策，1980 年 4 月任汕头行政公署副专员。1983 年 12 月起任政协汕头市第六届委员会副主席。1989 年 11 月离休，定居汕头市。1999 年 6 月于汕头逝世。

**方明生**（1905—1985）

1905 年生，普宁东坑村人。1927 年 2 月，到汕头震东中学读社会科学时，学习了进化论、共产主义学说、社会科学概论、海丰农民运动报告等，萌发信仰共产主义的思想，在该校参加共产主义青年团，投身学生运动，还回到村里与方如枝、庄炎奎、方思玉等人组织农民协会和赤卫队。1928 年 2 月，前往暹罗，在万昌养正学校、新民学校任教。1929 年参加暹京反帝大同盟，编制《暹罗周报》。1937 年 6 月，回国参加普宁县青年抗敌同志会，投身抗日救亡运动。1938 年 3 月，加入中国共产党，在大陇乡大同小学以校长一职为掩护，先后任中共普宁县第四区总支书记、北边区委组织委员、潮（阳）普（宁）惠（来）南（南山局）边区特派员，从事党的秘密活动。1940 年 9 月，调任中共潮阳县委组织部长。1942 年 7 月，中共南委机关受敌人破坏，中共潮汕地方组织暂停组织活动，他以教师身份隐蔽在普宁县庄河乡中心小学。1944 年 11 月，恢复党组织关系，调任中共普宁县第一区特派员。

1945 年抗日战争胜利后，历任中共普宁县第五区委书记、南泗乡及马四乡特派员，从事党的秘密工作。1947 年 6 月，潮汕地区恢复武装斗争，他于 11 月上南阳山参加潮汕人民抗征队，任第三大队副官。1948 年 5 月后，任潮（阳）惠（来）南（南山局）工作委员会常委、惠来东营乡武工队长、中共南阳山县工委常委及组织部长。1949 年 5 月，任中共普宁县委常委，参加筹备建立普宁县人民政权的工作。

1949 年 10 月 12 日，普宁县全境解放，任中共普宁县委常委、县人民政府副县长。1950 年 4 月后，历任汕头专署秘书处主任、汕头专署建设科科长、潮汕专署海岛处副处长、粤东行署农林处水产科长。1956 年 1 月，任汕头专区农林办公室副主任。7 月，任中共汕头地委委员、农村部部长。在反"地方主义"运动中，受到错误批判。1958 年 5 月，调任中共汕头地委统战部部长。1960 年初，担任汕头专员公署接待和安置归侨委员会副主任兼办公室主任，在一年多的时间里，接待和妥善安排 19 批共 13 656 名于印度尼西亚受政治迫害而回归的难侨。1961 年 4 月，任汕头行政专员公署副专员。

1979 年得到平反。1980 年恢复汕头地区行政公署副专员、中共汕头地委统战部部长职务。他贯彻党的统战政策和侨务政策，联系海内外各方人士，鼓舞他们发扬爱国爱乡的优良传统，捐资办学及兴办公益事业。1983 年 11 月，他离职休养后，担任中共汕头市委党史征集研究领导小组副组长，参与主持"周恩来同志在潮汕革命活动学术讨论会"。临终前夕，还在做关于"启文书店"的审稿工作。1985 年 9 月 16 日病故，享年 80 岁。

**陈　彬**（1923—2003）

1923 年 8 月生，普宁枧头寮村人。1938 年参加普宁青年抗敌同志会，1939 年 2 月参加中国共产党。1940 年在南侨中学文专部高级班毕业后，历任中共揭阳县三区区委书记，中共揭阳县委委员，中共揭阳县一、二区特派员。1942 年 9 月，中共潮梅地方组织暂停活动后，在潮汕几个地方小学任教。1944 年 11 月参与筹备建立潮汕人民抗日游击队，任第一中队（揭阳中队）指导员、中共揭阳县委特派员。1945 年 12 月起历任中共揭阳县委书记、中共潮汕特委直属武工队政委、潮汕人民抗征大队政委、中共潮汕地委潮普惠南分委书记、潮汕人民抗征队大北山团团长兼政委、中共潮汕地委委员、中国人民解放军闽粤赣边纵队第二支队副司令员兼参谋长、中共潮汕地委常委、边纵第二支队党委书记。1949 年 12 月任中共揭阳县委书记。1954 年 4 月起历任中共中央华南分局组织部副处长、处长，中共广东省委组织部干部处长、秘书长。1958 年 2 月起历任中山大学党委副书记、书记、革命委员会副主任，华南师范学院革命委员会副主任、党委副书记，华南工学院革命委员会主任、党委书记。1981 年 1 月任广东省科学技术委员会副主任、中共广东省纪律检查委员会委员。1984 年后当选为全国继续工程教育协会第一届理事会理事、广东省继续工程教育协会第一届理事会理事长、广东省老区建设研究促进会第一届至第四届理事会副理事长。1985 年 3 月当选为中共广东省顾问委员会委员。1988 年离休。2003 年 7 月在广州病逝。

## 李雪光（1918—2005）

1918年3月生，普宁斗文村人。1934年进流沙学园读书。1937年到社山小学任教。1938年秋参加普宁青年抗敌同志会，投身抗日救亡运动。1939年6月加入中国共产党，任中共斗文村支部书记。1940年起以浮江寮学校校长的身份为掩护，先后担任中共普宁县秀新总支书记、二区区委宣传委员、二区特派员等职。1945年9月任中共普宁五区区委书记。1946年2月任中共普宁县委宣传部部长，1948年改任县委组织部部长。1949年3月任中共普宁县委书记，5月兼任中国人民解放军闽粤赣边纵队第二支队第九团政委。中华人民共和国成立后至1954年任中共普宁县委书记。1954年7月起历任中共揭阳县委第一书记、粤东区党委委员、中共潮汕地委常委、宣传部部长。1956年7月任中共汕头市委副书记。1958年8月任中共汕头地委副书记。1963年起先后任广东省文化局副局长、局长。1970年12月当选为中共广东省委第三届候补委员。1978年3月至1983年8月任中共广东省委第四届委员会委员、广东省委宣传部副部长兼文化厅长。1984年任广东省人大科教文委员会、华侨委员会副主任。1988年12月离休，定居广州市。曾任广东潮人海外联谊会副会长、名誉会长，并带动海内外乡亲捐资兴建家乡斗文学校。2005年5月在广州逝世。

## 赖少其（1915—2000）

1915年5月生，普宁华市村人。童年和少年时期在陆丰县碣石镇度过。1930年进入广州美术专科学校西洋画系学油画和木刻。参加组织现代版画研究会，于报刊上发表不少木刻作品，被鲁迅称为"最有战斗力的青年木刻家"。1936年参加湖南青年战地服务团（后改为第一军随军服务团）。1938年1月在武汉任中华全国木刻总会理事。同年秋赴桂林，任中华全国抗敌协会桂林主要负责人，《工作与学习》《漫画与木刻》编辑兼发行人。1939年参加新四军。1941年1月在震惊中外的"皖南事变"中，坚持与国民党顽固派战斗到弹尽时被捕，受尽酷刑，后从上饶集中营越狱回到新四军，被新四军评为"干部一等功臣"。在抗日战争和解放战争时期，曾任《苏中报》副编辑，新四军第一师（华中军区）文工团团长，第四纵队华东军区、第三野战军第八纵队（第二十六军）宣传部部长等职。1949 年 7 月作为中国人民解放军文艺代表团第一副团长参加第一届中国文代会。同年 10 月参加第一届全国政协会议。中华人民共和国成立后曾任中共南京市委宣传部副部长、南京市人民政府文化管理处处长、中共华东局文委委员、华东文联秘书长、上海市文联副主席、华东美术家协会副主席、上海中国画院筹委会主任。1959 年调到安徽省工作，历任中共安徽省委宣传部副部长、安徽省文联主席、安徽省美术家协会主席、安徽省书法家协会主席、中国美术家协会常务理事、中国书法家协会名誉理事、中国版画家协会副主席、中国作家协会会员、第三届全国人民代表大会代表。1983 年 4 月任政协安徽省委员会副主席、安徽省文联主席。他走遍黄山，攀天都，揽西海，观云涛，抚怪石，搜奇峰，觅异松，写生作画，《黄山之赞》为其代表作，被誉为黄山山水画掌旗人。首都人民大会堂有其画作。1986 年 3 月增补为政协第六届、第七届全国委员会委员，应聘为汕头大学客座教授。

他曾多次作为中国美术家协会和中国书法家协会的代表出访保加利亚、苏联、南斯拉夫、日本等国，并在日本东京、泰国曼谷和香港、澳门等地举办书画展和讲学；在中国 10 多个省市举办书画展。1988 年获日本艺术交流中心颁发的"贡献金奖"。1994 年 5 月中共中央军委领导人刘华清对赖少其 60 年的艺术给予评价："革命之路，艺术之光。"出版的书画集有《花卉册》《赖少其作品选集》《楚游》《赖少其画集》《赖少其山水画册》《安徽古代文房四宝展·赖少其书画展》；其他著作有《赖少其自书诗》《创作版画雕刻法》《文代归来》《集中营里的斗争》《为了把艺术介绍给人民》等。晚年定居广州，挥毫创作有《回头》《罗浮山》《七星岩》《莲花山》《白云山》《西樵山》《深圳图书馆》《珠海园林宾馆》等一批赞美南国风光的作品。2000 年 11 月在广州逝世。

## 杨胜远 （1935—1966）

曾名杨克源，普宁马栅村人。1943 年，杨胜远于马栅公益小学读书。1950 年进普宁第二中学就读，1953 年在校参加宣传队，深入农村宣传总路线，获记小功两次的奖励。毕业后于马栅乡政府负责调统工作，获乡政府记二等功一次，并在村中加入中国新民主主义青年团。

1955 年 3 月，杨胜远参加中国人民解放军，在铁道兵 8510 部队当战士、统计员。1957 年 12 月参加中国共产党。1958 年 7 月，到河北省石家庄市铁道兵学校学习。1961 年 3 月学习期满提为干部，授予少尉军衔，先后任 8693 部队排长、后勤部统计员。在部队期间，受队前嘉奖 10 多次，立三等功两次。

1963 年 6 月，杨胜远复员回家，在马栅大队参加集体劳动，负责村民兵文书工作。他的家庭生活并不宽裕，但在生产队缺资金时，他省吃俭用，拿出 70 元帮助集体发展生产。1964 年 9 月，他任大南山公社武装部干事，后任副部长。

1965 年 8 月，杨胜远被抽调参加"四清"工作队，在陆丰县河田（公社）工作分团协助抓民兵组织的工作。他刻苦学习理论，写下了大量的学习笔记，并将理论联系实际，积极工作，出色完成任务。

1966 年 6 月 22 日，陆丰县河田山区连降暴雨，山洪暴发，螺河泛滥成灾。他和群众一起抗洪抢险，带着几十名民兵冒着倾盆大雨，淌着洪水，挨家挨户帮助群众搬家具，抢牲畜，扶老携幼撤离洪水淹区。23 日凌晨，因通信线路被洪水损坏，河田公社与部分大队失去联系。为了了解这些大队群众抗灾情况，领导决定派专人前往。杨胜远不顾连日抢险劳累过度及胃病正在发作的情况，主动向领导请求让他到圳口大队去。上午 10 时许，他和同行两人抵达圳口大队部后，即转往受灾的埔上村，但通往埔上村的木桥已被洪水冲垮，他毫不迟疑地脱下衣服，泅水过河。当游到离对岸三四米处时，忽然一个旋涡把他卷入其中，同行者急忙游上去抢救，可是已经来不及了，他被急流冲走了。

杨胜远牺牲后，中共汕头地委追授他"模范共产党员"称号。1966 年 12 月 23 日，中共汕头地委、汕头军分区党委作出《关于开展向杨胜远同志学习的决定》。

## 杨健生（1931—1969）

又名杨宜茂，普宁石桥头村人。杨健生少年时于石桥头小学、兴文中学就读。1949 年 4 月，到大北山参加武工队，同年 10 月加入中国共产党。在清匪反霸和土地改革运动中，先后立三等功一次，二等功两次。1950 年 7 月，任中国新民主主义青年团潮阳县陈店区工委委员、书记。1953 年调任中共潮阳县司马浦区委宣传委员、副书记。1956 年 2 月后，历任中共潮阳县委宣传部理论教员、潮阳县报社副主编、中共潮阳县棉城人民公社委员会副书记兼社长、中共潮阳县谷饶人民公社委员会第一书记。

1960 年 11 月，调任中共潮阳县西胪人民公社委员会副书记、社长。在西胪工作期间，他深入实际，调查研究，先后跑遍全社 470 多个生产队。他同公社干部一起，带领人民群众于该社建成 14 个山塘、水库，解除该社大部地区的旱、涝灾害。又组织群众围海造田 4 000 亩，从 1964 年起，西胪公社每年向国家提供 700 万公斤商品粮食。他派人到温州学习建造沙滤池饮水井的经验，先后在全社建起 30 个沙滤池，使 4 万多滨海群众饮上清洁卫生的水。

1969 年 7 月 27 日，杨健生在县城刚开完会，获悉强台风将正面袭击汕头地区，即于当天上午 11 时赶回西胪。他在公社了解和部署抗风抢险工作后，同公社干部李继壮赶到四公里远的抗风抢险第一线——公社围海造田指挥部。他深入现场，巡视堤围，对每个涵闸严加检查。当发现主堤的"八斗"涵有险情时，即带领干部和群众抢修。他因腰痛不能背沙包，就用双手把沙包抱在胸前往险段送，直至将险段加高，危闸修好，堤防稳固。7 月 28 日晨，强台风（阵风 12 级以上）、暴雨、海潮越来越大，大关排涝闸的副闸板顶不住风潮的冲击，闸板不断上浮，潮水涌进大关，主闸安全也受到威胁。杨健生临阵指挥，组织一部分人潜入水中，把上浮的闸板往下压，同时组织岸上的人加固堤围。这时，一个巨浪打过来，把杨健生和李继壮等六人卷走了。

杨健生抗风抢险牺牲后，被追认为革命烈士，追授为"模范干部"，追记一等功。1970 年 5 月 18 日，广东省革委会作出关于学习杨健生的决定。

### 王木舟（1954—1979）

1954年生，普宁县高埔村人。1973年1月，王木舟参加中国人民解放军。入伍第一年，被连队评为学雷锋积极分子，1974年2月加入中国共产党。他关心爱护战友，常为战友们打洗脸水、缝补衣服、理发。1979年初提任某部六连排长。是年2月16日参加对越（南）自卫反击战。战斗打响后，他带领侦察小分队，摸清了越军的布防和火力情况。回撤时遇上越军，他让大家先撤，自己留下作掩护，使小分队安全撤回。在攻打昆朱战斗时，炮兵摧毁了越军炮阵地后，他带领二排战士猛打猛冲，拿下一号高地，此时，越军炮弹落在该排重机枪旁，五名战士负伤倒下。王木舟马上撕开急救包，为战士包扎。他忍着饥饿、疲乏，背着负重伤的战士肖动员，爬行穿过越军火力网，转移到安全的山坡，对肖动员作了急救处理。激战之后，战士们干渴难耐，他自告奋勇，领着一个战士，冒着生命危险下山找水给战士解渴。

3月1日，六连奉命攻取谅山西北侧长形高地，王木舟带领二排主攻。在眼对眼，枪对枪，短兵相接时，他连投三枚手榴弹，炸死四个越军。当投出第四枚时，越军投过来一枚手榴弹，正当千钧一发之际，他急速扑向手榴弹，以胸膛压住冒烟的手榴弹，用自己的生命保护了六名战士的安全。牺牲时，年仅25岁。1979年5月17日，中共中央军委授予他"战斗英雄"称号。

### 巫志远（1922—　　）

1922年11月生，普宁陂老村人。1928年随母去往暹罗（今泰国），1931年回国读书。1938年11月加入中国共产党。1941年起先后在泗竹埔、上寮、陇头、径仔等小学任教。1945年初参加组建潮汕人民抗日游击队工作，任潮（安）揭（阳）丰（顺）县委副特派员，筹建小北山人民抗日游击队（后为韩江纵队第一支队）。1947年8月参加中国人民解放军两广纵队，任第三团第三营教导员。1948年7月到石家庄华北军政大学学习，8月于中央军委作战部任作战室情报科参谋。1949年1月随中央军委进驻北平。1950年任作战部第五处组长。1950年6月25日朝鲜战争爆发后，于总参谋部作战室负责处理朝鲜战场敌军情报。1953年1月为中国人民志愿军某师前线指挥，参加金城战役。朝鲜停战后，奉命到元山、平壤、仁川等地考察后回国。1958 年 4 月带工作组赴越南研究抗法战争情况。1961 年 1 月参加中缅边境勘界警卫作战，把国民党军柳元麟残部赶出边境。1962 年 5 月作为中国代表团成员出席日内瓦国际会议，进行印度支那停战谈判。1964 年 4 月任总参二部八处副处长，5 月参加中国军事代表团，赴越南、老挝考察抗美战争战场。1973 年 11 月任总参二部七处负责人，研究东南亚、西亚、非洲的情况。1979 年 6 月中越边境自卫反击战后，为昆明中央工作组副组长，负责开展对越南、老挝的工作。1981 年 9 月任中国驻泰国大使馆武官，1984 年 12 月回国。1985 年 9 月离休时为副军职。同年 10 月被聘为汕头经济特区顾问。1994 年 11 月任北京潮人海外联谊会理事长，1997 年任常务副会长。

**罗木命**（1930—1988）

1930 年生，普宁县白马村人。全国先进生产者，广东省特等劳动模范，机械工业部劳动模范。

罗木命的父亲罗亚和、母亲洪亚御、哥哥罗木水先后于土地革命战争时期投身革命队伍，均遭国民党军队杀害。当时，罗木命只有几岁，靠祖母抚养。10 岁时，祖母去世，他孤苦伶仃，只好在家乡替人放牛、烧炭，过着牛马不如的生活。

1947 年 3 月，罗木命参加潮汕人民抗征队，历任潮汕人民抗征队军械所、大北山兵工厂、汕头军分区后勤部军工厂修械员。1951 年初转潮汕机械修理厂、潮梅矿务局机械厂做工。1952 年调汕头机械修配厂任钳工小组组长。

1952 年 8 月 24 日，罗木命在赶制抗美援朝的喷雾器时，因电石爆炸，眼睛受重伤，虽经多方抢救治疗，但仍左眼失明，右眼视力也变得模糊（后完全失明）。

1954 年 5 月，罗木命从黑龙江省哈尔滨医院回到汕头机械修配厂工作。后在全国劳动模范张明山、王崇伦的技术革新精神的启发和鼓舞下，开始钻研改进生产工具。经反复试验，他改进钻床刮水碗的办法获得成功，工效比一般工人用手操作提高三倍多。到 1954 年底，他先后改革成功的有锯铜管机、切橡皮管机以及桶身喷漆工具、橡胶管接头操作法、钻接头去屑、用机器代手工冲橡胶管挟等 10 多种工具和操作方法，减轻了工人劳动强度，提高工效 1～9 倍。当年被厂里评为一等奖，12 月加入中国共产党。1955 年工厂成立"罗木命小组",由他任组长。

1956 年后,他历任车间副主任、车间党支部书记、中共广东省农药械厂委员会副书记。在技术革新中,他比正常人付出了更多的劳动。设计图纸时,他由于眼睛看不清,就找一块小黑板,用粉笔画上粗大的线条设计,有时连续画近百次,才能画成一张草图。装配零件时,他用手摸着干,手和脚常常被刺伤、砸伤。多年来,他改进和制造了 374 件生产工具和设备。他所领导的小组,开展技术革新 800 多项,提高工效 1～47 倍,"罗木命小组"多次被汕头专区、广东省评为先进小组。

罗木命为社会主义建设作出卓越的贡献,党和人民给了他很高的评价和荣誉。他先后 40 多次获全国、广东省、汕头专区、汕头市各种荣誉称号。1955 年他被授予广东省特等劳动模范称号,出席全国青年社会主义建设积极分子大会。1958 年出席第二届全国青年社会主义建设积极分子大会。1959 年出席全国工业、交通运输、基本建设、财贸社会主义先进集体和先进生产者代表大会,被评为全国先进生产者,并参加中华人民共和国成立 10 周年庆祝活动,赴国宴并登上天安门,还受到毛泽东等党和国家领导人的接见。同年,珠江电影制片厂以他的先进事迹为题材,编写摄制了故事片《慧眼丹心》,北京出版社也印编《罗木命》一书。1966 年,他出席广东省工业学大庆会议,被授予"铁人式工人"称号。1978 年分别出席全国机械工业学大庆会议和全国机械工业科学大会,被授予劳动模范奖章和奖状。

罗木命因公致残后,还历任中国盲人聋哑人协会第三届委员,广东省盲人聋哑人协会第二届副主席、三届委员,汕头市盲人聋哑人协会副主席,汕头市总工会第七届委员、九届常委,汕头市政协第一届、二届、三届、五届常委,第四届、六届委员,共青团汕头市第二至五届委员会委员,共青团广东省第二、三届委员会委员;曾当选为广东省第五届人大代表,汕头市第一、二、三届人大代表。

1980 年 12 月罗木命离休后,任汕头市退休职工管理委员会副主任,仍继续参加汕头市职工技术协作活动。1988 年 2 月 10 日病逝。

# 第六节　重大革命事件记述文章

## 十万农民攻县城

大革命时期的 1926 年 1 月，在粤东大地上，爆发了一场有普宁十万农民参加的围攻洪阳县城地主集团的武装斗争。这场斗争，由于有彭湃的正确指导和中共普宁支部的坚强领导，采取正确的斗争策略，经过团结一致的斗争，终于取得胜利。这场斗争的胜利，震动东江，播誉全国，在国内外产生深远的影响。

那么，这场斗争是如何爆发，又如何取得胜利的呢？说起来，真是一个惊心动魄、艰难曲折的斗争故事。

普宁农民在清朝末年已饱受洪阳城内以方耀为首的封建官僚地主的残酷压迫和剥削。民国以后，以方耀之子方十三为首的城内地主集团，与反动军阀、贪官污吏互相勾结，采用各种高租盘剥、苛抽酷勒的手段，依然吮吸着农民的膏血，广大农民仍然生活在水深火热之中。

大革命时期，普宁农民急切盼望改变这种被压迫、剥削、欺凌的生活状况。1925 年，经过彭湃同志派出的海丰农运宣传队的广泛深入发动，广大贫苦农民提高了政治觉悟，认清了地主的本质，踊跃报名参加农民协会。特别是第二次东征取得胜利后，打倒了地主劣绅所依靠的反动军阀陈炯明，革命形势对全县农民运动发展十分有利。1926 年 1 月上旬，中共普宁支部成立后，立即向各区派出了农运特派员，经过一系列的宣传发动工作，农会组织迅速扩展到全县各区乡，形成了全县农民运动蓬勃发展的新局面。

洪阳城内的方姓地主集团看到农民组织起来力量的强大，他们为所欲为的权势受到了限制和挑战，于是又怕又恨，采用各种阴谋诡计，制造谣言，恐吓农民不准加入农会。但是，农民很快识破了地主的反动嘴脸，更加觉醒起来，踊跃报名参加农会。方姓地主于是使出六条诡计，同农会相对抗：一、勾结县长，压迫农会的进展；二、鼓吹家族主义，煽动方姓族人对抗农会；三、鼓吹地方主义，挑拨城内地主商家对抗城外农民；四、准备武装，企图扑灭农会；五、以金钱收买凶手，谋杀农会干部；六、联络各区乡反动地主，组织联防地主武装。

从此，农民进城买卖，多被地主雇用的一班城内流氓地痞所欺负。一区反动区长方庆祥，以下乡查鸦片为名，暗中勒索，还抓走了两个农会员。一区特派员彭奕同志到方处保释，区长不准。彭奕据理力争，竟被无理扣留。后经呈报东征军政治部处理，结果把区长方庆祥撤职，彭奕和农会员被释放。但事后方姓地主更加凶狠，多方觅隙，侮辱农会会员。农民与地主的斗争，已越来越激烈了。

1926年1月14日中午，马头山村农民邱越房，到城内东门外大街方益兴号店边摆卖蔬菜，该处历来为卖菜地点。而方益兴说有阻碍其出入，乱抛其菜，且肆口辱骂。邱与之说理，方益兴却召集流氓打手数十人，把邱围殴毒打致重伤。邱的家属闻讯，到县署鸣冤，县署受方姓地主贿赂，拒不受理，反将身受重伤的邱越房逮捕入狱。同日午后，方姓地主劣绅召集流氓、团勇、警兵数百人，肆意殴打入市农民，计重伤者4人，轻伤者无数，农副产品被抢一空。这样明目张胆的迫害，激起广大农民的公愤。马头山农民集众将行凶者方廷意等3人捉获，送官府究办。

15日，城内地主劣绅借口农会随便拘人，以地主民团武装数百人，向一区各乡农会进攻。农会为自卫，号召广大农民团结起来，奋起御敌。于是一场全县农民武装反抗城内地主集团的斗争就这样爆发起来。

城内地主方面，得到二区果陇乡劣绅庄大泉三兄弟率打手四十多人的助战。还有四区径水官僚地主赖木昭助枪三百多支，五区埔塘地主陈益斋助枪一百余支，三区涂洋土豪助枪一百余支，八区林尚书地主武装一百余人也携枪助战。城内地主得到各区地主人枪的帮助，气焰更加嚣张，更加凶猛地进攻农会，妄图把农会摧毁。

农会方面，在事件发生后，中共普宁支部清醒地认识到：这是一场全县敌我阶级力量总动员总较量的重要斗争，是关系全县农会的生死存亡的斗争，也是农民能否摆脱压迫的斗争。因此，党支部旗帜鲜明地号召全县各区乡农会员组织起来，积极参加这场斗争，二十多位共产党员都亲临前线指挥战斗。党支部书记陈魁亚尤其英勇顽强，白天黑夜都同农民武装一起守卫在战壕里。附城八乡农民怀着对地主的深仇大恨，男女老少都出动参战，连八十多岁的老农民也上阵鸣锣击鼓助战，这一来，农军士气更加旺盛。在党支部的坚强领导下，以八乡农军为主力，全县有 10 万农民参加了这场斗争，加上揭阳、潮阳、潮安、海丰、陆丰等县农会的声援，地主武装向农会发起的数十次进攻均被击退，遂形成了全县农军对县城方姓地主集团的包围之势。

县农会开始时的斗争策略是："一、提出打倒方姓的口号；二、提出打倒城内人的口号；三、坚持经济绝交及封锁县城；四、断绝城内水源。"显然，这个策略前两条是不正确的，它不利于团结大多数，孤立和打击一小撮反动地主劣绅。后来，经方方提出后，在彭湃的帮助下，县农会马上变更口号，改正了这一错误。同时，坚持经济绝交，封锁县城，并在离县城五里的塔脚，开设新的农民集市——"自由市"。并在各乡村组织农民自卫军，对抗地主的反动武装。这样，县农会便争取了多数，使城内和附城方姓农民都倾向农会，不同情地主。城内商人则逼迫地主劣绅向农会妥协，以便尽快恢复县城的贸易。斗争形势转对农会有利。

地主劣绅在形势逆转后，立即向东征军汕头司令部告急，诬陷"土匪（农民）攻城"。1 月 16 日，东征军便派员带兵调解。他们目睹农军纪律严明，不相信农军是土匪的谎言。因而，东征军采取中立的态度，命令双方于 19 日午后 2 时停止冲突。地主劣绅企图依靠东征军来压制农民、摧毁农会的指望落空；加上他们想请在潮安开展农运工作的方临川回来另组农会的阴谋不能得逞，终于不得不祈求农会通过和谈解决争端。

为此，县农会提出和平解决的四个条件：一、惩办肇事祸首方芝骏、方益兴、方庆祥、方雄、方三；二、赔偿损失 1 500 元；三、赔偿医药费 250元；四、以后方姓地主不能再压迫农民。

正当地主劣绅对县农会提出的条件进行讨价还价时，省农会决定派彭湃前往普宁慰问农民并协助工作。县农会决定以此向地主劣绅施加压力。准备召开农民大会和举行农军武装示威游行。城内地主获悉后，十分恐慌，只好派出 14 个绅士为代表到县农会要求和解。2 月 6 日上午，地主方面终于接受县农会提出的条件，双方签字，达成协议。这场斗争终以农会的胜利宣告结束。

2 月 6 日下午，当彭湃和林苏从汕头到达普宁时，受到七千多农会员和五百多名带枪的农军的夹道欢迎。老农妇说："出明公，才有这样扬眉吐气的日子！"有的农民做诗歌颂："农会建立好威风，战胜敌人年又丰；男女农民同欢庆，起舞奏乐迎彭公！"彭湃在检阅农军队伍后，在塔脚山坪群众欢迎大会上作了激昂的演说。他总结了这次普宁农民反抗地主斗争胜利的原因，号召广大农民要提高警惕，加强团结，抓紧武装自卫，进行不懈的斗争，以争取更大的胜利。

普宁十万农民围攻县城的斗争，不仅有力地打击了普宁县封建地主集团的反动势力，动摇了他们的反动统治，同时也使农民看到组织起来力量的强大，鼓舞了同地主作斗争的勇气，从而推动了全县农民运动的迅猛发展。这场斗争也为全国的农民运动提供了很好的经验和借鉴。同年5月，毛泽东主办的广州第六届农民运动讲习所，就把普宁农民围攻县城的斗争总结写成《普宁农民反抗地主始末记》一文，印发给学员学习研究。

（原载《普宁革命故事》，2000年3月）

## 杨石魂掩护周恩来脱险记

1927年10月28日晚，在东南沿海陆丰县南塘区金厢乡州渚村的海边上，停着一条有竹篷的小渔船，船上坐着几位中国革命的主要领导人，他们是："八一"南昌起义前敌委员会书记周恩来、起义军主要指挥员叶挺、聂荣臻，他们在中共东江特委委员杨石魂和南塘区区委书记黄秀文的护送下，准备启程转移到香港。此时，天空灰蒙蒙的，海面上正刮着五六级的东风，海浪在咆哮。小船顺风掠过奔腾的巨浪，在漫无边际的大海上飞驰。

那条船，实在太小，真是一叶扁舟。船上5位领导人，再加上船工，把小船挤得满满的。杨石魂把生病发烧的周恩来同志安排在船舱里躺下，舱里再也挤不下第二个人。他们4人和船工只好挤在舱面上。舱面也没多少地方，风浪又大，小船摇晃得厉害，站不稳，甚至也坐不稳。聂荣臻同志只好用绳子把身体拴到桅杆上，以免被晃到海里去。这段行程相当艰难，他们在茫茫大海中颠簸搏斗了两天一夜，好不容易才到达香港。上岸时，杨石魂背着生病的周恩来，找到设在香港的中共广东省委领导机关。同省委取得联系后，杨石魂又送周恩来到医院治病，终于使周恩来和叶挺、聂荣臻等领导人安全脱险。

周恩来领导"八一"南昌起义军南下潮汕，如何历尽艰险，又如何在杨石魂等潮汕党组织领导人护送下安全脱险，说起来还真有一段惊险曲折的故事。

1927年9月23日，以周恩来为书记的中共前敌委员会和贺龙、叶挺、朱德、刘伯承等率领的"八一"南昌起义军，先后进占潮州、汕头，并建立了一批革命政权，史称"潮汕七日红"。

10月1日，起义军在揭阳汾水、汕头等战斗失利后，周恩来率前敌委员会、革委会及部分党中央领导人李立三、恽代英、彭湃、张国焘、刘伯承、谭平山、郭沫若、吴玉章、林伯渠、张曙时和东江特委委员杨石魂等撤到流沙，分别驻于流沙基督教堂、白塔秦祠、珍珠娘宫等地。10月3日，贺龙、叶挺、聂荣臻等军事指挥员也赶抵流沙。当天中午，在流沙教堂西侧厅，周恩来带病主持了起义军南下部队指挥部军事决策会议（简称"流沙会议"）。会议传达了中共中央八七会议的精神，并从政治上和军事上总结了南昌起义失败的经验教训，作出了取消国民党的旗号，上山挂红旗，把武装人员撤往海陆丰，保存革命实力，使武装斗争与土地革命结合起来，准备作长期斗争；领导人员撤离战区转香港、上海另行分配工作等重大决策。在起义军军事上处于险恶的情况下，周恩来主持召开了流沙会议，既及时总结了经验教训，又审时度势，作出了适合当时情况的正确决策，为保存一批革命领导干部和武装力量，为以后土地革命斗争的开展，创造了有利的条件。因此，流沙会议具有十分重要的历史意义。

流沙会议开至当天下午4时许，突然接到普宁农会员报告敌军前来截击的情报。周恩来宣布会议立即结束，命令起义军各领导干部率部队向海陆丰方向转移。贺龙的先头部队越过云落，跟进的领导机关和后卫部队叶挺的第二十四师，行至池尾钟潭村后莲花山时，遭到由果陇村庄大泉地主武装所带引的敌军陈济棠部的截击。周恩来因患疟疾，正发40度的高烧，在这危急关头，他仍坚持与叶挺指挥部队作战，令二十四师各团迅速向前展开，在正面和两侧抢占制高点，掩护首脑机关突围。由于天黑，队伍被拦腰截断，敌情不明，加上后卫部队与前头部队失去联络，顿时队伍大乱。结果，后卫部队除部分冲出敌截击线外，大部分溃散了。

周恩来带病指挥起义军反击敌军的截击，进行了大量复杂、细致的组织工作，最后只剩下他和叶挺、聂荣臻等几个人。他们路不熟，又不懂潮汕话，几个人只有一支小手枪，连自卫能力也没有。但普宁县的农会工作很有基础，农民对他们很好，所以没有发生意外。深夜，他们在农会员的帮助下，找到杨石魂和普宁县妇女会主任杨德秀，在其带引下，立即转移到离流沙4公里处的马栅村进步人士黄伟卿家隐蔽。1926年，当周恩来担任东江各属行政委员、主政东江时，黄伟卿是丰顺县县长，思想进步，倾向革命。同年底，他还参与营救遭土匪绑架的杨石魂同志的行动。因此，他们当晚掩蔽住在黄伟卿的家"承天休"，周恩来和杨石魂是较为放心的。

第二天黎明，周恩来和叶挺、聂荣臻在杨石魂等人的帮助下，脱下军装，都化装为平民百姓。杨石魂眼看周恩来行走不便，找来一副担架和2位年青力壮的农会员，把还发着高烧的周恩来抬上，越过大南山，经惠来县转到陆丰县甲子镇，住在红楼。10日晚，鉴于当时敌军正在四处搜捕起义军失散人员，为了领导同志的安全，杨石魂又带领周恩来等一行从甲子转移到靠近海边的南塘区金厢乡，住在区委书记黄秀文家。杨石魂征得叶挺、聂荣臻的同意，指示黄秀文联系中共陆丰县委，找到一个可靠的医生为周恩来治病。但由于当时缺乏治疟疾的特效药，所以周恩来的病情时好时坏，反反复复。周恩来虽然患病，仍十分关心当地的革命斗争，在与黄秀文的多次谈话中，教导他要加强理论学习，要重视发展党组织，壮大党的力量，要加强对农民武装斗争的领导。这些都给黄秀文很大的教育和鼓舞。

10月底，杨石魂经过多方细心筹备，亲自护送周恩来等人安全抵达香港，使中国革命的几位领导人脱离险境，踏上了新的革命征途。解放后，聂荣臻元帅在他所写的革命回忆录中，一再高度称赞杨石魂等潮汕党组织领导人的出色工作和对革命作出的重大贡献。

（原载广东省委组织部《支部生活》，2001年第3期）

# 郭沫若潮汕脱险记

1927年9月底，"八一"南昌起义军主力在潮汕地区受挫。10月3日，南昌起义南下部队在流沙教堂召开指挥部军事决策会议。会后，首脑机关和后卫部队在向海陆丰撤退的途中，于普宁池尾钟潭村后的莲花山，遭受果陇庄大泉地主武装带引的国民党陈济棠所部陈泰运团的截击。在当夜的激战中，担任南昌起义部队政治部主任的郭沫若同志与安琳等4人被冲散，辨不清方向，在田间小径和林薮中摸着路走。后来得到普宁党组织和咸寮村农会主席陈开仪的掩护和帮助，带往神泉，在碗店陈老板处落脚，住了10天，然后乘船往香港。

对这段历史，郭沫若同志在 1948 年 7 月出版的文学著作《海涛》"流沙"一章中，对当夜在战斗中被冲散的情况作了详细的描述，但对陈开仪如何掩护他们安全脱险的经历，《海涛》里却没有留下多少记载。这个问题，近年来经过党史工作者多次调查访问，基本弄清了陈开仪等掩护郭沫若等人安全脱险的经过。

在咸寮村陈开仪的儿子陈文木的家里，保存着郭沫若及其夫人于立群写给陈开仪和陈文木的两封珍贵的信件。一封是 1955 年由郭沫若夫人于立群代笔写给陈文木，询问关心陈开仪家庭情况的；另一封是 1956 年郭沫若同志的亲笔信，随函还寄来一张题有"陈开仪老朋友惠存，郭沫若赠"的相片。

郭沫若的亲笔信是这样写的：

陈开仪老大哥：

你三月十四日的信接到了。看到了你的像片，和几十年前的样子差不多。我多谢你，祝你活到一百岁。

二十几年前，你帮助我们好几位同志逃出虎口，我是经常留在记忆里的。引我们到你家里的那位青年的朋友，姓名不记得了，不知还存在否，神泉那家陶器家的老板，也不知还存在否？我现在也送你一张像片，恐怕我的样子和从前大不相同了。我现在也有六十多岁了，但我想活着看到中国走入共产主义社会。

敬礼

郭沫若
一九五六年三月二十四日北京

这两封不寻常的信，字里行间，饱含患难深情，再一次引起人们的遐思追忆！

《海涛》里，"流沙"一章提到的 1927 年 10 月 3 日夜郭老等人住宿的"瓦窑墟"，位于今占陇镇西社北门瓦窑，引带郭老他们的那位青年人，是当年普宁县劳动童子团团长黄寿山。郭沫若和安琳等 4 位同志在黄寿山带引下，经石镜美村，过竹竿山、水供塘来到咸寮村。负责接洽和安置郭沫若等同志的是咸寮村农会主席、五区农会干部陈开仪，以及当年中共普宁县委农运委员方家悟同志。到咸寮村后，陈开仪和方家悟等人商量，先把郭老等人隐藏在村后的打石坳山坡草寮里。见没有什么动静，两夜后才接到自家的那间石屋里。这是一间不大显眼的僻静小屋，座西朝东，背靠山，屋两旁有小巷。由于地势稍高，又面向田野，只要爬上前面屋顶，四周动静就能一目了然。陈开仪身边有4个儿子，他们在父亲和方家悟的指点下，日夜轮流放哨，确保郭老等人的安全。陈开仪和家人设法弄来土布衣服，给同志们换上。六七人就同住在不足20平方米的石厝厅上。郭老是个不知疲倦的人，日间，经常挥笔泼墨，抒发壮怀；晚上，则斜卧在竹椅上，关照着熟睡的同志们。

为安全起见，4天后，陈开仪把郭沫若等同志带到村西南的山洞里藏起来。这里的山地是陈开仪的祖业山，山洞的宽阔处，大约可容下4个床位，洞里有一条小坑沟，长年流水不断。每天，陈开仪和儿子们轮流在打石寮为郭沫若等人做饭。陈开仪家中贫苦，虽然生活拮据，家里断炊，但为了革命同志的生活，他特地到大南山枞头寮（劳光村）的外祖母家借钱购买粮食应急。郭沫若等人在咸寮村生活了近半个月的时间。为了寻找党组织，跟上革命队伍，郭沫若与陈开仪、方家悟、黄寿山等同志商议，筹划往香港的线路。因贩卖陶器关系，陈开仪与惠来神泉开设陶器店的陈老板相识，便决定先到神泉陈老板处落脚，然后取道香港，伺机折回上海。为了解决路费，陈开仪特地到南婆城村亲戚家设法借来300个大洋。陈开仪为6位同志准备了饭包，又在每个饭盒里藏了30块大洋，带了两个儿子，与方家悟、黄寿山一起，护送郭沫若等同志向神泉进发。

陈开仪一行翻山越岭，来到往惠来必经的盐岭径，离雨亭不远的路上，横卧着一条竹竿，拦住去路。众人感到诧异，正面面相觑时，陈开仪忙示意大家煞住脚步，勿蹈险境。慌乱中众人抬头一望，从前面雨亭闯出一伙彪形大汉，一个个怒眼圆睁，手执凶器，摆好阵势，准备厮杀一场。

陈开仪爽朗大笑，拨开众人，从容向安放竹竿处走去。他不慌不忙地把竹竿齐腰举起，然后朗声诵念：

> 日出东方一点红，
> 一条青龙拦路中。
> 我把青龙来扶起，
> 扶起青龙上天堂。

在众人投射惊异眼光时，陈开仪已把竹竿转直安放在原地上，安祥地朝着同伴们踱回来。

那边大汉中一个胡脸的高个子，用手一挥，呼啸一声，一伙人当即隐退回雨亭去了。

众人松了一口气，在陈开仪指挥下，走下山坡，缓步赶路。

路上方家悟介绍说："这类人是参加一个帮派组织的黑社会的强盗，开仪叔经历广，见识多，'曾识此中人，方知此中情'……"

一股秋风拂面而过，历险而夷，众人感到彻心的凉快。

当天傍晚，他们赶到神泉，找到"荣兴记"陶器店的陈老板。经陈开仪一介绍，陈老板笑逐颜开，热情接待同志们，安排好食宿。这位陈老板，原名陈少光，家籍是普宁县占陇镇华林村。陈少光早年就读于普宁三都书院，毕业后便到神泉镇帮其父做生意。他思想进步开明，为人忠厚热情，1925年被推举为神泉商会主席。郭沫若等人到来后，潜藏于碗铺楼上，各事由陈少光打点周到，天气转凉，陈少光拿出自己的洋缎夹衫送给郭沫若御寒。同时抓紧筹备船只，以期送郭沫若等人过港。由于海面风雨大作，天气不利，一直等到第十一天晚上，陈少光筹备了50担菜脯，让郭沫若等人装扮成商家，然后在方家悟、黄寿山同志陪送下，启帆出海往香港。

临别前夕，陈少光备酒为郭沫若等人饯行。郭沫若很感激，他在"荣兴记"碗铺写了好多张字赠陈少光。郭老在自传中这样追述此事："只是记得当我写字时，陈老板在一旁殷勤称赞，要我写了又写，写了好几张，送给他的亲戚朋友。……字是写了，但没有图章可盖，我的大小图章是完全丢掉了。我更明确记得，我说过这样的话：'将来有机会，我希望重到神泉，到那时再来盖章吧。'一看情形，神泉不久是可以重到了。我如重到神泉，一定要先去访问陈老板，字纸如还在，这一定要盖上图章，如是毁了，那我一定要再写。"字里行间，流露出郭沫若与陈少光在10天相处中结下的深厚友谊。

郭沫若等人和随行的同志们安全抵达了香港。

（原载《揭阳日报》，2009年9月20日）

# 牛牯尖下痛歼敌军陈东中

1932 年 4 月，国民党军张瑞贵师（独二师）以陈东中（绰号陈叮咚）一个独立团的兵力，进犯大南山西部的锡云路。

19 日清晨，敌军除将一个营留作机动外，其余的两个营分由云落、流沙出发，向大南山根据地进攻。

东江特委军务部事先得到敌人行动的情况，决定适当集中兵力，以粉碎敌人的进犯。于是，命令云落特区区联队和当地赤卫队，堵击从云落开来的敌人；命令流沙区联队及锡坑赤卫队，在顶浦村设防，如流沙来的一路敌人经石头墟入山进抵顶浦时，就向其截击，然后诱敌深入，主动撤至加岭头山，固守阵地。

敌军凭恃武器装备精良，气势汹汹地向锡坑村挺进。

驻在锡坑村的红军独立第二师第二团第三连和游击队第三大队，在与敌人小接触后，主动向锡坑村后退却。敌人以为红军败退，洋洋得意，除留下二三十人控制锡坑村外，其余都尾追红军。红三连和第三大队故意且战且退，由南仔坳退到刣人石山据守，牵制敌人。

这时，驻在白马仔村的第二团的二连、四连和彭杨军校学生军，听到锡坑村方面传来的枪声后，即会同当地赤卫队，迅速抢登海拔七百米高的牛牯尖山峰。

敌团长陈东中挥兵抢占牛牯尖山峰的企图落空了，只好命令军队把牛牯尖团团围住。经过一番部署后，他们集中迫击炮和轻、重机关枪，用密集火力向顶峰射击，掩护步兵冒死冲锋，妄想夺回制高点，以威胁红军在刣人石和其山头阵地。

敌人的意图，很快被据守的红军部队识破了。战士们居高临下，轮番用步枪和手榴弹击退了敌人连续发起的七八次冲锋，给敌人以重大的杀伤。敌人屡遭挫败，气焰大减，陷于进退两难的境地。

这时，驻在加牌的红军第二团团部机关和特务连，在团长古宜权的率领下，龙腾虎跃，从望天石方面直向敌阵冲去。

据守在牛牯尖山峰的红军指挥部，紧紧把握住这有利的时机，组织反击，消灭敌人。当即命令全部号兵集合，发出冲锋号。

二十多把军号集中吹起来了，"嘀嘀嘀……"清脆的号声，峰鸣谷应，地动山摇。霎时，红旗招展，杀声震天，铺天盖地的红旗，像怒海狂涛，向敌阵地冲卷。陷于汪洋大海的敌人，一时阵脚大乱，溃不成军，纷纷向锡坑、三坑方向逃窜。

趁着敌军溃逃之际，红军乘胜勇猛追击。特务连下坪坑，过头坷，飞越白地仔山，直插三坑；守卫在牛牯尖的二、四连和军校学生军以及白马仔等村赤卫队，冲下山来，朝梅石坷坳包围过来；刣人石方面的三连和第三大队从南面随后尾追；加岭头区联队和锡坑赤卫队则从东面直捣锡坑。红军围追堵截，把敌人杀得丢枪逃命，尸横遍野。

在三坑的一个山头上，有部分残敌，凭借一挺机枪，进行顽抗。为了扫除前进路上的障碍，第三大队十二个勇士，奋勇出击，猛扑敌人机枪阵地。两个冲在前面的勇士中弹倒下去了，其他十个勇士还在研究对策的时候，只见前面仆倒的一人，突然奋力一跃，冲上前去，用高大的身躯扑向敌人的机枪，与敌机枪手滚成一团。机枪哑了，勇士们一跃而起，冲上前去，把敌人打倒夺过了机枪，继续战斗。

原先留在锡坑的敌军和从牛牯尖峰撤下的敌军合在一起，向三坑方向溃退。敌团长陈东中眼看打着红旗的红军从四面八方聚拢过来，正愁无计脱身。他忽然见军队中有人带着从村里抢来的红旗，便心生一计，命令他的部下把红旗高举展开，冒充红军，夺路逃生。哪知红军和赤卫队并不上当，依然勇猛追击，不给敌人以喘息的机会。当陈东中带着残部逃至华桂石时，从火石坳方向又杀出一支打着红旗的人马。这边的敌军见对方擎着红旗冲来，料定是红军无疑，当即摆开阵势，集中火力射击。对面打着红旗的人马，也断定是受到红军的拦路截击，便猛烈回击。于是，你来我往，互相冲杀，双方伤亡惨重。原来，从火石坳杀出来的人马，也是冒充红军夺路逃生的敌军，他们在慌乱中串演了一出"狗咬狗"的滑稽戏。

下午4时，红军把敌人追到四方潭，敌人已被打得溃不成军。陈东中在机动营接应下，向流沙方向狼狈逃窜。

这一仗打得真漂亮。红军打死打伤敌军近百人，其中有副团长以下军官多人；敌逃散一百多人。我缴获步枪一百余支、水机枪2挺、花机枪4挺、迫击炮2门以及子弹和其他军用物资一大批。

张瑞贵"两个月剿灭南山共匪"的迷梦，被大南山根据地英勇军民的铁拳头砸碎了。

在牛牯尖痛歼陈东中敌军的胜利消息鼓舞下，以前被驱赶到平原的群众，大多数人在春耕时节，越过敌人的封锁线返回大南山。在群众的支持下，红军党政机关又在大南山恢复了正常工作。

（原载《揭阳党史》，2015 年第 1 期）

## 陈洞径伏击日军运输队

1944 年冬，日军在太平洋战争中军事失利，面临穷途末日，为了打通广汕线通路，加紧抢夺潮汕资源，以补充其军需，便垂死挣扎，向潮汕腹地揭阳、普宁、惠来等县进犯。当日军侵犯普宁县时，腐败无能的国民党县政府和军队不顾全县几十万人民的死活，闻风而逃。面对日军到处烧杀抢掠的暴行和国民党军队不战而逃的局面，中共潮汕党组织经请示党中央同意，决定恢复党和组织活动，筹建人民抗日武装队伍，开展抗日游击战争。

1945 年 3 月 9 日，经过一番紧张的筹备工作，中国共产党领导的潮汕人民抗日游击队在普宁县南径的白暮洋村宣布成立。游击队成立后，组织了 2 支突击队，奔赴平原各地，宣传发动群众，伺机打击敌人。4 月上旬，突击队在流沙的晖晗桥头枪杀了日伪汉奸、流沙维持会会长许泽新。以后，突击队又多次袭扰日军，陈洞径伏击日军运输队一仗，就是其中一次战果丰、影响大的行动。

4 月下旬，由游击队长王武和军事顾问谢育才带领的第二突击队活动在洪阳的林惠山村一带。当时，占驻洪阳县城的日军，经常到附近村庄抢劫物资，搜集情报，从洪阳到麒麟是日本鬼子活动的一条重要交通线。有一天午饭后，谢育才率领 10 多名突击队员，沿山路赴洪阳至麒麟交通线中间的陈洞径勘察地形，准备伏击来往洪阳、麒麟的日军。下午 4 时许，游击队在陈洞径刚看完地形，正要转下山坡时，前面尖兵忽然看见麒麟方向走来一小队日军，10 多人押着十几担行装，摇摇晃晃走上山来。机智的尖兵立即向日军开枪射击，后面突击队一闻枪声，知道有了敌情，马上隐伏在山坡上投入战斗。游击队的枪声一响，日军便慌忙溜下坑沟，向游击队还击。被强迫而来的挑夫听到枪声，知道游击队来了，便卸下担子，乘机四散逃跑，日本鬼子也顾不得去追赶他们了。经过一段相持之后，日军仗着武器精良，准备冲上山来。突击队虽然枪支不好，子弹又少，但 12 名步枪手和 4 名短枪手凭借居高临下的优越地形，沉着镇定地迎击敌人。当日军爬近时，谢育才下达攻击命令：
"打！"子弹齐声飞出，日军慌乱滚下山去。战斗相持了一段时间，天慢慢黑
下来了。游击队的短枪手又迂回到鬼子背后射击，日军腹背受敌，天时地形
对其不利，开始蠕动撤退。游击队员趁此时机，像猛虎下山，把鬼子赶回去
了。最后，游击队员们挑着日军丢下的十几担行装，哼着胜利的歌曲凯旋。

　　陈洞径一仗，游击队大获全胜，侵普日军大为震惊，驻扎在南径、麒麟
的日军再也不敢驻下去了，全部龟缩回普城。游击队的威名在全县迅速传开。
在游击队的连续打击下，侵犯普宁的日军 5 月 7 日向海陆丰一带逃窜了。

（原载《普宁革命故事》，2000 年 3 月）

# 流沙区抗日民主政府诞生记

　　1944 年冬至翌年春，驻在潮汕地区的日本侵略军先后三次窜犯普宁县
境，占驻普宁前后两个多月，疯狂野蛮地实行"三光"政策，烧杀淫掠，犯
下了滔天罪行。处于水深火热之中的普宁人民在党的领导下，决心组织武装
力量，誓死与敌人战斗到底。

　　1945 年 3 月 9 日，中国共产党领导的潮汕人民抗日游击队在普宁县南径
白暮洋村正式宣告成立。13 日，游击队以队长王武的名义，公开发表《潮汕
人民抗日游击队成立宣言》。游击队成立后，先后打了几个胜仗，给日本鬼子
以沉重打击，使潮汕人民受到了极大鼓舞，坚定了打败日本侵略者的信心。
游击队以大南山为根据地，坚持从实际出发，组织小型精干的武装队伍，开
展机动灵活的游击战，游击队在战斗中不断发展壮大。5 月 7 日，在潮汕人
民抗日游击队的狠狠打击下，侵占普宁的日军向海陆丰败退，普宁光复。全
县人民热烈欢呼抗战取得的胜利，参军支前等活动十分活跃，建立区乡抗日
民主政权的条件逐步成熟了。从 5 月到 6 月，全县各地党组织以原来的守青
队、舞狮队、青抗会为基础，先后在 30 多个乡村建立了抗日游击小组，共有
500 多人。

　　6 月初，中共潮汕党组织在大南山陂沟村召开会议，传达了中共广东省
临委关于将潮汕人民抗日游击队扩编为广东人民抗日游击队韩江纵队的指示。
月底，广东人民抗日游击队韩江纵队暨第二支队成立大会在流沙墟举行。韩

纵二支成立后，队伍迅速发展壮大，成为韩纵的主力。乘着这大好形势，韩纵司令部抽调二十多名干部组成行政督导队，由方东平任队长，陈德智为副队长。督导队成立后，迅速以流沙为中心，展开建政的宣传、发动和筹备工作。根据党中央关于抗日民主政权中，实行共产党员、非党左派进步分子、中间派各占三分之一的"三三制"政权制度的指示，协同地方党组织，物色人选，酝酿政府领导成员名单，研究政府机构的编制和草拟施政纲领等。并在流沙周围四十多个村中陆续成立了村民主政权。

7月24日早，流沙墟到处张灯结彩，大小标语贴满街头巷尾，一派喜气洋洋的气氛。流沙周围的各乡村民主政府、农会、青年、妇女和各界民主人士、韩纵的代表共一百多人，先后聚集到流沙教堂，准备召开普宁县各界人民代表大会。上午9时正，大会正式开始。韩纵司令员兼政委林美南在会上作了国际形势和民主政权施政纲领的报告。他严正地阐明成立抗日民主政权的施政方针和政策措施，指出民主政权要为维护人民抗日民主权利而奋斗，为联合一切抗日党派、抗日人士共同抗日而斗争；要实行减租减息、禁烟禁赌，维持社会治安秩序，改善工农生活。会议采取民主选举的办法，选举泥沟乡爱国民主人士张珂健为区长，共产党员刘斌为副区长。选举结束后，行政督导队长方东平，区政府代表张珂健、刘斌、卢根和各界代表王琴、李秀畅等也分别在大会上讲话和发言，热烈庆祝流沙区抗日民主政府的成立，拥护政府的施政纲领。韩纵宣传队员还在会上唱歌助兴，气氛极为热烈。会后，区政府建立健全办事机构，并设址平湖村黄氏祖祠办公。

3天后，在流沙区抗日民主政府和行政督导队的帮助下，马四乡、六八乡两个乡抗日民主政府也宣告成立，分别选举共产党员蔡汉龙、李秀畅担任乡长。弥乌、南泗、十赤、秀郭、德安等几个乡也物色好人选，积极筹备成立乡抗日民主政权。

流沙区和各乡抗日民主政权的成立，在潮汕大地上引起了强烈反响，也引起了国民党反共顽固派的极大恐慌。8月5日，国民党当局调集了一千多顽军分三路向流沙进攻，妄图消灭新生的抗日民主政府。流沙区抗日民主政府被迫撤出流沙，迁往大南山锡坑村。其他各区、乡的建政工作也被迫暂停。后因形势的逐步恶化，改为建立"白皮红心"的两面政权。

普宁县流沙区抗日民主政府的成立，是潮汕地区抗战时期的重大事件，它是潮汕党组织在抗日战争时期建立、领导的第一个抗日民主政权，其成立标志着以大南山北麓为中心，北起普宁县流沙一带，南至惠来县河田一带，东起南山的林招一带，西至惠来县（现属普宁市）云落一带，方圆约 1 000 平方公里，党组织及其领导的韩江纵队所建立的第一块抗日游击根据地正式形成。此后，由于遭到国民党顽固派调集重兵的疯狂进攻，敌强我弱，大南山抗日游击根据地未能得到进一步的巩固而日益缩小。但是，石头压不住青草，国民党的"围剿"吓不倒英勇的普宁人民。经过 3 年的解放战争，普宁人民终于推翻了压在头上的三座大山，并于 1949 年 7 月 1 日成立普宁县人民政府。同年 10 月 12 日，迎来了全县解放的艳阳天。

（原载《普宁革命故事》，2000 年 3 月）

## 攻克重镇里湖

1949 年初，潮汕地区的革命形势发生了很大的变化，党的组织和人民武装力量得到了很大的发展，潮汕人民抗征队正式编入中国人民解放军序列，潮汕支队编为中国人民解放军闽粤赣边纵队第二支队，农村根据地得到了巩固，并建立了一批县级人民政权和大批基层政权、两面政权。解放区和可控制地区占潮汕地区面积的一半，人口约 100 万。潮汕地区敌我力量对比已发生了根本变化。据此，中共潮汕地委于 1 月下旬作出了"赶上全国形势，争取一年内解放全潮汕"的决议。

4 月，在人民解放军强渡长江、解放了南京的大好形势下，潮汕地委、边纵和二支司令部制订了平原战役作战计划，决定集中优势兵力，夺取敌人重要据点，歼灭敌人有生力量，向潮普惠揭平原进军。决定 4 月 27 日发起攻打里湖的首仗。

里湖是普宁县的一个重镇，与洪阳、流沙形成鼎足之势，具有重要的战略地位，是敌人在潮普平原的重要据点之一。在里湖的河头驻有普宁县保安新编第三营一百八十多人，码头、下园驻联防队六十多人，龙门桥侧的警察所有二十多人，关爷庙和念佛社驻有特务队和联防队三十多人。其中主要据点是三五层的钢筋水泥建筑碉楼，周围布设工事，防守坚固。

为了攻克里湖镇，边纵司令部在靠近里湖的东山村设立指挥部，集中多敌三四倍的兵力，采取"关门打狗"的战术，由二支队一团和九团的短枪队、一连、二连、四连及边五团爆破组共八百多人，负责主攻里湖驻敌各个据点。由边纵直属一团、五团、七团和二支队四团、六团共两千多人负责阻击援敌。九团二连、五连配合边纵五团、七团在溪桥山、涂洋山一带布防，负责阻击流沙援敌。

事前，九团指派6人组成侦察组，在里湖党组织和三区武工队的配合下，对里湖守敌作了细致的侦察，绘制敌军布防图，筹备军需物资。27日早晨4时许，主攻部队由武工队和民兵引路，悄悄进入镇内，完成对敌各营地的包围。九团二连包围关爷庙和念佛社，四连包围警察所，短枪队分为两个战斗组，配合一连、二连、四连开进市区负责切断敌人交通联络。

27日早5时40分，在二支队正副司令员张希非、陈彬的指挥下，攻打里湖的总攻开始了。主攻部队一方面组织猛烈火力，对敌人据点进行攻击，一方面进行阵前喊话，开展政治攻势。上午，一团攻下下园和码头据点，联防队相继缴械投降；下午，又攻克河头据点，迫使敌保安第三营也缴械投降了。与此同时，九团攻打警察所及关爷庙、念佛社的特务队、联防队，敌人拼命挣扎，负隅顽抗。激战至10时许，敌人从炮楼的窗口伸出白旗诈降。九团短枪队副队长江铁在屋顶喊话，不幸中弹牺牲。随后，四连副连长洪子龙用轻机枪向敌炮楼猛烈射击，因机枪故障，负重伤牺牲。九团指挥员眼看牺牲了二位副连级干部，激发起对敌人的无比仇恨，纷纷向九团团长陈扬表示，一定要坚决把炮楼拿下来，全歼敌人，为战友报仇。战斗持续至傍晚，顽敌仍然拒绝投降。当晚，为防止敌人突围，主攻部队除把警察所、关爷庙、念佛社等处紧紧包围外，还在要隘路口点上汽灯，加强岗哨，密切注视敌人动向。团部决定，翌日继续"关门打狗"，先吃掉警察所，再吃掉关爷庙、念佛社的守敌。

28日上午8时，战斗继续。对驻警察所、田赋处的守敌，九团一连、四连和短枪队集中火力猛烈攻击，战士们又往炮楼底下、院内扔进十几个土炸炮，同时，挖墙眼准备火攻。碉楼上的二十多个守兵终于招架不住，举起白旗投降了。驻念佛社的特务队，占据一片筑有坚固防御工事的屋顶，倚仗着有利地形，据险顽抗，盼图外援。上午10时半，九团集中兵力攻击关爷庙、念佛社守敌。第一团调来第一连支援战斗。在重机枪、轻机枪、步枪的猛烈火力掩护下，九团短枪队逼抵念佛社后面的围墙，把围墙挖开一个大洞，然后向院内投掷手榴弹、土炸炮。"轰轰轰"的猛烈爆炸声，使敌人慌作一团。下午1时30分，终于攻克这个敌人自称坚不可破的堡垒，全歼守敌。

28日上午9时，在主攻部队围歼里湖镇内顽敌的同时，流沙驻敌普宁保安一营二连、二营三连和潮阳保安一营一连等共二百多人，妄图援救里湖之敌。当敌行至泥沟乡的崎头山时，遭到边五团、边七团各一个连和九团三连、五连的英勇阻击，战斗一个多小时，援敌溃败退缩流沙。边纵二支队还以两个团兵力，佯攻揭阳县城，调动喻英奇把主力一千多人集中向揭阳、潮安边境，不能救援南线，从而确保了攻占里湖战斗的胜利。

攻克里湖作战，主攻和打援总计，共毙伤敌连长张启翔以下官兵七十余人，俘敌营长张志明、副营长杨鸣枝等以下官兵 220 余人，缴获捷克式机枪 1 挺，榴弹枪 2 杆，长短枪 250 多支，子弹 4 500 余发，其他物资一批。

里湖的攻克和打援的胜利，对开展平原拔点战具有重要的指导意义。5 月 1 日，中共闽粤赣边区党委给参战指战员发来电报，表示热烈祝贺，并号召全体指战员坚决执行毛主席、朱总司令奋勇前进的命令，彻底干净、全部歼灭敢于持枪抵抗的国民党反动军队。

里湖一被攻克，流沙守敌吓破了胆，4 月 30 日乘夜仓皇逃到潮阳。5 月 1 日，流沙宣告解放。

（原载《普宁革命故事》，2000 年 3 月）

# 三打普宁城

1949 年 5 月，解放战争已进入横扫残敌、解放全国领土的新阶段。普宁的革命形势也很好，继里湖、流沙、棉湖解放后，普宁县城洪阳的国民党守军完全孤立。中国人民解放军闽粤赣边纵队第二支队司令部和普宁地方革命武装边纵二支九团，酝酿捣毁这个国民党普宁县政府的老巢，以实现全县人民的愿望。

二支队司令部派出策反小组，向县城守敌中队长李雨生、大队长陈文塾做策反工作。并通过普城地政人员弄到一张普城军事地图，了解到县城驻敌情况。当时，县保警一个营三个中队分别驻守于县政府、南门祠堂和东门妈宫炮楼，还有自卫大队驻德安里老寨、中寨和东南面麻疯寮炮楼，警察局武装驻于城隍庙，共有兵力约 300 人。其军事部署严密，依着城墙四周筑有碉堡和 6 个炮楼，顺着环城河设双层排哨，并有重机枪控制着从德安里至南门间的一片田野。国民党普宁县长曾枢、大队长陈文塾等人对二支司令部的策反起义表现犹疑，还妄想有所恃而继续负隅顽抗。我军几次派人做工作进行谈判，都没有成功。在这种情况下，二支队司令部先后组织有关团队，发起三次攻打普宁县城的战斗。

第一次攻城，5月14日，二支队司令部经过认真研究，决定采取四面围歼敌外围据点，然后从南门切入，分割两片，逐个歼灭，向城中进攻，先攻县政府，后攻德安里，再解放全县城的战法。调集边纵一团、三团、九团主攻普城，四团布防于外围打援。是日拂晓前，二支第一次攻城打响了。当时驻马头山的九团埋伏于水龙寨一带，负责攻击城东的麻疯寮炮楼至城北的妈宫炮楼，阻击从城东突围之敌。战斗至上午8时许，县长曾枢带自卫队从厚田、水龙寨妄图突围，在遭到九团痛击后，即龟缩入德安里及麻疯寮炮楼继续顽抗，撑持局面。战斗至黄昏，我军为避免打消耗仗，二支参战部队撤退至林惠山十三乡一带。

第二次攻城，7月13日，二支队集中一团、三团、九团负责主攻，四团于仙桥负责打援，同时由三支队和二支队五团二营、七团攻打揭阳新亨驻敌，牵制配合普城战斗。是日早晨4时，第二次攻城战斗开始。九团四连攻打德安里和东门炮楼，其他各连攻打麻疯寮、妈宫炮楼及钱湖等处驻敌。但因参战部队侦察不周，对敌估计不足，且天下暴雨，贻误战机，攻城至晚9时未克，又接到台湾新军从峡山向普城增援的情报，攻城各团主动撤离阵地。

第三次攻城，8月上旬，敌刘鼎汉部为打通"潮梅走廊"，接应南逃的国民党军队胡琏兵团，配合地方反动武装共三千多人，进犯二支队七团活动的五房山。二支队、三支队采用"围魏救赵"的策略，根据8月8日边纵和潮汕地委领导人关于"转向敌人后方，攻其虚薄之处"，"应即时布置对普城的攻击计划"的指示，部署以三支队一团配备一个炮排，与二支一团、三团、九团负责攻打普宁县城，三支队三团与二支队四团负责外围打援。15日晚，我军攻城部队进抵城郊隐蔽。16日拂晓，二、三支队发起第三次攻城战斗。隐驻于马头山村的九团各连转战于城东北面的沟边、钱湖，城东的百里桥、东门炮楼、麻疯寮炮楼和德安里一带。九团短枪队同一团短枪队一起向南门西侧突击，同时肩负攻城后勤、情交任务。但守敌凭借城墙、环城河、碉堡、炮楼等军事设施顽抗，战斗十分激烈。攻城部队多次猛攻，均没奏效，形成对峙。九团战士陈风强在冲锋时不幸被敌弹击中，壮烈牺牲。深夜，司令部命令攻城部队主动撤围，仅留九团在城外继续牵制敌人。

三次攻城虽未成功，但有力鼓舞了敌占区人民，威慑了敌人。第一次攻城后，县长曾枢于 5 月底自动辞职了；第二次攻城的当天晚上，新任县长方国柱等国民党党政军官员及亲属准备突围求生，后闻攻城部队撤走，惊魂甫定；第三次攻城后，使二支队七团安全转移，入侵梅北之敌仓皇撤走。经过我军三打普宁城，城内守敌有如惊弓之鸟，惶惶不可终日。8 月 27 日上午 10 时，县长方国柱率部弃城往揭阳方向逃命。当晚解放军入城接管，普城洪阳首次解放。

（原载《普宁革命故事》，2000 年 3 月）

# 后　记

　　根据中共普宁市委十三届四次全会关于"大力传承红色基因，发挥海陆丰革命老区优势，推进一系列红色遗址的保护修缮工作，引导广大干部群众从普宁在革命时期的光辉历程中不断汲取奋进力量"工作部署，经 2018 年 9 月 7 日请示市委同意，普宁市政协、普宁市老促会成立了专门编委会及工作机构，着手做好有关史料、照片的征集和编纂工作。经过半年多的努力，于 2019 年 2 月形成初稿。随后，将书稿送市委、市政府领导及市委办公室、市政府办公室、市政协教科文卫体委员会、市委党史研究室，广泛征求意见，组织专家审稿。经过反复修改、充实、校正，终于使本书顺利出版，与广大读者见面，为庆祝中华人民共和国成立 70 周年和人民政协成立 70 周年献礼。

　　本书在征编、出版过程中，得到普宁市委、市政府和各级领导、老同志、老区人民的大力支持。普宁市委对该书编辑、出版工作提出了具体要求，市委组织部、宣传部、市委党史研究室、市文化广电旅游体育局等单位提供了有关资料和照片。本书第二章至第五章参考了中共普宁市委党史研究室编《中共普宁党史（第一卷）》，第六章参考了《中共普宁历史（第二卷）》（征求意见稿）。参与本书编纂工作的同志在市政协、市老促会的领导下，以积极认真、严谨细致的工作态度，做了大量的撰写、编辑、校对等工作，付出了辛勤的劳动。在此，谨向所有关心支持本书出版的各位领导、有关单位致以崇高敬意和衷心感谢！

　　本书从征集史料到编纂成书，工作量大，任务繁重，因时间紧促，错漏和不当之处在所难免，祈请行家读者不吝赐教。

编委会

2019 年 9 月